Contraste insuffisant
NF Z 43-120-14

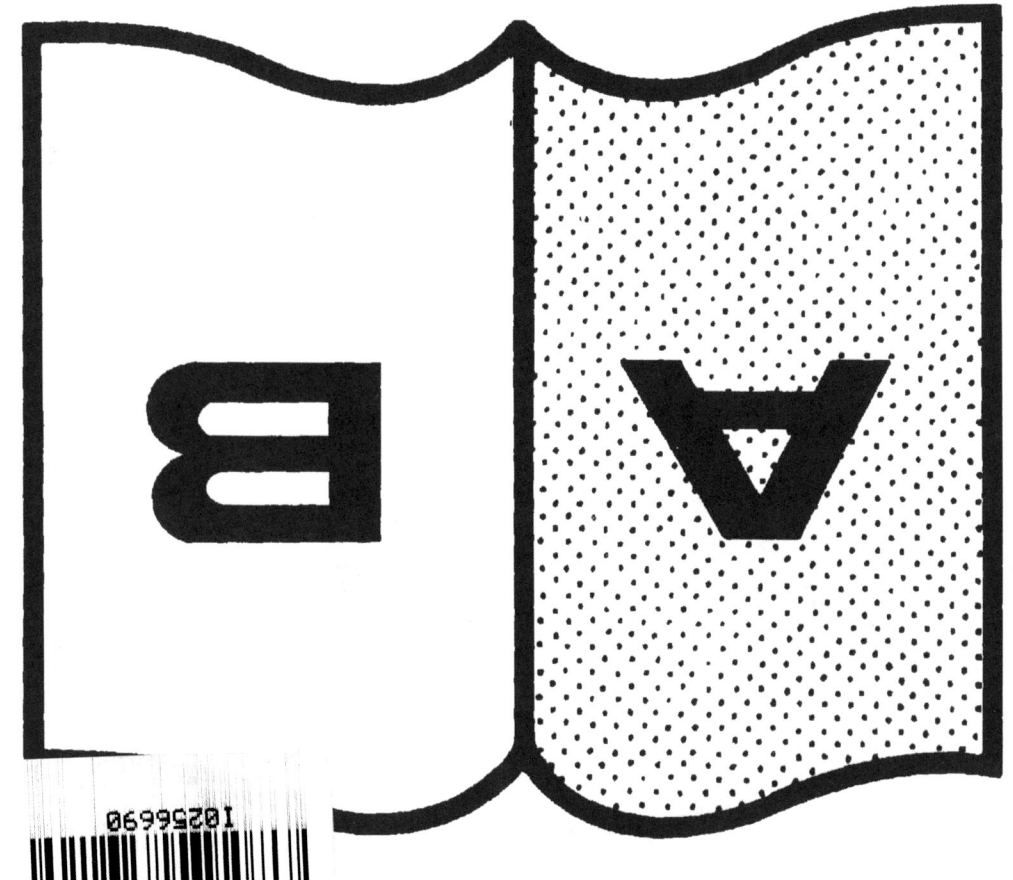

Texte détérioré — reliure défectueuse

NF Z 43-120-11

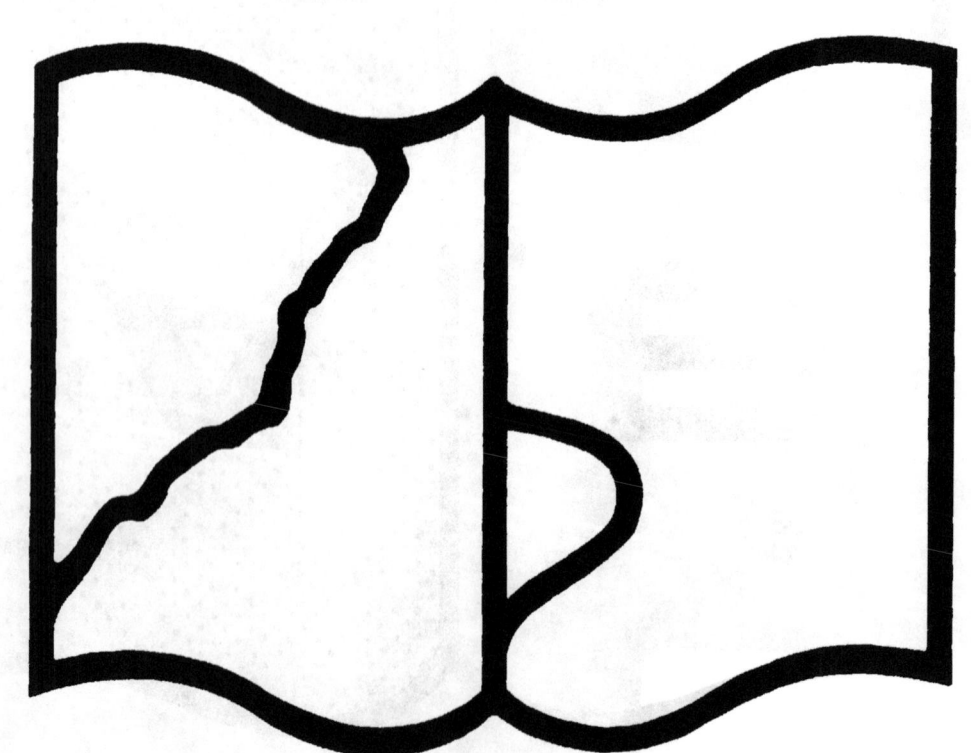

Raoul de NAVERY

LA CHAMBRE N° 7

LES DRAMES DE LA JUSTICE
(QUATRIÈME ÉPISODE)

LES DRAMES DE LA JUSTICE
(QUATRIÈME ÉPISODE)

LA CHAMBRE N° 7

Par RAOUL DE NAVERY

CHAPITRE PREMIER

LE MORIBOND

— Docteur, dit le malade en se soulevant sur son lit, je vais mal, bien mal, et votre science demeure impuissante à me guérir. On vous dit habile, et je suis riche.... Tout ce que vous souhaiterez, je vous le donnerai, je vous prodiguerai l'or si vous me rendez l'existence... Je croyais n'y pas tenir, et je m'y cramponne! On ignore ce qu'elle vaut durant les années de la jeunesse; mais lorsque le crépuscule de la vie s'abat sur nous, on comprend combien elle était belle, et alors on la pleure en désespéré.

— Ne vous ai-je pas suffisamment expliqué votre situation, répondit le docteur en secouant la tête. Vous vous obstinez à ne trouver dans l'art de guérir que des diagnostics et des formules; vous vous trompez. Vous croyez que l'or achète la santé, et vous offrez de me payer! Je suis plus riche que vous, puisque je ne demande rien... Un jardin de deux arpents me suffit; je possède l'art trop rare de limiter mes désirs et de borner mes ambitions. Vous possédez trois millions, en êtes-vous plus heureux...?

— Oh! moi!

— Je sais ce que vous allez ajouter, la souffrance vous relient sur ce lit de douleur.

— Et cela depuis trois années.

— Plutôt quatre que trois; mais il existait un remède à vos maux, Dieu ménageait une consolation à votre épreuve.

— Laquelle?

— Une famille vous restait.

— Vous voulez dire mon neveu.

— Vos neveux.

— Un seul, vous le savez, docteur, l'autre n'existe plus pour moi.

— C'est-à-dire que vous vous êtes efforcé de le chasser de votre souvenir.

— Et j'y ai réussi.
— A quoi bon mentir?
— Mentir, moi! en vous affirmant...
— Que Gaston de Marolles a perdu tous ses droits à votre affection...?
— Ainsi vous pensez...?
— Que l'image de Gaston n'a pu s'effacer de votre âme. Quand ce serait, cette image deviendrait une obsession cruelle, irritante. Mérite-t-il le moindre souvenir celui qui m'offensa d'une façon si grave?
— Dites qu'il contraria vos plans, voilà tout.
— Je n'en formais que pour son bonheur.
— Il le comprenait autrement.
— C'était un fou!
— Soit! Je n'en voudrais connaître que de pareils. Vous avez raison, monsieur, Gaston était atteint d'une folie héréditaire, celle qui coule dans les veines à travers des générations : la folie d'Henri de Marolles, le chef de votre maison, qui reçut trois coups d'arquebuse afin de retrouver dans la mêlée d'Arques le panache de Henri le Grand coupé par une balle... La folie de Henri de Marolles, tué au passage du Rhin... celle de Louis de Marolles qui monta sur l'échafaud en 93... L'héroïsme varie non point dans sa nature, mais dans ses manifestations suivant les époques : Gaston de Marolles, digne héritier de grands cœurs, a sacrifié sa fortune au salut d'un ami...
— Il aurait pu me consulter, au moins.
— Le temps lui manqua. D'ailleurs la spontanéité est le propre des grands sentiments. Une dette d'honneur perdait son ami d'enfance, il paya pour lui...
— Et l'ami ne le remboursa pas.
— Il partit pour l'Amérique afin de refaire une fortune. Quant à votre neveu...
— Il devait revenir à Marolles, me supplier de lui venir en aide, afin de réparer son imprudente générosité.
— Blâmé par vous, il préféra tenter seul de retrouver dans le travail plus que l'amitié ne lui coûta. Il partit pour Chanderna8or, et s'efforça de reconstituer une fortune. Durant dix années il y travailla, le vol d'un caissier mit à néant ses efforts et il redevint pauvre.
— C'est alors que je lui offris de revenir chez moi, et que je m'engageai à lui assurer la moitié de mes biens.
— Pauvre Gaston! avec quelle reconnaissance il accepta.

— Lui ! Il eut l'audace de me poser des conditions !

— Ne dénaturez ni sa pensée ni son langage... Il vous apprit, comme il me le révéla à moi-même, que depuis un an sa parole était engagée à miss Arinda Vebsom, une orpheline aussi belle que pauvre. Il ajoutait que si vous consentiez à la recevoir, il se ferait une grande joie d'accourir à Marolles aussitôt après la célébration de son mariage... Vous aviez d'autres vues sur Gaston, vous lui ménagiez une riche alliance avec la fille d'un de vos compagnons de jeunesse, et vous lui répondîtes que jamais vous ne consentiriez à reconnaître une étrangère pour votre nièce. L'ultimatum terminant votre lettre était dur, il froissa profondément Gaston qui s'éfforça vainement de vous faire revenir sur cette détermination. N'y pouvant réussir, il renonça à une fortune qu'il eût payée a\i prix d'un infamie, et vous rompîtes toutes relations avec lui.... Six mois après, miss Arinda était sa femme, Gaston m'écrivit alors pour me supplier d'intervenir près de vous, et je fus repoussé comme il l'avait été lui-même.

— N'avais-je point le droit de lui imposer ma volonté puisque je me chargeais de son avenir? Après la folie du dévouement qui le poussa à se ruiner pour un ami, il eut la folie de la tendresse, et sacrifia mon héritage pour une jeune fille de race étrangère. S'il m'eût aimé, Gaston aurait agi autrement, et il recueillerait aujourd'hui le prix de sa condescendance. Que m'a-t-il préféré? La misère et une créature qui peut être jolie, mais qui manquera toujours de la grâce et de l'esprit des Françaises... Et vous voudriez me voir garder pour Gaston des sentiments de tendresse, du penchant à la générosité, la volonté de le sortir de l'abîme dans lequel il s'est volontairement jeté? Jamais! non, jamais ! Je me montre bon pour qui m'aime, et Gaston ne m'aime pas... Oh! je sais ce que vous allez dire, il ne demande qu'à rentrer au bercail... à la condition d'y venir en famille!... En famille! Sais-je seulement s'il a pris soin de faire valider un mariage contracté à l'étranger, peut-être avec toutes sortes de facilités anglaises...

— J'ignore s'il y a songé; ce dont je suis certain, c'est qu'Arinda Vebson peut être tranquille, Gaston l'aime uniquement; il donnerait sa vie pour sa femme et pour Mélati... Ah! si vous connaissiez cette enfant, presque une jeune fille, vous en raffoleriez.

— Vous vous trompez, docteur, je n'aime pas les enfants. Si je les eusse aimés, je me serais marié. Elevée par sa mère, cette Arinda dont vous parlez, Mélati doit être une sorte de petite sauvage...

— Elle est ravissante! quinze ans, blonde comme Arinda, avec les yeux noirs de Gaston. Une bouche sérieuse, une peau éblouissante. Son père lui a enseigné la peinture, et sa mère la musique. Durant le voyage où je les vis à Paris, je fus émerveillé de son charme et de sa grâce. Combien volontairement vous vous privez de bonheurs délicats!

— Je ne suis pas seul, Maxime me reste. Maxime ne ressemble en rien à son cousin, docteur. Afin de se consacrer à moi, il a refusé de se marier. Qui fait ma partie d'échecs? Maxime. Qui passe avec moi la moitié de ses soirées? Maxime. Il me fait la lecture, il écrit mes lettres. A toute heure je le trouve prêt, attentif, complaisant, affectueux; celui-là est mon neveu, je n'en connais point d'autre!

Tandis que le malade faisait l'éloge de Maxime de Luzarches, le docteur Sameran n'avait pu se défendre de laisser voir sur sa physionomie une expression de dédain mêlée de colère. Trop habile pour discuter avec son client les qualités prêtées par celui-ci à Maxime de Luzarches, il souffrait cruellement d'être obligé de l'entendre juger avec cette partialité. Cependant, croyant en avoir assez dit au sujet d'une cause qu'il espérait bien gagner un jour, il détourna la conversation, écrivit une nouvelle ordonnance, puis il parla des grandes chasses dont les forêts de Marolles furent jadis le théâtre, et il réussit à distraire le malade de la pensée de son mal. Quand il le quitta, Henriot de Marolles éprouvait un visible soulagement.

Pourtant le vieillard ne se trompait point en affirmant que son état était grave. Sa vie s'en allait avec une rapidité croissante, et, comme il venait de le dire au médecin, il se prenait d'épouvante à la pensée qu'il allait mourir. Orgueilleux dans le sens vaniteux de ce mot, il avait éprouvé de grandes jouissances dans le fastueux étalage d'une magnifique fortune; son château hospitalier s'était ouvert à ses amis; on y avait donné des fêtes dont le souvenir durait encore. Alerte, robuste, très grand, et beau d'une beauté mâle, Henriot de Marolles but à pleine coupe une jeunesse ardente. Longtemps il résista aux fatigues d'une existence surmenée, puis brusquement ses membres perdirent leur agilité, le cerveau devint plus faible, enfin la maladie le cloua sur son lit, attaquant le cœur, gonflant ses jambes, enlevant chaque jour à ce vieillard la faculté de penser et celle de se mouvoir. Désormais il ne gardait plus qu'un nombre restreint d'idées, s'y obstinant d'autant plus que leur cercle allait en diminuant. Il fallait agir vite sur cette tête affaiblie, sur ce cœur hypertrophié, qui bientôt cesserait de battre, sur cette âme qui perdait dans les obstinations de l'esprit la notion du juste et de l'injuste.

Cependant le docteur Sameran n'était point le seul qui eût embrassé la cause de Gaston de Marolles; une complicité touchante réunissait un certain nombre d'hommes de cœur. Tous ceux qui avaient connu Gaston dans sa première jeunesse lui gardaient le dévouement du souvenir : le notaire de Marolles, maître Danglebeau, vieux praticien qui tenait à l'honneur d'avoir dressé les contrats de Françoise de Marolles, sœur d'Henriot, mariée à M. de Luzarches, et qui de ce mariage eut un fils unique appelé Maxime, celui-là même qui surveillait si jalousement l'héritage de son oncle. Il avait reçu le testament de Louis de Marolles, père de Gaston: la fortune laissée au jeune homme était belle, limpide; on a vu l'emploi plus généreux que prudent qu'en fit le noble Gaston. Deux sentiments se combattaient sans fin dans l'esprit de l'honnête tabellion. Le notaire critiquait Gaston, l'homme l'approuvait. S'il s'abandonnait parfois à un affectueux mouvement de méchante humeur à l'égard de cet imprudent, il se le permettait seulement en présence du docteur et de l'abbé Choisel. Quand il ramenait au contraire l'entretien sur Gaston dans ses causeries avec Henriot de Marolles, il ne trouvait jamais assez d'expressions élogieuses et amicales pour parler de cet imprudent au cœur d'or qui expiait si cruellement les élans d'une âme généreuse. Le vieux curé, qui l'avait vu naître, lui gardait de son côté une amitié paternelle, et le malade devait se défendre à la fois contre la charité de l'abbé Choisel, les conseils de Dangleheau, et les reproches du docteur qui ne manquait jamais de mêler à son ordonnance des conseils d'hygiène morale, et qui lui rappelait de temps à autre que le meilleur moyen de guérir serait d'avoir pour gardes-malades Gaston de Marolles, Arinda sa femme, et Mélati sa fille.

Jamais absent ne garda tant d'amis ; jamais exilé ne conserva tant de défenseurs empressés de plaider sa cause. Et cependant Gaston ne suppliait personne de le défendre. Sûr de son bon droit, certain d'être demeuré fidèle aux lois de l'honneur avec lesquelles il ne transigeait pas, il attendait dans le calme d'une conscience pure qu'il plût à Dieu de toucher le cœur du seul homme capable de le sauver du gouffre au fond duquel il était volontairement descendu.

Certes il le savait mieux que personne, avec sa droite raison, en raisonnant au point de vue de M. de Marolles, qu'il avait commis plus que des imprudences, des fautes ! Sa misère actuelle était bien son œuvre! Est-ce qu'on répond pour un ami ruiné? Se fait-on jamais le défenseur d'une cause perdue? Ne pouvait-il abandonner à toute l'âpreté de son sort ce Maurice des Aygléades dont l'honneur, allait naufrager d'une façon misérable? Ne sont-ils pas fous, ceux qui prennent parti pour le faible, le pauvre, le malheureux! Et

Henriot de Marolles, jusqu'à un certain point, n'avait-il point raison de l'accuser ?

Et pourtant quand il scrutait sa conscience, quand il passait l'examen de sa vie, Gaston relevait fièrement la tête, et s'applaudissait d'avoir sauvé Maurice, comme d'avoir épousé Arinda.

Sa grande consolation était de se savoir des amis sincères dans ce village de Marolles où il avait grandi. De temps à autre, rarement, il y apparaissait. Souvent il écrivait au vieux notaire, à l'abbé Choisel, au brave Sameran. Il les entretenait de ses travaux plus que de ses luttes, de sa femme et de son enfant plus que de sa pauvreté. Dans chaque ligne, sans qu'il s'en doutât, tant sa plume courait la bride sur le cou, il laissait voir les qualités vaillantes et tendres d'un cœur chevaleresque. On l'aurait chéri sans le connaître, rien qu'à lire ces pages empreintes de résignation touchante, de courage généreux, de tendresses ardentes. Quoiqu'il n'ignorât point la tactique de M. de Luzarches, son cousin, il ne l'accusa jamais. S'il remerciait ses amis de le défendre avec une persévérance digne d'un meilleur succès, c'est qu'il songeait à sa femme et à sa fille, deux anges dont les vertus le consolaient de toutes les épreuves subies. Il ne renonçait point à l'espoir d'obtenir raison des résistances de M. de Marolles. Il savait combien sa mère avait été chère au vieillard ; quelque jour, l'âme de la sainte planant au-dessus du lit de l'agonisant, y ferait tomber la rosée d'une pitié céleste. Il pardonnerait...

Le docteur Sameran avait plus d'une fois éprouvé la tentation d'abandonner son malade à ce que celui-ci appelait les « bons soins » de son neveu. Il restait par devoir près de cette couche douloureuse, épiant l'heure où la souffrance physique dompterait enfin le rigide vieillard, et le remettrait vaincu entre ses mains. Chaque fois qu'il quittait le château de Marolles, après y avoir éprouvé un échec, les deux amis qui portaient leur part d'un même fardeau, le trouvaient irrité, maudissant l'humanité en général et le vieux Henriot en particulier. Et tandis qu'il se plaignait de M. de Marolles, défendait Gaston, et jurait pour la centième fois de ne jamais remettre les pieds chez le morne vieillard, Maxime de Luzarches s'empressait de se rendre chez son oncle et d'effacer jusqu'au souvenir de cette dernière tentative.

Maxime avait quarante-cinq ans. Grand, nerveux, bien pris dans sa taille, accoutumé aux élégances parisiennes, il se gardait bien d'y renoncer et d'effacer le renom de galanterie dont il jouissait dans le pays. Il paraissait avoir à cœur de plaire à tous et de subjuguer même ceux qui gardaient le souvenir de son cousin. Il faisait la partie des vieilles femmes, chassait avec les hommes, causait musique avec les jeunes filles. De temps à autre le bruit de son prochain mariage se répandait dans les environs, ses assiduités dans un des châteaux voisins semblaient devoir donner raison aux indiscrets. Il s'arrangeait de telle sorte que M. de Marolles en entendit l'écho. Mais lorsque le malade le questionnait avec une sorte d'angoisse, Maxime prenait dans ses mains les mains du vieillard, et lui répondait d'une voix troublée :

— N'en croyez rien ; rien, mon oncle. Sans doute cette jeune fille est belle, accomplie, et je n'ai pu me défendre d'être ému de ses grâces touchantes et de sa sympathie naïve... Mais du jour où je m'abandonnerais à un sentiment absorbant, il me deviendrait impossible de vous entourer de mes soins. Je ne partagerai pas ma tendresse... j'en souffrirai, mais vous n'en verrez rien désormais.

— Maxime ! Maxime ! comme tu m'aimes ! répétait le vieillard.

Sous des formes diverses cette scène se répétait souvent. Maxime trouvait toujours moyen de persuader à M. de Marolles qu'il se sacrifiait pour lui, et le vieillard payait chaque condescendance nouvelle de cadeaux magnifiques. Il ouvrait un coffre-fort dans lequel Maxime puisait largement, payant de temps à autre des dettes, le plus souvent renouvelant ses équipages de chasse, donnant des dîners qui réveillaient, pour quelques heures, les échos endormis de la vieille demeure. Le malade ne détestait pas de temps à autre savoir que la vaste salle à manger, décorée de trophées de chasse, s'ouvrait aux amis de son neveu.

Mais en dépit de l'habile stratégie de Maxime de Marolles, afin d'éloigner tous ceux qui gardaient au cœur une sincère amitié pour Gaston, il n'avait encore pu obtenir que le vieillard se séparât d'un vieux valet de chambre nommé Sébas, attaché à son service depuis cinquante ans. Sébas avait vu naître ceux qu'il appelait encore les « jeunes messieurs, » mais il connaissait trop Maxime pour le chérir, tandis que Gaston ne comptait pas d'ami plus dévoué. Voyant à chaque heure du jour et de la nuit le vieil Henriot, Sébas, avec sa liberté d'ancien serviteur, ne manquait jamais de saisir l'occasion de prononcer le nom de Gaston. Le plus souvent Henriot lui coupait vivement la parole ; quelquefois, lorsque Sébas, assis sur un tabouret près de son lit, rappelait des événements passés depuis de longues années, il revenait sur l'enfance de Gaston, et s'étendait avec complaisance sur les qualités de celui qui était devenu un homme accompli. Soit qu'il dormît, soit qu'il prêtât l'oreille à Sébas, il arrivait souvent qu'Henriot n'interrompît point cette causerie, et Sébas se frottait les mains en murmurant :

Nous allons nous quitter, Sébas. (Voir page 12.)

— Il ne me répond pas, c'est vrai, il ne cède pas encore, mais il écoute, et le blé sera germera.

En somme il était certain de l'amitié du malade, mais non moins certain de la haine du neveu. Plus d'une fois, lorsqu'il s'apercevait de quelque trait de méchanceté ou d'hypocrisie commis par Maxime, Sébas prouvait au méprisable personnage qu'il n'était pas sa dupe. M. de Luzarches guettait une occasion favorable pour irriter Henriot contre lui, mais le dévouement de Sébas suffisait pour le défendre, et Maxime cherchait vainement l'occasion de se venger.

Il crut l'avoir trouvée au moment où le docteur Sameran quitta M. de Marolles, le laissant dans un état de surexcitation dû à l'obstination avec laquelle le médecin venait de défendre Gaston contre les accusations de son oncle.

— Sebas, dit-il d'une voix presque dure, vous avez dû le remarquer, les longues conversations fatiguent M. de Marolles : la gravité de sa situation ne lui permet pas de recevoir autant de visites, vous aurez soin de refuser la porte aux indiscrets.

— Qui sont ces indiscrets, monsieur? demanda Sebas.

— Mais tous ceux qui n'ont pas besoin de venir chaque jour le fatiguer par de longues conversations.

— M. Carl Chamigny, par exemple.

— Carl Chamigny! gardez-vous bien de l'éloigner, c'est mon meilleur ami.

— Le jeune M. Lucien Grandpré?

— Loin de le fatiguer il le distrait en lui récitant ses poésies.

— Il s'agit alors de M. Hector de Sablé.

— Vous êtes fou, Sebas, ces messieurs sont mes amis intimes.

— Je refuserai donc l'entrée du château aux amis de mon maître?

— Dans son intérêt, Sebas, dans son intérêt. Du reste, cette mesure n'atteint pas tout le monde.

— Monsieur permet à mon maître de recevoir son médecin.

— Un ignorant, Sameran; je ferai venir un praticien de Paris.

— Mais enfin, jusqu'à l'arrivée de ce prince de la science...

— Naturellement Sameran viendra.

Sébas reprit :

— Notre digne curé doit également rester au nombre des privilégiés?

— Dans une certaine mesure... Je suis chrétien, mais je ne crois pas nécessaire qu'on reçoive chaque jour son confesseur.

— Je comprends, dit Sébas avec une bonhomie railleuse, il faut de la mesure en tout. Quelle dose de piété monsieur permet-il à mon maître... En un mot combien de fois par semaine pourrai-je introduire, près de lui, M. l'abbé Choisel?

— Une visite par mois suffira.

— Monsieur pense donc que mon maître vivra plusieurs mois?

— Je l'espère, Sébas.

— Je me conformerai aux ordres que monsieur daigne me transmettre. Est-ce tout...

— J'oubliais le notaire.

— Pourquoi mon maître le recevrait-il désormais, son testament est fait... testament fort simple, du reste; il vous abandonne toute sa fortune, et s'en remet à votre générosité pour le sort à faire à ses vieux serviteurs.

— Ils peuvent d'avance se rassurer, Sébas, je les récompenserai suivant leurs mérites, tenant compte de leur dévouement et de leur exactitude. Vous pouvez compter sur une large part.

— Et je l'aurai gagnée, n'est-ce pas ! fit le vieux Sébas en relevant sa tête blanche. Oui, vraiment, après avoir éloigné du lit d'agonie de mon maître les seuls amis désintéressés qu'il garde encore, après vous avoir aidé à spolier son neveu, M. Gaston, à séquestrer ce vieillard qui ne meurt pas assez vite à votre gré, vous me jéterez une part de cette richesse indignement acquise, comme on abandonne un os à un chien défendant les abords du logis. Oh ! tenez, monsieur, jusqu'ici vous avez commis bien des infamies, mais vous n'étiez pas descendu à ce point d'acheter la conscience d'un honnête homme. Assez de patience de ma part, souffrir davantage serait une lâcheté. Je sais que vous allez tenter de me faire chasser par mon maître... Peut-être y réussirez-vous... Mais avant d'avoir remporté cet avantage, je vous soufflerai avec votre infamie, et moi, valet, moi que vous comptez pour si peu du haut de votre vanité stupide, vous m'entendrez vous crier : — Votre conduite est infâme ! mille fois infâme ! Et si le ciel est juste, vous en serez rudement châtié.

— Misérable ! s'écria M. de Luzarches en marchant vers Sébas.

— N'approchez pas davantage, répliqua le vieillard.

— Je vous chasse, entendez-vous, je vous chasse !

— Voilà un mot qu'il me faudra entendre dire par mon maître avant que je quitte cette maison.

— Il vous le dira.

— J'en suis désormais certain, vous rougiriez trop devant moi.

M. de Luzarches sortit, et Sébas, demeuré seul, se frappa le front avec un double sentiment de regret et de colère.

— J'ai eu tort, dit-il, j'ai eu tort ! j'aurais dû patienter encore. Cependant, comprenant qu'il lui serait impossible d'habiter désormais le château, il monta dans sa petite chambre et prépara sa malle. A mesure qu'il rangeait des objets précieux pour lui, son souvenir se reportait vers ceux qui lui avaient donné les uns un portrait, les autres une pipe curieuse, de beaux pistolets, des livres intéressants. Une miniature représentant Gaston enfant lui arracha des larmes.

— Je vous ai mal défendu, mon maître, dit-il, pardonnez-moi.

Quand tout fut prêt, il descendit et reprit sa place dans la petite antichambre précédant l'appartement d'Henriot.

De l'endroit où il se trouvait il entendit non point les paroles prononcées, mais de quel accent elles étaient dites. La voix de M. de Marolles semblait intercéder, celle de Maxime de Luzarches commandait, impérieuse. Le maître plaidait la cause du vieux serviteur; le malade suppliait qu'on lui laissât ce gardien soigneux, cet homme dévoué; par trois fois il insista. Mais Maxime répéta plus brièvement :

— Lui ou moi, choisissez !

Sébas n'entendit plus qu'un soupir.

Une seconde après M. de Luzarches parut :

— Votre maître vous demande, dit-il.

Sébas se leva, tremblant et pâle, s'approchant du lit du malade.

— Nous allons nous quitter, Sébas... fit le vieillard, tu as manqué de respect à mon neveu.... Il paraît que l'offense a été trop grave...

— Vous en jugerez, monsieur, dit Sébas, j'ai accusé votre neveu, Maxime, de vouloir vous séquestrer à l'avenir afin de capter un héritage auquel M. Gaston a des droits égaux. Je l'ai accusé d'avarice et d'ingratitude ! Si la vérité offense, j'ai dû l'offenser cruellement... Je partirai... aussi bien je ne saurais être témoin du nouvel état de choses qui se prépare... Ma place n'est plus à votre chevet, si l'on en doit bannir le prêtre et le médecin.

— Les bannir ! s'écria le malade en se redressant.

— On s'y prépare du moins... Combien de jours monsieur m'accorde-t-il ?

— Huit jours, dit le malade.

— C'est bien assez, ajouta Maxime de Luzarches.

— En effet, monsieur, huit jours suffiront.

Le malade tendit sa main amaigrie.

— Sébas ! dit-il, mon pauvre Sébas ?

— Vous comprendrez un jour combien je vous aimais, mon cher maître... Je pars sans rancune contre vous, certain que vous subissez une mauvaise influence à laquelle désormais rien ne saurait vous soustraire...

Il s'éloigna en saluant, puis, brusquement, étouffant un sanglot, il traversa l'antichambre et descendit l'escalier.

LA CHAMBRE N° 7

Un long bras maigre s'abattit sur la table et saisit une coupe. (Voir page 24.)

CHAPITRE II

LES NUITS DU CHATEAU DE MAROLLES

Le docteur Sameran, assez riche pour se passer de clientèle, gardait dans le petit pays qu'il habitait la réputation d'être un original. Adoré des pauvres, qu'il soignait pour rien, redouté des sots et plus encore des méchants, il lui arriva fréquemment de se poser en redresseur de torts, et de rendre une sorte de justice distributive.

Très savant, chérissant la science pour elle-même, resté garçon afin de s'y consacrer davantage, dévoué à ses amis, fidèle au malbour, il gouvernait amicalement le village de Marolles, distribuant les conseils, fournissant les remèdes, consolant les uns, grondant les autres. Maire de sa commune, il fut devenu membre du conseil général si la fantaisie lui en avait pris. Son amitié pour M. de Marolles était profonde, bien qu'il en souffrit. L'obstination du vieillard à tenir éloigné de lui le seul parent qui lui fût sincèrement attaché laissait au cœur du médecin une sourde blessure. Longtemps il espéra triompher de la rancune d'Henriot, mais à peine gagnait-il quelque chose de ce côté que Maxime de Luzarches trouvait le moyen d'anéantir les espérances récemment conçues. La lutte s'envenimait à mesure que l'affaiblissement du malade faisait des progrès, et le docteur Sameran voyait approcher avec épouvante le moment où l'intelligence du vieillard aurait trop baissé pour qu'il fût encore possible de lui indiquer la voie de la justice.

Sameran entrait alors dans de formidables colères, écrivait à Gaston pour lui conseiller d'entamer une lutte sans merci avec M. de Luzarches, et de défendre jusqu'au bout le pain de sa femme et celui de sa fille. Mais Gaston répondait avec une réserve fière qu'il attendrait sans la devancer l'heure de l'équité, et que plutôt que de troubler les derniers jours d'un oncle tendrement aimé il se résignerait à voir passer en d'autres mains une fortune considérable. Tout cela paraissait au digne Sameran plus chevaleresque que pratique, et l'obligeait à persévérer dans une ligne de conduite qui lui pesait parfois étrangement. L'aveuglement obstiné d'Henriot de Marolles sur le caractère et le cœur de Maxime exaspérait le digne homme. Il ne comprenait point que l'hypocrisie de M. de Luzarches l'emportât sur la droiture rigide de Gaston. En dépit de longues relations amicales, peut-être son irritation aurait-elle fini par prendre des proportions telles qu'il eût refusé ses soins au malade atrabilaire, si le souvenir des intérêts de Gaston ne l'eût retenu.

Sameran, ce jour-là, se sentait plus mal disposé que jamais à l'égard de son malade, et venait de consigner sur son registre qu'il se défendait à lui-même d'y retourner, quand Sébas, agité d'un tremblement nerveux, et le visage bouleversé, entra dans le cabinet où le docteur s'efforçait de suivre une grosse question scientifique et d'éloigner de son esprit jusqu'au nom d'Henriot.

— Eh bien ! Qu'y a-t-il donc ? demanda le docteur. Ce mécréant vient-il de rendre sa méchante âme ?

— Non, docteur, non, grâce au ciel ; nous devons désirer qu'il vive encore puisqu'il doit réparer son injustice ; mais je crains bien d'avoir fait de mauvaise besogne. Moi parti, tout va devenir plus difficile.

— Toi parti ! déserterais-tu ton poste ?

— On m'en chasse, monsieur le docteur. Cela devait finir par là. M. de Luzarches m'ayant signifié qu'à l'avenir je devais fermer la porte de mon maître à ses véritables amis, l'abbé Choisel, maître Danglebeau et vous, je me suis laissé entraîner par l'indignation, j'ai prouvé que je comprenais son but de spoliation ; il s'est plaint à mon maître, et celui-ci m'accorde huit jours pour quitter Marolles.

— Tu as raison, Sébas, c'est un malheur, un irréparable malheur. Toi parti, Maxime et Damien, son valet de chambre et son complice, restent maîtres de la place. Pauvre garçon ! pauvre Métail !

Sébas tomba sur un siège, et resta le front baissé, les bras pendants entre ses genoux.

— Il y aurait peut-être un moyen, monsieur le docteur, d'obliger le vieil Henriot à voir la vérité de ses yeux, à l'entendre de ses oreilles...

— Que ne le disais-tu plus tôt ?

— C'est que ce moyen est dangereux pour tout le monde. Tant que j'ai pu garder une place aux amis de mon maître, j'ai reculé devant cette suprême ressource. Vous-même ne l'approuverez peut-être pas, et cependant notre dernier rayon de salut en dépend. Vous êtes certain, n'est-ce pas, qu'une fois Sébas absent de Marolles, sous prétexte que le testament du malade est fait, on cessera de recevoir M. Danglebeau. M. de Luzarches m'a déclaré à moi-même que, la conscience de son oncle ne devant rien lui reprocher, l'abbé Choisel ne le visiterait plus que tous les mois. On interdit même les suprêmes consolations à ce moribond. Révoltons-nous et vengeons-nous...

— Mais parle, parle donc, Sébas !

— M. de Marolles s'imagine que les seules distractions de son neveu consistent en quelques chasses dans ses forêts et en dîners offerts de temps à autre à de vieux amis. Il n'en est rien. Maxime de Luzarches a pris à Paris des habitudes de grande vie auxquelles rien ne le fera renoncer. Le château de Marolles est vaste, et, de l'aile dans laquelle couche mon vieux maître, il est impossible d'entendre ce qui se passe dans l'aile opposée. Excepté moi, toute la domesticité du château est complice de Maxime, le futur héritier. Entre un vieillard circonvenu, à demi prisonnier, et un homme semblable à Maxime de Luzarches, le choix est facile. Celui-ci n'a donc rien à redouter des indiscrétions des valets. Quant à moi, on s'imagine que j'ignore de quelles orgies l'aile droite du château est presque chaque nuit le théâtre. De Grenoble, des châteaux voisins accourent des jeunes gens, élèves en dépravation de M. Maxime. On y vide les caves à la « santé » de celui qui agonise.

— Pourquoi n'avoir pas prévenu ton maître ?

— A quoi bon ! il refuserait de me croire. Supposez que je dénonce la conduite de M. de Luzarches, celui-ci nie, tous les domestiques se liguent contre moi, et je suis chassé... C'était mon lot, voyez-vous, monsieur, mais il me reste huit jours, ou plutôt huit nuits, et je me suis juré de ne pas les perdre. Dans l'appréhension de l'événement qui se produit, du jour où j'acquis la certitude que M. Maxime passait ses nuits dans des orgies effrénées, je cherchai le moyen de le prendre sur le fait et de le confondre. Un soir que vous aviez fait donner à mon maître un soporifique puissant, je me glissai dans l'aile droite, et j'en étudiai la disposition. Tout près de la grande salle dans laquelle M. Maxime traite ses amis, est un cabinet étroit et vitré, dissimulé par d'amples tentures. Il suffit de les écarter un peu pour qu'il devienne possible de tout voir et de tout entendre...

— Tiens! tiens! tiens! s'écria le docteur, c'est une idée de génie ! Sébas, il reste encore des atouts dans notre jeu, et nous les mettrons sur table. Tu dois quitter Marolles dans huit jours, il s'agit de nous hâter.

— A demain donc, monsieur le docteur.

Sébas se leva rasséréné, et ce fut d'un pas plus calme qu'il reprit le chemin de Marolles.

L'aile gauche habitée par le malade paraissait plongée dans une tranquillité complète, tandis que le mouvement s'accentuait du côté opposé.

On était en hiver, le temps était froid, mais beau et sec, le givre craquait sous les pieds, et le soleil effaçait lentement les arabesques de glace dessinées sur les vitres. Sébas regagna la chambre du malade qui parut plutôt tolérer qu'accueillir Sébas. Pendant que celui-ci racontait au docteur la scène qui venait de se passer, Maxime avait employé son temps d'une façon fructueuse, et Henriot, vaincu complètement par les faux semblants d'affection de son neveu, l'avait serré dans ses bras en répétant :

— Toi seul m'aimes et me défends ici ! Tous les autres se liguent contre moi, et prennent les intérêts de l'ingrat qui m'a préféré une fille étrangère, pauvre et sans esprit. Tu me comprends, tu me

LA CHAMBRE N° 7   17

sauvés! Aussi, ne crains rien, ma reconnaissance sera sans bornes, après moi tu possèderas tous mes biens ; tous, sans exception !

— Ah ! mon oncle ! fit hypocritement Maxime, vous vivrez longtemps encore.

— Est-ce vivre que de demeurer dans cette chambre, étendu sur ce lit....

— Il n'en sera pas toujours de la sorte... Le docteur Sameran est incapable de vous guérir. Il n'aime que les vieilles méthodes. Je ferai venir pour vous un médecin de Paris habile et dévoué. Celui-là s'attachera à votre personne, et ne vous quittera plus... Ce soir même j'écrirai au docteur Mirvil.

— Oui, oui, écris, Luzarches. Merci, mon neveu, ou plutôt, non : merci, mon fils !

Maxime serra le vieillard dans ses bras, et le laissa sous une telle impression de confiance et de tranquillité que bientôt il s'endormit sous la garde vigilante de son serviteur.

Mais tandis que le malade goûtait un repos trop rare, Sébas combinait dans sa tête les moindres détails du plan qu'il avait conçu. Jamais dramaturge n'apporta autant de soin pour régler les entrées et les sorties de ses personnages, et ménager ses grands effets.

Lorsque M. de Marolles s'éveilla, sous l'impression d'un songe qu'il n'osa raconter, il témoigna une joie enfantine de retrouver Sébas près de son lit. Il ne se rappelait plus l'avoir chassé, et lui sourit comme dans les bons jours. Lentement il se souvint de la scène de la veille, son visage prit une expression de contrainte et de souffrance, et il évita de fixer les yeux sur son vieux serviteur.

Le docteur Sameran se présenta à l'heure habituelle, fit sa partie d'échecs, se laissa battre, puis il écrivit une ordonnance en félicitant son ami sur l'amélioration qu'il constatait dans son état.

Tandis que dans cette partie du château tout demeurait dans le calme triste dont s'enveloppent les malades, un tableau bien différent s'accentuait du côté opposé.

Dans la salle à manger l'orfèvrerie s'étalait sur les dressoirs, et commençait à couvrir une large table carrée couverte d'une nappe garnie d'anciennes dentelles. Les fruits rares, les primeurs poussées dans la serre remplissaient des corbeilles de filigrane d'argent, et des coupes de Sèvres rose. Les valets riaient en dressant le couvert, et ne manquaient pas de mêler à leurs quolibets le nom du mourant dont la fortune glisserait si vite entre les mains des usuriers qui l'escomptaient par avance.

Au milieu d'eux, gourmandant leur zèle, donnant des conseils de haut goût, préparant les fleurs, disposant les candélabres, se trouvait Damien, homme de confiance de Maxime de Luzarches, parti de la situation de valet de chambre pour arriver à celle de confident.

Rien n'échappait à son contrôle : cave, desserts, ameublement, il soignait tout en-artiste, certain que le jour où il cesserait d'être nécessaire, il deviendrait embarrassant.

Après avoir distribué des ordres, et assigné son rôle à chacun, Damien frappa légèrement à la porte de son maître, entra avant d'en recevoir l'autorisation puis, le voyant gravement occupé à rouler une cigarette, il s'inclina et dit :

— J'attendrai que monsieur l'ait finie.
— Pourquoi ?
— Afin de parler affaires à monsieur.
— Je t'écoute.
— Balthasar Gomer a refusé le nouvel emprunt que vous souhaitiez contracter.
— Avons-nous absolument besoin d'argent ?
— Nous, non, mais vos créanciers.
— Fais-les taire.
— De quelle façon ?
— En doublant les intérêts.
— Monsieur a raison, il les paiera si peu de temps un taux exagéré.
— Tu vois bien que rien n'est plus facile à régler, et que je puis commencer une autre cigarette.
— Auparavant je demanderai à monsieur sa signature.
— Ma signature, quel compte veux-tu régler ?
— Le mien.
— Tu sais bien que tes gages courent toujours.
— C'est pour cela, ils courent toujours, je ne les rattrape jamais.
— Me crois-tu ingrat, maître Damien ?
— Dieu me garde de soupçonner monsieur d'avoir un pareil vice, mais il faut prévoir les hasards de l'existence.
— Si elle cessait de me sourire, ne me serais-tu pas dévoué quand même !
— Pour cela non, monsieur. Je suis franc avant tout. Je sers, et je déploie un grand zèle, mais avant tout je songe à mon intérêt personnel. Mon dévouement me doit rapporter tant par an. Je le place, je ne le donne pas. C'est un capital.
— Et un capital à gros intérêts ? demanda railleusement M. de Luzarches.
— Naturellement, répondit Damien d'une voix qui graduelle-

ment perdait son timbre respectueux. Pourquoi n'échafauderais-je pas ma fortune sur les mêmes bases que monsieur ?

— Sur des espérances alors ?

— Ces espérances sont trop près de se changer en réalités pour ne point prendre un autre nom. Depuis cinq ans je n'ai pas reçu un sou de gages.

— Tu oublies les gratifications.

— Je les devais à la générosité de monsieur... Cinq années à...

— Douze cents francs, font six mille francs.

— Monsieur peut sans crainte ajouter un zéro.

— Comment drôle ! soixante mille francs ?

— Et ce sera mal payé.

— Ainsi, mon valet de chambre me coûte douze mille francs par an.

— Le prix d'un intendant que je remplace.

— Eh bien ! soit, tu les auras.

Damien tira un papier timbré de sa poche.

— Monsieur aurait-il la bonté de me faire une obligation ?

M. de Luzarches se leva, l'œil irrité, la menace aux lèvres :

— Un billet, à toi ! quand tu me voles de la façon la plus effrontée !

— Je sers monsieur, voilà tout. Après cela, si monsieur croit pouvoir trouver un valet de chambre à meilleur marché, qu'il le dise. Les talents se paient, monsieur, et je cote haut les miens. Nous collaborons à la même œuvre, la captation de l'héritage de votre oncle... Peut-être quand vous l'aurez touché, céderez-vous à la tentation de vous montrer ingrat... Ceux qui nous servent trop bien finissent toujours par nous gêner... De confidents ils sont devenus complices ; on les éloigne, avec des égards peut-être, mais le résultat est identique... Si vous m'éloignez, j'entends ne pas mourir de faim tandis que je chercherai ailleurs l'emploi de mes talents... Soixante mille francs ou rien... La formule contiendra que cette somme m'est due pour mes gages, d'abord, puis pour le remboursement de divers prêts d'argent... Et cela est juste, je vous ai prêté tout l'argent que vous me devez...

M. de Marolles tournait dans ses doigts une nouvelle cigarette, et ne paraissait nullement songer à faire emploi du papier timbré.

— Monsieur a tort d'hésiter, reprit d'une voix mordante le valet. Je suis certain que M. Gaston marchanderait moins mes services... sans compter qu'en prenant en main sa cause, j'aurais la satisfaction d'accomplir une action méritoire.

Maxime lança sa cigarette au plafond d'un geste furieux, puis s'approchant de la table il libella l'obligation demandée par Damien.

— Je remercie humblement monsieur, dit le valet en pliant le papier en quatre et en l'insinuant dans sa poche, j'ai l'intention de devenir honnête homme quand je quitterai le service de monsieur.

— Tout est-il prêt? demanda Maxime d'une voix dure. Quand on paie si cher on a le droit d'être bien servi.

— Je me suis surpassé... neuf convives, suivant le conseil de Brillat Savarin : la fleur des viveurs de Grenoble et des environs... des vins exquis payés au poids de l'or, ceux de la cave de M. de Marolles sont presque épuisés. Le souper arrivera de Paris dans une heure escorté de quatre cuisiniers. Je fournis les marmitons. Jusqu'à quelle heure monsieur restera-t-il près de son oncle?

— Cela dépendra de son sommeil.

— Je retourne à mon service, fit Damien.

— Et moi à ma corvée, ajouta Maxime.

Un moment après il pénétrait près du malade.

Celui-ci le regarda avec une expression de tendresse mêlée d'angoisse. Il ne cessait de songer à Sébas dont il avait accordé le renvoi. Un regret profond lui poignait le cœur. Que deviendrait-il, privé des soins de ce domestique dont le dévouement datait d'un demi-siècle. Le silence même de Sébas le troublait en augmentant ses remords.

Aussi, après avoir rassuré Maxime sur la nuit qu'il avait passée, ajouta-t-il avec une hésitation craintive :

— J'ai un sacrifice à te demander.

— Vous, mon oncle?

— Oui, moi. Dans un moment d'irritation justifiée sans doute, tu as chassé Sébas, et tu m'as amené à ratifier son renvoi... je le regrette... A mon âge on s'habitue mal aux nouveaux visages... Et puis, qui sait si Sébas ne croyait point être dans la vérité... Il a sa manière à lui de m'aimer.... Les vieux ont des manies, Sébas plus que tout autre.... Laisse-le-moi.... Je serais ingrat si je ne lui permettais pas de mourir à Marolles.

— Vous êtes le maître d'agir comme bon vous semblera, mon oncle...

— Merci, Maxime, tu es bon!

— Seulement, s'il reste, je partirai.

— Cela est dur, oui, cela est dur! fit le malade... J'avais espéré...

— Me voir plier devant un valet?

— Te prêter à un désir de ton oncle.... N'en parlons plus! Sébas partira...

Maxime tenta vainement d'amener l'entretien sur un chapitre moins délicat, le malade garda le silence jusqu'à l'entrée de l'abbé Choisel.

— Ah ! venez, l'abbé, j'ai besoin de vous ! dit Henriot.
— Je suis de trop, fit Maxime, je me retire.

Il quitta son oncle, et murmura en descendant l'escalier d'honneur :
— Dans huit jours ce vieux curé n'entrera plus ici, et j'y serai seul, tout seul, jusqu'à...

Il fit un geste énergique, gagna le parc et marcha pendant une heure dans les allées larges le long desquelles se dressaient les arbres aux troncs noirs, aux branches dénudées. La nuit descendit rapide et lugubre, enveloppant subitement les bois et le château de son ombre. En passant devant l'aile droite il vit se succéder des domestiques portant des paniers soigneusement clos ; les uns contenaient des fleurs, les autres des provisions. Un reflet rouge glissant à travers les vitres prouva que les lustres et les candélabres s'allumaient à la fois. Il sourit, puis, au lieu d'entrer chez lui, Maxime gagna l'appartement de son oncle.

Celui-ci paraissait tranquille. Peut-être de son cerveau fatigué le souvenir de la scène pénible qui s'était passée entre eux s'était-il effacé, car il tendit ses doigts osseux à Maxime.

Celui-ci prit un journal, fit durant une heure la lecture au vieillard, puis, le voyant s'assoupir, il quitta lentement sa chambre après avoir joint les rideaux du lit.

Le vieux Henriot dormait.

M. de Luzarches secoua l'espèce de torpeur mêlée de contrainte qui le saisissait chaque fois qu'il entrait chez son oncle, le masque d'hypocrisie dont il couvrait son visage se détacha, une transfiguration subite s'opéra en lui. Un moment après il se remettait aux soins de son valet de chambre, le fidèle Damien.

Maxime comptait quarante-cinq ans, mais personne ne lui eût donné cet âge. En dépit de la fatigue que les passions accusaient, il restait beau, de cette beauté spéciale qui survit à tout. Ses yeux gardaient une flamme satanique, la lèvre souriait avec une ironie cruelle, mais le front demeurait sans rides, et, soit privilège soit artifice, on ne lui voyait pas un cheveu gris. Elégant, avec un pied petit et une main belle, habillé par un tailleur anglais, aristocrate et fier comme il l'était, Maxime eût été même à Paris compté parmi les hommes « pschutt ».

Ce soir-là, lorsque les mains légères de Damien l'eurent rasé, que sa belle chevelure noire dessina des ondulations sur son front d'une blancheur mate ; quand, vêtu avec un grand goût, une fleur à la boutonnière, il attendit ses invités, il put en se souvenant de ses meilleurs amis, les plus jeunes et les plus élégants, se juger sans orgueil supérieur à tous.

Le premier qu'on introduisit fut Hector de Sablé. Celui-là complait trente ans, grand, mince, voûté, la poitrine creuse, toussant entre chaque phrase; on se demandait en le voyant comment il survivait à la phtisie qui lui rongeait lentement les poumons. Les lèvres minces ne connaissaient plus le sourire, le regard ne connaissait plus d'autre jouer que les clartés fugitives de l'ivresse. Las de la vie de Paris pour en avoir abusé, il était rentré un jour au manoir paternel afin d'y traîner un dernier automne, et depuis deux ans, grâce à un miracle d'amour maternel, sa mère l'obligeait à vivre. Peut-être l'aurait-elle guéri, tout est possible aux mères, si pour son malheur Hector de Sablé n'avait été invité aux soupers de Maxime. Il retrouva dans le manoir de Marolles les mêmes orgies qu'à Paris. Il retomba dans ses lâches faiblesses, et plusieurs fois par semaine, tandis que Mme Sablé le croyait endormi, Hector vidait des coupes de champagne au milieu de ceux qu'il appelait ses amis. Il ne gardait aucune illusion, écoutait pour ainsi dire sa vie s'éteindre, et formait lo souhait de la perdre durant une dernière ivresse.

— Comment allez-vous, cher? lui demanda Maxime.

— Aussi bien que possible... Sameran me traite officiellement par l'arsenic et le cognac, j'aime mieux le cognac... Il parle de m'envoyer pour le reste de l'hiver sur des montagnes couvertes de neige... Il paraît que cela est souverain pour les maladies de poitrine... Nouveau système... Autrefois on expédiait mes confrères à Nice... Il paraît que cela les achevait trop vite...

— Est-ce que vous partirez sur un conseil de ce fou de Sameran?

— Partir! ce serait dur; quant à votre épithète au sujet du docteur, je la crois sévère. Ce bonhomme est au fond très savant. Un membre de l'Académie, qui connaît ma famille, en disait l'autre jour le plus grand bien.

Maxime haussa les épaules :

— J'ai moins de confiance que vous dans son savoir; avant huit jours j'aurai attaché un autre médecin à la personne de mon oncle.

Hector partit d'un éclat de rire.

— Bien joué, dit-il.

Maxime allait lui demander l'explication de ce mot, quand Lucien Grandpré entra. Celui-là était un enfant de vingt ans. Beau de visage, avec des cheveux d'un blond de lin, dans lesquels on eût dit que le sang ne circulait pas, des yeux à l'éclat fiévreux, une bouche pâle. La névrose lui rongeait les moelles. Son cœur comme son cerveau souffraient du même mal. Il appartient à cette classe de jeunes gens dont la tête sent déjà les vertiges de la folie, dont les nerfs dominent l'organisme physique, qui dénaturent tout ce qu'ils voient et souillent ce qu'ils touchent. Intelligent cependant, doué de facultés multiples, troublées par la recherche de l'étrange, il faisait des vers sur des rythmes rares, dans lesquels la pensée se noyait sous une forme raffinée. A Paris on connaissait son nom, et il faisait partie d'un cénacle de Parnassiens. Maxime l'aimait pour cette dépravation précoce, et ce qui lui semblait un plaisir de haut goût d'écouter dans des strophes ailées les blasphèmes de cet enfant.

Carl Chamigny qui le suivit de près était tout autre. Grand, robuste, haut en couleur, le sang à la peau, chasseur émérite, et grand sableur de vins, il n'aimait point Paris, mais il tenait largement sa place dans toutes les parties où l'on pouvait parler de cerfs et de sangliers. Il serra les mains de Lucien à les briser, commença le récit d'une aventure de chasse, et le continua jusqu'à ce que Damien annonçât que le souper était servi.

On eût dit que le valet-intendant avait tenu à honneur de prouver qu'il valait les gages exorbitants exigés dans cette même journée. La table couverte de fleurs et de fruits rares étincelait à la clarté des bougies. Des brûle-parfums répandaient une odeur grisante dans la salle, et, contrairement à ce qui arrive souvent, des le commencement du repas les convives se montrèrent d'une gaieté communicative. A mesure qu'on versait les vins et que se vidaient les flacons, la conversation prenait un tour plus accentué; Hector de Sablé parla de Paris avec enthousiasme, racontant des fêtes inoubliables, jalousant ceux qui pouvaient les renouveler. Lucien Grandpré décrivit avec une verve bizarre un festin idéal comme il rêverait d'en voir servir un. Les menus d'Héliogabale n'étaient rien à côté de cette description étrange, débordante d'une poésie matérialiste.

— Je te jure une chose, mon petit Lucien, dit Maxime, quand je serai millionnaire, je copierai ton menu, et tu veilleras à l'organisation du dîner.

— Je te préviens que cette fantaisie coûtera une somme folle.

— Tant mieux, mille diables ! quelle revanche n'aurai-je pas à prendre ! Certes, mes amis, vous êtes charmants et je vous apprécie tous, mais quelle différence si, à la place de ces soupers de contrebande, je vous traitais dans mon hôtel de Paris ? Plus de gêne, de liens, de concessions dernières que je me crois obligé de faire au pays même. C'est alors que Lucien aurait raison ! Oh ! de que je quelle vie folle j'aurais besoin pour me dédommager de celle mène.

— Franchement elle n'est pas triste, fit Chamigny.

— Pas triste ! tu crois cela, parce que je me rattrape sur les nuits ! Mais pourquoi comptes-tu les jours ? N'est-ce que donc rien d'habiter Marolles, de m'y prêter aux fantaisies d'un vieux podagre, dont l'existence se prolonge d'une façon inattendue....

— Scandaleuse ! ajouta Charles Belloir.

— Le mot est vif, hasarda Champigny.

— Voilà ! dit Léon Te val, les oncles ne savent pas mourir.

— Et ce n'est pas Sameran qui te donnera une poudre à succession.... Tu fais bien de le changer.

— Tenez, dit Hector d'un ton brusque, je ne vaux pas grand'chose, mais je vous blâme tous de parler de ce vieillard d'une telle façon. Quoi ! il traîne son agonie depuis de longs mois, et cependant il ne meurt pas assez vite à votre gré ! Je ne comprends jamais qu'on attende une succession avec une âpre convoitise ; mais quand on penserait au fond de son cœur ce que vous venez de dire, messieurs, au moins faudrait-il avoir la pudeur de le taire. Je suis certain que Gaston de Marolles qui cependant est pauvre n'a jamais eu de semblables idées.

— As-tu la prétention de nous faire de la morale, Champigny ?

— Je ne m'en reconnais pas le droit, mais je persiste dans mon blâme.

— Il te sera compté là-haut ! Et si l'âme du vieux Henriot voit plus tard au fond des consciences il regrettera de ne t'avoir rien laissé par testament.

— A ta santé, Maxime, dit Lucien, et à notre souper de funérailles !

— Au futur maître de Marolles !

— Merci, mes amis, merci ! cette opulence sera la vôtre. Oh ! quelles fêtes plus tard dans ce vieux manoir où nous nous cachons pour chanter et rire. Comme je jetterai prodiguement et joyeusement par la fenêtre l'or entassé par le vieil Henriot.

— A l'héritier de Marolles ! dit Lucien en élevant sa coupe, nous devrions le couronner de roses !

— Oui, oui, à l'héritier de Marolles ! répétèrent les huit convives de Maxime.

En ce moment un long bras maigre s'abattit sur la table, saisit une coupe à son tour, et la portant à la hauteur de sa bouche livide :

— Vous avez raison, Maxime, à l'héritier des Marolles !

Au timbre de cette voix creuse, Maxime se retourna et poussa un cri d'épouvante : le vieux Henriot debout, blanc comme un suaire, se trouvait à ses côtés.

Mais l'effort avait été trop grand pour le vieillard, et, poussant un gémissement, il tomba lourdement sur le sol.

LA CHAMBRE N° 7

Assis sur un divan, il fumait nerveusement des cigarettes. (Voir page 36.)

CHAPITRE III

REMORDS

Peu de temps après que Maxime, quittant M. de Marolles qui venait doucement de glisser au sommeil, se fut éloigné de la chambre du malade, Sébas y reprit sa place. L'œil fixé tantôt sur un sablier, tantôt sur le visage paisible de son maître, il attendit le retour du docteur Sameran. Celui-ci pénétra dans le château sans être aperçu :

toute la domesticité, complice des débordements de Maxime de Luzarches, s'occupait à préparer les appartements qui s'ouvraient cette nuit-là pour ses amis, et s'inquiétait peu des personnes qui pouvaient pénétrer dans le manoir de Marolles.

Le médecin tâta le pouls du malade; puis il dit à Sébas, assez bas pour n'être entendu que de lui seul :

— Aidez-moi à lui passer un vêtement ample et commode, nous le transporterons ensuite où vous savez.

Le vieillard se trouva en un moment enveloppé d'une robe de chambre de velours noir ; puis Sameran soulevant sa tête tandis que Sébas le prenait doucement par les pieds, ils suivirent un corridor étroit, faiblement éclairé par des lampes posées à l'avance, et de la sorte ils traversèrent le corps de logis principal et gagnèrent l'aile opposée. Ce couloir se trouvait ménagé entre les appartements donnant sur des façades différentes. Au lieu d'être pleins, comme ils en avaient l'apparence, les murs se trouvaient creux. Ce passage, dont les nouveaux serviteurs ignoraient l'existence, avait déjà rendu plus d'un service aux Marolles. Lors des guerres de religion ils s'y enfermèrent durant trois jours, déroutant de la sorte les persécutions des huguenots. Plus tard, pendant la Révolution, il servit d'asile aux prêtres traqués.

Sébas l'avait cent fois parcouru dans sa jeunesse, et il ne lui fut pas difficile de retrouver les serrures secrètes et les portes mystérieuses, dont les unes jouaient dans une moulure, et les autres se dissimulaient sous des tentures. On pouvait, grâce à un escalier rapide, gagner les caves du château, puis arriver à un cabinet donnant sur une pièce énorme aménagée par M. de Luzarches en salle à manger. Cette cachette, très étroite, se trouvait seulement meublée d'un canapé antique, sur lequel le docteur Sameran et Sébas étendirent Henriot. Le soporifique administré d'après les ordres du docteur plongeait le malade dans un sommeil bienfaisant dont il devait sortir d'une façon progressive. Les sens de l'ouïe et de la vue lui reviendraient avant la faculté de se mouvoir. Sébas démasqua une ouverture étroite, et bientôt il fut possible au docteur et au valet de chambre de surveiller les apprêts de la fête du soir, sans que personne se doutât de leur présence.

Enfin Maxime parut suivi de ses convives, et presque au même moment les cils de M. de Marolles s'agitèrent. La grande clarté des bougies venait de blesser les yeux fatigués du vieillard.

— Regardez, lui dit à voix basse le docteur Sameran, regardez ce qui se passe à côté de vous.

Dans l'état où il se trouvait, Henriot de Marolles ne se rendait aucun compte de l'endroit où il se trouvait. Son sommeil s'était si souvent empli de rêves étranges ou douloureux qu'il ne comprit point s'il s'agissait de la vision d'un festin ou de la réalité d'une scène bien vivante. Cependant, avec lenteur, le voile enveloppant son intelligence se déchira, ses idées, d'abord confuses, se précisèrent; il reconnut les convives, et sa prunelle se dilata d'une façon effrayante en se fixant sur Maxime.

Le docteur serra plus fort le bras du malade :

— Écoutez, ajouta-t-il, écoutez ce que dit cette bande de jeunes éhontés.

Le vieillard parut faire un effort, puis l'expression de son visage exprima un redoublement d'attention. Il ne pouvait encore remuer ses membres, soulever sa tête alourdie, mais il entendait les propos impies ou obscènes des amis de Maxime, il écoutait les projets de celui-ci, il comprenait qu'escomptant sa mort il le trouvait bien lent à disparaître et à le laisser seul dépositaire de la fortune amassée par plusieurs générations d'hommes braves et loyaux. Le masque dont Maxime couvrait depuis si longtemps son visage craquait et se détachait brusquement ; Henriot apprenait avec une stupeur désespérée qu'il n'avait jamais été aimé par cet égoïste sensuel, que tous les soins dont il semblait l'entourer n'étaient qu'une infâme comédie. Sans qu'il lui fût encore possible de prononcer un mot, ses lèvres pâles s'agitaient. Il sentait dans son cerveau un bouillonnement furieux, grandissant en même temps qu'il souffrait davantage de l'impuissance de le traduire. On comprenait, en le regardant, qu'il allait se passer quelque chose de terrible.

Sameran suivait à la fois sur sa physionomie et d'après l'amélioration de son pouls les progrès de cette colère trop légitime. Quand il comprit qu'il devenait nécessaire que le malade pût la manifester, il passa rapidement un flacon sous ses narines, Henriot se souleva sur la chaise longue. En même temps Sébas fit mouvoir un ressort invisible, et, la porte masquée s'ouvrant, Henriot parut dans la salle du festin aussi stupéfiant que le Convive de pierre quand il parut chez don Juan.

La porte se referma si vite derrière Sébas que M. de Luzarches, d'ailleurs préoccupé de tenir tête à ses amis, ne comprit point comment son oncle avait eu accès dans la salle, et crut à une trahison ou tout au moins à une maladresse de Damien.

Il se trouva d'autant plus confirmé dans cette pensée que Sameran et Sébas, accourus au bruit de la chute du vieillard, emportèrent M. de Marolles évanoui, en traversant les diverses pièces de l'appartement particulier de M. de Luzarches.

La colère de celui-ci ne put se manifester devant ses invités. Il affecta même une gaieté qui parut à tous presque sinistre. Les plus endurcis ne purent résister à un mouvement de dégoût en présence d'un pareil cynisme.

— Bien joué, ma foi ! dit-il en frappant sur la table. Sameran et Sébas sont plus forts que je ne l'aurais cru. Ah ! ceux-là peuvent se vanter d'être dévoués à ceux qu'ils aiment. On mettrait cela dans un drame, on n'obtiendrait un effet superbe, n'est-il pas vrai, Lucien ? Je te donne la scène pour ce qu'elle vaut en échange d'un fauteuil le soir de la première. Certainement à cette heure je reçois la malédiction mentale de mon oncle, car la stupeur dont il vient d'être frappé peut l'avoir rendu muet pour le reste de sa vie. Mais je suis tranquille, avant deux jours je lui manquerai et il me rappellera. L'amitié des vieillards est tenace. Je parviendrai à lui faire croire qu'il a rêvé ou qu'il a subi un accès de fièvre chaude. Finissons la nuit gaîment, quand même ! Elle est trop froide pour que vous regagniez Grenoble ou les châteaux de vos ancêtres ; vous dormirez sur les divans du fumoir, et demain Damien nous renseignera sur l'état de mon oncle. Haut les coupes pour la dernière fois, et vidons-les quand même à l'héritier de Marolles.

Nul ne refusa ce toast, mais aucun des convives de Maxime ne retrouva la gaieté présidant au commencement de ce repas. Une sorte de gêne planait sur les convives.

Luzarches, sentant bien qu'il lui serait impossible de s'endormir, fit préparer les tables de jeu, et, tandis que Lucien s'endormait sur un divan à côté de Chamigny, les autres amis de M. de Luzarches commençaient une partie de baccara. Bientôt la partie prit une allure folle, l'or et les billets de banque affluaient sur le tapis vert.

Quand le jour parut, Maxime perdait trente-cinq mille francs sur parole. Ce dernier incident fit tomber le reste de sa fièvre. Il se trouvait sans argent, et les dettes de ce genre réputées « sacrées » se doivent acquitter dans les vingt-quatre heures. Y manquer était avouer non seulement une pénurie momentanée, mais la ruine de ses espérances. Plus d'une fois Henriot, fermant les yeux sur la nature des dettes de son neveu, lui remit des sommes importantes. Il se croyait obligé de le dédommager ainsi d'une existence n'ayant d'autre horizon que les bois de Marolles. En serait-il ainsi cette fois ? Si le vieillard, cédant à une première rancune, refusait son aide, les prêteurs complaisants à qui Luzarches avait recours viendraient-ils encore en aide à cet héritier futur qui n'héritait jamais. Quelque répugnance qu'eût Maxime à risquer aussi vite une partie qui pouvait être désespérée, il se résigna à affronter la présence de son oncle.

Un coup de sonnette appela Damien. Celui-ci, en costume correct, ouvrit la chambre de son maître, lui prépara une toilette du matin, apporta la tasse de chocolat qu'il avait coutume de prendre chaque matin, et attendit avec respect que M. de Luzarches l'interrogeât.

— Que dit-on au château? demanda Maxime, sans pouvoir dissimuler un léger tremblement dans la voix.

— Rien, monsieur; mes camarades ont été comme moi témoins de l'apparition de ce vieillard à l'agonie; ils ne se permettent pas de commentaires.

— Soit! mais les serviteurs particuliers de mon oncle doivent observer moins de réserve.

— Le jardinier en chef ne me semble pas au courant. Habitant un pavillon isolé dans le parc, il n'aura pas eu connaissance de la scène de cette nuit.

— Et Sébas?

— Sébas demeure invisible.

— Il faut pourtant que tu le voies.

— J'y ai déjà tâché, mais j'ai trouvé portes closes. On dirait que le docteur Saneran et le vieux Caleb forment une ligue défensive autour de M. de Marolles, excepté pour leurs amis, car certainement l'abbé Choisel est venu au château avant de célébrer la messe. Je l'ai vu entrer par la porte du fond du jardin.

— Mon oncle est donc à l'agonie?

— Qui sait! vous avez toujours eu de la chance, monsieur! Et l'émotion de cette nuit n'était pas faite pour améliorer l'état de M. de Marolles.

— Retourne, cherche, emploie tous les moyens pour parvenir jusqu'à sa chambre, pour savoir dans quel état il se trouve; il me faut des nouvelles à tout prix.

— Et de l'argent en même temps?

— Ah! tu sais...

— Par hasard... le jeune M. Grandpré disait en remontant en voiture : — Chamigny, je ne donnerais pas cent francs de votre créance... Luzarches est rasé comme un ponton... Déshérité par son oncle, incapable de solder ses dettes, il lui restera demain la ressource de se brûler la cervelle.

Maxime fit un haut-le-corps et recula de deux pas, en se cachant le visage comme pour dérober ses regards à une horrible vision.

— Mon oncle paiera, mon oncle m'aime...

— Ne nourrissez guère d'illusions de ce côté, monsieur. Vous connaissez par expérience l'obstination de M. de Marolles... Sa ran-

cune contre votre cousin en est la preuve.... Vous auriez alors les
atouts.... Je crains bien qu'ils soient passés entre les mains de nos
adversaires.... Avisons au plus pressé, cependant.... Si vous ne réglez
pas votre perte de cette nuit, demain tout le monde aux environs
saura que vous êtes ruiné; alors vous serez perdu, et peut-être ne
vous restera-t-il d'autre moyen de liquidation....
— Que de me suicider? Tu me connais mal. Je tiens à la vie. Il
me faut de l'argent, il m'en faut coûte que coûte; j'en trouverai
quand je devrais...
— Combien paieriez-vous les trente-cinq mille francs dont vous
avez besoin?
— Le double.
— C'est trop peu.... cent mille francs ou rien.... J'ai l'autorisation
de Balthasar Gomer de traiter avec vous dans de telles conditions....
La situation dans laquelle vous êtes était prévue; je me suis préoc-
cupé du moyen de vous tirer d'embarras.
— Et sans doute, honnête Damien, tu possèdes la somme en bons
billets de banque?
— Comme vous dites, monsieur; je les changerai contre des lettres
de change...
— A ton nom?
— Pourquoi pas, en quittant le service de monsieur, je me lancerai dans les affaires. On commence comme on peut, on finit comme
on veut...
— Portes-tu sur toi du papier timbré?
— Toujours.
Maxime écrivit la formule d'une lettre de change, signa, et la présenta à Damien.
Celui-ci revint un moment après avec la somme renfermée dans
un portefeuille graisseux.
— Charge Joseph de la porter immédiatement à cet insolent Chamigny. Quant à toi, monte la garde du côté du château et rends-moi
compte de tout ce qui s'y passe. Il faut que je voie mon oncle dans
la journée.
Damien s'inclina et disparut, laissant M. de Luzarches en proie à
une inquiétude croissante.
En sortant de l'évanouissement qui le jeta dans les bras de Sébas
et du docteur Sameran, M. de Marolles se retrouva dans son lit.
Durant une seconde il parut s'interroger, puis la lumière se fit soudain dans son esprit; ensuite se dressant sur son séant, il désigna
le crucifix à Sébas :
— Jure, lui dit-il, que j'ai bien vu Maxime à demi ivre au milieu

de ses infâmes amis... Jure que je l'ai entendu boire à son prochain héritage.

— Vous avez bien vu et bien entendu, mon maître ! Le spectacle auquel vous avez assisté n'était que trop réel.

— Je ne voulais pas te croire, Sébas ! Je m'obstinais dans une confiance folle d'un côté, de l'autre dans une haine profonde... J'étais injuste et méchant... Je venais de te chasser, toi ! Tu m'as forcé à voir, à comprendre, tu as vaincu mes révoltes avec l'évidence ! J'ai entendu, j'ai vu... Merci, Sébas ! merci à vous aussi, Sameran... Si cette crise avance de quelques jours la fin de ma vie, je ne me plaindrai pas ; mieux vaut mourir après avoir réparé ses torts que de vivre quelques heures de plus en les aggravant... Sameran, ne me trompez pas, mes heures sont comptées ? Dans quelques jours il sera trop tard pour réparer......?

— Oui, répondit le docteur avec effort.

— Combien de temps pensez-vous pouvoir prolonger mon existence ?

— Trois ou quatre jours.

— Cela me suffit.

— Sébas, maître Danglebeau sera ici demain matin... Mon testament est déposé dans son étude, il me l'apportera... L'abbé Choisel viendra répandre un peu de calme dans mon âme... Hors le notaire et le prêtre, personne, entends-tu, je ne veux voir personne ! absolument personne !

— Si M. de Luzarches se présente ?

— Le docteur lui interdira l'entrée de mon appartement. Quant à vous, Sameran, vous ne me quitterez pas avant... quatre jours, je vous le demande comme un dernier service.

Le médecin serra la main de son ami.

Sébas envoya prévenir le prêtre et le notaire. Celui-ci arriva le premier.

— Je veux refaire mon testament, tout de suite, dit M. de Marolles... Sameran peut se tromper dans ses calculs, j'ai la force de l'écrire tout entier de ma main. Rendez-moi celui-ci, et placez-le dans un des tiroirs de ce secrétaire... Il ne faut pas que mes intentions dernières soient trop vite connues... Du papier, vite, pendant que je me sens encore assez de forces pour écrire.

M. de Marolles écrivit rapidement une demi-page qu'il tendit au notaire.

— Vous savez, dit-il, quels bruits ont couru au sujet du mariage de Gaston... Quelque irrité que je sois contre son cousin, je maintiens cette clause expresse...

— C'est bien ! dit Danglebœuf.

— Et maintenant gardez dans votre étude ce dernier testament jusqu'au moment où il y aura lieu de l'ouvrir.

Danglebœuf sortit en voyant entrer le prêtre. Celui-ci alla vivement au lit de son ami :

— Vous avez raison de me demander, dit-il ; un poids doit charger votre conscience, dans un instant vous ne le sentirez plus... Dieu fait tout à son heure, mon ami, cette heure a sonné, n'est-ce pas, et vous songez à réparer vos injustices ?

— Oui, répondit M. de Marolles.

Lorsqu'il se trouva seul avec l'abbé Choisel, il commença une confession interrompue par l'expression de vifs regrets, puis, lorsque le prêtre eut d'un mot appelé un calme divin dans cette âme tourmentée, le malade ajouta :

— Je veux réparer, tout réparer... Sans doute Gaston n'a point agi à mon égard comme je l'aurais souhaité. Il s'est renfermé dans un silence que j'ai pris pour de l'orgueil, mais, je le sais trop, jamais il ne se serait conduit comme l'a fait Maxime... Mes dispositions testamentaires sont prises, et Danglebœuf les tient sous bonne garde... Vous, mon ami, vous mettrez à la poste un billet que j'adresse à Gaston... Pauvre Gaston ! Vit-il encore ? La pauvrette, le chagrin, ne l'ont-ils point usé avant l'âge?... Je ne me fie qu'à vous, c'est ma réparation du mal commis... Une fois Gaston près de moi, je le mets en pleine possession de Marolles.

L'abbé Choisel plaça la lettre dans sa ceinture.

— Soyez tranquille ! mon ami, je la jetterai moi-même dans la boîte, de façon à ce qu'elle parvienne sûrement à son adresse.

— Merci, ajouta Henriot, merci, mon ami. Désormais en paix avec ma conscience, je supporterai mieux mes dernières souffrances, et vous les adoucirez par votre amitié... Je vous en prie, l'abbé, répétez au jardinier en chef, à Martino et à John qui m'ont été prêtés par le docteur, que M. de Luzarches ne doit sous aucun prétexte être admis près de moi. Je ne veux plus le voir ; je craindrais de me laisser prendre de nouveau à ses paroles hypocrites... Vous m'approuvez, n'est-il pas vrai ?

— Je vous approuve, répondit gravement le prêtre. Du fond de votre âme vous devez lui pardonner son ingratitude, mais cela suffit. Lui permettre de revenir près de vous serait vous exposer à subir des scènes pénibles. Vous êtes débile, peut-être un reste d'amitié d'une part, une sorte de terreur de l'autre, vous forceraient-ils à un compromis qui dégénérerait vite en injustice. Entre Gaston de Marolles si résigné, si respectueux, chef de la famille, et Maxime de

Luzarches le dissipateur, le choix n'est pas douteux. Toute commotion aurait en ce moment des suites terribles... Demeurez donc en paix, attendant le retour de celui qui viendra comme un fils recevoir votre dernière bénédiction.

L'abbé Choisel serra la main du malade et le quitta.

Comme il traversait le jardin, la lettre placée dans sa ceinture tomba dans l'allée durcie par la gelée ; le prêtre la releva, l'examina soigneusement afin de voir si l'enveloppe n'était point salie, si le cachet demeurait intact ; satisfait de son examen, mais ne voulant plus s'exposer à semblable accident, il la garda à la main.

A peu de distance de l'abbé Damien, aux aguets depuis l'aube, espionnant pour le compte de son maître ce qui se passait autour du château. Il avait vu successivement entrer le notaire et le prêtre ; la vue de la lettre que tenait l'abbé Choisel lui donna le soupçon de la vérité.

— M. de Marolles vient d'écrire à M. Gaston, pensa-t-il ; sans aucun doute il le rappelle auprès de lui.

Emboîtant le pas derrière le curé, il vit celui-ci se diriger vers le bureau de poste puis jeter une lettre par l'étroite ouverture de la boîte.

— J'en étais sûr, murmura-t-il.

Il consulta sa montre, et constata que le bureau ne s'ouvrirait pas avant deux heures.

— Lire la lettre n'est pas indispensable, murmura-t-il, et d'ailleurs l'entreprise serait périlleuse ; il faut seulement que je sois certain qu'elle est pour M. Gaston, et que je connaisse son adresse. Ces petites gens-là doivent souvent déménager...

Damien rentra au château et pénétra dans la chambre de Maxime.

Après lui avoir fait part de ses observations, il ajouta :

— Quelle que soit la teneur de la lettre, elle devra partir. Il suffit que nous tenions sur nos gardes... Que Monsieur me pardonne cette façon de m'exprimer ; il me semble, tant est grand mon dévouement, que ses intérêts sont devenus les miens.

— En effet, dit amèrement Maxime, si je suis dépossédé, tu perdras une bonne place.

— A ce sujet, monsieur connaît mes intentions. Je me lancerai dans la finance, oh ! la petite finance, à courtes échéances et à gros intérêts... Un de mes amis a fait de la sorte fortune en dix ans... Je 'ne manque ni d'habileté ni de faconde : à l'école de monsieur on se forme vite.

— Revenons à la lettre.

— Monsieur connaît-il la directrice des postes ?

— Non, répondit Maxime distraitement.

— Moi je la connais... C'est une fille de trente ans, amaigrie, jaune, souffrant à la fois de l'envie et d'une maladie de foie. Toute bile, cette demoiselle Rebais... Son père occupa une belle situation dans un ministère ; on lui a donné comme une aumône le bureau de poste de Marolles. Elle y vit pauvrement, mal servie par une gardienne de chèvres, jalousant les riches, et s'en prenant à tous de ce qu'elle appelle sa déchéance... Avec ces natures-là les compromis sont possibles, elles aiment le désordre pour lui-même et trouvent à commettre le mal un plaisir raffiné...

— Tu en conclus ?

— Que je pourrai lui acheter la lettre, si je ne l'obtiens pas pour rien.

— Combien vaut-elle ? demanda Maxime.

— Le diamant que vous avez au doigt.

— Prends-le donc, et fais vite. Mon sang bout, j'ai la fièvre. L'inaction à laquelle je suis réduit devient une torture. Si j'avais pu pénétrer près de mon oncle, j'aurais vite reconquis mon empire. L'habitude est une grande force. Je lui aurais persuadé qu'il s'était trompé, il n'eût demandé qu'à me croire... Ce Gaston, il l'a oublié... Une des raisons qui pourraient lui donner un avantage sur moi serait son mariage, mais est-il certain, seulement !... cette union fut célébrée à Chandernagor, où peut-être on ne les entoure point d'autant de précautions légales qu'en France... Si j'avais vu mon oncle, une heure, une minute !

— Quant à cela, monsieur peut renoncer à y parvenir. Les deux domestiques du docteur Sameran montent la garde dans le vestibule, et Sébas demeure dans l'antichambre du premier étage, tandis que le docteur reste au chevet de son malade. Le seul moyen d'enrayer les projets de votre oncle est de vous en prendre à M. Gaston...

— Laisse-moi, fit Maxime, et agis pour le mieux.

Damien quitta son maître et descendit vers le village ; trois fois il passa devant le bureau de poste dont les contrevents demeuraient soigneusement clos. Enfin la petite gardeuse de chèvres les ouvrit à grand effort de ses bras maigres, et montra sa tête ébouriffée dans le cadre sombre de la fenêtre. En même temps une voix aigre et pointue partit du fond de la salle :

— Cateline, as-tu fini ?

— J'accroche les volets, mademoiselle.

— Tu es bien longtemps.

— Mes bras sont trop courts, j'ai peur de tomber.

— Dépêche-toi, paresseuse, et tire le guichet, le public peut venir.

Cateline accrocha le dernier volet et disparut dans la chambre. Un moment après Damien ouvrait la porte du bureau.

Arthémia Rebais, roide dans sa robe noire d'un rouge déteint, ses cheveux plats lissés sur un front bas et trahissant l'obstination, venait de s'asseoir à sa place de fonctionnaire.

Damien, qui savait au besoin calquer les façons de son maître, s'inclina d'une façon d'autant plus courtoise que ce qu'il souhaitait obtenir paraissait plus difficile.

— Mademoiselle, lui dit-il avec assurance, je viens de jeter dans la boîte une lettre adressée par moi à M. Gaston de Marolles... Dans cette lettre, j'ai oublié de lui donner un renseignement indispensable, seriez-vous assez bonne pour me la rendre ?

Arthémia n'ignorait point que ces complaisances sont permises ; elles les avait eues différentes fois, cependant elle hésita.

— Écrivez une lettre complémentaire, monsieur, dit-elle presque sèchement.

— Voulez-vous me faire comprendre que je réclame une faveur illicite ?

— Difficilement accordée, du moins.

— Me connaissez-vous, mademoiselle?

— Vous êtes le valet de chambre de M. de Luzarches.

— Son intendant, corrigea Damien.

— J'avais entendu raconter dans le pays... on y est fort méchant, d'ailleurs ; que non seulement M. de Luzarches haïssait son cousin, mais encore qu'il avait réussi à faire partager cette haine à M. Florriot de Marolles... Se réconcilient-ils donc sur le lit d'agonie de l'oncle millionnaire.

— La parole de l'abbé Choisel a bien de l'onction.

— Je n'en doute pas ; souhaitez-vous du papier et une plume pour écrire une seconde lettre?

— Merci, mademoiselle, c'est la première qu'il me faut.

Damien avait mis à son doigt la bague de Maxime.

— Dans votre situation, mademoiselle, une femme montre beaucoup sa main, la vôtre est belle... mais elle le semblerait davantage encore ornée de ce bijou... Je vous le passerai au doigt quand vous aurez eu la bonté de retrouver dans la boîte la lettre que je réclame, et que, du reste, je vous rendrai à l'instant.

Arthémia regarda Damien en face, puis la bague, ferma les yeux, comme si elle espérait échapper à la tentation, enfin subitement plongeant les mains dans la boîte elle tria rapidement les lettres qu'elle renfermait, trouva celle que réclamait Damien, et la lui tendit serrée entre le pouce et l'index, mais elle ne la lâcha qu'en sentant le diamant entourer l'annulaire.

Damien s'éloigna, fendit l'enveloppe à l'aide d'une lame d'une grande finesse, et qui ne devait laisser aucune ébarbure, non en haut, mais par le côté, la lut, retint l'adresse souhaitée, recolla l'enveloppe après y avoir glissé le billet de M. de Marolles, puis il la rendit à Mlle Rebais.

— Mille grâces, lui dit-il.

Il sortit rapidement du bureau.

— Rue Truffault, 15... c'est bon à retenir... M. Gaston recevra la lettre demain matin... Il quittera Paris le jour même... peut-être ne sera-t-il à Grenoble qu'au milieu de la nuit.... Non, il viendra jusqu'à l'auberge de Marolles... Peut-être y soupera-t-il, afin de ne déranger personne au château avant l'heure où M. Henriot s'éveille...

Par deux fois Damien répéta :

— L'auberge du *Soleil-Levant!* C'est une idée cela !

Regagnant le château, il monta rapidement à l'appartement de Maxime. Celui-ci rongeait sa colère avec peine. Assis sur un divan, il fumait nerveusement des cigarettes. Vainement il avait tenté de pénétrer chez son oncle, une fois de plus il s'était vu repousser avec perte. En apercevant Damien il crut trouver un sauveur dans son complice.

— Eh bien ? demanda-t-il.

— La lettre est partie.

— Ne valait-il pas mieux la garder ?

— C'eût été une imprudence. Nous savons ce que nous avions intérêt à apprendre, il suffit.

— Ainsi, Mlle Rebais ?

— Se pare de votre diamant. C'est une âme vendue, elle donnerait une lettre recommandée pour un bracelet.

— Et cette lettre renferme ?

— Une instante prière adressée par votre oncle à son neveu.... Il le supplie d'accourir sans retard au château.

— De sorte qu'il sera ici ?

— Après-demain dans la nuit.

— Et ne rien pouvoir, rien ! s'écria Luzarches avec rage.

Damien s'approcha, le regard aigu, la bouche sifflante :

— Si, dit-il d'une voix âpre, il reste quelque chose à faire.

Luzarches recula épouvanté par l'expression du visage. Puis tombant dans un fauteuil et enfouissant son front dans ses mains.

— Voyons ton plan, dit-il.

LA CHAMBRE N° 7

— Père ! Père ! comme tu as été longtemps ! (Voir page 38.)

CHAPITRE IV

CŒURS SOUFFRANTS

Rue Truffaut, à Batignolles, se trouve une maison de trois étages au-dessus desquels sont ménagés de vastes greniers qualifiés d'« ateliers » par des propriétaires ingénieux. Un plancher mal joint, des voliges couvertes d'un papier de teinte neutre, un vitrail assez large, ont motivé la modification du nom et l'augmentation du loyer. Deux petites chambres, dont l'une se trouve munie d'une armoire dans laquelle la ménagère cache un fourneau, composent ce qu'on appelle l' « appartement ». L'escalier a des marches roides, et les paliers étroits laissant voir des portes boiteuses; on sent la misère, mais une misère honnête, dans ces logis habités par des hommes doués certainement de talent et dont quelques-uns possèdent du génie. Sur une des portes deux plumes croisées indiquent sommairement la demeure d'un homme de lettres; une palette couverte de tons invraisemblables décore une seconde entrée; la troisième porte sur une carte cloué un seul nom : *Gaston de Marolles*. La quatrième et la cinquième gardent des crayons et des estompes pour armes parlantes. Une ardoise pendue au mur permet d'inscrire les noms des visiteurs.

Il est cinq heures, la nuit est tombée, dans l'escalier on entend le pas fatigué d'un homme; à ce bruit reconnu par des cœurs anxieux et des oreilles attentives, une porte s'ouvre, et les deux bras d'une enfant de quinze ans, encore adolescente par la gracilité de ses formes se noue autour du cou de celui qui revient.

— Père! père! comme tu as été longtemps!

Il pressa l'enfant sur sa poitrine, comme si cette caresse lui donnait du courage, puis il s'avança vers une jeune femme couchée dans un grand fauteuil.

— Comment vas-tu, Arinda?

La malade évita de répondre.

— As-tu vendu tes deux toiles, Gaston?

— Oui, répond l'homme d'une voix amère, quarante francs. En comptant les toiles et les couleurs, j'en avais dépensé vingt.

— C'est du pain! reprend la femme.

— Père! ne te décourage pas, ajouta la jeune fille, on m'a donné quatre éventails à peindre.

— Au même prix que les autres?

— Hélas!

— Total six francs!

— Mère l'a dit, c'est du pain.

Gaston de Marolles s'assit et posa les deux coudes sur la table.

— Je deviens lâche! lâche! dit-il. Si j'avais du cœur il devrait me suffire de vivre et de vous faire vivre toutes deux; vous si faibles, vous gardez plus de résignation que moi.

Arinda se souleva lentement et s'approcha de son mari.

— Ne dis jamais de semblables choses, fit-elle, jamais, je te le défends! Pour qui luttes-tu sinon pour nous? Je le sais trop, l'existence te serait facile si tu n'avais pas accepté le fardeau de ma pauvreté ! Rien ne t'obligeait à me prendre pour femme quand je me trouvai ruinée. Je t'avais rendu ta parole, je me résignais à une séparation inévitable et légitime ; je savais à l'avance que tu t'exposais à une bataille dont peut-être tu sortiras vaincu…. Quand tu t'obstinas dans ton dévouement et ta tendresse, l'énergie me manqua pour te repousser, je t'aimais aussi, moi ! tu parvins à me convaincre. Devant les hommes et devant Dieu tu pris pour compagne l'orpheline que devait repousser ta famille. Ah ! Gaston, que cette générosité pèse lourdement sur ta vie !

— A ton tour, tais-toi, fit Gaston en s'approchant de la jeune femme, et en lui prenant tendrement les mains. Il est des familles frappées successivement dans ce qu'elles ont de plus cher, nous sommes de celles-là. Mais en même temps nous gardons au cœur deux courages : celui de la foi, et celui du devoir social. Si parfois je t'ai laissé devenir des défaillances, je fus coupable, il m'appartient de t'épargner un poids de chagrins trop lourd. Oui, nous sommes malheureux et pauvres, mais nous nous aimons, tout est là !

Mélali vint s'agenouiller devant sa mère.

— Mon père a raison, rien n'est perdu pour ceux à qui restent l'amour et la confiance.

— Chère ange ! fit Arinda, tu souffres aussi cependant.

— Vos privations m'affligent, vos angoisses me serrent le cœur, et pourtant je garde au fond de mon âme une singulière confiance.

— Sur quoi la fondes-tu, chérie ?

— Vous paraissez toujours oublier mon oncle.

— Ne serait-ce point folie de compter sur lui ?

— Je ne crois pas.

— Quelles preuves d'indifférence il m'a données !

— Sous l'influence de ton cousin.

— Je l'avoue ; mais Maxime restant auprès de lui, cette influence subsistera.

— C'est un méchant homme, n'ayant d'autre but dans la vie que la satisfaction de ses instincts, à la fois vaniteux, passionné pour le plaisir, joueur et capable de rouler sur toutes les pentes pourvu qu'il y trouve les jouissances dont il est affamé.

— Ne vous êtes-vous pas aimés autrefois ? demanda Arinda.

— Oui, jadis, dans mon extrême jeunesse. Sa mère était sœur de mon oncle, une sainte qui mourut avant de pouvoir le guider dans la vie. Il commença par dissiper son héritage à Paris. De temps à autre, lorsque une perte considérable le mettait à la côte, il revenait à Marolles, et, sachant que mon oncle Henriot conservait de Françoise un souvenir attendri, il évoquait cette douce et pure physionomie, provoquait l'attendrissement dans l'âme de mon oncle, obtenait une somme plus ou moins considérable, et se hâtait alors de quitter le château sous prétexte de mettre ordre à ses affaires.

— Mais toi? demanda Arinda.

— J'habitais Marolles, et mon oncle me témoignait une vive tendresse. Mon père qui était son frère cadet m'avait en mourant vivement recommandé à lui. Je n'aimais aucun des exercices bruyants faisant la joie de mon cousin, et j'étudiais la peinture avec ardeur. Je l'appris d'instinct, car il n'existait point à Grenoble de maîtres dignes de ce titre. Pendant mes rares voyages à Paris je visitais les musées, je traversais les ateliers des maîtres, puis je rentrais à Marolles, et je recommençais avec un nouveau courage à en reproduire les magnifiques paysages. La vie me fut douce durant cette phase de ma vie.

— Jamais tu ne m'as complètement appris le sujet de la rupture avec ton oncle.

— Le voici. Nous avions pour voisins de campagne un gentilhomme de vieille roche, de fortune moyenne, dont le fils m'inspira une profonde sympathie. Très épris d'une jeune fille dont la dot était considérable, il redoutait un refus de sa famille, et se demandait par quel moyen il arriverait rapidement à la richesse quand un imprudent lui conseilla de s'engager dans des opérations financières. Le malheureux n'y entendait rien. Il ne vit qu'une chose : la possibilité de s'enrichir rapidement et d'être uni à celle qu'il aimait. Dans sa naïveté il la croyait éprise comme il l'était lui-même; puisqu'un moyen s'offrait à lui de gagner rapidement de l'argent, il en aurait.

— Mais la chance pouvait lui devenir contraire...

— Il ne voulut voir que l'hypothèse favorable à ses désirs. Quand il me parla de sa tendresse pour Aurélie, j'essayai de lui faire comprendre que, coquette et futile, elle ne récompenserait peut-être pas son dévouement. Il aimait, il resta aveugle et sourd. Il risqua une partie de l'héritage très modeste de sa mère, avec des alternatives de perte et de gain. Parfois je le voyais rayonnant, quelques jours plus tard il me paraissait profondément découragé. C'était durant ces phases de tristesse qu'il aurait souhaité trouver des consolations auprès de celle qu'il considérait comme sa fiancée, mais Aurélie n'aimait que les fêtes, où elle pouvait briller, et lorsque mon pauvre Maurice arrivait près d'elle, pâli par l'insomnie, elle évitait soigneusement de lui demander la cause de ses chagrins, le raillait de sa tristesse, et loin de le guérir enfonçait de nouvelles épines dans ce cœur déjà saignant. Alors il était tenté de l'accuser, de lui jeter son ingratitude à la face, de lui révéler quels dangereux moyens il employait pour la conquérir, mais un regard railleur, un sourire plein de sarcasme, arrêtaient une confidence, hélas! inutile, et c'est près de moi qu'il revenait, las de la lutte, désespéré par les échecs, rassemblant un courage suprême pour tenter de dernières batailles. J'essayai vainement de le convaincre qu'il serait mille fois plus noble et plus digne de lui de se jeter dans l'étude, de chercher une situation. Mes conseils demeurèrent infructueux. Brusquement un gain inattendu lorapprocha du but qu'il seproposait. Je le suppliai de s'arrêter, de ne point épuiser sa veine de jouer heureux; il m'écouta d'autant moins qu'Aurélie Serville était demandée en mariage par un homme immensément riche, le comte Romanis, trop âgé pour elle, mais qui lui promettait cette haute vie dans laquelle elle rêvait d'entrer. Maurice donna ordre de jouer à la hausse, à la hausse toujours. Il gardait confiance dans son étoile. Le réveil de ce rêve doré fut terrible. Une nouvelle politique, montrant des points noirs à l'horizon, bouleversa les taux de la rente. En vingt-quatre heures, non seulement Maurice se trouva ruiné, mais il restait à découvert d'une somme de trois cent mille francs.

Je n'ai jamais vu pareille explosion de désespoir. Ce fut seulement devant moi qu'il osa parler et pleurer. Que faire? Je vous l'ai dit, mes chéries, son père possédait un petit bien, gardant l'aspect d'une gentilhommière, quelques maigres rentes, le tout liquidé au rait pas produit cent cinquante mille francs. Quand bien même il eût révélé sa situation au malheureux vieillard, celui-ci fût demeuré impuissant.

Maurice partit à pied pour le château des Vieilles-Roches ; après un désastre comme celui qui le frappait, il voulait savoir ce qu'il pouvait encore attendre de la vie. Connaissant assez les habitudes d'Aurélie pour savoir que par les heures chaudes du jour il la trouverait dans le parc, il se rendit près des six pierres gigantesques donnant leur nom à la propriété, et selon son attente il y trouva Aurélie lisant un volume à la mode.

Elle le salua d'un sourire, et lui fit signe de prendre place sur un banc de gazon.

La présence de son institutrice laissait à la situation des deux jeunes gens une convenance parfaite. Aux Vieilles-Roches Maurice était reçu sur le pied de l'intimité.

— Mademoiselle, demanda Maurice, j'ai voulu vous voir seule : de l'entretien que nous allons avoir dépendent à la fois mon honneur et ma vie.

— Voilà de bien grands mots, monsieur.

— Moins graves encore que ma situation.
— A en juger par l'expression de votre physionomie et le tremblement de votre voix, cette situation est triste.
— Désespérée, mademoiselle.
— Qu'y puis-je ? demanda-t-elle presque distraitement.
— Tout, mademoiselle, vous pouvez tout... Me perdre ou me sauver, me rendre l'espoir ou me rejeter dans un abîme...
— Je viens de lire une phrase presque semblable dans ce livre. Faites-vous des romans, monsieur?
— J'en ai fait un, mademoiselle.
— Fini-t-il bien? Je déteste les dénouements tristes.
— Justement vous me conseillerez à ce sujet.
— Nous allons faire ce que les auteurs appellent de la collaboration?

Elle disait tout cela avec une légèreté affectée. Devinant un danger pour elle dans l'émotion terrible à laquelle Maurice était en proie, elle voulait du moins éviter que ce péril se changeât en un piège tendu à sa pitié. Sa raillerie, pensait-elle, ne pouvait manquer de déconcerter le malheureux qui se trouvait devant elle.

— Eh bien ! ce roman? reprit-elle en regardant Maurice en face.

Au moi de roman l'institutrice se rapprocha.

— Un jeune homme de mes amis appartenant à une famille honorable, mais peu riche, était devenu épris d'une jeune fille.

— Naturellement l'héroïne était parfaite.

— Il la croyait telle, il conserve encore cette pensée. Le chiffre de sa dot pouvait seul mettre un obstacle à leur union. Il résolut de devenir riche, et se jeta dans les aventures de la spéculation.

— Je suis certaine qu'il ne l'avait point consultée. On peut être digne d'inspirer un sentiment profond, et savoir calculer. Les aléas sont toujours dangereux. Je sais bien que je les aurais formellement interdits.

— Le sentiment qu'il éprouvait ressemblait presque à de la folie. Il joua.

— Naturellement il perdit.

— Il perdit tout ce qu'il possédait.

— Oh! fit l'Anglaise, ce était là un roman vulgaire.

Et sur cette observation elle rouvrit son livre à la page qu'elle avait marquée.

— Oui, reprit Maurice avec feu, c'est un roman vulgaire, miss Scott a raison. Quoi de plus fréquent que de voir un homme placer sur la même espérance son bonheur et sa fortune... Ce qui devient plus rare, c'est de rencontrer une femme assez généreuse pour dire à ce décavé de la vie : « Gardez bon courage, reconstruisez une situation sur des bases nouvelles, demandez au travail ce que vous attendiez du hasard, puis venez me trouver fidèle et patiente au foyer de famille où je vous attendrai. »

— Vous avez raison, monsieur, les jeunes filles de ce caractère sont rares. Peut-être ne faut-il point blâmer la femme du positivisme qu'elle met dans la vie. A notre époque on trouve difficilement le moyen de faire un peu de bonheur sans beaucoup d'argent. Savez-vous à quel chiffre de revenu peut se monter une félicité modeste! Cinquante mille livres de rente et l'on est géné... Oui, monsieur, et cette somme permet à peine d'habiter Paris durant trois mois, et de faire bonne figure dans une ville d'eaux l'espace de quatre semaines... Vous souriez avec pitié, ce me semble, vous ne suivez guère le mouvement du fond de votre petit castel. Moi j'observe la vie, je compare entre elles les existences de mes amies, toutes jouissant des superfluités de l'existence, de ce luxe qui est indispensable à toute créature intelligente et belle.

— Mon Dieu! dit Maurice, seriez-vous plus jolie avec une robe de mille écus!

— Tout est relatif, celle-ci est charmante avec ses dentelles et s'harmonise avec les bois et les fleurs ; si j'étais mariée, elle resterait insuffisante.

— Ainsi vous ne pouvez être heureuse sans fortune!

— Non, répondit-elle d'une voix sèche.

— Pourquoi, dites, pourquoi ne m'avez-vous point repoussé?

— Vous repousser? répondit Aurélie, mais je n'ai rien eu à faire de semblable, ce me semble... Ma mère m'aurait-elle caché votre démarche? A mon insu m'avez-vous demandée en mariage...

— Vous savez bien que je ne l'osais pas!

— Oh! je ne devine jamais les énigmes, surtout les énigmes tristes. Quand un jeune homme éprouve pour une jeune fille ce que vous me confiez avoir ressenti, il commence par tout avouer à la famille... N'est-ce point là le chemin habituellement suivi.

— Je vous aimais trop pour copier ces coutumes banales, je connaissais d'ailleurs vos idées et vos goûts. Je voulais être riche avant de vous confier mon but.

— Vous l'êtes donc?

— J'ai joué quitte ou double.

— Et vous avez perdu?

— Tout, jusqu'à la faible espérance de me voir aimé.

— Monsieur, l'histoire d'*Un Jeune Homme pauvre* est un roman écrit par un écrivain de génie ; on ne lui donne pas d'éditions dans la vie pratique... Je ne suis guère romanesque, et je place l'attente de mon bonheur dans des satisfactions très prosaïques : un hôtel, des chevaux, des toilettes des bons faiseurs... Si vous pouviez m'offrir tout cela, je vous préférerais peut-être, mais jamais, jamais, entendez-vous, je ne prendrai pour mari un homme que sa situation rendrait inférieur à moi. Et par infériorité je ne parle point de savoir, mais de position sociale, de fortune. Le bonheur ne m'a jamais paru possible sans la richesse.

— Pour quoi comptez-vous donc les plus doux, les plus puissants attachements, Aurélie ? repondit Maurice dont la voix tremblait grosse de sanglots, je vous jure d'accomplir des miracles pour mériter le bien que j'ambitionne... Promettez-moi seulement de m'attendre .. J'ai vingt-cinq ans, toutes les énergies que donne la tendresse, je gagnerai une seconde fortune.

— Comment ferez-vous ? demanda-t-elle d'une voix moins dure.

— Je partirai pour l'Amérique, j'y nouerai des relations commerciales, au bout de cinq ans j'aurai réussi.

— Cinq ans ! répéta-t-elle, mais alors je serai une vieille fille. J'en ai dix-huit, aujourd'hui. Mes amies, qui seront toutes établies, se demanderont si je veux coiffer sainte Catherine... Tenez, je l'avoue, tout à l'heure je me suis sentie touchée par vos regrets et vos prières, j'ai été sur le point de vous répondre : soit ! patientons ! Mais le terme serait trop long pour mon courage. Réfléchissez, d'ailleurs, que vous pouvez espérer un succès, mais qu'il peut vous manquer comme vient de sombrer votre fortune... Et ce n'est pas tout. Dans ce que vous me dites, dans votre appréciation sur les choses de la vie, je trouve des différences si grandes avec mes propres idées que, j'en suis certaine, avec les meilleures intentions de faire mon bonheur, vous me rendriez malheureuse... Vous m'accusez de vous avoir donné des espérances, c'est faux ; Avez-vous jamais considéré la flirtation de salon comme un engagement.... Une fille comme moi peut-elle donner son cœur lorsque la famille n'est pas d'abord consultée. J'ai été coquette, soit ! J'aime les hommages, mon orgueil me répète qu'ils me sont dus. Vous avez déposé les vôtres à mes pieds à la façon dont on y mettrait une botte de roses... Mais je ne vous dois rien, et je crois pouvoir vous tendre la main en bonne camarade, en vous disant d'oublier un rêve...

— C'est votre arrêt, mademoiselle?

Elle leva les épaules.

— C'est une réponse.

Il lui prit la main et la serra.

— Mon père est vieux, il m'aime; s'il souffre trop, promettez-moi d'aller le consoler.
— Vous partez?
— Je pars.
— Où allez-vous?
— Que vous importe! Après m'avoir chassé vous ne me reverrez jamais.

Elle eut un geste d'ennui, prenant pour la comédie du désespoir ce qui était le désespoir même.

Il la salua sans ajouter un mot.

Le soir même je reçus une lettre contenant ce mot : « Adieu. »

Prévoyant un malheur je courus chez Maurice, le domestique me répondit qu'il s'était enfermé, je brisai sa porte d'un coup d'épaule, et je le trouvai se tordant dans les douleurs d'un empoisonnement par l'opium. Le médecin accourut assez tôt pour le sauver. L'excès de la dose prise en neutralisa l'effet. Au lieu de me remercier, Maurice me dit avec l'accent du reproche : « C'est à recommencer, voilà tout. » Pendant une heure de repos il me raconta ce qui s'était passé, sa perte à la Bourse, la dureté d'Aurélie, l'impossibilité dans laquelle il se trouvait de payer une dette d'honneur.

— Écoute, lui dis-je, je possède la somme dont tu as besoin. Accepte-la comme un prêt. Pars pour l'Amérique, tente virilement d'y faire une fortune, tu l'acquitteras alors avec moi. Rappelle-toi seulement que je ne possède rien de plus. Mon oncle est riche, sans doute, mais les vieillards sont fantasques, peut-être ne me laissera-t-il rien d. sa fortune, je ne puis et ne dois compter que sur moi, ou plutôt sur toi désormais.

Il me serra dans ses bras.

— Tu me sauves la vie! dit-il. Tu sauves aussi mon âme, merci! Le lendemain sa dette fut payée! Trois semaines plus tard il s'embarquait.

— Eh bien? demanda Arinda.
— Je reçus de ses nouvelles pendant un an, et ce fut tout.
— Il est mort sans doute.
— Oui, car c'était un honnête homme incapable de trahir un ami.
— Et Aurélie?
— Elle épousa le comte Romanis, trois fois millionnaire.
— Alors, reprit Melah, tu restas pauvre?
— Je pus cacher quelque temps la vérité à mon oncle, mais un jour, pressé de questions, je lui révélai tout. Sa colère fut terrible. Et cependant, si je m'étais ruiné, c'était pour sauver un ami d'enfance qui m'était cher comme un frère; mon cousin jetait par les

fenêtres l'héritage maternel, et le vieil Henriot ne lui adressait aucun reproche. Il se calma cependant, revint à des sentiments plus doux, et parut me rendre toute son amitié. Nous avions pour voisin un compagnon d'armes de mon oncle riche et père d'une fille. Laide et dure de caractère, altière et ne possédant rien qui fût capable d'inspirer la sympathie, Mila conservait cependant des prétentions justifiées par le nom très ancien qu'elle portait et une dot d'un million.

Je fus longtemps sans m'apercevoir que mon oncle me conduisait souvent chez son vieux camarade, et je ne me doutais même pas que Mila me regardait avec bienveillance.

Un soir mon oncle me dit :

— Gaston, il faut te marier.

— Rien ne presse, lui répondis-je. Je dois d'abord trouver une fiancée.

— Je l'ai choisie pour toi.

— Vous! pour moi! Mais je vous récuse, mon oncle, j'ai sur le mariage des idées fort absolues, et moi seul...

— Tu épouseras Mila.

— Mila! vous n'y songez pas!

— Famille honorable, un million de dot!

— Une fille laide, libre-penseuse ou à peu près ; Mila est l'opposé de mon rêve. Jamais elle ne sera ma femme.

— J'ai donné ma parole.

— Heureusement la mienne n'est pas engagée.

— Écoute, reprit-il d'une voix plus brève, mon affection est à ce prix.

— Ce serait une injustice.

— Ma succession aussi.

— Il suffisait de parler de votre amitié, le second mot est de trop. Je n'épouserai point Mila parce qu'elle me déplaît d'abord ; ensuite, si je cédais à cette volonté, maintenant que vous y subordonnez une question d'intérêt, j'aurais l'air de trop tenir à l'argent. Vivez longtemps mon oncle, pour ceux qui vous aiment, et qu'il ne soit jamais question de votre héritage.

— Tu as raison ; jamais ; je laisserai tout à Maxime.

— Vous êtes libre.

— Et je ne te reverrai d... ma vie.

— Ceci, mon oncle, me causerait une grande peine, car je vous aime profondément.

— Cède à ma volonté, alors.

— Non, il s'agit de ma conscience et de mon bonheur.

— Tu quitteras Marolles.
— Quand vous l'exigerez.
— Et tu n'y rentreras...
— Qu'à l'heure où vous me rappellerez.

Rien ne put le fléchir, et je quittai non seulement Marolles mais la France. J'allai à Chandernagor dans l'espoir d'y refaire ma situation en m'occupant d'affaires commerciales... Je te vis, Arinda, je trouvai en toi les qualités que je souhaitais dans la compagne de ma vie, et la beauté qui reliant le regard après l'avoir séduit, je te demandai à ton père, et nous fûmes fiancés...

— Alors, j'étais riche, dit Arinda avec un soupir.

— La perte successive de trois vaisseaux ruina ton père, ton malheur te rendit mille fois plus chère à mon cœur, je ne voulus pas reprendre ma promesse... Mon oncle me refusa son consentement: Revenant sur son premier arrêt, afin de me décider à ce que j'eusse considéré comme un parjure, il me permit de rentrer à Marolles, et me promit de partager plus tard sa fortune entre moi et Maxime...

— Tu me préféras à tout, dit Arinda en pressant la main de son mari. Nous quittâmes les Indes, et nous vînmes à Paris. Depuis tu as lutté contre la mauvaise fortune, travaillant avec un admirable courage, devenant artiste pour nous faire vivre, moi et Mélati.

— Vous faire vivre! répéta Gaston d'une voix amère, dites vous empêcher de mourir! Et cependant il me semble pourtant que j'ai du talent. De mon séjour aux Indes j'ai rapporté des éblouissements de lumière et de soleil. Mes cartons sont remplis d'ébauches et d'études prêtes à devenir des toiles... Mais je ne parviens pas à sortir du cercle infernal des exploiteurs qui se sont emparés de moi. On reçoit mes tableaux à l'Exposition, mais le public ne les comprend pas ou les dédaigne, et, pendant que je m'épuise à un stérile labeur, vous souffrez de la faim et du froid. Qu'est-ce que j'apporte, en comparaison de ce qu'il vous faut? Rien! et cependant il faudra vivre là-dessus pendant une semaine.

Arinda serra la main de son mari.

— Ton oncle s'apaisera, dit-elle, ou bien Maurice nous sera renvoyé par la Providence.

— Hélas! fit Gaston de Marolles, j'ai cessé d'espérer.

Arinda et Mélati l'entourèrent de tant de soins et de caresses que son cœur et son esprit se réchauffèrent pourtant. Ces deux âmes le comprenaient si bien, le chérissaient d'une façon si exclusive! Le soir venu, il s'endormit plus calme, heureux de sentir planer autour de lui cette atmosphère d'amour qui transformait tout, jusqu'à la misère.

Et cependant elle régnait profonde et terrible dans cette demeure exiguë. On devait mesurer la part du pain, économiser le feu, éteindre vite les lumières. Les femmes raccommodaient leurs vêtements avec une admirable patience. Mélati ne semblait pas même songer que, jeune et belle, elle demeurait privée de tout plaisir. Son chevalet restait à côté de celui de son père, tous deux peignaient tant que la clarté d'un jour d'hiver le permettait. Plus tard Arinda, en souvenir de sa jeunesse passée aux Indes, prenait une sorte de guzla et chantait des *pantouns* que jadis répétaient les esclaves. Mélati répétait la leçon maternelle, puis chacun cherchait le repos après avoir demandé à Dieu la force de recommencer le lendemain un semblable labeur.

A l'aube, le lendemain du jour où ses confidences avaient ravivé de douloureux souvenirs dans son cœur, Gaston se remit au travail, après avoir cherché dans un portefeuille un dessin représentant une superbe ruine hindoue.

Mélati descendit faire les provisions de la journée.

Quand elle remonta, elle tenait une lettre à la main.

— De Marolles, dit-elle, père, une lettre de Marolles !

— C'est mon vieil ami Sameran qui m'envoie des nouvelles, sans doute

Il la décacheta, la parcourut, et parvint difficilement à maîtriser l'émotion qui, subitement, le prit à la gorge.

— Arinda, dit-il, Mélati, mon oncle m'appelle près de lui.

— Tu vois bien, Gaston, c'est le salut ! fit Arinda.

— Le pauvre vieillard se meurt.

— Quand partiras-tu ?

— Aujourd'hui même.

— Et tu arriveras... ?

— A Grenoble assez tard, je gagnerai Marolles, et je logerai à l'auberge en attendant l'heure de me présenter chez mon oncle... cela vaudra mieux que de déranger Sameran au milieu de la nuit. Gaston prit l'argent rapporté la veille, et calcula mentalement :

— Je puis avec cette somme payer mon voyage en troisième classe. Pauvres chères aimées, vous vivrez comme vous le pourrez avec le gain de Mélati. Dans deux jours je vous expédierai des fonds.

— Ne t'inquiète pas de nous, père, dit Mélati, tu le sais bien, nous mangeons comme des oiseaux, mère et moi.

En un moment, Arinda eut roulé dans un tartan quelques menus objets, et Gaston, voyant qu'il n'avait pas un instant à perdre s'il voulait profiter du prochain départ, embrassa sa femme et sa fille, et se dirigea vers la gare.

——≪◦≫——

Saisissant une des haches des bûcherons, il s'approcha de l'ours. (Voir page 51.)

LA CHAMBRE N° 7

CHAPITRE V

L'AUBERGE DU SOLEIL-LEVANT

Il y avait bien longtemps qu'elle se balançait à sa tringle rouillée, l'enseigne parlante de dame Jarnille, la première aubergiste du canton. De temps à autre quand un peintre en bâtiment traversait le pays, il payait sa note en redorant un soleil entouré de rayons et s'élevant au-dessus de la bande rouge de l'horizon. Pendant une semaine Jarnille sortait sur le seuil de sa porte pour regarder dans toute sa gloire l'astre présidant aux destinées de sa fortune: elle renouvelait le bouquet de gui surmontant la niche dans laquelle une vierge de faïence recevait tour à tour les chaleurs de l'été et les neiges de l'hiver. La gaieté, qui d'ordinaire rayonnait sur son honnête visage, redoublait et devenait expansive. Elle confiait alors volontiers à ses voisines qu'elle serait assez riche pour se retirer des affaires, mais qu'elle attendrait l'âge de marier Colette, sa nièce, à qui elle laisserait son établissement en dot.

Jarnille n'avait pas toujours été aubergiste. Partie très jeune pour Paris, elle y apprit d'une façon remarquable la cuisine et la pâtisserie, réalisa des économies, et, lorsque sa mère mourut lui laissant une belle maison sur la route, un jardin et un verger de deux hectares, elle songea qu'il doit être plus doux de commander chez soi que d'obéir chez les autres. Un brave garçon, cocher dans la maison où elle surveillait les fourneaux, la demandait depuis longtemps en mariage; elle l'épousa, acheta une voiture qu'il conduisit de Grenoble à Marolles, remplissant de la sorte l'office de messager, portant les commissions, prenant des ordres, ramenant parfois en maraude un voyageur qui, naturellement, descendait au *Soleil-Levant* et en augmentait la clientèle. Les chasseurs du pays s'y donnaient rendez-vous, et Jarnille, retrouvant l'inspiration des grands jours, préparait des mets succulents, donnant envie de vider maintes bouteilles d'un vieux vin qu'elle gardait derrière ses fagots. Joli-Bois, son mari, faisait alors claquer son fouet d'importance, et, rien qu'à la façon dont trottait sa jument grise, on comprenait qu'il y aurait plantureux repas au *Soleil-Levant.*

Le bonheur complet de Jarnille dura dix années. Un soir, tandis que son mari revenait à Marolles, par un horrible temps d'hiver, il descendit de sa carriole afin d'alléger pour le cheval la fatigue de la montée. Le terrain avait été rendu glissant par les glaces; lorsque Joli-Bois voulut remonter, il glissa, tenta de s'accrocher à la bride, tomba sur le sol, et la première roue de la voiture lui passa sur la poitrine. Il se traîna saignant et brisé sur le chemin : la jument, le voyant immobile, s'arrêta, hairant son maître et poussant des hennissements plaintifs. Au matin une laitière aperçut Joli-Bois, le releva par un miracle d'énergie et le ramena au pas à l'auberge où Jarnille commençait à redouter un malheur. En voyant son mari demi mort, elle ne perdit pas la tête, envoya chercher des sangsues à l'étang voisin, et les appliqua tandis qu'on allait quérir le docteur Sameran. Mais Joli-Bois était resté trop longtemps sans secours sur la route glacée, le sang extravasé l'étouffait. Le souffle passait avec peine dans sa poitrine noire et tuméfiée dont trois côtes étaient brisées. Il expira après quatre jours d'une agonie comateuse.

On crut longtemps que Jarnille ne survivrait pas à cette épreuve. La force de son tempérament la sauva, les obligations de son état l'obligèrent à secouer le fardeau de son chagrin ; lentement les mois, les années accomplirent leur œuvre d'apaisement, et Jarnille retrouva son sourire de belle humeur. Quelquefois, il est vrai, le souvenir de Joli-Bois lui remettait au front une tristesse inattendue et au cœur une amertume, mais ces sensations s'effaçaient vite. Elle prit son parti du veuvage, mais non pas de la solitude. Résistant à toutes les offres qui lui furent faites, elle refusa d'accepter un second mari. Quand sa sœur mourut laissant Colette orpheline, elle adopta celle-ci, et trouva que désormais elle avait un but dans sa vie.

Colette comptait quinze ans. C'était une svelte et mignonne créature, fine et blanche pour une paysanne, rieuse, accorte, remplie de bon vouloir, chérissant profondément sa tante, et cachant au fond de son âme ingénue une tendresse qu'elle ne s'avouait pas encore. Vêtue avec une coquetterie naïve, coiffée au hasard d'une chevelure rebelle à tout bonnet plus ou moins classique, elle inspirait à tous un intérêt amical. Colette savait que la belle auberge du *Soleil-Levant* lui appartiendrait quand elle aurait vingt ans et qu'elle serait mariée, aussi en soignait-elle la clientèle autant que lui permettaient son intelligence et ses forces.

Ce jour-là, dame Jarnille paraissait un peu morose. Le temps froid ne permettait guère de s'arrêter pour boire un verre de vin en passant et saluer l'hôtesse d'un mot amical. Les clients étant rares, les profits resteraient maigres.

Colette tricotait dans l'embrasure de la fenêtre, et Rameau-d'Or tressait un fouet.

Rameau-d'Or avait dix-sept ans, une laideur spirituelle, un cœur généreux et certaines ambitions cachées dans le plus profond de sa pensée.

Un matin on l'avait apporté blessé à l'auberge, et il y était resté. Son histoire triste gardait des côtés mystérieux.

Quand il remontait vers le passé cherchant à reconstituer la première moitié de sa vie, il savait bien qu'alors il était heureux, sinon riche. Une femme, sa mère sans doute, le couvrait de caresses et le comblait de soins. Il portait des vêtements aux couleurs gaies, il se rappelait les lui avoir vu savonner en plein air dans un champ où poussaient des marguerites aussi hautes que lui.

Brusquement la nuit se faisait dans sa pensée. Sa mère était-elle morte? Il l'ignorait; il se souvenait seulement de s'être un jour réveillé d'un lourd sommeil dans une voiture roulante, habitée comme une maison, et séparée en pièces différentes : la cuisine où une vieille mégère faisait cuire des pommes de terre volées et du lard qu'elle avait mendié. La chambre à coucher renfermait trois lits dissimulés dans des armoires. On pouvait à peine se tourner dans cette voiture, mal suspendue sur quatre roues grossières; une seconde voiture suivait, et ce fut dans celle-là que le lendemain on l'obligea à prendre place.

Elle renfermait deux ours, un loup et une hyène.

Cette triste ménagerie avait pour propriétaire une femme bohème dont l'âge demeurait problématique. Deux filles et trois hommes de la même tribu complétaient le personnel de la troupe. Elle ne se contentait point d'exhiber les bêtes, quatre pièces composées par la vieille Saky formaient un répertoire suffisant. Les trois hommes et les deux filles jouaient les rôles, Saky tenait la caisse, mais le pitre venait de mourir, un pauvre petit Meurt-de-Faim tué par les coups et le chagrin, et qu'on jeta dans le fossé, comme la carcasse d'un chien crevé.

Celui-là avait pour mission de revêtir une sorte de sayon blanc à bordure rouge, de se coiffer d'un bonnet de Janot auquel se balançait un papillon fixé par une tige de laiton, et de battre la grosse caisse. Pendant qu'il fut tout petit, on n'exigea point de lui d'autre service; plus tard il dut apprendre des parades et savoir accepter en souriant des coups de pied devant le public.

Une fois Meurt-de-Faim tombé dans le fossé, on chercha à le remplacer. La *maringotte* des bohèmes ensevelit un crime de plus, et un enfant volé devint le futur Janot de la parade.

Il fallut battre longtemps le pauvre petit pour l'obliger à répéter des exercices qui disloquaient ses membres et lui brisaient la poitrine. Il obéit, vaincu par la faim, et finit par se montrer avec les bêtes sauvages, jouant d'une sorte d'instrument criard pour faire danser les ours, distribuant des viandes saignantes à la panthère, apprenant par cœur les parades.

Une seule chose séduisait l'enfant : les voyages.

Quand il se trouvait accoudé à l'une des fenêtres de la maringotte, regardant fuir des paysages montrant tour à tour des collines couvertes de vignobles, de grands bois aux lointains bleus, des cours d'eau roulant sous les saulaies, une sensation de joie profonde l'envahissait. Aspirant l'air pur, il oubliait sa prison, car il était vraiment prisonnier de ceux qui l'avaient volé, et quelque chose d'inconscient, ressemblant à de la poésie, se dégageait de cette jeune âme. Du reste, on ne lui donnait nulle instruction. Il apprenait par cœur le dialogue des parades qu'il eût été incapable de lire. Sa mémoire était surprenante. Il était né comédien. Un visage d'une expression fine, aisément variée, une grande souplesse de corps promettaient aux bohémes un sujet précieux. Aussi, du moment où l'enfant ne tenta plus de se rebeller contre la vieille Saky, lui rendit-on l'existence à peu près supportable.

Il répétait les pièces avec une des filles et un grand garçon à cheveux roux, on lui donnait à manger, on l'habillait de défroques, et pour l'encourager on lui promettait de lui faire étudier quelque jour de véritables rôles.

Cette vie dura un temps dont il lui fut impossible d'apprécier la longueur. La seconde phase de cette vie de malheurs et de hasards allait commencer. Ceux qui le voyaient lui donnaient à peu près douze ans. Un jour, aux environs de Grenoble, la troupe venait de dresser les piquets de la tente pour la représentation qui aurait lieu le soir. Les bêtes descendues de leur voiture, enchaînées à des piquets, paraissaient dormir. Tout à coup, un grand ours brun se leva, délivra ses pattes, se balança d'abord à droite et à gauche, puis, saisi d'un besoin soudain de liberté, il bondit d'une façon désordonnée, arracha le piquet enfoncé d'une manière insuffisante, et s'élança du côté de la campagne. La halte des bohémiens avait lieu à l'entrée d'un faubourg ; la fuite de l'ours ne causa nulle épouvante parmi ces habitants, mais Saky aperçut le fugitif déjà loin, et appelant l'enfant elle lui cria de le ramener.

Le petit courut sans crainte à cette bête qu'il connaissait, et ne tarda point à la rejoindre. Mais lorsque l'ours compri qu'on voulait le ramener à la voiture roulante, au moment où l'enfant allait saisir l'extrémité de sa chaîne, il se jeta dans un fourré.

Le bois était épais ; l'enfant, comprenant qu'il ne pouvait rentrer sans son compagnon, le suivit en l'appelant, mais la bête fuyait toujours de plus en plus affolée, et jamais le pauvre petit n'eût réussi à la saisir si l'ours ne se fût reculé à la vue de deux bûcherons armés de haches.

L'enfant profita de ce moment, il saisit l'extrémité de la chaîne ; mais alors l'ours rendu furieux se rapprocha de son jeune maître en poussant un grommellement sourd, étendit les bras, et serra l'infortuné sur sa poitrine puissante.

Les bûcherons épouvantés poussèrent de grands cris, mais aucun d'eux n'eut le courage de s'attaquer au monstre.

Ces cris attirèrent un chasseur courant les bois un fusil à l'épaule, un livre dans son carnier. À peine eut-il compris quel danger menaçait l'enfant, que, saisissant une des haches des bûcherons, il s'approcha de l'ours et d'un coup rapide coupa l'un de ses bras. La bête sanglante roula sur le sol, entraînant l'enfant évanoui et dangereusement atteint à la tête.

. Le chasseur le souleva avec précaution, lava sa blessure, puis remettant quelques menues pièces d'argent au bûcheron :

— Je ne suis pas riche, mes braves, leur dit-il. Remplissez donc la commission dont je vous charge, plutôt pour l'amour de Dieu que dans l'intérêt d'un gros gain… Gaston de Marolles vient errer dans les bois de Marolles, sans avoir le droit de pénétrer dans le château… Mais j'y ai grandi, et de temps en temps, la nostalgie du pays natal me prenant, je reviens ici dessiner ces grandes futaies, esquisser l'aspect sombre du manoir, et renouveler ma douleur avec ma tendresse pour celui qui m'a banni. Portez ce petit chez Jarnille, à l'auberge du *Soleil-Levant*.

— De grand cœur, monsieur Gaston, et nous ne voulons rien pour cela.

Une fanfare joyeuse interrompit les paysans, le chasseur disparut sous les arbres en répétant :

— Je vous rejoindrai.

Un moment après les bûcherons portaient l'enfant chez Jarnille. Lorsqu'il revint à lui un vieux médecin le soignait avec une bonté touchante, et celui que les paysans avaient appelé « M. Gaston » paraissait attendre avec sollicitude le moment où il ouvrirait les yeux.

— Que dira la vieille Saky? murmura l'enfant.

— Qui est cette Saky? demanda le docteur.

— La bohémienne à qui appartenait l'ours.

Il raconta alors lentement, lambeau par lambeau, son histoire, et lorsqu'il eut fini le chasseur lui demanda :

— Souhaites-tu retourner avec Saky?

— Elle me donne du pain.

— Tu pourrais en gagner autrement.

— Où?

— Ici.

— Vrai! Et je vous verrais souvent, vous, monsieur qui me soignez,… vous, monsieur le chasseur qui m'avez sauvé.

— Moi, répondit ce dernier, je retournerai à Paris, mais on me donnera de tes nouvelles.

— Qui donc me prendrait?

— Mais moi! répondit Jarnille en survenant. J'ai justement besoin d'un jeune valet.

— Oh! j'accepte! j'accepte!

Et l'enfant resta.

Sa vie fut très douce. A la place de l'hyène et des ours il soignait les chevaux et portait la provende à la chèvre. Dans la maison, s'employant avec un grand zèle, il faisait reluire les chaudrons et les casseroles, montait le vin de la cave, le servait adroitement aux consommateurs, et méritait souvent le don de petites pièces d'argent qu'il jetait dans les profondeurs d'un vieux bas. Naturellement spirituel il devait à la fréquentation des bateleurs et à l'habitude de jouer les parades une désinvolture amusante et une étrange facilité de réplique. On l'aimait beaucoup à l'auberge du Soleil-Levant, et Jarnille en arriva à le traiter plus en enfant qu'en valet. La petite Colette lui devait de ne jamais salir ses mains à des travaux grossiers, et de borner ses occupations à plier du linge, ranger les armoires, plumer les volailles et dresser les corbeilles de fruits.

On ne voyait guère Colette sans trouver Rameau-d'Or à ses côtés.

Pourquoi l'appelait-on ainsi, personne n'en savait rien. On lui avait trouvé au cou une petite croix de cuivre, que son peu de valeur fit respecter par les bohémiens. Le curé du village, l'abbé Choisel en conclut qu'il appartenait à des parents chrétiens; cependant lors de sa première communion, on lui donna un patron dans le ciel. En dépit de cela, personne ne l'appela Sidoine, et on continua à le nommer Rameau-d'Or, comme faisaient les bohémiens qui l'avaient plutôt volé que trouvé.

Ce matin-là, tandis que Rameau-d'Or tressait son fouet et que Colette tricotait un bas rouge, les deux enfants causaient:

— Sais-tu que tu es devenu savant, disait Colette, tu sais lire, écrire et compter mieux que moi, et cependant c'est moi qui ai joué le rôle de maîtresse d'école.

— C'est vrai, répondit Rameau d'Or, mais toi, Colette, tu as trouvé suffisant ce que t'a fait montrer ta tante Jarnille, tandis que moi j'ai travaillé une partie des nuits. L'argent que me donnent les voyageurs passe en chandelles et en livres. Je n'en dis rien à Jarnille qui craindrait de me voir mettre le feu à l'écurie, on me répéterait que je n'ai pas besoin de tout cela pour gagner mon pain... Mais j'ai mon idée, vois-tu... En ce monde, jamais on n'en apprend assez...

— Songerais-tu à étudier le latin?

— Je suis trop vieux pour cela, Colette.

— Eh bien! alors...

— Je n'habiterai peut-être pas toujours Marolles.

— Tu songes à partir? demanda l'enfant subitement alarmée.

— Non, je ne forme pas de projets, mais qui peut savoir l'avenir?

cait l'enfant, que, saisissant une des haches des bûcherons, il s'approcha de l'ours et d'un coup rapide coupa l'un de ses bras. La bête sanglante roula sur le sol, entraînant l'enfant évanoui et dangereusement atteint à la tête.

Le chasseur le souleva avec précaution, lava sa blessure, puis remettant quelques menues pièces d'argent au bûcheron :

— Je ne suis pas riche, mes braves, leur dit-il. Remplissez donc la commission dont je vous charge, plutôt pour l'amour de Dieu que dans l'intérêt d'un gros gain... Gaston de Marolles vient errer dans les bois de Marolles, sans avoir le droit de pénétrer dans le château... Mais j'y ai grandi, et de temps en temps, la nostalgie du pays natal me prenant, je reviens ici dessiner ces grandes futaies, esquisser l'aspect sombre du manoir, et renouveler ma douleur avec ma tendresse pour celui qui m'a banni. Portez ce petit chez Jarnille, à l'auberge du *Soleil-Levant*.

— De grand cœur, monsieur Gaston, et nous ne voulons rien pour cela.

Une fanfare joyeuse interrompit les paysans, le chasseur disparut sous les arbres en répétant :

— Je vous rejoindrai.

Un moment après les bûcherons portaient l'enfant chez Jarnille Lorsqu'il revint à lui un vieux médecin le soignait avec une bonté touchante, et celui que les paysans avaient appelé « M. Gaston » paraissait attendre avec sollicitude le moment où il ouvrirait les yeux.

— Que dira la vieille Saky? murmura l'enfant.

— Qui est cette Saky? demanda le docteur.

— La bohémienne à qui appartenait l'ours.

Il raconta alors lentement, lambeau par lambeau, son histoire, et lorsqu'il eut fini le chasseur lui demanda :

— Souhaites-tu retourner avec Saky?

— Elle me donne du pain.

— Tu pourrais en gagner autrement.

— Où?

— Ici.

— Vrai! Et je vous verrais souvent, vous, monsieur qui me soignez... vous, monsieur le chasseur qui m'avez sauvé.

— Moi, répondit ce dernier, je retournerai à Paris, mais on me donnera de tes nouvelles.

— Qui donc me prendrait?

— Mais moi! répondit Jarnille en survenant. J'ai justement besoin d'un jeune valet.

— Oh! j'accepte! j'accepte!

Et l'enfant resta.

Sa vie fut très douce. A la place de l'hyène et des ours il soignait les chevaux et portait la provende à la chèvre. Dans la maison, s'employant avec un grand zèle, il faisait reluire les chaudrons et les casseroles, montait le vin de la cave, le servait adroitement aux consommateurs, et méritait souvent le don de petites pièces d'argent qu'il jetait dans les profondeurs d'un vieux bas. Naturellement spirituel il devait à la fréquentation des bateleurs et à l'habitude de jouer les parades une désinvolture amusante et une étrange facilité de réplique. On l'aimait beaucoup à l'auberge du *Soleil-Levant*, et Jarnille en arriva à le traiter plus en enfant qu'en valet. La petite Colette lui devait de ne jamais salir ses mains à des travaux grossiers, et de borner ses occupations à plier du linge, ranger les armoires, plumer les volailles et dresser les corbeilles de fruits.

On ne voyait guère Colette sans trouver Rameau-d'Or à ses côtés.

Pourquoi l'appelait-on ainsi, personne n'en savait rien. On lui avait trouvé au cou une petite croix de cuivre, que son peu de valeur fit respecter par les bohémiens. Le curé du village, l'abbé Choisel en conclut qu'il appartenait à des parents chrétiens; cependant lors de sa première communion, on lui donna un patron dans le ciel. En dépit de cela, personne ne l'appela Sidoine, et on continua à le nommer Rameau-d'Or, comme faisaient les bohémiens qui l'avaient plutôt volé que trouvé.

Ce matin-là, tandis que Rameau-d'Or tressait son fouet et que Colette tricotait un bas rouge, les deux enfants causaient :

— Sais-tu que tu es devenu savant, disait Colette, tu sais lire, écrire et compter mieux que moi, et cependant c'est moi qui ai joué le rôle de maîtresse d'école.

— C'est vrai, répondit Rameau d'Or, mais toi, Colette, tu as trouvé suffisant ce que t'a fait montrer ta tante Jarnille, tandis que moi j'ai travaillé une partie des nuits. L'argent que me donnent les voyageurs passe en chandelles et en livres. Je n'en dis rien à Jarnille qui craindrait de me voir mettre le feu à l'écurie, on me répéterait que je n'ai pas besoin de tout cela pour gagner mon pain... Mais j'ai mon idée, vois-tu... En ce monde, jamais on n'en apprend assez...

— Songerais-tu à étudier le latin ?

— Je suis trop vieux pour cela, Colette.

— Eh bien ! alors...

— Je n'habiterai peut-être pas toujours Marolles.

— Tu songes à partir ? demanda l'enfant subitement alarmée.

— Non, je ne forme pas de projets, mais qui peut savoir l'avenir ?

— Est-ce que ce n'en est pas un de rester au *Soleil-Levant?*
— En qualité de valet d'écurie? Non, Colette.
— Tu es ambitieux?
— Peut-être bien?
— A quoi ça sert-il d'être ambitieux?
— Cela force à travailler davantage, à gagner plus d'argent, à devenir plus heureux.
— Le *Soleil-Levant* me suffit bien à moi !
— Parce que tu en seras un jour la maîtresse. Jarnille te cédera son auberge en te mariant.
— Eh bien ! c'est pour cela...
— Pour cela quoi ?
— Nous nous serions mariés, et l'auberge eût été à nous deux... Quels drôles de petits aubergistes nous aurions fait, pas vrai ! J'aurais eu vingt ans, toi vingt-deux ! Jeunes comme des linots, enfin ! nous aurions chanté toute la journée.
— Et qui aurait fait la cuisine ?
— J'aurais tourné la broche en chantant. Est-ce que cela ne t'aurait pas plu d'être mon mari et d'avoir le *Soleil-Levant?*
— Il manque une chose à ton projet.
— Quoi?
— L'approbation de Jarnille.
— Elle la donnera, tu sais combien elle t'aime.
— Comme petit valet, je ne dis pas, comme neveu, ou comme qui dirait un gendre, car tu sembles vraiment sa fille, c'est autre chose. Outre la maison, ta tante a des économies, elle te mariera à un riche garçon du pays.
— Je n'y consentirai jamais.
— Tu le crois, mais tu diras « oui » pour ne point contrister ta tante.
— Veux-tu que je te donne une parole sacrée ?
— Non, Colette.
— Méchant ! tu crains de t'engager aussi.
— On connaît ta famille à toi, moi je suis un enfant trouvé, un enfant volé... Dans les petits pays on regarde à la parenté, vois-tu..,
— Est-ce ta faute, à toi.
— Non, sans doute, mais je porte la peine du crime des autres.
— Quelle injustice !
— Il se commet beaucoup d'injustices en ce monde.
— C'est triste ! fit Colette en secouant sa tête blonde.
— Par exemple, est-il rien de plus injuste que la conduite de M. Henriot de Marolles à l'égard de son neveu Gaston?

— C'est vrai! un homme si bon, si brave!
— Si je suis en vie, n'est-ce pas à son courage que je le dois. Jamais je ne l'oublierai, vois-tu, Colette, jamais... Certes je suis bien reconnaissant à Jarnille de m'avoir gardé, à toi de m'aimer comme un frère; mais M. Gaston de Marolles me demanderait de le suivre, je le suivrais, de verser mon sang pour lui, je le verserais jusqu'à la dernière goutte.
— Et tu aurais raison, Rameau-d'Or. L'ingratitude est un vilain vice. Il y a bien longtemps qu'on ne l'a vu dans le pays, M. Gaston...
— Autrefois il y venait davantage, il espérait que son oncle lui pardonnerait...
— Lui pardonnerait quoi?
— D'avoir épousé une femme qui n'est pas riche... Suppose que tu persistes dans ton idée de te marier avec moi, et qu'en dépit de Jarnille nous devenions mari et femme... Jarnille te chasserait comme le vieil Henriot de Marolles a chassé M. Gaston. Il est revenu différentes fois dans le pays, se cachant, parcourant les bois, rôdant autour du château où il avait grandi. Il espérait rencontrer son oncle, mais son cousin, M. de Luzarches, fait bonne garde! Et quand M. Gaston n'a plus conservé d'espérance il a cessé de venir ici. Quelle joie ce serait pour moi de le revoir, de le remercier de nouveau, de lui renouveler la promesse de ma reconnaissance. J'y pense souvent va! Et M. de Luzarches peut se vanter de connaître au *Soleil-Levant* quelqu'un qui ne l'aime guère.
— Qu'est-ce que cela peut lui faire, Rameau-d'Or?
— On ne sait pas, vois-tu; la haine est une mauvaise graine qui pousse toujours. Si jamais je puis venger M. Gaston, Colette, je n'y manquerai pas.
— Tais-toi! fit vivement la fillette, voici son valet de chambre.
— Ah! oui, un valet de chambre à façons d'intendant, Damien, qu'il faut appeler « monsieur » gros comme le bras... Encore un que je n'aime guère!
Damien franchit le seuil de l'auberge, et demanda avec importance :
— Où est dame Jarnille?
— Dans la basse-cour, allez la retrouver, monsieur Damien.
— Va la chercher, petit drôle, et apprends à parler d'une façon plus polie, ou tu pourras étrenner sur les épaules les fouets que tu tresses si bien.
Rameau-d'Or se redressa :
— Essayez pour voir! fit-il.

— Va chercher ma tante, dit Colette, va, mon ami.

— Voilà une petite avec qui on peut s'entendre, au moins, assez gentille si on lui blanchissait les mains et si on changeait sa cornette !

Colette devint rouge et ne répondit rien.

— C'est vrai, ma belle enfant, reprit Damien, la situation que vous occupez ici est indigne de votre gentillesse et de votre âge.

— Cette position me suffit, allez, monsieur, et je n'ai pas envie d'en changer.

— Même pour habiter un château?

— Pas celui de Marolles, toujours!

— Pourquoi pas?

— M. Maxime va-t-il donc se marier?

— Sans qu'il y songe, nous avons besoin d'une lingère.

— La petite coud très mal, dit Jarnille en rentrant. Ce n'est pas bien, monsieur Damien, de chercher à dégoûter cette enfant d'une situation plus que suffisante. Elle vivra ici honnêtement comme sa tante, deviendra la femme d'un honnête garçon, et cela vaudra mieux que d'être lingère au château de Marolles... Et maintenant que je vous ai fait ma petite morale, qu'y a-t-il pour votre service?

— Mon maître viendra souper ici ce soir.

— Au *Soleil-Levant*?

— Il vous fera cet honneur.

— Ce n'est pas la première fois que j'y ai servi de bons dîners, maître Damien, seulement je les servais en plein jour, et cette maison est bien tranquille pour M. de Luzarches et ses amis.

— Le bruit des réunions dérange M. de Marolles. Soyez tranquille, vous serez payée largement... Vous servirez dans le grand salon, dont les portes-fenêtres donnent sur la terrasse dominant le jardin... Il y aura dix couverts. On se servira de l'argenterie du château... Vous possédez de bons vins ; quant au menu, le poisson abonde dans votre vivier, vous avez des perdreaux et des chevreuils, votre renom de cordon bleu n'est plus à faire... Voici trois cents francs d'avance...

Jarnille n'osa refuser.

— Pour quelle heure le souper?

— Onze heures.

— Je serai exacte.

Damien sortit, et Jarnille se mit à marcher dans la salle.

— Trois cents francs! Une belle somme, je ne dis pas! mais ce M. de Luzarches et ses amis, quels mauvais sujets! Enfin j'ai promis, il s'agit de me distinguer. Vois-tu, Colette, je ne veux pas amoindrir ta clientèle, ma fille... L'auberge rapporte bon!

— Ma tante, quand vous vous êtes mariée, étiez-vous riche?
— Pas mal déjà, petite.
— Et mon oncle Joli-Bois?
— Il avait dix mille francs.
— Dix mille francs! c'est beaucoup d'argent!
— Pourquoi me demandes-tu tout cela?
— Pour savoir. Il me semble que moi j'aimerais un mari bien pauvre, afin de le faire plus heureux.
— Tu penses trop vite à des choses graves, Colette! Va chercher des fruits dans le fruitier, ma fille : toi, Rameau-d'Or, choisis les vins dont voici la liste. Prends le plus beau linge dans l'armoire, Colette. Dix couverts, tu as entendu?
— Est-ce que je servirai à table, ma tante?
— Dieu me garde de pareille imprudence : on amènera des domestiques du château.

En un moment tout fut en l'air au *Soleil-Levant*. Jarnille saignait les dindons blancs, plumait les perdreaux, préparait un quartier de chevreuil. La fille de basse-cour s'agitait, Rameau-d'Or gouaillait tout en travaillant, et Colette, qui gardait sur le cœur les compliments de Damien qu'elle considérait comme autant d'insultes, maugréait contre le dérangement que le souper occasionnerait dans la maison.

La nuit descendit vite, nuit froide qui semblait ne point devoir s'achever sans orage.

Vers dix heures tout était prêt.

Damien, arrivé de bonne heure, resta une partie du temps dans la salle basse, le visage collé au vitrage de la fenêtre. On eût dit qu'il surveillait la route.

Dans la grande pièce du premier étage les murailles disparaissaient sous des feuillages de sapins, les candélabres étincelaient, le couvert dressé avec goût invitait à savourer les plaisirs de la table. Enfin les voitures commencèrent à arriver, Rameau-d'Or ouvrait la portière, Jarnille introduisait les voyageurs dans le salon, la grosse Pétronille s'agitait autour des fourneaux, et le moment de servir les hôtes de M. de Luzarches approchait.

On riait haut déjà dans le salon aux dix couverts. On riait en dépit des sourds grondements du tonnerre, et nul, excepté Damien, qui paraissait s'oublier près de la fenêtre, ne songeait en ce moment à s'occuper de la petite clientèle qui pouvait demander ce soir-là l'hospitalité à l'auberge.

Tout à coup un voyageur apparut sur la route, et Damien, appelant Colette, lui dit rapidement :

— Voici un étranger, ne dérange personne, petite. Dame Jarnille a bien assez à faire ce soir. Conduis toi-même le voyageur dans la chambre donnant sur la galerie. Le lit doit être fait. Si tu arraches ta tante à son souper, il sera brûlé par la faute.

Le marteau de la porte retentit faiblement.

Colette alla ouvrir et vit entrer un homme de haute taille enveloppé dans un paletot dont le collet remonté ne permettait guère de voir le visage. Son chapeau à grands rebords et un cache-nez le masquaient presque entièrement. On ne distinguait bien que ses yeux, deux yeux noirs très doux.

— Puis-je passer la nuit ici, mon enfant? demanda le voyageur.

— Certainement, monsieur, si vous désirez souper on vous servira dans votre chambre, nous avons beaucoup de monde ce soir, et...

— Mon lit me suffira, et je partirai de fort bonne heure.

— Veuillez me suivre, monsieur.

Colette le conduisit dans une chambre du premier étage, lui laissa de la lumière, du papier, des plumes, car il annonça qu'il voulait écrire, puis elle redescendit.

A peine venait-elle de reprendre son labeur qu'une voix enrouée se fit entendre, et on frappa au volet de la cour.

— Que voulez-vous, qui êtes-vous? demanda Colette.

— Il fait si froid, laissez coucher un pauvre voyageur dans l'écurie, pour l'amour de Dieu!

Jarnille ne refusait jamais ce genre de service, Colette introduisit le mendiant, et lui montrant un bâtiment au fond de la cour :

— Entrez là, dit-elle, et bonne nuit!

— La bonne nuit, fit le vagabond, est pour ceux qui festoient dans la grande salle... Allons un lit de paille fraîche vaut mieux que le fossé de la route... Merci à vous, ma jolie fille !

Le mendiant s'étendit dans l'écurie, et Colette courut à l'appel de sa tante.

— Les desserts sont-ils prêts?

— Oui, ma tante, tous. Je viens de conduire un voyageur à la *Chambre n° 7*, et un pauvre dans l'écurie.

— On sonne en haut! J'y vais ; Colette, surveille le rôti, ce M. de Luzarches me fera damner!

Et Jarnille monta les escaliers, tandis que Colette tournait le cuissot de chevreuil rôtissant doucement devant un feu clair.

— Veux-tu donc que je te tue? (Voir page 69.)

CHAPITRE VI

NUIT TRAGIQUE

La maison occupée par Jarnille fut bâtie par un homme ayant fait les guerres d'Espagne. Il en rapporta un goût prononcé pour les vastes cours, les bassins remplis d'eau, les balcons surplombants, et cet ensemble de choses fraîches, charmantes et confortables qu'on appela le *Ratio*. Les maçons qu'il employa, car il fut lui-même son

architecte, se raillèrent de lui sans lui faire abandonner son idée.
Au bout de vingt ans, quand les paysans de Marolles regardaient la
cour bien pavée, ornée au milieu d'une fontaine jaillissante, les vieux
ceps tordant leurs bras le long des colonnes et drapant de feuillage
les balcons à jour, ils furent bien obligés de convenir que cette disposition était à la fois gracieuse et commode. Le bonhomme Sublet
n'oublia rien dans l'aménagement de son auberge. Une vaste cuisine
ouvrant sur la route, cuisine dans laquelle on servait les rouliers et
les voyageurs de mince importance; une salle à manger en arrière,
réservée aux gens de bonne apparence sachant commander autre
chose que la soupe aux choux et l'omelette au lard. Les chambres du
premier étage s'ouvraient sur le balcon faisant le tour des constructions. Après la maison venaient les écuries, les remises, puis les
granges, les bâtiments dans lesquels on rangeait les charrues, les
charrettes, les harnais, les bûchers. De ce balcon on dominait la
fontaine entourée d'un quadruple rang de fleurs. Un salon élégant,
garni de meubles achetés à la vente d'une maison bourgeoise, s'ouvrait de temps à autre pour les voyageurs riches, les jeunes époux
en voyage de noce, les fils de famille des environs et quelques étrangers attirés par la beauté du pays.

Jarnille s'occupait alors des moindres détails du souper.

C'était le cas ce soir-là. Elle savait que le neveu de M. de Marolles
aimait la bonne chaire, et, si mince que fût sa sympathie pour lui,
elle tenait à se montrer digne de la réputation qu'avait son auberge
à dix lieues à la ronde.

Les amis de M. de Luzarches, gais d'une gaieté fébrile, se mirent
à table vers onze heures. Contrairement aux dîners habituels dont le
commencement est glacé par la contrainte, les invités furent tout de
suite d'un entrain bizarre et nerveux. Chamigny buvait comme feu
Bassompierre; Lucien Grandpré récitait des triolets; Hector de Sablé
estimait le chiffre des dettes qu'il comptait faire payer par sa tante.

Le temps qui jusqu'alors s'était maintenu changea soudainement :
un vent furieux fit grincer d'une façon lugubre les girouettes et
l'enseigne rouillée du *Soleil-Levant*; sur la route les arbres se tordirent
avec des gémissements, et un souffle de tempête enveloppa l'auberge.

Mais les invités de M. de Luzarches ne parurent pas l'entendre.
Les vins les grisaient déjà. Peu leur importait le déchaînement des
éléments s'ils riaient et causaient dans la chambre chaude.

En bas le vieux vagabond dormait dans l'écurie, et plus d'une fois,
quittant son abri précaire et sa couche de paille, il erra dans la cour
écoutant les éclats de cette gaieté qui narguait sa misère et interrompait son sommeil.

C'était un homme de soixante-dix ans, dont toute la vie avait gardé les tristesses de l'abandon. Il ne se souvenait point d'avoir eu de mère, et jamais il ne songea à fonder une famille. A peine fut-il capable de travailler qu'il alla de ferme en ferme cherchant de l'ouvrage durant la saison d'été. Année par année sa vie se passa de la sorte. Il mangeait à la table d'autrui, couchait dans un lit emprunté, vivant au jour le jour, à la façon des oiseaux émigrants. Tant qu'il fut jeune, il trouva cette existence facile ; à mesure qu'il vieillit, elle lui pesa. Désormais on le trouvait trop âgé pour faucher le foin, couper le blé, battre en grange. Il fit alors des ouvrages de femme, arracha des pommes de terre et des betteraves, gaula des noix, égrena du maïs. Enfin la paralysie envahit ses membres, et toute besogne lui devint difficile. C'est alors qu'il connut les hivers rigoureux, les longues semaines durant lesquelles la faim crie dans la poitrine creuse, les nuits froides, les jours courts, faits d'ombres rapides, de coups de vent, de tombées de neige. Souvent la compassion lui tendait une aumône ; il la prenait avidement, assouvissant le besoin présent sans songer au lendemain. Le lendemain, pour lui, ce serait peut-être le fossé au fond duquel il roulerait pour ne s'éveiller jamais.

Jusqu'alors il avait accepté avec une sorte de philosophie sauvage cette vie irrégulière, mais ce soir-là, sans qu'il se rendît compte pourquoi, le bruit des verres, les gaietés de ces jeunes fous lui firent sentir plus cruellement l'excès de sa misère. Ne pouvant dormir à son gré, il eut l'idée de se distraire en regardant ce qui se passait dans cette salle vivement éclairée, où l'on oubliait si gaîment la froidure et l'orage.

Une échelle était à sa portée dans l'écurie, il la prit, l'appuya doucement contre le balcon et monta. Enjambant sans bruit la balustrade, il se trouva tout près de la pièce dans laquelle M. de Luzarches et ses amis faisaient bombance, et colla sa face morne contre les carreaux de la porte-fenêtre.

Le hasard voulut que Lucien Grandpré l'aperçut au moment où il se levait pour déclamer des vers de sa composition.

Il ouvrit alors rapidement la croisée, et, saisissant l'homme par la main avant que celui-ci eut pris le temps de résister, il l'amena au milieu de la chambre.

— Mes amis, dit-il, les anciens plaçaient un squelette dans la salle des festins, à notre orgie vient présider la misère. Holà ! vieux, que fais-tu ici ?

Le vagabond trembla, regarda d'un œil avide les mets savoureux et ne répondit pas

— As-tu faim? reprit Chamigny.

— Oui, fit le pauvre. Je n'ai rien mangé depuis hier soir, et encore ce n'était qu'un morceau de pain.

— Prends ce poulet, ce pain, cette bouteille de vin, et refais-toi à notre santé!

— Un instant, fit Luzarches que l'angoisse rendait soupçonneux, pourquoi nous épiais-tu?

— Vos chansons m'empêchaient de dormir, et il me fallait bien occuper les heures de la nuit.

— Par où es-tu monté ici?

— J'ai dressé une échelle que j'ai trouvée près de moi dans un coin.

— C'est ma foi vrai! dit Lucien le névrosiaque, l'échelle est encore là.

— Où couches tu?

— Dans l'écurie.

— Retournes-y, fit Maxime avec une sorte de colère. J'excuse la faim, mais non la curiosité. Nous avons loué cette salle et nous entendons y être maîtres.

— Merci, mes bons messieurs, dit le vagabond; soyez assurés qu'en vous regardant je n'avais aucun intention mauvaise.

Puis il ajouta mentalement :

— J'ai bien fait de venir, tout de même, ma curiosité me vaut un souper. Voilà un poulet qui va faire joliment bien l'affaire de mon estomac.

Il enjamba de nouveau le balcon, mit le pied sur l'échelle, la descendit d'un pas lourd et bientôt sa silhouette se perdit dans la nuit.

Maxime resta un moment appuyé sur la balustrade, se demandant avec inquiétude ce que ce loqueteux, malgré ses dénégations, était venu faire sur le balcon.

— Luzarches, dit Lucien, il fait un vent de diable, ferme cette fenêtre.

— As-tu peur que la fraîcheur du soir te dégrise?

— Moi jamais!

— Mes chers bons, dit Luzarches, j'adore les oppositions dans la vie : au dedans un grand feu, les clartés d'un lustre, toutes les recherches de la bonne chère... Au dehors, une tempête grandissante... Viens donc ici, Lucien, cet orage te fournira la matière d'un sonnet.

— Je suis trop gris, répondit Lucien.

— Alors toi, Chamigny.

L'Hercule chasseur répondit :

— Je commence l'histoire de mes cinquante-quatre duels... dont vingt-neuf eurent une issue fatale pour mes adversaires.

En effet, Carl Chamigny, la figure rubiconde, les coudes sur la table, se disposait à narrer à ses amis ses exploits de duelliste, et de quelle façon courtoise il avait occis vingt-neuf hommes de cœur et blessé les autres. Sa voix était rauque, sa langue empâtée, et les fumées du vin ne lui laissaient déjà plus toute sa lucidité d'esprit.

Lucien, vautré sur un canapé, improvisait une ode à la lune en vers de dix-huit pieds.

Les autres fumaient, écoutaient et vidaient les bouteilles de liqueur.

Luzarches les observa tous l'un après l'autre,

— Sont-ils assez ivres? se demanda-t-il. Le moment d'agir est-il enfin venu?

Au même moment, Damien effleura du doigt l'épaule de son maître; puis, lui adressant un signe muet, il le conduisit en face de la porte vitrée d'une chambre séparée par une seule pièce de la salle à manger.

— Regardez! fit-il.

Dans cette chambre se trouvait le voyageur introduit par Damien dans l'auberge du *Soleil-Levant*, pendant que ses occupations culinaires troublaient trop dame Jarnille pour qu'il lui fût possible de s'occuper d'un piéton arrivé sans bagages.

Celui-ci, une fois entré dans la petite chambre, enleva son chapeau à grands bords, rabattit le collet de son paletot, inspecta la pièce du regard; puis, avant de songer à prendre du repos, il chercha un encrier, tira de son sein un portefeuille et commença une longue lettre.

La fièvre lui rongeait le cœur depuis qu'il avait quitté les chères créatures formant l'horizon de ses tendresses. Ne devait-il point raconter son voyage, leur parler de la tristesse dans laquelle le jetait la séparation, verser enfin son cœur dans leur cœur, et leur répéter d'avoir bon courage dans l'avenir, que sans doute la fin de toutes leurs dures épreuves était proche.

Tout à son amour d'époux et de père, il laissait déborder son cœur en de longues pages d'une écriture serrée; il ajoutait un feuillet à un autre feuillet, quand le visage de Maxime s'appuya contre les vitres.

Les yeux de M. de Luzarches brillèrent d'un éclair de haine; il passa la main sur la crémone de la fenêtre, adressa un signe à Damien, puis rapidement il franchit le seuil de la chambre, et la referma.

Au bruit qu'il fit le voyageur leva la tête sans quitter la chaise sur laquelle il était assis.

— Me reconnais-tu? lui demanda Maxime en jetant sur lui un regard plein de haine.

— Oui, répondit Gaston de Marolles, tu es le fils de Françoise de Marolles, comme je suis le fils de son frère... La nature nous fit parents, et notre destinée paraissait être de nous aimer, tu ne l'as pas voulu...

— Qui de nous deux est le plus coupable? Qui de nous deux quitta le manoir paternel?

— Moi, répondit Gaston, mais je n'ai point à rougir du motif pour lequel je m'exilai. Ce motif, tu le connais et tu sais qu'il n'a rien que de très honorable.

— Est-ce ma faute si depuis que tu es parti mon oncle te garde rancune.

— Peut-être t'aurait-il été possible de l'amener à me pardonner, car il est foncièrement bon.

— Je l'ai tenté sans y réussir.

— Ne parlons plus de ces choses, dit Gaston d'une voix conciliante, elles pourraient nous attrister et nous aigrir ; je viens ici la main tendue, oublieux du passé qui fut amer; j'y viens, hélas! pour assister aux derniers moments de notre oncle que j'aime malgré son injustice à mon égard.

— Pour te réjouir d'une espérance.

— Ma joie ne peut être complète, puisque l'oncle Henriot est à la veille de quitter cette terre.

— Comment le sais-tu?

— Il me l'a fait écrire.

— Et tu viens à la curée du cadavre?

— Je viens fermer les yeux d'un vieillard qui m'a toujours été cher et dont je n'oublierai jamais les anciens bienfaits.

— Bien qu'il t'ait chassé, maudit?

— Malgré cela... Il m'a cru des torts, alors que je remplissais un devoir sacré!

— Et tu franchiras demain le seuil du château de Marolles? Demain tu reprendras ta place au foyer de famille?

— Naturellement.

— Et tu recueilleras ce que tu n'as point gagné! Et tu t'approprieras une fortune qui ne doit pas t'appartenir?

— Que signifie...

— Cela signifie que, tandis que tu vivais librement auprès d'une femme que tu aimes, je souffrais, moi, d'une façon quotidienne, les manies, les colères, les injustices maladives du vieil Henriot... Il m'a fallu durant des années entendre les mêmes histoires, discuter les mêmes points de politique, écouter les rapsodies d'une vie de gentilhomme campagnard abruti par la maladie... Combien de fois n'ai-je pas été tenté d'abandonner Marolles, de renoncer à cet héritage qui se faisait par trop attendre, et de retourner à Paris... Paris où m'attiraient mes goûts, mes passions, où je me serais senti vivre... Paris, la ville par excellence, la ville de tous les plaisirs, où l'on vit plus en un mois qu'ici en dix années...

— Paris où je mourais de faim avec Arinda et Mélati! Paris où j'épuisai mon talent pour gagner vingt francs par semaine.

— Ceux qui m'ont vu ici commandant des chasses, donnant des dîners luxueux ont pu me croire du nombre des favoris de la fortune. Je me rongeais cependant les poings de rage, me demandant quand finirait cette comédie sinistre; quand, riche enfin, je pourrais reconquérir cette liberté après laquelle j'aspire depuis si longtemps.

— La fin de cette comédie? demanda presque sévèrement Gaston, qu'entends-tu par là?

— Eh bien! c'était la mort d'Henriot, ce vieillard égoïste et vaniteux qui me comblait de ses dons tout en regrettant les sommes qu'il me donnait, car il est avare autant que je suis prodigue... Mais cet inutile s'obstinait à vivre, cet ennuyé ne songeait pas à partir... Je devais me cacher pour rassembler mes amis, et oublier dans quelque orgie les ennuis mortels de cette existence... Ah! j'ai payé cher cet argent, et j'ai cruellement gagné la succession du vieillard... Et voilà qu'aujourd'hui tu viens ici pour m'arracher l'or que m'a promis le vieux de Marolles !

— Pourquoi ne l'as-tu pas aimé? demanda Gaston.

— J'en suis venu à le haïr.

— Oh!

— Ecoute, reprit Maxime d'une voix dure et brève, les moments seront courts durant lesquels nous pourrons discuter nos intérêts respectifs... A cette succession d'Henriot de Marolles, nous n'avons pas des droits égaux. Toi, sur un mot d'avis, tu arrives de Paris prendre ta part des trésors de cet avare sur lesquels j'étends en vain la main depuis dix ans... Cette fortune est à moi, à moi seul, entends-tu... Je l'ai payée par des ennuis de chaque jour, des rages sourdes, des explosions de haine... Il me la faut pour combler l'abîme creusé par mes dettes. Je la veux, et je l'aurai... je l'aurai toute coûte que coûte.

— Qui te dit que tu ne la partageras pas?

— Mes pressentiments... Trahi par Sébas, ce valet qui s'était institué ton défenseur, j'ai perdu dans une minute le fruit de dix ans de patience et de ruse. Le masque est jeté, je ne le rattacherai pas... Tout se passera entre nous. Il est inutile de discuter avec un maniaque... Si tu entres à Marolles, c'est dans l'espoir de prendre la succession à laquelle je renonce moins que jamais... Elle sera à moi, en dépit du notaire et du prêtre, de Sébas, le modèle des valets, de toi-même le modèle des neveux... En dépit de tous les obstacles qui pourraient encore s'élever entre elle et moi. Il me suffira pour cela d'être seul auprès du lit de mort d'Henriot de Marolles...

— Prétends-tu m'empêcher d'obéir à l'appel pressant qu'il m'a adressé.

— Je vous intimerai ma volonté, cela suffira, s'écria Luzarches sur un ton de colère, en abandonnant le *tu* familier.

— Vous croyez?

— J'aurai pour vous décider des arguments irrésistibles, et il faudra bien que vous cédiez.

— Lesquels?

— J'essaierai de la persuasion, d'abord.

— Et si vous échouez?

— Je défendrai, voilà tout!

— Oui, voilà tout! Vous commanderez au fils des aînés de Marolles de quitter le château héréditaire, afin d'en rester le maître. L'époux malheureux, le père dévoué devra céder la place au libertin avide de jeter en pâture à ses créanciers l'or qui ferait vivre une famille honorable et soulagerait des centaines de malheureux... A quoi songez-vous donc? Vous croyez-vous plus fort de vos vices que moi du sentiment de mes devoirs? Vous imaginez-vous que je sois disposé à recevoir un ordre de vous?

— Je vous ai dit que vous n'iriez pas à Marolles, vous n'irez pas à Marolles.

— J'irai.

— Le choc des volontés amène souvent celui des épées. Au point où en sont les choses il serait bon que l'un de nous deux disparaisse.

— Je ne me battrai pas contre vous, Maxime.

— Pourquoi?

— Si par malheur je venais à vous tuer, je croirais avoir commis un fratricide.

— Je garde moins de scrupules!

— Et si les liens de parenté vous semblent **insuffisants, rappelez-**

vous que je considère le duel comme une folie et un crime. Il suffit que ma religion me défende de me battre pour que je ne me batte pas.

— Vous refusez de me rendre raison?
— Raison à vous, de quoi?
— De vouloir me faire déshériter.
— Je n'y songe point; mon oncle est le maître de son bien, il en disposera comme bon lui semblera.
— Ne m'exaspérez pas davantage, Gaston... Tout à l'heure, j'étais assis à table à côté d'amis aussi fous que moi-même... Nous avons bu jusqu'à l'ivresse... Ma colère ressemble à celle du taureau, je vois rouge... Retournez sur vos pas, je vous jure de vous ménager une belle part sur la fortune d'Henriot... Je le signerai si vous voulez; mais n'allez pas à Marolles, ou alors prenez garde !
— J'irai à Marolles chercher la bénédiction de l'ancêtre de la famille.
— Veux-tu donc que je te tue? demanda Maxime en appuyant fortement sa main sur l'épaule de Gaston.

Celui-ci essaya de se lever, une contraction le prit au cœur; dans les regards de Maxime il lut une résolution épouvantable : il n'eut le temps ni de crier ni de se défendre; avant qu'il eût pu faire un mouvement, le bras droit de M. de Luzarches se leva de nouveau, et cette fois il enfonça jusqu'à la garde un poignard entre les épaules de Gaston.

Celui-ci étendit les bras, et sans pousser un cri il tomba la face sur la table.

Immédiatement la porte-fenêtre se rouvrit sous les doigts fébriles de M. de Luzarches, il tourna la clef dans la serrure, la lança dans le bassin, se glissa vers la salle à manger, et se trouva, le visage impassible, en face de Lucien de Grandpré au moment où celui-ci achevait son improvisation.

— Hein! que dites-vous de cela? demanda-t-il, voilà de beaux vers où je ne m'y connais pas.
— Superbes! répondit Luzarches en riant. C'est égal, il est un concert que je préfère encore au vôtre, c'est celui de cette nuit. Vive l'orage, messieurs! Vive le vent qui siffle dans les arbres! Vrai Dieu ! je suis plus ivre que vous tous!

Il vida un plein verre de chartreuse verte et tomba sans mouvement sur le divan.

A ce moment une heure du matin sonnait au clocher de la chapelle de Marolles.

Le fracas de l'orage redoubla d'une façon terrible, une forte odeur de paille brûlée se répandit dans la maison, les charretiers et les domestiques poussèrent des cris d'épouvante ; Colette se jeta en pleurant dans les bras de Jarnille. Celle-ci marcha du côté de l'écurie où le feu venait de prendre, chassant le vagabond qui s'y était réfugié. Au bruit, à l'effroi accompagnant ce commencement d'incendie, M. de Luzarches parut s'éveiller, et, le bras étendu vers la fenêtre qu'éclairaient les rougeurs de l'incendie, il murmura avec une sorte d'angoisse dans la voix :

— Est-ce que Dieu me répondrait ?

— Messieurs, dit Chamigny, voici une fin d'orgie grandiose. Dieu nous traite en Balthasar, il mêle la foudre à nos chansons ! Croyez-moi pourtant, remontons dans nos voitures et gagnons à fond de train nos demeures. La propriété de Jarnille va flamber comme une meule de foin. Je veux bien lui envoyer cent louis demain pour l'aider à réparer ses pertes, mais je n'entends pas rôtir tout vif... Sans être superstitieux, Grandpré, je suis convaincu que nous avons attiré le malheur sur cette maison ! Partons en hâte pendant qu'il en est temps encore. Dans cinq minutes nous pourrions être cernés par les flammes.

Les jeunes gens descendirent, éveillèrent leurs cochers, et montèrent dans leurs voitures, qui filèrent au grand trot, tandis que les voisins de Jarnille accouraient pour arrêter ce commencement d'incendie.

Rameau d'Or se trouvait alors dans la cour, offrant son aide aux travailleurs. Tout à coup le souvenir du voyageur occupant la *Chambre n° 7* lui revint à la mémoire ; il crut prudent de l'éveiller et de le prévenir du péril. Gravissant rapidement l'escalier, il passa sur le balcon, et tenta d'ouvrir la porte. A sa grande surprise elle résista. Cependant, à l'intérieur il n'existait point de verrou ; collant son visage contre le vitrage, il regarda et vit le voyageur accoudé sur la table. Il lui sembla même entendre un soupir. Il fut pris d'un sinistre pressentiment.

Rameau d'Or devait à son premier métier une grande souplesse : roulant autour de son poing le pan de sa veste, il brisa un carreau et sauta dans la chambre.

Alors avec une terreur qui lui arracha un grand cri, Rameau d'Or aperçut le couteau enfoncé jusqu'à la garde dans les épaules de Gaston de Marolles.

Celui-ci revenait lentement au sentiment de l'existence, et ses gémissements prouvaient l'excès de sa souffrance.

Rameau d'Or alla chercher de l'eau et en présenta au moribond.

Le blessé se souleva, but une gorgée, et il devint possible à l'enfant de le reconnaître :

— Monsieur Gaston ! monsieur Gaston ! dit-il en joignant les mains d'un geste de terreur.

— Tu me connais ? murmura le blessé.

— Si je vous connais ! Vous m'avez sauvé la vie ! Je donnerais la mienne pour vous... Que faire, mon Dieu ! Faut-il arracher le couteau de votre blessure ?

— Non, je mourrais sans doute au même instant... Je t'ai sauvé la vie, dis-tu, je ne m'en souviens pas...

— Rameau d'Or... le grand ours brun... dans la forêt de Marolles... les saltimbanques qui m'avaient volé.

— Oui, oui, je me rappelle, maintenant... Et tu veux me témoigner ta reconnaissance ?

— Depuis que vous m'avez sauvé j'ai demandé chaque jour à Dieu de m'en fournir l'occasion.

Gaston regarda l'adolescent :

— Tu es si jeune ! si jeune ! pour une mission grave !

L'enfant tomba sur les genoux.

— Ayez confiance, dit-il, je suis un homme par le cœur. Ce que vous me commanderez, je le ferai ! Mais hâtez-vous ! l'incendie gagne, voyez la chambre est toute rouge de ses clartés ! Dans quelques secondes il faudra fuir.

M. de Marolles s'appuya contre Rameau d'Or, reprit la plume avec laquelle il avait tracé tant de pages affectueuses pour Arinda, puis, au bas d'une écriture large et tremblée, il ajouta deux lignes, les data et les signa. Ensuite fouillant dans sa poitrine il en tira un portefeuille gonflé de papiers.

— Tout ce qui est ici, dit-il, avec cette lettre, tu le remettras à ma femme.

— Je le jure, monsieur !...

Gaston s'appuya plus lourdement sur l'enfant.

— Je souffre, mon Dieu ! Je meurs...

— L'adresse, écrivez l'adresse !

Gaston reprit la plume, et cette fois avec une peine infinie il écrivit : *Madame de Marolles... rue...*

Sa main laissa échapper la plume, son corps se roidit dans une convulsion, il ne lui fut plus possible que de murmurer :

— Tu ne m'as pas vu... silence sur ton salut... dépôt sacré... Paris !... Ma femme... Ma fille...

— J'obéirai ! j'obéirai ! répéta Rameau d'Or dans un sanglot. Vous pouvez compter sur tout mon dévouement.

Mais en vain tenta-t-il de ranimer le blessé, les battements du cœur ne se faisaient plus sentir ; en même temps la voix de Jarnille l'appela, il serra dans sa veste les précieux papiers et courut se mêler à la foule. Quand il se trouva au milieu d'un groupe, il crut seulement alors possible de répondre à sa maîtresse.

L'intensité du feu diminuait. On savait désormais que l'écurie seule serait perdue, et Jarnille se consolait à la pensée que le désastre aurait pu être plus grand.

La plupart des travailleurs restèrent sur pied jusqu'à la pointe du jour, dans la crainte de voir se rallumer tardivement un foyer d'incendie.

Le garde-champêtre rassuré cherchait maintenant les causes du sinistre.

Tout à coup Jarnille s'écria.

— Et le voyageur du n° 7 !

Elle monta rapidement, mais à peine se trouva-t-elle en face de la porte vitrée qu'elle appela le garde-champêtre en donnant des signes de la plus grande frayeur.

Le père Duchemin, tout plein de l'importance de sa mission, monta plus roide et plus fier à mesure que les événements de cette nuit prenaient un aspect plus grave.

Au premier regard il reconnut Gaston.

— C'est le jeune monsieur de Marolles, fit-il.

— Qui peut avoir commis ce crime ? demanda Jarnille en joignant les mains.

— C'est à la justice de le chercher, Jarnille, je cours la prévenir. Jusqu'à son arrivée, veillez à ce que rien ne soit dérangé dans la pièce.

— Quelle affaire, grand Dieu ! quel malheur ! s'écriait l'aubergiste en poussant des sanglots.

Colette et Jarnille s'agenouillèrent près du cadavre qui, cette fois, glissant sur un siège, montrait sa face pâle, dont les grands yeux bleus demeuraient fixement ouverts.

Le prêtre et le médecin arrivèrent presque ensemble.

Un exprès venait de partir pour Grenoble.

Deux heures plus tard les magistrats pénétraient dans l'auberge du *Soleil-Levant*.

LA CHAMBRE N° 7

Par malheur je fus pris la main dans le sac. (Voir page 84.)

CHAPITRE VII

APRÈS LE CRIME

Le premier soin des magistrats, dès qu'ils eurent attentivement lu le procès-verbal du docteur Sameran, fut de visiter les diverses pièces de l'auberge. Le couvert dressé dans la salle voisine de la chambre du voyageur occupant le n° 7, le désordre régnant dans cette pièce, indiquaient suffisamment que les hôtes de Jarnille avaient joyeusement soupé et bu avec excès.

Quand le juge d'instruction inspecta le balcon placé en face de la salle à manger, théâtre de la dernière orgie de Maxime de Luzarches, il aperçut l'échelle dressée contre la balustrade.

— Un de vos domestiques l'a-t-il mise à cette place? demanda le magistrat.

Les serviteurs interrogés soutinrent que la veille cette échelle se trouvait dans l'écurie.

— Qui a couché dans cette écurie? reprit le juge.

— Un vagabond reçu ici par pitié, répondit Jarnille.

— Connaissez-vous cet homme?

— On l'appelle, au pays, le père Chemineau.

— Ne vous a-t-il point semblé que sa présence présentait quelque chose de suspect?

— Non, monsieur. Nous l'avons connu jouissant d'une large aisance qui s'est fondue dans la paresse et la débauche...

— Ainsi il est avéré que cet homme est un mauvais sujet.

— Il a mené une vie dissipée. Pourtant je dois reconnaître que, depuis qu'il vient demander l'aumône dans les endroits qu'il fréquentait jadis, jamais personne n'a eu lieu de s'en plaindre.

— Était-il ivre hier au soir?

— Affamé plutôt, et transi de froid.

— Se trouvait-il une lanterne dans l'écurie?

— On l'avait emportée. Nous pensons que le feu a été mis par inadvertance, Chemineau avait l'habitude de fumer.

— Nous sommes sur une voie qu'il faut suivre, dit le magistrat. La scène se reproduit aisément à mes yeux... Chemineau quitte l'écurie, dresse l'échelle qu'il y a prise le long du balcon, inspecte les diverses chambres qui y prennent entrée et, apercevant un voyageur endormi sur la table, il brise le carreau, lève le loquet, pénètre au n° 7, assassine le malheureux, lui dérobe à la fois son argent et ses papiers et redescend; met le feu à la paille de l'écurie afin de cacher le premier crime grâce à un second, puis se sauve à travers la campagne... Voilà qui me semble absolument clair, qu'en pensez-vous, monsieur le juge de paix?

— Certainement, bon nombre de faits s'accumulent contre ce vagabond; cependant, en ma qualité d'habitant du pays, je connais les agissements de Chemineau; jamais il ne m'a produit l'impression d'un scélérat.

— Pouvez-vous m'indiquer une autre piste?

— Non, monsieur; mais une sage lenteur dans l'instruction de cette affaire nous amènera peut-être à découvrir quel mobile a pu diriger l'assassin.

— En est-il d'autre que le vol?

— On pouvait avoir intérêt à se débarrasser de M. de Marolles.

— Qui? demanda le juge d'instruction.

— C'est ce qu'il s'agit de chercher.

— Ne nous égarons pas, monsieur, ne nous égarons pas! Chemineau doit être le coupable; nous allons lancer à sa poursuite la brigade de gendarmerie, et ce soir même il sera incarcéré.

Le juge de paix s'inclina avec déférence, mais sans paraître convaincu.

Cependent le magistrat chargé d'instruire l'affaire entraînait déjà dans son parti le commissaire de police. On chargea donc la gendarmerie de battre le pays, tandis que l'interrogatoire des témoins continuait dans l'auberge de Jarnille.

On débarrassa rapidement la salle à manger du premier étage des traces du souper de la veille, et, dans l'après-midi, Maxime et ses amis furent prévenus que les magistrats les attendaient.

Lorsque de Luzarches se présenta, rien sur son visage ne trahissait les émotions de la soirée et les fatigues d'une nuit d'orgie.

Le premier mot du magistrat fut :

— Comment se porte M. Henriot de Marolles?

— Sa faiblesse augmente d'heure en heure.

— Vous avez soupé hier ici, en compagnie de plusieurs amis?

— Oui, monsieur.

— Il ne m'appartient point de chercher si le devoir d'un neveu reconnaissant s'accorde avec de semblables réunions. Magistrat, je vous interroge sur des faits... N'est-il rien survenu d'étrange durant cette soirée?

— Une chose bizarre, voilà tout... Tandis que nous soupions, nous avons tout à coup aperçu, collée aux vitres de notre balcon, la face d'un mendiant à la fois ignoble et grotesque. Son expression était telle que mon ami Grandpré, le jugeant affamé, a ouvert la porte-fenêtre et lui a fait emporter un poulet, du pain et une bouteille qu'il crut pleine de vin blanc; nous nous aperçûmes plus tard qu'elle contenait de l'eau-de-vie...

— Comment sortit ce mendiant?

— Il enjamba le balcon et redescendit dans la cour au moyen de l'échelle qui lui avait servi d'escalier. Ensuite il rentra dans l'écurie... Lucien Grandpré improvisa une ballade sur cet incident... L'orage prit à ce moment les proportions d'une tempête, puis au

milieu des éclats de la foudre nous entendîmes crier : — « Au feu ! »
Et ma foi, je l'avoue, monsieur, nous étions trop gris en ce moment
pour venir en aide aux travailleurs.

— Vous n'avez point connaissance d'autres événements ?

— Un souper, l'apparition d'un vagabond semblable au spectre de
la famine, puis un incendie, voilà, monsieur, ce que Grandpré, qui
est un poète doublé d'un dramaturge, appellerait une soirée « corsée ».

— Cependant, monsieur, ces faits sont peu de chose en comparaison du drame que vous ignorez.

— Quel drame ?

Le magistrat reprit d'un ton de voix plus grave :

— Vous étiez en mauvais termes avec votre cousin Gaston ?

— Nullement, monsieur. Je lui conservais une grande amitié.
Mon oncle seul lui garde rancune d'un mariage qu'il considère
comme une mésalliance.

— Votre oncle lui a pardonné.

— Je m'en réjouis, mais je l'ignorais.

— Il l'avait mandé de Paris, il y a trois jours.

— Je serai charmé de le revoir.

— Venez donc ! dit le magistrat.

Le juge d'instruction se leva, poussa la porte-fenêtre, passa sur
le balcon, quis, ouvrant la porte de la chambre n° 7, il montra à
Maxime de Marolles le cadavre de Gaston étendu dans son fauteuil,
les jambes roidies, les prunelles fixes...

— Mort ! s'écria Maxime en reculant.

— Assassiné ! ajouta le juge de paix en couvrant Maxime d'un
regard froid.

— Ah ! ce misérable vagabond !... fit M. de Luzarches.

— Ce n'est pas lui qui gagnera le plus à ce crime, ajouta froidement le juge de paix.

Maxime demeura le front haut, impassible.

On lui lut son interrogatoire qu'il signa et dès lors il fut libre de
se retirer.

Successivement les invités de Maxime déposèrent devant les magistrats, et l'identité de leurs récits confirma le juge d'instruction
dans sa persuasion qu'il poursuivait une bonne piste, tandis que le
juge de paix sentait s'affaiblir ses premiers soupçons.

Pour aucun de ses convives, Maxime n'avait quitté la salle du
festin.

Ils étaient tous trop gris pour s'apercevoir de la rapide absence de
Maxime. Grandpré raconta d'une façon pittoresque l'apparition du

vagabond, montra aux magistrats les vers qu'il lui avait inspirés, et devant ce faisceau d'indices la culpabilité du mendiant ne présenta plus de doute.

Quatre heures plus tard les gendarmes rentrèrent; ils apprirent aux magistrats que Chemineau venait d'être trouvé mort au fond d'un fossé.

Une autopsie devint indispensable. Le docteur Sameran constata que le vagabond, ayant eu le cerveau congestionné par l'ivresse et le froid, était mort d'une façon subite.

Le soir, les magistrats reprirent la route de Grenoble, emportant le dossier d'une affaire qui, sans le brusque trépas de Chemineau, fût devenue une *cause célèbre*.

Maxime se montra parfait de convenance.

Il n'affecta point une douleur exagérée, reçut les compliments de condoléance de ses amis avec une dignité triste, et les supplia de ne rien apprendre au vieil Henriot.

Cependant celui-ci, sentant sa vie s'éteindre, demandait d'heure en heure à Sébas, si Gaston n'arriverait point.

Le vieillard tenta d'abord de le calmer, puis enfin il fondit en larmes.

— Tu pleures! dit le vieillard, il est arrivé malheur à Gaston.

Le prêtre qui entrait s'approcha vivement de son vieil ami.

— Dieu reste le maître de la vie et de la mort, dit-il.

— La mort... Je parle de Gaston, de mon neveu... Et vous répondez par ce mot... C'est moi qui dois partir, moi, le vieillard... Mais lui! lui!

— L'infortuné emporta du moins la consolation de votre pardon.

— Ainsi, c'est vrai? c'est vrai?

— Oui, Henriot, oui, mon vieil ami.

— Quand est-il mort?

— Avant-hier.

— A Paris?

— Non, à l'auberge du *Soleil-Levant*.

— Ici, c'est ici qu'il est mort... Si près de moi... Il avait trop souffert sans doute... Quel mal soudain l'a frappé?

Le prêtre hésita un moment, cependant il crut devoir la vérité au moribond.

— Il est mort assassiné...

Les yeux du vieillard parurent s'agrandir, une lueur tragique y passa... Sa main tremblante se leva vers le ciel, comme pour l'adjurer de venger cet innocent, puis il tomba sur les oreillers.

— Sa veuve! sa fille!

Il n'ajouta plus rien. Sa pensée suprême fut pour ces deux victimes d'un effroyable malheur.

Le coup reçu était trop violent, il entra bientôt en agonie, et cessa de parler. Dans la soirée Henriot de Marolles rendit le dernier soupir.

En dépit de ses instances pour pénétrer auprès de son oncle, Maxime était resté éloigné de cette chambre d'agonie, grâce à la vigilance de Sébas.

Cependant Damien apprit vite que tout était fini. Il pénétra dans la pièce mortuaire, plia le genou sans prier et sans pleurer, et parut vouloir déjà commander. Mais le juge de paix prévenu apposait déjà les scellés sur les meubles, avertissant par cette formalité Maxime de Luzarches qu'il ne restait point le maître absolu du domaine de Marolles.

Les obsèques se firent avec une grande pompe. Maxime conduisit le deuil. Dans la foule, pleurant à sanglots, marchait Rameau d'Or. Sa douleur ne surprit personne, tout le monde savait dans le pays comment M. Gaston lui avait sauvé la vie.

Jarnille n'essaya point de le consoler, mais Colette se glissa près de lui au moment où il venait de jeter de l'eau bénite sur le cercueil.

— Tu l'aimais bien, mon petit Rameau d'Or.
— Oui, Colette, et je le lui prouverai.

Il rentra songeur à l'auberge, et à partir de cet instant on ne l'entendit plus chanter.

Sa tristesse déteignit sur Colette, et Jarnille disait en soupirant :
— On m'a changé mes enfants, bien sûr !

Cependant Maxime de Luzarches ignorait encore la teneur des testaments de son oncle.

Le notaire, avant d'en faire la lecture, écrivit à la femme de Gaston, et lui fit part de ce que son ami Henriot lui avait répété à diverses reprises depuis l'heure où il demeura convaincu de l'indignité de Maxime. Il était prêt à reconnaître Arinda et sa fille héritières légitimes de M. de Marolles, à la condition qu'elles produisissent les actes établissant leur qualité. Ce fut un nouveau coup de foudre après tant de douleurs successives. Arinda ne possédait pas un papier, pas une lettre affirmant sa possession d'état. Pour les obtenir, puisqu'ils avaient été volés sur le cadavre de Gaston, elle devrait se livrer à de longues recherches, et poursuivre des démarches peut-être infructueuses. Elle suppliait Sameran de prendre pitié de sa situation et de celle de sa fille, et remettait entre ses mains loyales des intérêts, hélas! trop compromis.

Le notaire s'attendait à ces nouvelles; de même que le juge de paix, il gardait au fond de son âme des soupçons que la prudence lui interdisait de manifester. N'ayant plus rien à prétendre en faveur des infortunées qui lui inspiraient une profonde pitié, il convoqua les divers héritiers du vieil Henriot.

Depuis la mort de son oncle, Maxime conservait une attitude d'autant plus correcte que les difficultés de sa position grandissaient. Il entra donc chez le notaire avec l'aisance d'un homme du monde, et un masque de tristesse assez bien attaché sur le visage.

Après lui vinrent successivement Sébas, tellement cassé, si subitement vieilli, qu'il semblait n'avoir plus que le souffle, l'abbé Choisel, le maître d'école du village, et un certain nombre de pauvres gens humbles clients du millionnaire. Ces derniers, loin de se réjouir d'un événement qui venait apporter dans leur existence le bien-être, presque la fortune, montraient assez quels regrets laissait derrière lui l'homme qui les avait comblés de ses bienfaits.

Après s'être assuré que tous les intéressés se trouvaient réunis, M. Sameran laissa deux sièges vides à côté de lui, et dit avec une certaine solennité :

— La veuve et la fille de Gaston de Marolles les devraient occuper, nul ne prendra leur place.

Maxime jeta sur le notaire un regard irrité.

Sébas s'inclina, comme s'il voulait approuver les paroles de Mᵉ Sameran. Celui-ci commença la lecture du testament.

« Moi, Henriot de Marolles, jouissant de la plénitude de mes facultés, et sur le point de paraître devant Dieu, je déclare faire de ma fortune l'usage suivant :

« Je nomme héritier universel de mes biens, mon bien-aimé neveu Gaston de Marolles, et à son défaut sa fille Mélati, à la seule condition pour elle de fournir les preuves légales du mariage contracté par sa mère Arinda, à Chandernagor, avec mon neveu Gaston.

« Faute de cette preuve, ma fortune reviendrait au fils de ma sœur Françoise : Maxime de Luzarches. Suivant sa générosité et sa conscience il viendrait au secours de ceux qui furent les amis de Gaston.

« M. l'abbé Choisel recevra une somme de cinquante mille francs qu'il partagera entre les pauvres de la paroisse.

« Mon digne ami, le docteur Sameran, acceptera à son choix un tableau de ma galerie.

« Je lègue à Sébas, mon fidèle serviteur, une rente de quatre mille francs, laquelle lui sera servie par les soins de Mᵉ Danglebeau.

« La loi m'interdisant d'offrir à ce dernier une part de la fortune qu'il fit si bien fructifier, je le prie d'accepter un diamant de vingt mille francs.

« Je lègue à l'école de Marolles dix mille francs. Un petit hospice sera fondé dans ce village par les soins de l'abbé Choisel; une somme de cent mille francs sera consacrée à sa création, et une rente de six mille francs à son entretien.

« Et maintenant, que Dieu me pardonne mes fautes, et protège ceux que je bénis du fond de l'âme: Gaston de Marolles et sa famille.

« Fait à Marolles, le 10 décembre 1875.

« HENRIOT DE MAROLLES. »

Pendant cette lecture M. de Luzarches garda les yeux baissés. Il ne les releva qu'au moment où Danglebeau, refermant le testament, déclara que les légataires entreraient dès le lendemain en possession de leurs droits.

L'abbé Choisel salua légèrement Maxime, serra la main du notaire et bientôt M. de Luzarches resta seul dans l'étude.

De nouveau, redoutant de laisser lire sur son visage ce qui se passait au fond de son âme, Maxime baissa la tête, et dit d'une voix basse :

— Vous venez tout à l'heure d'apprendre aux légataires qu'ils entraient à partir de ce jour en possession de leurs droits.

— Oui, monsieur, répondit Danglebeau d'une voix froide.

— Mon malheureux cousin étant mort tragiquement...

— Sa fille Mélati devient son héritière.

— A une condition, toutefois...

— Laquelle?

— Celle de prouver la légitimité de sa filiation.

— Croyez que rien ne lui sera plus facile. Votre cousin était le plus honnête homme du monde. Vingt fois nous avons ensemble causé de son mariage contracté aux Indes. Il possédait toutes les pièces attestant sa validité.

— Vous obligerez alors sa veuve à les produire?

— Naturellement.

— Mais, reprit Luzarches, connaissez-vous son adresse?

— J'ai moi-même écrit à Gaston il y a trois semaines.

— Mais enfin, si par un étrange et douloureux concours de circonstances, vous ne pouviez obtenir la remise des papiers de mon cousin, ou si sa femme et sa fille, devenues folles de chagrin, disparaissaient soudainement de Paris...

— Si le drame commencé à l'auberge du *Soleil-Levant* se continuait à Paris, la loi m'obligerait à attendre trente années avant de vous mettre en possession de l'héritage de votre oncle.

— Trente ans, vous n'y songez pas!

— C'est la loi, monsieur.

— Il faut retrouver ces femmes, monsieur, mortes ou vivantes il faut les retrouver.

— A cet égard je n'ai nulle inquiétude.

— Quant aux papiers, qui sait s'ils ne sont point perdus...

— Nous l'apprendrons, monsieur.

— En attendant, puis-je continuer à occuper le château de Marolles?

— Non, monsieur, vous n'en êtes point héritier.

— Aucune avance ne me sera faite sur la succession de mon oncle?

— Aucune.

— C'est la ruine! la ruine! murmura Maxime d'une voix sombre.

— Peut-être, monsieur, cette ruine vous apprendra-t-elle que le travail relève de bien des fautes.

Maître Danglebeau se leva, et Maxime comprit qu'on le congédiait.

Le coup de foudre qui l'atteignait le laissait anéanti.

Ainsi le crime commis devenait inutile. En se débarrassant de Gaston, il ne gagnait pas d'un seul coup la fortune convoitée, cette fortune qui lui coûtait si cher. Qu'allait-il devenir désormais? Comment paierait-il ses dettes et ferait-il face à des exigences renaissantes? Encore s'il eût été seul à porter le poids de ce secret terrible, mais un autre le connaissait.

Damien en avait été le complice. Damien pourrait toujours se tirer d'affaire, lui qui ne gardait nul intérêt à la mort de Gaston.

Maxime rentra chez lui à demi fou.

Damien l'attendait dans le fumoir.

L'attitude du valet était complètement changée depuis la terrible nuit qui fut témoin de la mort de Gaston de Marolles. Il préparait sans doute encore la toilette de son maître, mais avec une sorte de condescendance. On sentait dans ses moindres manières l'intention blessante, la morgue mal dissimulée. Évidemment Damien considérait moins M. de Luzarches comme son maître que comme son esclave.

Cependant il attendait, avant de démasquer complètement son jeu, que M. de Marolles revînt de l'étude du notaire.

— Eh! demanda-t-il sans quitter son cigare, héritons-nous?

— Non, répondit Maxime d'une voix brève.

Damien bondit sur ses pieds.

— Comment, non! Quoi! pendant dix ans vous vous seriez fait le complaisant et le garde-malade de ce vieil hypocondre d'Henriot, je vous aurais servi sans gages, et il ne nous reviendrait rien de tant de patience et d'abnégation !

— La connaissance du code est une belle chose ! reprit amèrement Maxime ; sans doute si la veuve de Gaston ne peut prouver la validité de son mariage, je retrouve des chances... Il en est de même si elle disparaît... Mais alors j'hériterai dans trente ans... Et dans trente ans, il y aura longtemps que je ne serai plus de ce monde.

— Quand je pense que nous devons ce qui nous arrive à ce misérable Sébas !

— Certes ! s'il n'avait point rendu mon oncle témoin de ce souper d'amis, jamais je n'eusse été déshérité... Mais le testament est précis, la loi est formelle... Je dois quitter Marolles...

— Ma foi ! répondit Damien avec une effronterie cynique, si vous n'héritez ni du domaine ni de l'argent, je ne sais point ce que nous ferions à Marolles... Aux gens décavés il reste deux capitales : Paris et Monaco... Ceux qui vous ont prêté de l'argent peuvent faire leur deuil de votre créance, à commencer par moi !

— Oh ! toi !

— Je me permettrai de vous rappeler que la dernière avance de 35,000 francs date de moins de quinze jours.,. Voilà une dette d'honneur que je regrette d'avoir acquittée, par exemple...

— Que faire ? demanda Maxime, que faire ?

— Le secret professionnel oblige maître Danglebeau à taire la teneur du testament de votre oncle... Il la taira... Vos amis vont tous vous croire d'autant plus riche que M. Gaston vient de mourir... Il faut payer d'audace, monsieur, et, sans attendre qu'on vous signifie d'avoir à quitter Marolles, fuir ce pays de malheur et partir pour Paris... M. de Chamigny s'y rend au mois de janvier, il vous présentera à ses fournisseurs, et grâce à lui vous jouirez d'un an de crédit.. Dans une année on fait bien des choses ! Je ne vous abandonne pas, moi ! Et si jusqu'à présent l'occasion vous a manqué d'apprécier mon savoir-faire, vous en connaîtrez l'étendue avant peu.

— Et je saurai reconnaître...

— Oh ! ne parlons point de reconnaissance, en ce moment ce serait une mauvaise plaisanterie... J'ai à proposer à monsieur un petit arrangement.

— Tu veux que je double tes gages ?

— A partir d'aujourd'hui je ne suis plus à votre service.

— Que prétends-tu donc ?

— Devenir votre associé.

— Mon associé ! Je ne comprends pas.

— On s'associe pour des raisons étrangères au commerce, allez, monsieur. Comme je vous l'ai dit, je rêve d'être banquier ou banquiste... les deux peut-être à la fois... Si habile que je sois je serai moins fort sans vous... Privé de mon aide vous échouerez dans plus d'une tentative... Oh ! je sais bien que votre orgueil va tout d'abord se révolter... J'ai été votre valet, votre intendant, votre confident... Je ne serai plus que votre complice... non point un complice de mélodrame, menaçant perpétuellement au nom d'une action plus ou moins loyale commise en commun, mais un complice bon enfant, dévoué, un ami de toutes les heures, un compagnon fidèle... Ce plan ne vous déride point encore, vous vous rebellez contre cette pensée de devenir l'obligé, le compagnon de Damien... Rassurez-vous ce nom n'est pas le mien. Il est d'emprunt comme sa souquenille de valet. Je ne demande qu'à quitter l'un et l'autre...

Damien regarda son maître avec une familiarité gouailleuse :

— Monsieur semble tellement abattu qu'il écoutera peut-être sans trop d'ennui le récit abrégé des principaux événements de mon existence... La main de la fortune parut d'abord vouloir me protéger. Mon père, droguiste, ayant amassé une honnête aisance, songea à faire de moi un pharmacien. Je me haussais d'un degré sur l'échelle sociale. Je subis tour à tour les conseils de ma mère, les leçons de mes professeurs et les corrections paternelles quand l'auteur de mes jours jugeait que je mordais insuffisamment au latin, et que le grec gardait pour moi des mystères. Je me dégoûtai vite des études et de l'avenir qui m'était réservé. Un beau jour je vendis mes dictionnaires à un étalagiste, et je m'engageai dans une troupe d'acteurs de banlieue. Mon physique assez agréable, la façon dramatique avec laquelle je faisais ronfler les R, enfin ce qui ne s'analyse point et s'appelle le « diable au corps » me promirent du succès. J'abordai les rôles de jeunes premiers. Mais l'orgueil grandissant à mesure que se complétait mon répertoire, je demandai une augmentation qui me fut refusée, et je partis pour une tournée qui s'acheva misérablement. Resté sans argent, je cherchai un autre métier. Un crime horrible ayant été commis, j'écrivis sur ce lugubre sujet une complainte qu'on me paya cinquante francs, et je me crus poète. Une feuille satirique m'accepta pour gérant. Je me battis trois fois en duel, et j'abandonnai la position. La misère vint. Un jour que je bouquinais sur les quais, je mis la main sur une brochure intitulée : *L'art de faire fortune avec l'argent des autres*. Je feuilletai le livre debout devant la caisse du marchand ; lorsque je l'eus achevé, mon parti était pris. J'entrai dans un cabinet d'affaires, j'y tripotai pour mon compte. Six mois plus tard je m'associais avec trois garçons d'avenir, dont l'un est à Cayenne, l'autre achève son apprentissage de fabricant de chaussons de lisière... le dernier est en train de passer Esquire en Angleterre et fait le commerce des jambons... Passons sur trois années durant lesquelles je subis de dures vicissitudes. Mes amis d'alors me surnommèrent *Fil-de-soie* en raison de ma souplesse d'esprit et de mon habileté de main.

Je devins joueur effréné. J'aidais la chance. Par malheur, je fus pris la main dans le sac. Désormais les casinos où j'opérais m'étaient fermés. Je dus chercher autre chose; c'est alors que je me servis de mes anciennes relations pour trouver une place avantageuse... Vous n'aviez pas de domestique, je vous priai d'agréer mes services. Ils ont été bons, j'ose le dire. Sans doute j'ai reçu des pots-de vin des fournisseurs, et doucement arrondi ma pelote. Mais tout autre que moi vous aurait volé davantage.

Enfin, grâce aux facilités que me donnait monsieur, je pus faire valoir mes fonds, et je reste aujourd'hui à la tête d'un honnête capital.

— Combien? demanda Maxime.

— Cent mille francs. J'ai beaucoup prêté à vos amis.

— Et que vas-tu faire maintenant que je suis ruiné.

— Attacher monsieur à ma fortune.

— Explique-toi.

— J'ai retenu quelque chose de chacune des situations occupées jadis. Je puis au besoin citer un auteur latin ou grec. Ma vie de cabotinage m'a enseigné l'art de se grimer. A force d'écrire des articles, de barbouiller des complaintes et d'entendre causer les amis de monsieur, je me suis formé un vocabulaire suffisant... Voici ce que j'ai l'honneur de vous proposer... Je place cent mille francs dans votre commandite. Je cesse d'être serviteur, et vous m'élevez au rang d'ami... Soyez tranquille ! Je sais assez d'anglais pour me donner une prononciation étrange qui arrivera presque à la distinction... Votre nom vous ouvrira toutes les portes par lesquelles vous me ferez passer à votre suite. Avec cent mille francs et de l'adresse, on remue le monde... Nous irons à Monaco d'abord, le temps pour moi de changer de peau... Ensuite nous cherchons dans Paris la fille de Gaston de Marolles, héritière légitime de la fortune, et nous nous arrangeons de façon à ce que cette fortune tombe entre nos mains.

Maxime demeura un moment sans répondre. La colère et la vanité lui gonflaient le cœur à la fois; mais il laissa à ce premier mouvement le temps de se calmer, et regardant Fil-de-Soie en face :

— Soit ! dit-il, aussi bien nous nous connaissions trop désormais pour nous séparer.

LA CHAMBRE N° 7

Lorsque Rameau d'Or pénétra dans la chapelle, Sébas s'y trouvait déjà. (Voir page 99.)

CHAPITRE IX

UN PROTECTEUR

C'était la fête des Rameaux. De chaque maison, de la moindre masure, chacun à Marolles sortait ce jour-là une branche verte à la main. Les uns portaient un bouquet de buis coupé dans la haie, les autres un rameau de bouleau garni de chatons d'or pâle. Les enfants paraissaient fiers de tenir dans leurs bras ce bouquet échappé aux neiges hivernales, ou cette promesse du printemps. Dans la petite église de Marolles des mains pieuses avaient jonché le chemin par lequel le prêtre devait passer pour asperger le peuple. Les fronts demeuraient recueillis ; la grande tristesse de l'église planait sur la foule.

Après l'office dont la lenteur majestueuse et les rites mystérieux laissent une pâleur souffrante sur le front des assistants, chacun d'eux en quittant l'église du village se dirigea vers le cimetière. Il l'entourait comme un jardin, mettant la blancheur des croix au milieu des ifs sombres, opposant la teinte noire de divers monuments au ton pâle des saules bourgeonnants.

Jarnille et Colette, d'énormes branches de buis à la main, se trouvaient à leurs places habituelles, pimpantes, endimanchées ; elles priaient Dieu de bon cœur, après avoir adressé à leurs voisins un salut cordial.

Dans le banc seigneurial, où jadis le vieil Henriot venait plaider devant Dieu et discuter avec lui, se tenait Sébas, courbé en deux, les cheveux tout blancs, le visage marqué du sceau d'une inoubliable douleur.

Au milieu des hommes restait Rameau d'Or, chantant d'une voix sonore, qu'il aimait naïvement à faire admirer. Lui aussi portait un rameau de buis entre ses bras.

L'abbé Choisel adressa aux pauvres gens qui l'entouraient des paroles simples empreintes de l'esprit de l'Evangile. Il ne chercha point des textes d'une compréhension difficile, il ne leur parla point de devoirs étrangers à leur vie rustique, à leur existence modeste ; il se fit catéchiste pour les vieillards, les pauvres, les enfants, et tous en quittant le saint lieu emportèrent au fond de leur âme un rameau d'espérance divine qui devait sans fin fleurir dans leur âme.

Sous le porche les hommes s'abordèrent. Il faut bien avouer qu'on y entama des affaires, et qu'on y conclut des marchés. Les femmes, préoccupées de moindres intérêts, étudièrent le costume de leurs rivales en élégance villageoise; Jarnille, avec sa toilette de drap bleu, Colette, avec sa robe d'une forme élégante, emportaient le prix de la coquetterie à Marolles.

Tandis que Jarnille causait avec les voisines, Colette tourna plus d'une fois la tête pour voir si Rameau d'Or ne viendrait point la rejoindre, mais le jeune garçon, une fois la messe terminée, entra dans le cimetière et marcha entre les monticules verdissants jusqu'à ce qu'il arrivât à la chapelle dans laquelle la famille de Marolles avait sa sépulture depuis cinq cents ans. Elle était disposée à la façon des « enfeux » qu'on trouve dans les antiques églises. Une petite voûte jetait son ombre sur les tombeaux dont le caractère variait suivant les siècles qui les virent construire. Le premier à droite était surmonté d'une statue couchée de chevalier armé de toutes pièces; celui-là, le premier des Marolles, était tombé pour une cause sainte, et l'Église protégeait sa sépulture après avoir béni son épée. Une dame de Marolles portant une coiffe de velours à torsade de perles, la cordelière d'or serrant la robe, les pieds posés sur un lévrier, lui succédait. Puis on voyait tour à tour une abbesse, la croix d'ivoire en main, un évêque mitré, des guerriers dans leur armure damasquinée, de grands seigneurs vêtus de velours et de damas. Sur les deux dernières point de statue, une simple inscription : Henriot de Marolles, décédé le 18 décembre 1881 — puis dans le dernier « enfeu » une plaque portant cette phrase : Gaston de Marolles, *dernier du nom, assassiné le 15 décembre* 1881.

Lorsque Rameau d'Or pénétra dans la chapelle funéraire, Sébas s'y trouvait déjà. Des sanglots plein le cœur, il priait à la fois pour le vieillard qu'il avait servi, pour l'enfant qu'il avait aimé, le jeune homme dont il avait défendu la cause. Il ne se dérangea point en entendant pousser la porte, il ne tourna pas la tête en entendant pleurer.

Le valet de Jarnille cassa la moitié de sa branche de buis, et la déposa sur la tombe de Gaston de Marolles ; puis, après une demi-heure passée dans ce lieu funèbre, il sortit et reprit sa marche à travers le cimetière.

En ce moment Sébas quittait également la chapelle.

D'un regard attendri il suivit Rameau d'Or, puis machinalement il prit le même chemin.

A l'extrémité du cimetière se trouvait un coin isolé, mal entouré par la muraille croulante. Le terrain conservait des sillons inégaux, mais rien n'indiquait que des chrétiens y dormaient leur dernier sommeil. Les ronces, les orties, y grandissaient à l'aise, jetant leurs ramures, étendant leurs branches ligneuses. Personne n'y pénétrait, et, le soir, les gens peureux se signaient en passant à côté, comme pour chasser quelque redoutable apparition.

Rameau d'Or gagna l'angle le plus reculé de cette partie du cimetière, tira un couteau de sa poche, et, penché sur une tombe récente, il en arracha les mauvaises herbes; ensuite ramassant des pierres tombées de la crête de la muraille, il rétablit le cadre fruste ménagé autour de cette fosse, planta son rameau béni dans la terre, et, s'agenouillant pieusement, il demeura la tête dans ses mains absorbé par une grave pensée.

Lorsqu'il se leva un homme était derrière lui.

— Sébas! fit-il avec une sorte de crainte.

— As-tu regret de me rencontrer? demanda le vieillard avec un accent de voix dont la gravité ne pouvait atténuer la bonté.

— Bien au contraire, répondit le jeune garçon, vous savez combien je vous respecte et je vous aime.

— Tu n'as point peur, non plus, pas vrai?

— De quoi aurais-je peur, monsieur Sébas!

— Eh bien! puisque tu m'aimes et que tu honores la vieillesse, assieds-toi sur cet éboulement de pierres, et là, face à face comme deux hommes, les yeux dans les yeux, causons un peu.

— On ne peut parler ici que de choses tristes.

— Comme tu dis, mon garçon; mais j'ai assez vécu pour savoir que la vie n'est pas gaie, et tu commences ton apprentissage... Non, l'endroit n'est pas réjoui! Certes jamais un « champ de repos » ne respire la joie, mais on y sent planer le recueillement et l'espérance. Des pères, des fils, des sœurs, prient pour des âmes bien-aimées. La croix garde les tombes; l'ombre du clocher les couvre... Ici, rien de tout cela! Je suis vieux, Rameau d'Or, j'ai vu mourir bien des gens dans le village de Marolles, et sans qu'il me soit besoin de plaques commémoratives je puis te citer le nom de ceux qui reposent là... Près du mur, sous cet amoncellement de ronces, *Pierre Recru*, le plus dangereux braconnier du pays. Surpris par un garde, il tira dessus, l'atteignit en pleine poitrine, puis il se fit sauter la cervelle afin d'éviter une condamnation à mort.

Josan Vermeil, à côté. Celui-là partit pour Paris après avoir multiplié ici les mauvais coups, se fit condamner trois fois pour des vols graves, finit par assassiner deux vieilles gens afin de les voler, et fut guillotiné devant la mairie de Marolles. La belladone et la jusquiame couvrent sa tombe. Plus loin, *André Carrière*. Un soir qu'il était ivre, passant devant un calvaire, ses outils de bûcheron sur l'épaule, il jura de le mettre à bas. Trois coups de cognée et le grand crucifix oscilla sur sa base; au quatrième il s'abattit avec un bruit terrible, écrasant le misérable sous ses débris. On jeta ici sans prière le cadavre du sacrilège. *Litold*, un hérétique, est couché tout près...

Voici la dernière fosse, Rameau d'Or, et sur la terre on a planté des fleurs, on a rangé des pierres en forme de croix; une main pieuse a voulu montrer que celui qui dort là ne méritait point semblable sépulture... Est-ce ce que tu penses, mon ami? Est-ce pour cette raison que tu entretiens la fosse de *Chemineau*, et que tu viens d'y mettre une touffe de rameau bénit?

— Pourquoi me dites-vous ces choses? demanda Rameau d'Or.

— Parce que nous sommes deux à nous agenouiller ici.
— Deux! moi, d'abord... mais l'autre?
— L'autre, c'est le vieux Sébas.
— Vous! répéta Rameau d'Or, vous!
— Et sais-tu ce que nous faisons en agissant de la sorte?
— Acte de bons chrétiens, sûrement, père Sébas, puisque c'est une salutaire pensée de prier pour les morts... surtout pour les morts auxquels nul ne songe plus sur cette terre.
— Acte de juges, aussi; nous protestons contre l'accusation qui frappa ce malheureux.
— Ainsi, demanda vivement Rameau d'Or, vous ne croyez point que Chemineau ait assassiné M. Gaston de Marolles?
— Non!
— Mais qui donc? qui donc? demanda le jeune garçon. Dites-moi, je vous en prie, qui vous croyez avoir été l'assassin de mon sauveur?
— On le découvrira plus tard. Dieu parlera, sois-en sûr. La Providence garde toujours en réserve la récompense de l'innocence et le châtiment du coupable.
— La Providence! Comment s'y prendra-t-elle, Sébas?
— Je l'ignore. Il lui suffit d'une ligne d'écriture, d'un incident vulgaire, d'un enfant comme toi, peut-être...

Rameau d'Or trembla de tous ses membres.

— Et celui qui manquerait à son devoir, celui qui trahirait son mandat, celui qui ne vengerait ni la victime ni le misérable qu'on accuse du meurtre..., dit-il d'une voix rauque, celui-là n'aurait de repos ni en ce monde ni dans l'autre...
— Vous avez raison, Sébas! ni en ce monde ni dans l'autre...

Il demeura pensif, les coudes sur les genoux, le menton dans la paume de ses mains.

Le vieillard le contempla longuement avec une sollicitude affectueuse et triste, puis il ajouta :

— A chacun Dieu trace son devoir en ce monde ; le mien est de garder comme un chien fidèle l'héritage des Marolles, et je n'y faillirai pas.
— L'héritage des Marolles! répéta Rameau d'Or.
— Oui, petit, fit Sébas en appuyant ses deux mains sur les épaules de l'enfant comme s'il voulait donner plus d'autorité à ses paroles... M. Gaston est mort, et sa veuve n'a pu produire aucun papier constatant la validité de son mariage contracté aux Indes... ces papiers existaient, cependant... M. Gaston les avait emportés avec lui, selon le désir, la volonté du vieil Henriot... La preuve que Chemi-

neau ne fut pas coupable du crime dont on chargea sa mémoire, c'est qu'il ne pouvait tuer que pour voler, ce malheureux! Or il a été prouvé que M. Gaston, possédant juste assez d'argent pour payer sa place en chemin de fer de Paris à Grenoble, ne devait rien garder sur lui, hors ses papiers qui, à eux seuls, valaient quatre millions... et, ces papiers, on ne les a pas trouvés sur Chemineau.

— Quatre millions! répéta Rameau d'Or.

— Si par un miracle Mme de Marolles et sa fille rentraient en possession de ces papiers, riches, sinon consolées, elles reviendraient au manoir, et chaque jour tu les verrais prier dans la chapelle que nous quittons... M. de Luzarches est parti après avoir congédié les serviteurs. Tous se sont dispersés, et je reste seul pour entretenir le château seigneurial et empêcher le jardin de se changer en pré. Les héritières reviendront, ramenées par la main de Dieu, je veille sur leur héritage.

— Sébas, n'avez-vous point entendu dire au notaire, M⁰ Danglebeau, au curé, M. Choisel, que toutes les démarches faites il y a quelque temps pour retrouver Mme et Mlle de Marolles étaient demeurées infructueuses?

— Qu'est-ce que ça prouve?

— Qu'en dépit des recherches...

— On a mal cherché, voilà tout. Rameau d'Or, quand on accepte une mission il faut la foi; je l'ai, moi! et je sais que je réussirai. Ceux qui ont cherché Mmes de Marolles se sont lassés trop vite... Il faut un miracle, soit! eh bien! le miracle se fera! Mais les héritières reviendront à Marolles.

Les yeux de Rameau d'Or étincelèrent.

— Oui, oui, elles reviendront sauvées par les humbles, ramenées par les plus pauvres de leurs amis. Vous avez raison, Sébas, et vous avez bien fait de me dire ces graves paroles sur la tombe de Chemineau. Je m'en souviendrai toute ma vie.

Il cassa une mince branche de buis, la cacha dans sa poitrine, et sortit avec Sébas du coin maudit du cimetière.

Sans y songer, sans s'en douter, ils y avaient passé deux heures. Le vieillard serra les mains de l'enfant, et Rameau d'Or s'enfuit en courant du côté de l'auberge du *Soleil-Levant*, tandis que Sébas rentrait dans le manoir vide de ses maîtres.

Jarnille accueillit assez mal le jeune garçon.

— L'auberge regorge de voyageurs, dit-elle, ne pouvais-tu rentrer après les offices, au lieu de perdre ton temps en flâneries.

— Je vous demande pardon, dame Jarnille, je suis allé porter un rameau dans la chapelle de la famille de Marolles, et je me suis

attardé à causer avec le pauvre vieux Sébas, qui est inconsolable.
— C'est bien, cela! fit Colette.
— Cela suffit, rattrape le temps perdu, mon enfant. On ne sait à qui répondre au milieu de cette cohue... c'est la prospérité de la maison, je ne dis pas le contraire, mais il n'en est pas moins certain que je suis sur les dents!
— De si jolies dents! répliqua Rameau d'Or.

Jarnille sourit et courut à ses fourneaux, tandis que l'enfant descendait à la cave. On se coucha tard au *Soleil-Levant*, cette nuit-là. Depuis la nuit tragique qui vit à la fois le dernier souper de M. de Luzarches et l'assassinat de Gaston, la curiosité publique excitée avait fait de Marolles le but d'une excursion. On descendait chez dame Jarnille, on demandait à visiter la *Chambre n₀ 7*, la chambre du crime. Jarnille, avec un instinct de Parisienne adroite, n'eut garde d'y rien changer. Personne n'y logea, pas même un Anglais fantaisiste qui offrit cinq cents francs pour l'occuper durant une nuit. Le lit resta correct et froid avec sa couverture faite, semblant inviter au sommeil. Le fauteuil sur lequel se trouvait Gaston pendant qu'il écrivait à sa femme demeura près du bureau. L'encrier et la plume furent respectés! Jarnille ajouta seulement à l'ameublement de cette chambre un portrait photographié de Gaston de Marolles. Tous ceux qui voyaient cette belle tête brune sur laquelle la bonté et la droiture se réflétaient, se prenaient à regretter que le procès du coupable n'eût pas été fait et que la mort l'eût suivi jusque dans son crime.

Quelquefois Jarnille servait de cicerone aux étrangers. Lorsque ses occupations la retenaient, elle chargeait Rameau d'Or de ce soin. Celui-ci ne tardait point à se laisser entraîner par la puissance de ses souvenirs, et, un jour qu'il mimait avec une expression passionnée la scène qui s'était passée là durant la nuit d'orage, un écrivain de Paris, Louis Dervaux, venu avec un de ses amis, Jean Lagny, qui prenait des croquis destinés aux décors d'un drame, dit à l'adolescent avec une sorte d'admiration :

— Tudieu! quel acteur tu ferais! Aimes-tu le théâtre, par hasard?
— Le théâtre! fit l'enfant, je crois bien! Je suis allé une fois voir *Les Drames de la misère* à Grenoble, et je n'ai pas dormi pendant trois nuits.

Puis, regardant le dessin de l'artiste :
— Le corps de la victime doit être plus courbé sur la table, monsieur, et le couteau planté tout droit entre les épaules! J'étais là, j'ai vu M. Gaston de Marolles, je lui ai parlé, et je n'oublierai jamais le plus petit détail de cette horrible scène.

— Si tu veux, mon petit homme, reprit le romancier, je t'emmène à Paris.

— A Paris! répéta l'enfant.

— Tu serais content, j'espère, de changer l'auberge du *Soleil-Levant* pour la capitale.

— Certainement, j'aimerais habiter Paris, monsieur, seulement je voudrais y rester mon maître.

— Possédez-vous donc des rentes, maître Rameau d'Or.

— Pas un sou.

— Et tu parles de liberté, malheureux! Mais que fais-tu ici? Tu travailles. A Paris, ce sera la même chose, excepté que la besogne sera moins rude et mieux payée.

— Ça ne peut pas me convenir alors! répondit l'enfant en secouant la tête.

— Réfléchis, cependant, mon petit homme, on ne vit pas de flâneries dans les rues...

— Voilà cependant le seul état que je choisirais.

— Seriez-vous paresseux, Rameau d'Or?

— Moi! demandez à dame Jarnille! Seulement j'ai mon idée. Est-ce qu'il n'y aurait pas moyen de gagner quelques sous par jour à Paris en exerçant un état honnête, et de n'être cependant assujetti à rien de régulier?

— Dame, mon garçon, on peut se faire commissionnaire... Mais l'état a bien perdu depuis le télégraphe et les colis postaux... Décrotteur... par ci par là un savoyard s'obstine à garder sa boîte et ses brosses à côté d'un bec de gaz... Ouvreur de portières, c'est gavroche et mal porté... Ramasseur de bout de cigares... Dans des livres fantaisistes on ajoute fabricant d'œils de bouillon, découpeur de crêtes de coq, vernisseur de pattes de dindons... Mais rien de tout cela ne vaudrait la bonne petite place que je voulais t'offrir... la copie à porter à l'imprimerie... Je ne dîne jamais chez moi... Je t'aurais donné trente francs par mois...

— Je ne puis accepter, monsieur, répondit Rameau d'Or en secouant la tête, je vous le répète, j'a besoin de ma liberté! Si je vais à Paris, je veux pouvoir m'y promener à mon aise.

— Obstiné! Viens me voir là-bas, toujours, et garde cette adresse... J'ai bien envie de faire un drame avec la *Chambre n° 7*, tu me donneras des indications précises.

— De grand cœur, monsieur.

Il serra la carte de l'écrivain dans sa veste, et descendit après avoir fermé la sinistre pièce.

La rencontre de Léon Dervaux et de Jean Lagny lui parut provi-

dentielle. Ceux-là lui aideraient ; ils le guideraient dans ses re her-
ches sans se douter de l'intérêt qu'il avait à les poursuivre.

Tout se réunissait désormais pour le pousser en avant. Il sentait
que son devoir était tracé, il s'était juré de le remplir, et cependant
il attendait encore. Un lien cher, un lien dont il ignorait lui-même
la puissance le retenait à Marolles. Dame Jarnille ne s'était pas seule
montrée bonne pour l'orphelin. Une douce créature se dévouait à sa
misère ; Colette le chérissait comme la sœur la plus tendre, et Rameau d'Or n'eut pas davantage aimé sa sœur si le ciel lui en eût
donné une. Cet attachement avait lentement germé, et sa floraison
demeurait encore mystérieuse. Dans l'innocence de son cœur Colette
pouvait dire à son ami : — Je serai ta femme ! — Son clair regard
n'avait point à se baisser : sa voix ne tremblait pas. La sérénité
d'une chasteté parfaite demeurait sur son front. Rameau d'Or avait
pu durant les années de l'adolescence vivre à côté de Colette ; il la
voyait grandir et devenir la plus jolie fille du pays, sans ressentir
ni trouble ni jalousie, et pourtant à l'idée de quitter cette rose de
haie, ce lis sauvage, il sentait une larme monter à ses yeux.

Que penserait-elle d'ailleurs de ce départ ? Ne l'accuserait-elle
point au fond de son âme de ne plus l'aimer, comme Jarnille le soupçonnait d'être ingrat. A cette pensée il crispait ses mains, il se roulait de chagrin sur son lit, demandant à Dieu la force d'accomplir
son devoir, et quel devoir !

Depuis son entretien avec Sébas il avait perdu le sommeil ; à
partir du jour où les deux Parisiens lui promirent leur aide, il se
jugea doublement coupable. Evidemment le ciel se déclarait en lui
donnant des auxiliaires.

Il s'accorda une semaine encore. A mesure que passaient les jours,
la défaillance le prenait. Cependant il résolut d'en finir, et le dimanche de la Quasimodo, prenant le bras de Colette sous le sien, il l'entraîna dans les prés :

— Viens cueillir des primevères, dit-il.

Elle le suivit confiante et joyeuse. Tous deux s'assirent sur un
tronc d'arbre abattu, et Rameau d'Or prenant la main de la fillette
lui demanda :

— M'oublieras-tu quand je serai parti ?

— Parti, toi, ô mon Dieu !

— Il le faut, Colette, sur mon âme et sur mon salut ! Il faut que
j'aille à Paris...

— Comme tu dis cela d'une voix grave.

— C'est qu'il s'agit de choses terribles, Colette, si terribles que
je tremble en y songeant. Ne pleure pas, tu m'enlèverais mon cou-

rage... N'en ai-je donc pas besoin pour me séparer de toi, pour quitter cette maison qui me fut hospitalière, Jarnille qui m'aima comme l'aurait fait ma mère... Dieu m'est témoin que je comptais y vivre, y mourir... J'y reviendrai, Colette, j'y reviendrai...

— Va! tu es fou! dit-elle, ce sont tes idées d'ambition qui te reviennent... Je me souviens que tu m'as un jour répété qu'une fille aussi riche que je le serai ne pouvait devenir ta femme... Il te faut une fortune, et tu penses la gagner à Paris.

— Je connaîtrai peut-être à Paris la faim contre laquelle Jarnille m'a défendu.

— Pourquoi t'éloigner, alors, pourquoi?
— C'est mon devoir, Colette.
— Ne peux-tu m'apprendre quel est ce devoir?
— Je ne le puis.
— Jarnille ne le saura pas davantage?
— Non!

— Ah! tu ne m'aimes pas! méchant garçon, tu ne m'as jamais aimée! Que fallait-il donc pour te retenir? Ni la bonté de Jarnille ni mon amitié ne peuvent rien sur toi... Un devoir! mais on dit en quoi il consiste! Si je le savais, peut-être te donnerais-je raison.

— Il faut me plaindre, Colette.
— Et te pardonner?
— Qui ne commet pas de faute n'a pas besoin d'indulgence.

Elle se mit à pleurer.

Alors il lui prit les mains, et doucement, lentement, il lui répéta qu'il reviendrait à Marolles aussi pauvre que dans le présent peut-être, mais certainement aussi dévoué. Il lui promit de lui raconter tout ce qu'il ferait, hors les démarches ayant rapport à un secret qui n'était pas le sien.

— Ne m'accuse jamais, lui dit-il, garde ces primevères en souvenir de ma promesse de venir demander un jour à Jarnille si elle veut te donner à moi pour femme, et jure de ton côté de me défendre contre les soupçons de ta tante, et de me garder une place dans le meilleur coin de ton cœur.

— Je te le jure, dit-elle.

— C'est bien, je te remercie, Colette; je n'ai plus maintenant qu'à dire adieu à Jarnille.

Ils revinrent tous deux, elle baissant la tête pour cacher qu'elle avait les yeux rouges, lui le front haut, comme un homme qui vient de prendre une détermination.

Lorsque le bruit s'éteignit dans l'auberge, que les servantes eurent lavé la vaisselle, serré le linge, et que Rameau d'Or eut suspendu les clefs des chambres aux provisions à leur clou, Jarnille, lassée du travail du jour, tomba sur une chaise en face de la grande cheminée

Il y restait encore des braises chaudes, car cette énorme pièce servait à la fois de cuisine et de salle à manger.

Rameau d'Or resta debout en face de Jarnille, et lui dit d'une voix dans laquelle vibraient sourdement des larmes :

— Vous avez été bonne pour un petit malheureux, Jarnille ; ce que je suis, je vous le dois : oui, je le dis sans vanité, grâce à vous, je suis un honnête garçon à qui on arracherait la vie plutôt que de l'obliger à commettre une méchante action.

— Pourquoi me dis-tu cela ce soir? demanda-t-elle.

— Il y a des instants où le cœur déborde, voyez-vous ! Il faut qu'on crie sa grande amitié et sa reconnaissance... J'étais mourant et vous m'avez guéri ; les saltimbanques qui m'avaient volé eussent peut-être avili mon âme, et vous m'avez donné une part de la vôtre. Jamais je n'oublierai cela, jamais ! jamais ! Et cependant vous m'accuserez peut-être, Jarnille, et quand je serai loin...

— Loin, toi! tu songes à me quitter?

— Oui, dame Jarnille.

— Oh! mon Dieu!... Ne trouves-tu pas tes gages assez élevés?

— Mes gages, répliqua Rameau d'Or en souriant, je n'en ai jamais touché, vous le savez bien, je vous servais par amitié...

— Par amitié! c'est d'un brave enfant ce que tu dis là ! Pourtant tu n'as pu croire que je prenais ton temps et tes bras sans songer à ton avenir... Tu es à la maison depuis sept ans... Les deux premières années je t'ai donné cinq francs par mois; la troisième dix francs; la quatrième quinze; enfin depuis trois ans, c'est vingt-cinq francs que je place pour toi chaque mois... Je ne parle point de ton habillement, je t'en faisais cadeau avec grande joie... Tu ne te doutais guère de cela, dans ta bonté d'âme... Te voilà riche pourtant ; treize cent vingt-cinq francs... Vois-tu, Rameau d'Or, je te regarde comme mon fils, et j'arrondis ta dot.

Un nom mourut sur les lèvres de l'enfant :

— Colette!

— Eh bien! oui, Colette! et tous deux après moi vous deviendrez propriétaires de la maison... Une bonne auberge, bien achalandée, sans parler des étrangers qui viennent maintenant voir la *Chambre n° 7*... Tu vois bien que tu ne peux partir... D'ailleurs, à partir du mois prochain tu recevras trente francs par mois !

— Jarnille, je n'avais point besoin de cette nouvelle preuve de sollicitude pour vous aimer... A votre tour ayez confiance dans l'enfant que vous avez élevé... Je vais partir pour Paris, et, si vous le voulez bien, vous garderez une part des économies que vous faisiez pour moi... Je ne vais point chercher la fortune à Paris ; j'y vais remplir une mission... Je vous aime et je pleure de vous quitter, mais il le faut, dame Jarnille, il le faut!

Des larmes roulaient dans ses yeux ; il joignait les mains d'une façon suppliante, mais Jarnille ne voulut rien voir de sa douleur, et, se levant avec emportement :

— Ingrat ! fit-elle, ingrat ! C'est presque une mère que tu abandonnes !

— Et c'est une mère que je reviendrai retrouver.

— Toi ! Mais on ne te reverra jamais à Marolles, jamais ! Sois tranquille, j'essaierai de t'oublier ! Je marierai Colette à un marchand de bœufs... Je te chasserai de mon souvenir, je te maudirai...

Rameau d'Or posa ses mains tremblantes sur la bouche de Jarnille.

— Pas cela ! dit-il, pas cela !

Elle le repoussa et demanda d'une voix dure :

— Quand partez-vous ?

Il tomba sur les genoux, sanglotant, et fut tenté de répondre : « Je reste ! » Mais au même instant la porte de l'auberge s'ouvrit, et la haute taille de Sébas s'y encadra.

Cette vue rendit courage à l'enfant :

— Demain ! dit-il avec fermeté.

— Ah ! venez, Sébas ! venez, dit Jarnille, vous êtes un honnête homme, vous avez servi vos maîtres avec un dévouement admirable... Je vous fais juge entre moi et ce misérable petit ingrat, que j'ai pris tout sanglant des morsures des ours pour en faire un chrétien ! Il me quitte, il part pour Paris... Voilà qui est méchant, honteux et lâche ! Et je l'aimais tant ! je l'aimais tant !

— Vous l'aimerez encore, Jarnille, répliqua Sébas en posant la main sur la tête de Rameau d'Or ; vous l'aimerez et vous le bénirez un jour. A chacun son devoir, Jarnille ! Cours à Paris, mon enfant, puisque tu sens que telle est la volonté de Dieu, moi je garde le vieux château pour les légitimes héritières de Marolles !

— Vous aussi, vous êtes contre moi ! s'écria Jarnille.

— Parce que nul ne doit s'opposer aux desseins de la Providence, Jarnille, bonsoir, mon enfant. Avant ton départ je te donnerai des commissions pour Paris.

— Votre mobilier suffit-il pour répondre de la location? (Voir page 110.)

CHAPITRE X

DEUX AMIS

La maison avait six étages. Neuve, flambante et gaie, elle paraissait étaler avec orgueil sa royauté d'immeuble tout neuf peint, stuqué, vernis, brossé de façon à donner envie d'y louer un appartement. A ce cube de pierre l'architecte avait eu soin de joindre des faïences aux tons bleus rappelant les maisons hollandaises, des sculptures trouvées en Italie, et de former un ensemble charmant d'un fouillis de fruits et de fleurs accompagnant des cariatides supportant un grand balcon. Celui-ci, de même que les lanternes du vestibule, était venu de Belgique où l'art de la dinanderie et du batteur de métaux se perpétue. La loge du concierge ressemblait à un salon, et les locataires de cette maison, du rez-de-chaussée aux mansardes, devaient tous vivre d'une façon honorable, sinon luxueuse. Un seul ménage formait une exception à cette règle. Un soir, une femme, qui paraissait souffrante, et s'appuyait sur le bras d'une jeune fille, entra dans la loge de Mme Verdas et lui demanda le prix d'un logement composé d'une chambre et d'un cabinet.

— Trois cents francs, répondit Mme Verdas.

Les deux femmes échangèrent un regard anxieux.

— Oh! maman, dit la jeune fille, la maison est si convenable, retiens le logement.

Mais l'hésitation de la mère avait été surprise par la concierge qui ajouta :

— Votre mobilier suffit-il pour répondre de la location?

— Certes, répondit la jeune fille.

— Vous n'exercez point un métier?

— Non, madame, je suis peintre.

Mme Verdas fit une légère moue, cependant elle ajouta :

— Votre nom, s'il vous plaît?

— Mme Vebson.

— Veuve?

— Oui, veuve! répéta la femme dont un sanglot étrangla la voix.

La concierge haussa les épaules. Dans la maison qu'elle gouvernait d'une façon despotique, elle n'acceptait ni les travailleurs ni les pauvres. Cependant elle n'osa pas repousser absolument la demande de Mme Vebson. Ses yeux se dirigèrent vers le fond de la loge où se trouvait en ce moment, debout et enveloppée de longs voiles de deuil, une femme qu'elle parut consulter des yeux. Celle-ci inclina la tête, et Mme Verdas dit à la mère et à la fille d'une voix subitement devenue polie :

— Vous entrerez quand vous voudrez, madame.

La veuve prit le bras de sa fille et sortit.

Alors la dame qui était restée dans l'ombre s'avança et dit à Catherine Verdas :

— Mes futures locataires ne seront peut-être pas bonnes, dans le sens qu'on donne d'habitude à ce mot, mais ce sont évidemment des femmes bien élevées que le malheur éprouve. Je vous prie d'avoir pour elles toutes sortes d'égards... Je pars pour l'Italie ; si durant mon absence les termes se trouvaient en retard, ne leur causez aucun chagrin...

— Madame est trop bonne! répliqua la concierge.

— On l'est rarement assez et jamais trop.

— Madame peut croire que ses ordres seront suivis.

Tandis que la propriétaire réglait ses comptes et donnait ses dernières recommandations, les locataires de l'humble logement de la maison neuve, portant le n° 30 de la rue de Maubeuge, se serrèrent la main, et la jeune fille dit à sa mère :

— Quel bonheur pour nous d'être acceptées! notre mobilier est si modeste. Mais il n'importe ! avec un peu de goût j'arrangerai l'atelier d'une façon convenable, il nous servira de salon ; des tentures cacheront le lit ; les objets de ménage rempliront la cuisine, et je pourrai recevoir les fabricants sans trop rougir.

— Tu es le courage même, ma fille.

— Ton exemple me soutient, chère mère.

— Hélas! j'en manque souvent, ma bien-aimée! Tant de coups successifs nous ont frappées que je demeure accablée sous mon fardeau. Tu sauras un jour ce que c'est que la tendresse d'un époux, et tu jugeras de la rigueur de mon épreuve. Perdre brusquement d'une façon horrible et sanglante l'homme qui a été l'objet de toute votre tendresse, votre guide, votre soutien, le modèle des maris, le plus noble des hommes! Voir crouler avec lui le bonheur et l'avenir de sa fille, et se dire que non seulement cette créature adorée sera pauvre, toujours pauvre, qu'elle verra flétrir sa jeunesse dans les privations et les larmes, mais qu'elle sera même privée de l'orgueil légitime de porter le nom paternel ; que, par une suite de malheurs inouïs, on lui disputera son héritage ; que sa mère gardera à peine le droit de porter un deuil de veuve, tout cela est trop amer, oui vraiment trop amer!

— Je te reste, répondit la jeune fille dont les yeux se voilèrent de larmes.

— J'essaie pour toi de me cramponner à la vie, mais, vois-tu, le cœur est frappé à mort...

Elles rentrèrent silencieusement, et commencèrent leurs paquets. Le surlendemain une voiture à bras emportait leur chétif mobilier.

— Et si on vous demande? cria la concierge.

— Personne ne nous demandera, répondit la veuve.

Le soir même Mme Vebson s'installait rue de Maubeuge.

Les deux femmes posèrent les rideaux, clouèrent les tentures. Avec un goût charmant la jeune fille accrocha des toiles, quelques statuettes, des vases remplis de fleurs. Cette vaste pièce, si nue la veille, se trouva habilement métamorphosée. Alors elle dressa son chevalet près de la fenêtre, et recommença à peindre des éventails.

Ce fut une triste existence, d'autant plus triste que cette lutte pour le pain quotidien ne se trouvait compensée par aucune joie. Sans se rendre compte de ce qu'elle pouvait ajouter aux chagrins de sa fille, la veuve reprenait à chaque heure du jour le thème de ses douleurs. Un vague profil à demi effacé lui montrait les traits de celui qu'elle avait perdu. Une vue des Indes lui rappelait sa patrie quittée pour lui dans une heure d'abandon et de confiante jeunesse. Des coquilles rares, de menus objets rapportés de là-bas arrêtaient à chaque instant son regard et ramenaient sa pensée vers le mort bien-aimé. La jeune fille, occupée en ce moment à peindre un oiseau ou des fleurs, et qui s'efforçait de se souvenir des effets d'un rayon de soleil tombant sur une rose ou sur une aile de martin-pêcheur, se trouvait brusquement replongée dans les ténèbres. La nuit se faisait autour d'elle ; des flocons de neige tombaient du toi ; le pinceau s'échappait de ses mains, et, découragée, elle cessait un travail fastidieux, mal rétribué et qu'elle n'avait pas même le loisir d'achever en paix. La mère s'aperçut plus d'une fois de l'effet terrible produit par ses plaintes ; elle s'adressait alors des reproches véhéments, s'accusait de préférer le mari mort à l'orpheline vivante. demandait pardon à son héroïque fille ; et celle-ci la serrait dans ses bras en répandant des larmes. Elle relevait les pinceaux, se remettait au travail, mais chaque crise nouvelle lui demandait un nouvel effort.

On vivait de peu, presque de rien. Cette grande femme aux traits émaciés, aux paupières rougies, qui descendait et montait l'escalier comme une ombre, inspirait la pitié aux locataires qui la rencontraient. On devinait dans sa vie tant de douleurs imméritées et de hautes vertus ! Puis, lorsque sa fille l'accompagnait, on eût dit un rayonnement subit de jeunesse et de beauté. Avec ses cheveux d'or et ses grands yeux bleus, cette fille ravissante charmait sans le comprendre.

Un jour, tandis qu'elle descendait l'escalier avec lenteur, fatiguée et gênée par le poids d'un volumineux paquet d'éventails, un jeune homme sortant de son atelier situé au troisième étage s'arrêta brusquement :

— Quelle Velléda ! murmura-t-il.

Puis appelant un jeune garçon :

— Rameau d'Or, dit-il, aide mademoiselle à descendre ces paquets trop lourds.

La jeune fille allait refuser ce service, mais soit qu'elle fît un mouvement brusque, soit que le regard admirateur du jeune homme l'eût troublée, elle laissa échapper son fardeau, et les feuilles d'éventails roulèrent dans l'escalier.

Un cri lui échappa.

S'ils allaient être froissés, salis, que diraient les fabricants? Non seulement ils refuseraient de les payer, mais encore ils demanderaient le remboursement de la valeur des satins et des moires. Elle les releva avec l'aide du jeune garçon, poussa un soupir de soulagement, en les trouvant en bon état, remercia le jeune homme d'un regard, l'enfant d'une bonne parole, et gagna la rue.

Elle se rendit près du square des Arts-et-Métiers, livra son travail, en reçut le prix, puis, gagnant le boulevard Poissonnière, elle entra chez un marchand de couleurs où elle fit des acquisitions. Au moment où elle en sortait, le jeune homme qui avait laissé échapper ce cri de regret et d'admiration : « Quelle Velléda! » sortit de l'ombre dans laquelle il était demeuré.

— Vous connaissez cette jeune fille? demanda-t-il au marchand de couleurs.

— Depuis longtemps; elle fait de la peinture commerciale, et a, je le crains bien, de la peine à en vivre; mais son père était un véritable artiste. Génie primesautier et natif, il s'était imprégné des beautés de la nature tropicale et les rendait d'une façon merveilleuse. Je crois que ses dernières toiles auront été vendues à vil prix, cependant si grand était le culte de cette enfant pour son père qu'elle aura gardé plus d'une étude.

— Vous la nommez?

— Son père l'appelait Mélati.

— Un nom de fleur, répliqua Jean Lagny. Et le père signait ses toiles?

— Gustave Vebson. Mais je ne sais pourquoi il m'a toujours paru qu'il masquait un nom plus retentissant sous ce pseudonyme. On eût dit, en dépit de sa misère, un véritable grand seigneur. Il a disparu brusquement et sa fille a pris le deuil. Leur pauvreté s'est accrue, cependant jamais elle ne prend ni couleurs ni toiles à crédit. Dieu sait pourtant que je me ferais un grand plaisir d'obliger cette vaillante enfant.

Jean Lagny quitta le magasin et rentra chez lui tout soucieux.

Rameau d'Or renouvelait en ce moment les fleurs de sa jardinière.

— Ah! dit-il, tu as fait des acquisitions?

— Oui, suivant les ordres de monsieur.

— Ces fleurs te coûtent cher?

— Très cher, monsieur. Mais qu'est-ce que cela vous fait, puisque vous gagnez tant d'argent avec quelques coups de pinceau?

— Tu ne devrais jamais raisonner ainsi, mon enfant. Oui, je gagne de l'argent avec une grande, une trop grande facilité, ce qui m'entraîne à le dépenser de même. J'oublie qu'autour de moi il est des pauvres honteux, des veuves en larmes, des enfants luttant pour le pain, ce combat de chaque heure... Et c'est mal! très mal!

— Peut-on se calomnier de la sorte! s'écria l'enfant. Ne vois-je pas avec quelle générosité vous répondez à toutes les demandes qui vous sont faites. Hier encore vous avez donné un tableau pour la loterie des Alsaciens. C'est beau, c'est généreux, cela!

— Cette petite toile m'a été plus que payée par le bruit qui s'est fait autour d'elle. Dieu me saurait plus de gré de donner des soins à un mendiant que de répandre ces générosités corrompues par trop d'orgueil.

Il s'arrêta un moment, puis il reprit :

— Tu loges sous les toits?

— Comme les hirondelles, oui, monsieur.

— Alors tu connais la jeune fille dont tu as relevé les éventails?

— Si je la connais? Je crois bien. Une sainte, Mlle Mélati! Notre concierge n'est pas bonne, oh! non, personne ne saurait reprocher cela à Mme Verdas; je l'appelle Verduresse pour la faire enrager... Eh bien! jamais, au grand jamais, elle n'a trouvé que des éloges à faire de Mlle Mélati. La première fois que je l'ai aperçue, il me sembla voir une des saintes que vous peignez dans les tableaux d'église. Quelquefois le soir je reste éveillé afin de l'entendre faire une lecture à sa mère. Je ne comprends pas tous les mots, mais c'est égal, il me semble prêter l'oreille à une musique. J'ai bien des fois déjà essayé de rendre de menus services à ces dames, mais elles sont fières, et jusqu'à ce moment mes efforts n'ont guère été couronnés de succès. Peut-être ne m'ont-elles seulement jamais regardé!

— Renouvelle tes tentatives, Rameau d'Or, tu me rendras grand plaisir.

— Je n'y manquerai pas, monsieur.

— A propos, et ta mission?

— Je n'y renoncerai jamais! jamais! Et cependant je commence à croire que c'est une folie d'espérer la remplir. Au village de Marolles, lorsque je fis une promesse, j'ignorais ce que c'est que Paris. Mais j'ai juré, une parole est sacrée! Et puis, il y a la Providence sur laquelle je compte pour deux choses.

— Lesquelles?

— La première pour sauver des innocents et des victimes.

— La seconde?

— Pour châtier un coupable.

— N'as-tu point l'idée de te faire un peu le collaborateur de cette Providence?

— En aidant à la mise en scène du drame de M. Dervaux, *La Chambre n° 7*... Peut-être bien, monsieur; tous les moyens sont bons pour l'accomplissement de la justice divine. Monsieur n'a plus besoin de moi?

— Non, Rameau d'Or; ta matinée est finie, tu peux vaquer à d'autres occupations.

— Monsieur pourrait dire vaguer, car, en vérité, je mène une singulière vie. Votre bonté me donne le pain de la journée, en échange d'un peu de travail. Le reste du temps je cumule l'emploi de commissionnaire, de décrotteur, d'ouvreur de portières, de négociant en bouts de cigares et en écorces d'oranges. Si je n'étais un travailleur obstiné, on me prendrait pour un errant de nuit. Heureusement je suis connu dans le quartier. L'autre soir j'ai aidé à faire empoigner un voleur qui dévalisait la boutique d'un bijoutier; le sergot du coin me doit la vie. Aussi faudrait voir comme l'autorité prendrait ma défense si quelqu'un maltraitait Rameau d'Or. Mes économies augmentent. Je mets tous les soirs de l'argent dans ma tire-lire, et je ne la vide jamais. Ce sera pour mon mariage avec Colette.

— Tu penses toujours à la nièce de dame Jarnille?

— Si j'y pense! à toutes les heures de la journée, et je puis bien dire qu'à mes yeux personne ne vaut Colette, sauf Mlle Mélati. Si vous saviez comme elle pleurait quand je suis parti! « Prends l'auberge, me disait-elle, ma marraine me la donnera en dot. Je te trouve riche puisque je t'aime! » J'avais beau lui répondre qu'un garçon de seize ans et une fille de quinze n'entrent pas en ménage; dans son innocence et sa bonté, elle ne voyait point d'autre moyen de me retenir. Et pourtant, quand elle m'a vu pleurer, quand elle a compris que je remplissais un devoir, elle a pris parti pour moi contre Jarnille et m'a juré de m'attendre. Mais j'ai beau avoir été gardeur d'ours, j'ai ma fierté, et je veux offrir une dot à ma femme. Monsieur n'a point de commissions?

— Non, petit.

— Alors, à demain, monsieur.

Rameau d'Or descendit l'escalier en chantant.

Il avait bien changé extérieurement en six mois, le petit orphelin élevé par les saltimbanques et gardé par dame Jarnille. Du jour où il partit pour Paris une révolution complète s'opéra en lui. Ne devait-il point agir en homme, travailler, penser, aider à une œuvre de réparation, venger un crime, éclairer la justice. Quoiqu'il se sentît fort de sa conscience, il n'en souffrit pas moins des reproches de Jarnille et surtout des larmes de Colette. Laissant entre les mains de celle qui avait été pour lui plus qu'une maîtresse, une véritable mère, la moitié de sa petite fortune, il emportait six cents francs, en quittant le village de Marolles. Les papiers remis par le neveu d'Henriot avaient été cousus entre le drap et la doublure de sa veste. Il voyagea en troisième classe, puis, arrivé à Paris, il se fit conduire chez le dramaturge Louis Dervaux.

Lié avec Jean Lagny depuis sa jeunesse, l'écrivain partageait avec le peintre un appartement presque somptueux. Chacun d'eux y avait placé des œuvres d'art, des tentures rapportées de leurs longs voyages. Tandis que Louis écrivait, Jean dessinait d'admirables illustrations que les éditeurs se disputaient à prix d'or.

Ils gagnaient assez d'argent pour ignorer les mesquineries. Dans l'atelier se trouvait une urne antique rapportée de Pompéï, et qui leur servait de caisse. Louis et Jean y jetaient tour à tour le produit de leur plume et de leurs pinceaux. Il ne serait jamais venu à l'esprit de l'un deux de s'étonner que son ami fît une dépense même inutile. Ils estimaient que rien n'est plus nécessaire qu'un luxe de fantaisie pour les natures essentiellement artistes. Ce que l'un voulait était désiré par son ami. La quasi adoption de Rameau d'Or s'effectua sur un même mouvement de ces cœurs d'élite. Ils l'eussent gardé, payé, protégé, si le jeune garçon eût accepté leurs bienfaits. Mais celui-ci aurait cru se rendre indigne de la protection divine, s'il n'eût continué à poursuivre le but indiqué par Gaston de Marolles : chercher dans Paris sa femme et sa fille. C'était pour y arriver cependant que Rameau d'Or changeait si souvent de figure et d'état, et devenait tour à tour commissionnaire, porteur d'imprimés, distributeur de journaux à domicile. Il feuilletait les annuaires, cherchait, s'informait, fouillait Paris, rue par rue, demandant à tous les concierges : « Avez-vous ici Mme de Marolles ? — Un « connais pas » très sec, ou bien un « nous n'avons pas ça ici » lui ôtait chaque jour, d'une façon monotone, la faible espérance qui le soutenait au moment du réveil. Tout autre se serait découragé, mais Rameau d'Or serrait contre sa poitrine la missive fermée d'une main mourante par Gaston de Marolles, et cette pensée suffisait pour lui rendre courage. Il croyait sincèrement la Providence obligée envers lui et s'imaginait que, mettant tout son cœur, sacrifiant peut-être son avenir à l'accomplissement de ce devoir, elle lui devait le succès dans un temps plus ou moins long.

Le jour même où Rameau d'Or quitta l'auberge du *Soleil-Levant*,

i. arrivait à Paris. Pas un moment il ne songea à descendre dans un hôtel; quelque raisonnable que fût Jarnille, il savait par expérience combien montent vite les notes des hôteliers. Sans trop d'effroi de se trouver seul dans cette ville immense, l'adresse de Louis Dervaux à la main, il se dirigea à travers les rues, questionnant, cherchant, et de la sorte il finit par arriver. Le dramaturge se trouvait chez lui. Le nom de Rameau d'Or lui rappela tout de suite l'enfant intelligent qui lui aidait à reconstruire la scène de l'assassinat dans *la Chambre n° 7*.

— Eh bien ! mon garçon, lui demanda-t-il, tu t'es décidé à venir ? Je t'offrirais d'entrer à mon service si je n'étais certain de me voir refusé !

— J'y serai tout de même, monsieur ; seulement j'ai besoin d'une partie de ma liberté ! Si vous voulez m'obliger, obtenez qu'on me cède dans cette maison une mansarde, un grenier, ce qu'on pourra.

— Et des meubles ?

— J'apporte la moitié de ma fortune. Figurez-vous, monsieur, que dame Jarnille, quelle honnête femme ! mettait de côté mes gages sans rien m'en dire. Je puis consacrer quatre cents francs à mon mobilier. Il me semble que je serai tout à fait respectable.

— Peste ! je le crois bien ! Mme Verdas t'arrangera cela. Pour une portière elle est brave femme, trop bavarde et encore coquette, mais tirant le cordon sans se plaindre. Elle te recommandera au marchand de meubles qui demeure près d'ici. Tu feras nos courses à Jean Lagny et à moi. Acheter des couleurs, porter des épreuves, rien de tout cela n'est fatigant. Je compte absolument sur toi quand il s'agira de répéter dans le drame la scène de l'assassinat.

— Vous avez raison, monsieur. Quand se jouera-t-il ?

— Qui sait, mon enfant ! Les directeurs promettent longtemps avant de tenir. J'espère que ce sera pour l'hiver prochain.

Louis Dervaux traça quelques lignes au crayon sur une feuille de papier.

— Donne ceci à la concierge. Demain tu seras installé. Cette nuit tu te contenteras du divan de l'antichambre.

Rameau d'Or descendit, remit le billet de M. Dervaux, et la concierge regardant l'enfant avec une certaine bienveillance :

— C'est bon, je ferai ce qu'on me demande pour toi. Viens chez le marchand.

Celui-ci flânait sur la porte de sa boutique, furieux de n'avoir pas « étrenné ». Lorsque Mme Verdas lui présenta son client, il eut un sourire dans lequel se mêlaient le contentement et la ruse.

— Vous savez, dit la concierge, du propre et du bon ! M. Dervaux s'intéresse à ce petit, et j'en ferai autant par ricochet. Une couchette propre, de bons matelas, un lit moelleux et une bonne conscience procurent des nuits excellentes. Pas de camelotte, père Magradel ! et des prix doux.

Elle débattit le prix de chaque objet, et deux heures plus tard on installait Rameau d'Or dans une mansarde ayant un aspect tout à fait confortable.

Pour achever la conquête de Mme Verdas, Rameau d'Or paya un terme d'avance.

A partir de ce moment il se trouva aussi heureux qu'il le pouvait être loin de Jarnille et de Colette. Le service de M. Léon Dervaux et de Jean Lagny n'avait rien de pénible. L'enfant leur empruntait des livres, et travaillait dans sa petite chambre. Sa porte se trouvait voisine de celle de Mme Vebson, et plus d'une fois il croisa dans l'escalier la veuve de plus en plus pâle, l'enfant résignée dont la beauté lui rappelait celle des anges.

Il devinait qu'elles étaient pauvres et fières et s'efforçait de leur rendre mille menus services dont elles ne se doutaient même pas. Chaque fois qu'il passait devant la loge de Mme Verdas, il y prenait les commissions des deux locataires : Boîte au lait, charbon, lettres. Il accrochait l'une au bouton de la porte, plaçait l'autre dans un coin, glissait les dernières près du paillasson. Cependant jamais encore il n'avait osé leur adresser la parole avant le jour où Mélati laissa rouler ses éventails dans l'escalier, tandis que Jean Lagny la regardait avec une admiration secrète.

Mais à partir de ce jour il devint plus hardi. Chaque fois qu'il se rendait chez le marchand de couleurs de Jean, il demandait les commissions de Mlle Vebson. A mesure qu'il connut ses fournisseurs, il la dispensa de courses fatigantes. Lorsque la jeune fille paraissait craindre de le déranger, il répondait en souriant :

— Je passe dans cette rue-là, voyez-vous, mademoiselle.

Et la jeune fille avait le soir ses fournitures de peinture, ou l'argent de son travail. Quelquefois il restait debout derrière elle, la regardant terminer des fleurs ou des oiseaux, admirant, applaudissant.

Mais Mlle Vebson semblait parfois si triste que son chagrin gagnait Rameau d'Or. Lorsque celui-ci revenait de chez un marchand, en apprenant à la jeune fille qu'il n'y avait point de travail pour elle durant une quinzaine, il la voyait pâlir et trembler en jetant un long regard sur sa mère. Les commissions qu'il faisait pour elles devenaient plus rares : du pain et du thé avec un peu de lait composaient quelquefois leur ordinaire. Sa mère restait souvent au lit, trop affaiblie pour se lever. Le feu manquait dans la cheminée, la jeune fille tremblait sous ses minces vêtements.

Le médecin du quartier arriva, haussa les épaules, et déclara qu'il n'y pouvait rien. Sans doute Mme Vebson était malade, et minée par la fièvre; mais des remèdes ne suffiraient point à la guérir, il lui faudrait un confort qu'il devinait impossible, et, voyant la douleur de la jeune fille quand elle le reconduisit sur le carré, il ajouta :

— Le traitement sera long, dispendieux, si vous voulez sauver votre mère, il ne vous reste qu'un moyen : l'hospice...

Un sanglot souleva la poitrine de Mélati.

Elle n'avait pas seule entendu ce mot sinistre; il venait de retentir au fond du cœur de la malade. Ce docteur disait vrai dans sa dureté; jamais Mélati, privée de travail depuis longtemps, réduite à proposer de magasin en magasin des écrans et des éventails qu'on lui payait un prix dérisoire, ne parviendrait à payer les dépenses quotidiennes et celles que nécessiterait la maladie de sa mère. Lorsque la jeune fille rentra dans la chambre, la veuve l'attira dans ses bras, et l'y tint longtemps embrassée. Mélati la quitta pour aller vendre un éventail et revint avec quelques provisions. Mais le reste de l'argent reçu passa en quinine, en potions pour la malade. Les doigts glacés de la jeune fille se roidissaient en tenant le pinceau. Un cercle brûlant entourait sa tête, des vertiges la prenaient. Mme Vebson ne se plaignait plus. Si elle n'avait pas tant aimé sa fille, elle aurait appelé la mort à grands cris, la mort la rapprocherait de celui qu'elle pleurait et dont elle n'osait plus même porter le nom.

Rameau d'Or devina une partie de la vérité, et descendit chez Jean Lagny.

— Ah! monsieur, lui dit-il, mes voisines vont manquer de pain... La morte saison est l'agonie des pauvres. Vous qui connaissez tant de monde, ne pourriez-vous procurer du travail à Mlle Vebson?

— Pauvre enfant! murmura le peintre, si belle, si jeune, si malheureuse! Tu as bien fait de me prévenir. Je vais la recommander à un marchand qui lui donnera des aquarelles. Elle a du talent, cette enfant! Et depuis longtemps j'aurais tenté de me présenter chez sa mère, si la figure austère de Mme Vebson et une certaine réserve hautaine ne m'en avaient empêché! Ne dis rien encore, nous agirons aujourd'hui et demain tout ira mieux.

Rameau d'Or prit la lettre de recommandation et partit pour de longues courses dont il ne devait revenir que le soir même.

Il était temps qu'on vînt en aide aux deux femmes. Le pain manquait dans la maison, et le boulanger venait de refuser crédit.

La petite provision de thé se trouvait épuisée; il n'y avait plus ni bois ni charbon, et Mélati, découragée, se demandait où elle pourrait trouver du travail. Elle n'en était plus à s'enfermer dans un labeur artistique, elle eût accepté toute occupation capable de subvenir à leur existence. Il leur fallait bien peu cependant ! Et ce peu faisait défaut. Que devenir? Toute la matinée sa mère avait pleuré, les lèvres collées sur le portrait de Gaston. Mélati se demandait si elle aurait le courage de mendier pour sa mère.

Posant sur sa tête un fichu de crochet noir, elle sortit après avoir promis de rentrer le plus vite possible. Pour se donner le courage d'accomplir un dernier, un suprême sacrifice, elle se jeta dans les bras de sa mère et la serra convulsivement sur sa poitrine. Arinda lui rendit cette étreinte ; la jeune fille quitta la mansarde, et se trouva peu après dans la rue.

La neige tombait toujours, le jour baissait. Mélati songea qu'elle aurait moins de honte dans l'obscurité, et gagna le boulevard où elle pensait trouver des gens plus riches et plus faciles à l'aumône.

Pendant que Mélati accomplissait l'héroïque sacrifice de tendre la main pour sa mère, celle-ci, tremblante de froid et de faiblesse, quittait son lit et passait avec peine ses minces vêtements.

— Il le faut, murmura-t-elle, il le faut... Je suis une lourde charge pour cet ange... Quand Mélati sera seule, elle gagnera du pain pour elle... D'ailleurs, le médecin l'a dit, si je reste, c'est la mort... Mourir ! c'est abandonner ma fille, la laisser seule, toute seule au monde... Un dernier espoir de guérison me reste: l'hôpital...

Arinda répéta ce mot plusieurs fois, comme pour en bien comprendre l'horreur, et chercher en même temps la force de la surmonter. Elle se trouva bientôt prête, s'assit sur son lit, et jeta autour d'elle un regard navré qui la fortifia dans sa résolution. Ensuite, prenant une feuille de papier, elle écrivit d'une main tremblante :

« Dieu aura pitié de nous... J'étais pour toi un fardeau, nous nous retrouverons dans des jours meilleurs, bientôt, quand je serai guérie. »

Ensuite Arinda jeta un châle sur ses épaules, mit un chapeau fané, et, s'appuyant au mur, descendit les escaliers.

Depuis tant de jours elle n'était pas sortie de sa chambre que l'air froid la frappa d'une sorte d'étourdissement. Elle allait en trébuchant, repoussée par les uns, insultée par les autres, et gagna de la sorte l'hôpital Lariboisière.

Arrivée au seuil elle défaillit, et ce fut emportée par deux infirmiers qu'elle pénétra dans une des grandes salles.

LA CHAMBRE N° 7

Une deux, trois, quatre, cinq... Tu as failli te marier. (Voir page 123.)

CHAPITRE XI

A L'HOPITAL

L'ombre était descendue dans la vaste salle, enveloppant les lits drapés de blanc se profilant sous la clarté des veilleuses. On ne pouvait dire que le silence y régnait, car derrière chaque rideau on entendait pousser des plaintes plus ou moins aiguës. Une odeur vague, écœurante, mêlée d'éther, de chloroforme, d'opium et de cataplasmes, au-dessus desquels on respirait la senteur forte de l'acide phénique, emplissait la salle au parquet net et clair comme un miroir.

Un groupe de femmes vêtues de noir, dont quelques-unes affectaient la coquetterie dans la façon dont le bonnet blanc se trouvait posé sur les cheveux et la manière dont le nœud de dentelle agrafait le corsage, causaient gaiement autour du calorifère. Désignées pour le service de nuit, elles attendaient le cri réitéré d'une malade pour quitter un endroit propice aux cancans.

Elles étaient six : Mlle Clorinde, fille blonde, aux cheveux couleur filasse, aux lèvres minces, serrée dans son corsage, une broche à sa cravate de soie, un mauvais regard dans ses prunelles d'une teinte de faïence pâle. On devinait en elle des passions mauvaises n'attendant que l'heure de se déchaîner.

Mme Estabelle, sa voisine, forte en chair, haute en couleur, sanglée dans un corset, coiffée de bandeaux plats, semblait n'avoir d'autre préoccupation que celle de satisfaire sa gourmandise. Veuve, sans enfants, elle remplissait mollement les devoirs acceptés et se dédommageait du peu qu'elle faisait durant les heures où elle se trouvait seule avec ses compagnes. En ce moment Mme Estabelle donnait des conseils à une personne nouvellement entrée dans l'administration.

— Vous dites que la misère vous a fait venir ici, mais que vous craignez d'avoir à soigner des gens atteints de maladies contagieuses... Je comprends cela! Dame! ce serait triste d'en porter le germe à vos enfants. Mais c'est bien simple, allez, si l'état d'un malade est grave, on s'en approche le moins qu'on peut...

— Il faut remplir son devoir, cependant, répliqua Rosalie Chardon.

— Son devoir! Ma petite, c'était bon pour les religieuses. Elles faisaient vœu de sacrifier jusqu'à leur vie pour les malades, mais nous ne prononçons pas de vœux, nous! Elles les soignaient pour l'amour de Dieu, nous nous contentons de satisfaire d'une façon stricte aux exigences de l'administration... Soi d'abord, n'est-ce pas?

— Ma petite, ajouta Mme Riduel, vieille créature édentée, aux mains longues, aux doigts crochus, au nez d'aigle, vous êtes ici pour ramasser votre pelote, ne gâtez point le métier pour les autres. L'infirmière laïque sert l'administration qui la rétribue; tout ce qui se trouve en dehors de ses obligations strictes doit être payé par les malades. De la sorte on double facilement ses appointements. Une malade désire-t-elle qu'on lui apporte à boire plus souvent qu'à son tour, elle paie. Souhaite-t-elle qu'on lui remette les lettres de gens qui lui sont chers, elle paie! Rien gratis à l'hôpital. Les religieuses agissaient autrement, possible. Tire à toi. ma petite! Si par hasard on porte plainte, défends-toi comme un diable. On a voulu des infirmières laïques, on ne s'attend pas à leur trouver le dévouement qu'on admire dans les sœurs. Nous avons notre ménage, nos maris, nos enfants...

Un appel désolé se fit entendre à l'extrémité de la salle.

Charlotte Cantin se leva :

— C'est le N° 10 qui l'a poussé, que dois-je faire?

— Si on l'écoutait, reprit Clorinde, jamais on n'aurait un moment de repos.

Les cris continuèrent plus déchirants.

— Qu'a donc cette malheureuse? demanda Charlotte.

La Riduel répondit en haussant les épaules :

— Oh! une maladie dont elle ne guérira pas, le médecin l'a dit. Inutile de la soigner. Laissez appeler, Charlotte... J'ai apporté un paquet de cartes, et je vais faire une réussite à Clorinde.

La fille aux cheveux filasse se pencha avidement. Elle niait Dieu, mais elle croyait à la cartomancie.

La mère Riduel tira de sa poche un paquet de cartons gras, rongés des bords, effacés et maculés par les coups de pouce; puis elle les battit, fit couper de la main gauche; enfin elle tira trois par trois les cartes du paquet, en ayant soin, quand il s'en trouvait deux de même couleur, de mettre de côté celle qui était le plus près de son pouce.

Ses yeux ternes s'animaient à mesure que ses doigts se posaient sur les tarots que Clorinde examinait avec une attention superstitieuse. Il lui semblait voir se dérouler sa destinée dans ces cartes grossièrement enluminées, sur lesquelles se mêlaient les coupes, les bâtons et les épées. Elle cherchait d'avance à deviner le sens de mainte figure cabalistique; puis tout à coup, troublée par le silence de la mère Riduel :

— Vous ne me dites rien, fit-elle.

— Attends un peu, ma fille, ce que je vois est étrange... Une, deux, trois, quatre, cinq... Tu as failli te marier, ou plutôt tu souhaitais épouser un homme qui n'a pas voulu de toi... Un homme de rude état, forgeron ou mécanicien... Ah! voici ta rivale, très mignonne, d'un blond de lin... Tu ne la connais point, mais tu la hais... Deux, trois, quatre, cinq... Le hasard vous mettra en présence, toi, elle, et celui que tu souhaitais épouser... Quatre et cinq... Un crime! Voilà ce que je n'osais dire, tu commettras un crime!

— Moi! la Riduel, vous vous trompez, j'aurais trop peur de la justice!

— Oh! tu es rusée, ma fille : et ce crime pourra passer pour une erreur, un accident... Devant Dieu seulement tu seras responsable...

— Et serai-je poursuivie? demanda Clorinde en frissonnant.

— Pour la forme, voilà tout... Je te vois triomphante et joyeuse... sauf ta conscience, bien entendu...

En ce moment l'horloge sonna, et bientôt parut une escouade de femmes destinées à remplacer les infirmières qui allaient prendre du repos.

Charlotte Cantin, la grosse Estabelle, Julie Riduel, Rosalie Chardon, et la dernière venue, puis la mère Sparadrap et Jeanne Hortis se rapprochèrent, adressèrent un signe amical aux arrivantes, et disparurent sans bruit, glissant sur les parquets comme des ombres.

— On soupe chez moi ce soir, dit Clorinde.

A travers un dédale de couloirs et d'escaliers, Mlle Clorinde gagna sa chambre meublée avec une sorte de luxe bourgeois. On y voyait un lit d'acajou, entouré de rideaux de reps grenat, une armoire à glace, une commode couverte de menus objets gagnés à des foires et à des fêtes populaires. Sur la cheminée, surmonté d'une fleurette fanée, se trouvait le portrait d'un jeune ouvrier en costume de travail, manches de chemises relevées au-dessus du coude, et laissant voir des bras musclés, tête énergique et fine à la fois, avec des yeux mouillés de tendresse. Un mélange de force et de bonté! Chaque fois que les yeux de Clorinde se tournaient de ce côté, une expression amère crispait ses lèvres minces, et pourtant à aucun prix elle n'eût consenti à se séparer du portrait et de la fleur qui le couronnait.

Les infirmières connaissaient toutes la chambre de Clorinde, excepté Rosalie Chardon qui jeta autour d'elle un regard admiratif.

— Comme c'est beau chez vous, fit-elle en promenant les yeux de l'armoire à glace à la cheminée dans laquelle flambait un bon feu.

— Oh! répliqua Clorinde, c'est modeste. L'administration ne nous donne pas un Louvre. J'ai été femme de chambre pendant dix ans, et ma dernière maîtresse me légua un petit mobilier avec une rente de trois cents francs.

— Jolie dot! dit la mère Estabelle.

— Ah! voilà, je suis difficile, et ceux à qui je convenais ne me plaisaient pas, tandis...

Elle n'acheva pas sa phrase et leva les yeux vers le portrait.

— L'eau pour le thé bout déjà; mère Estabelle, ouvrez le buffet, vous y trouverez un poulet rôti, des confitures et du jambon.

— Ah! vous ne manquez de rien, fit Rosalie Chardon. Est-il donc possible de se procurer un pareil ordinaire avec les gages réglementaires?

Mlle Clorinde éclata de rire.

— Mais ma petite, dit-elle, ce poulet-là vient des cuisines des malades, les confitures sont prises sur leur dessert, le vin de Malaga que vous boirez tout à l'heure leur était destiné.

— Mais c'est voler ! s'écria Rosalie.

— Un gros mot, un mot banal et bête, ma petite. Je vous demande un peu ce que des gens malades ont besoin de tout cela ! La fièvre soutient ! Ils restent tranquillement dans leur lit, tandis que nous nous trimons toute la journée !

La nouvelle venue rougit, grignota un peu de pain, prit une tasse de thé, mais refusa le blanc de poulet qui lui fut offert et le vin de Malaga qui lui fut versé.

— Libre à vous, ma petite, dit Clorinde, chacun a ses scrupules ; ils durent ce qu'ils peuvent. Nous avons seulement le droit d'exiger que le secret nous soit gardé.

— Pour cela, soyez sans crainte, dit Rosalie.

— Et puis, d'ailleurs, vous y viendrez !

Les infirmières soupèrent gaiement, puis se retirèrent à une heure assez avancée. Clorinde resta seule dans sa chambre.

Elle tomba sur un fauteuil et demeura plongée dans une profonde rêverie.

— Faut-il donc croire aux cartes de la mère Riduel? se demanda-t-elle. Cette femme est folle ! Quoi ! je tuerais quelqu'un, moi? Je puis bien haïr, mais assassiner, jamais ! jamais ! Il y a la justice ! Quand je songe que j'aurais pu être bonne, ajouta-t-elle en fixant ses prunelles pâles sur le visage de l'ouvrier... Pour Jean Latour j'aurais été capable de tous les sacrifices. Rien ne m'aurait coûté si je l'avais eu pour mari.

Je crois vraiment que je lui aurais permis de me ruiner ! Il n'a pas voulu ! J'ai subi cette humiliation d'être repoussée par le seul être qui m'ait fait battre le cœur... Aussi, je prends ma revanche, continua-t-elle avec une expression haineuse. Est-ce que je puis plaindre ceux qui endurent des douleurs physiques, quand je cache ma plaie toujours saignante...

Elle se déshabilla lentement, éteignit la lampe, et Dieu seul lut dans cette âme perverse les pensées qui s'y logeaient comme des vipères dans un nid.

En dépit de leur veillée tardive, les infirmières durent se trouver à l'aube dans les salles. Triste moment pour les malades que celui du nettoyage. Quelquefois une infortunée n'a senti s'engourdir ses douleurs qu'au lever du jour. Un signal la réveille. Il ne s'agit pas seulement d'ouvrir les yeux, mais de quitter un lit sur lequel la souffrance cloue ses membres. Ne faut-il point qu'avant l'arrivée du médecin la salle ait repris son aspect reposé, sa propreté exquise? Les parquets frottés brillent comme des miroirs; sur la table l'étain et la porcelaine reluisent. Les linges des bandages et des compresses étalent leur blancheur au milieu d'un grand nombre de préparations pharmaceutiques... Les malades se recouchent, on tire les rideaux des lits afin que la visite se puisse faire d'une façon rapide.

La porte s'ouvre, les têtes se tournent sur les oreillers. Le médecin, les internes, les étudiants le suivent. Tous sont tête nue. Ceux qui doivent aider à des pansements portent le tablier blanc montant haut sur la poitrine, et sur lequel tout à l'heure se verront des taches de sang.

La visite commença.

Le docteur Séricourt dont la science attirait un grand nombre de disciples ne la faisait pas seul. Autour de lui se pressaient non seulement des internes et des étudiants, mais encore des médecins désireux d'augmenter leur savoir à l'école du maître.

Jacques Séricourt avait cinquante ans. D'une taille moyenne, avec un visage blanc d'une grande douceur, illuminé par des yeux d'un bleu profond, il inspirait du premier regard une confiance absolue. Né riche, il s'était jeté dans l'étude avec autant d'enthousiasme que de désintéressement. Le succès le réjouit sans l'enorgueillir. Il l'accepta sans vanité mesquine, et se crut d'autant plus obligé au travail qu'il avait reçu des dons naturels plus magnifiques.

Il commença la visite par le côté droit de la salle, examinant d'une façon rapide l'état des malades, écoutant les observations écrites de l'interne, prescrivant une nouvelle ordonnance ou maintenant celle de la veille.

— Eh bien! mon enfant, demanda-t-il à une jeune fille pâle dont la faiblesse était si grande qu'elle ne put se soulever en le voyant venir, les forces ne reviennent donc pas... Soyez tranquille, je vais vous faire donner du quinquina et du Malaga.

— Quand pourrai-je sortir, monsieur le docteur?

— Aux violettes, répondit Jacques Séricourt.

Elle sourit, songeant au temps jadis, durant lequel, rieuse et folle, courant les bois, elle faisait une moisson de fleurs avec ses amies.

Deux lits plus loin, le docteur s'arrêta interrogeant tout bas l'interne :

— Ainsi, cette pauvre vieille créature?

— Morte à midi.

— Et remplacée..

— Par une femme apportée d'urgence à l'hôpital. Ses vêtements trahissaient une misère honteuse; elle paraît avoir connu l'aisance, et s'exprime avec la correction d'une femme du monde.

Jacques Séricourt s'approcha du lit, prit la main que la malade laissait sur le drap blanc, et constata une grosse fièvre.

— Beaucoup d'anémie, dit-il en se tournant vers un jeune médecin auquel il parlait comme à un ami. Mais voilà qui est étrange, les symptômes de la fièvre dont cette femme est atteinte sont rares en France, et ne sont guère que des rechutes. Étudiez ce cas, Guillaume, il sera sans doute curieux.

— Comment vous nommez-vous, madame? demanda Jacques Séricourt.

— Arinda Vebson.

— Vous n'êtes pas Française?

— Je suis née à Chandernagor.

— Et vous avez jadis ressenti des accès de fièvre dans votre pays?

— Oui, monsieur. Mon père m'ayant signalé de pauvres Hindous éprouvés par une épidémie, je commis l'imprudence d'aller les soigner...

— Et vous gagnâtes le mal que vous cherchiez à guérir?

— Oui, monsieur.

— J'ai pour habitude de m'occuper autant du moral de mes malades que de leur santé physique; vous avez depuis quelque temps éprouvé de violents chagrins?

Les yeux d'Arinda se remplirent de larmes qui roulèrent lentement sur ses joues.

— Si je n'avais ma fille, je voudrais mourir, fit-elle, mourir pour être réunie au compagnon de ma vie.

— Vous vivrez, dit Jacques Séricourt. Andrezel, des fébrifuges énergiques viendront à bout de cette fièvre. Confiance et courage, madame.

Le docteur passa rapidement devant les lits suivants, et s'arrêta en présence d'une femme qu'il ne connaissait point.

Elle souffrait d'horribles douleurs d'entrailles, et c'était elle qui, la veille au soir, demandait de la tisane d'une voix si déchirante.

C'était bien une Parisienne délicate et blonde, dont les horribles douleurs rendaient la beauté plus touchante. Les lignes pures de son visage, la teinte de sa chevelure soyeuse, tout en elle semblait gracieux et charmant. L'honnêteté brillait sur cette figure jeune, dont les yeux bleus se levaient craintivement sur le médecin.

— Sauvez-moi! dit-elle, oh! sauvez-moi, monsieur le docteur! j'ai un mari qui m'aime et un tout petit enfant. Mon mari est en voyage, l'enfant a deux semaines, une voisine le garde chez elle... Je ne veux pas même que Pierre apprenne qu'on m'a portée à l'hôpital, il en aurait trop de chagrin et de honte.

Le docteur s'entretint avec Guillaume Andrezel puis, après s'être consulté avec lui, il appela une infirmière.

Mlle Clorinde s'avança, très correctement habillée dans sa robe noire moulant la taille.

— Voici l'ordonnance, fit-il. Il s'agit tout d'abord de calmer les douleurs de cette femme... Lisez attentivement... Vous comprenez?

— Oui, monsieur, répondit-elle.

Jacques Séricourt, ses amis et ses élèves s'éloignèrent, et Clorinde fixa ses regards sur la pancarte accrochée au lit de la malade.

— Blandine Nivert, femme Latour, vingt-cinq ans, épela-t-elle d'une voix qui s'abaissa d'une façon progressive.

— Latour, Latour... murmura-t-elle, je suis folle, il n'est pas de nom plus commun en France, cela ne peut être, cela n'est pas...

Enfin la visite s'acheva. Le travail de laboratoire et de pharmacie commença. On devait procéder à la distribution des remèdes.

Clorinde se rapprocha du n° 10.

— Vous avez dit, je crois, que votre mari se nommait Latour? demanda-t-elle d'une voix qui tremblait.

— Oui, Pierre Latour.

— N'exerce-t-il pas l'état de mécanicien?

— Comment le savez-vous?

— Nous avons été voisins. Un fort travailleur!

— Et bon, vous n'avez pas idée d'une tendresse et d'une bonté pareilles... Il m'a épousée par amour. Je n'avais rien que mon aiguille, il a trouvé la dot suffisante... Combien il serait triste s'il me savait à l'hôpital... Mais le docteur a dit que ce ne serait pas long, et il est savant le docteur Séricourt... Je souffre d'une façon cruelle... Le remède qu'il a ordonné ne sera-t-il pas bientôt prêt?

— Bientôt, oui, bientôt, répondit Clorinde d'une voix sans timbre.

— Vous êtes bonne, puisque vous vous dévouez pour soigner les malades... Quand je serai guérie, nous viendrons vous voir Pierre et moi...

— Pierre! Pierre! répéta Clorinde d'une voix sourde.

— Et nous vous apporterons un souvenir de notre reconnaissance. Il sera si heureux de me retrouver bien portante avec mon enfant dans les bras... Un bel enfant qu'il ne connaît pas encore... Ayez pitié de moi, madame, je souffre tant, soulagez-moi pour l'amour de Pierre, puisque vous le connaissez...

Clorinde s'éloigna rapidement, soit que le courage lui manquât pour en entendre davantage, soit qu'elle eût hâte d'adoucir les souffrances de la jeune femme.

Sous prétexte de se rendre à la pharmacie, elle quitta la salle et monta rapidement à sa chambre. Son visage blême paraissait effrayant, ses prunelles, d'un bleu pâle de faïence, étincelaient de cruauté froide. Elle pressait ses deux mains maigres aux doigts longs et puissants, tout en regardant la photographie au-dessus de laquelle pendait une fleur desséchée.

C'était tout le roman de sa vie.

Clorinde était alors femme de chambre, la maison habitée par sa maîtresse se trouvait voisine de l'atelier d'un serrurier-mécanicien dont le premier ouvrier avait nom Pierre Latour. Grand et beau, bien découplé, connu dans le quartier pour être un honnête homme, chaque fois que passait Clorinde elle ne manquait point de chercher du regard le jeune homme qui, les bras nus, frappait avec ardeur sur une barre de fer rougie ou ciselait délicatement un objet d'acier fin. Elle manœuvra d'une façon si adroite qu'elle se lia avec la femme du patron, trouva une alliée dans l'enfant à qui elle apportait des gâteaux dérobés à l'office, et se fit inviter à dîner un jour que sa maîtresse s'absentait. Pierre était de la fête. Clorinde, habillée d'une robe neuve, étalant des bijoux d'un certain prix, trouva le moyen, dans la conversation, de glisser qu'elle devait un capital de six mille francs à la générosité d'une vieille dame morte dans ses bras. Elle possédait en plus un mobilier d'une certaine valeur, sans parler des économies qu'elle réalisait sur ses gages.

Pierre ne parut nullement comprendre ces allusions. Mais Marianne Auber, la femme du serrurier, devina vite l'inclination de Clorinde pour son ouvrier. Elle rapprocha les deux jeunes gens, à la joie profonde de la femme de chambre. Pierre Latour ne devinait rien. Sa rêverie était ailleurs.

Six mois se passèrent, durant lesquels Clorinde ne cessa de multiplier les efforts pour amener Latour à la demander en mariage. Il fut longtemps sans comprendre la secrète pensée de la femme de chambre. Elle avait cinq ans de plus que lui, il la trouvait presque laide. Comme il était honnête homme il ne voulait lui laisser aucune espérance au cœur, et un soir il lui dit :

— Mademoiselle, vous avez toujours paru me porter intérêt, je veux donc vous apprendre ce qui m'arrive d'heureux ; je quitte mon patron pour aller exécuter des travaux en Belgique.

— Vous ne regretterez personne à Paris... ?

— Faites excuse : le patron et sa femme, de dignes gens, vous, une bonne personne, qui vous marierez à un maître d'hôtel ou à un cocher de grande maison...

— Non, répondit Clorinde, je ne me marierai jamais, si ce n'est...

Elle hésita, retenue par l'orgueil, mais comprenant qu'il allait lui échapper pour jamais, elle ajouta rapidement et plus bas :

— Si ce n'est avec vous.

Il secoua la tête.

— Vous ne me trouvez pas belle, ajouta-t-elle d'une voix triste, mon miroir me le répète souvent ; mais on s'accoutume vite à la figure d'une femme qui vous aime, et je vous aime : Nous serions riches et heureux si vous le vouliez...

Sa voix se perdit dans un sanglot.

Il lui prit la main.

— Je comprends autrement le mariage, mademoiselle Clorinde... Je vous remercie de l'honneur que vous me faites... Disons-nous adieu, c'est le mieux...

Il lui serra les doigts et la quitta sans qu'elle eût la force d'ajouter une parole. Son cœur était à jamais brisé.

Elle se rappelait tout cela, cette soirée d'adieu durant laquelle, étouffant de regret et de honte, elle avait courbé la tête sous l'insulte d'une pitié dédaigneuse, et s'était efforcée de paraître accepter un mensonge auquel elle ne pouvait croire. Pierre ne l'aimait pas, voilà tout. Il n'avait rien senti pour elle qu'une amitié banale, et s'en allait dédaigneux, de l'heure où il comprenait qu'il s'agissait d'un sentiment plus fort.

Et maintenant il aimait puissamment cette créature blonde tordue par la souffrance, râlant sur un lit d'hôpital, cette femme que Clorinde devait contribuer à guérir ? Pourquoi ? Pour la lui rendre, à lui ! afin qu'ils fussent heureux encore dans leur travail et leur jeunesse ; afin qu'ils vissent croître leur aisance et berçassent des enfants dans leurs bras.

Cela ne pouvait être, cela ne serait pas.

Tout à coup elle serra son front à deux mains.

— C'est le démon ! le démon qui m'inspire cette pensée, dit-elle épouvantée de sa propre audace.

Tombant sur un fauteuil, elle demeura immobile, accablée ; puis se relevant et regardant en face le portrait de cet honnête homme dont elle n'avait pas pu conquérir l'amour :

— Sois maudit ! tu seras cause de ma perte et de la tienne.

Arrachant l'image de la cheminée, elle la lacéra et la jeta dans le foyer, mouilla son front d'eau glacée et redescendit.

Pendant deux heures elle vaqua dans la grande salle, s'occupant un peu de chaque malade, poursuivie par les cris de douleur de la femme de Pierre, gênée par la lumière blafarde tombant des fenêtres, attendant l'ombre pour accomplir ce qu'elle avait résolu.

Le remède indiqué par le docteur Séricourt se composait d'un certain nombre de gouttes de laudanum mêlées à une décoction calmante. Les fioles se trouvaient sur la table, étiquetées, préparées par les internes. Clorinde s'avança vers la table, les effleura, puis recula, prise de terreur. Un cri de la femme de Pierre l'appela. Elle courut près de son lit.

— Patience, lui dit-elle, vous allez cesser de souffrir...

Elle courut à la table, vida une fiole de laudanum dans une tasse, puis l'approchant brusquement de la bouche de la jeune femme :

— Buvez! dit-elle.

Celle-ci obéit en fermant les yeux, comme si ce mouvement instinctif devait l'empêcher de sentir la répugnante amertume du breuvage.

Mais cet effort l'avait épuisée, elle tomba en arrière, et parut durant un instant privée de sentiment.

Clorinde s'installa à son chevet.

— Je vous en prie, Clorinde, venez m'aider, cria la mère Estabelle, on apporte ici une créature qui ne peut se tenir debout ; Rosalie soigne la poitrinaire, la Riduel, celle que l'interne appelle respectueusement « madame ». Me voilà seule avec cette nouvelle venue.

— Appelez Jeanne Hortis ou la mère Sparadrap, répondit Clorinde dont les yeux pâles flamboyaient en dépit de la lividité de son visage, je ne puis quitter le n° 10.

Clorinde se pencha vers la compagne de Pierre.

— La vie devait être belle pour toi, dit l'infirmière. On est si heureux avec un mari semblable à Pierre. Je le vois encore, grand, robuste et beau, avec ses cheveux noirs tout frisés, frappant le fer, et faisant jaillir des étincelles sous le marteau. Les jeunes filles se détournaient de leur chemin pour le regarder. Il n'avait qu'à choisir... Ah ! comme tu devais être fière d'être la préférée de ce beau garçon, de cet honnête homme !

L'accent de Clorinde sifflait davantage, Blandine ouvrit les yeux, puis elle les referma épouvantée par l'expression du visage de l'infirmière.

— Taisez-vous, murmura-t-elle, on dirait que vous haïssez mon Pierre.

— Le haïr ! quand je te soigne, quand je demeure penchée sur ton lit ; le haïr ! Y songes-tu ?

— Ne me parlez plus, votre voix me fait mal, et puis je souffre tant. Le médecin avait dit que cette potion me calmerait... ce n'est pas vrai, mes douleurs augmentent... Pitié! Pierre ! à l'aide !

— Est-ce qu'il peut t'entendre, ton Pierre ? Il est loin, bien loin, tu mourras ici seule, désespérée... Le médecin a menti en affirmant qu'il te sauverait... Tu es condamnée, et tu vas mourir...

La malade saisit la poignée de bois pendant au centre de son lit, se souleva et appela d'une voix désespérée.

Rosalie Chardon accourut, mais, voyant Clorinde installée près du chevet de Blandine, elle s'éloigna.

— Sauvez-moi ! criait la malade, sauvez-moi ! Je me sens mourir ! Je suis empoisonnée !

— Crois-tu que la jalousie ne soit pas aussi un poison ? reprit Clorinde, celui-là je l'ai bu jusqu'à la dernière goutte...

Blandine ne poussa plus que des cris inarticulés dans lesquels il n'y avait rien d'humain; de loin on apercevait dans la pénombre Clorinde penchée sur son lit, et plus d'une malade songea qu'elle serait bien heureuse d'avoir une garde-malade aussi soigneuse.

Les tortures de la femme du forgeron croissaient de minute en minute. Cette bataille entre la vie et la mort dura trois heures. Blandine sentait bien que sa dernière heure était venue, elle en appelait à Dieu et aux hommes, au milieu de sanglots confus et de cris incohérents. Tantôt brisée par le mal elle retombait vaincue; puis échevelée, s'efforçant de quitter le lit sur lequel la maintenait Clorinde, elle adjurait les autres infirmières de la sauver. Enfin elle jeta dans un dernier râle ce cri « assassin ! » étendit le bras jusqu'à toucher le front glacé de Clorinde et ne bougea plus.

L'infirmière la regarda avec l'expression d'un triomphe farouche, puis elle rabattit le drap sur le visage de la morte.

Au même instant des vagissements d'enfant se firent entendre. Une jeune mère se souleva sur son lit, et désignant une petite créature qui se tordait sur le poêle de la salle :

— Mon enfant ! mon enfant ! dit-elle.

Estabelle courut aussi vite que lui permettaient ses courtes jambes et son embonpoint, le feu venait de prendre aux langes du petit être dont le corps se trouvait effroyablement brûlé.

Les infirmières s'empressèrent autour de la petite victime, apportant de l'huile, des compresses, tandis que la mère sanglotait, la tête dans ses mains.

LA CHAMBRE N° 7

— Confesse ton crime ! Tu l'as tuée, ma bien-aimée Blandine. (Voir page 136.)

CHAPITRE XII

L'INFIRMIÈRE

Un homme âgé d'environ trente ans, et dont les habits poudreux, le visage ravagé par la douleur, témoignaient à la fois d'une grande fatigue et d'une profonde angoisse, marchait fièvreusement devant la porte de l'hôpital Lariboisière. De temps à autre il consultait sa montre d'argent, puis il reprenait sa faction, épiant les alentours de l'hospice. Il vit un certain nombre de jeunes gens traverser la cour et pénétrer dans l'établissement avec la facilité d'hôtes habitués. Le courage lui manquait pour aborder l'un d'eux ; cependant avisant un homme d'aspect intelligent et bon, il rassembla son courage, et se dirigea vers lui :

— Monsieur, demanda-t-il avec un tremblement dans la voix, monsieur, vous êtes médecin?

— Oui, mon ami.

— Je sais que ce n'est ni le jour ni l'heure de visiter les malades, mais un grand malheur est arrivé. J'avais expédié à ma femme de l'argent qui s'est égaré en route... Tombée subitement malade, elle a été transportée ici... J'accours de Marseille pour la voir... Si vous saviez combien je l'aime! Faites-moi entrer, monsieur, faites-moi entrer...

Le jeune docteur regarda l'ouvrier avec une expression de sympathie.

— Je ne suis point médecin de l'hospice, répondit-il avec douceur. J'y viens chaque jour étudier, et Jacques Séricourt est mon ami. Restez près de moi, je vais lui parler pour vous et je ne doute pas qu'il consente à faire une exception en votre faveur.

Au même moment un coupé entra dans la cour.

— Le voici, dit le jeune médecin.

— Bonjour, Andrezel, fit le savant, avez-vous donc quelque chose à me demander?

— Oui, permettez à cet homme de m'accompagner dans les salles de malades. Il arrive de voyage et est anxieux de revoir sa femme.

— Je ne le devrais pas, mais le courage me manque pour vous refuser... A une condition, cependant, c'est qu'il sera muet... Pas un cri, pas un mot. Il regardera, c'est tout... Je ne veux pas que les autres malades soient dérangés par une visite à cette heure qui n'est pas réglementaire.

— Oh! merci, monsieur, dit l'ouvrier. Voir ma femme, n'est-ce pas déjà une grande consolation! Vous ne savez pas combien nous nous aimons! Que Dieu vous rende la joie que vous me causez et vous bénisse, vous et tous ceux que vous aimez.

— J'ai assez souffert pour me montrer compatissant, répondit Guillaume (1).

Jacques Séricourt venait d'entrer. Il posa son chapeau, ôta son paletot, se passa autour du cou les cordons d'un tablier de chirurgien, salua les élèves respectueusement inclinés devant lui ; puis,

---

(1) Voir le roman *Le Magistrat*, par Raoul de Navery.

préoccupé d'un cas nouveau qui l'avait retenu une partie de la nuit auprès du lit d'un malade, il pénétra dans la salle et s'approcha du premier des lits.

Mme Vebson n'avait plus de fièvre, mais la nuit douloureuse qu'elle venait de passer laissait des traces sur sa figure pâle. Les cris entendus, les plaintes, les drames lugubres dévoilés durant les heures qui venaient de s'écouler, la laissaient dans un terrible état d'affaissement. L'interne détailla le traitement qu'il lui avait fait suivre, et Andrezel se penchant vers elle lui demanda sur un ton qui laissait percer la sympathie :

— Ne puis-je rien pour vous?

Elle le remercia d'un mouvement des paupières.

— Plus tard, oui, plus tard.

La jeune poitrinaire souriait et pensait au temps où les violettes fleurissaient.

Jacques Séricourt lui adressa un mot d'encouragement et passa devant elle avec un sourire.

Une légère opération le retint quelques minutes auprès d'un malade. Pendant ce temps les yeux de Pierre Latour cherchaient dans les lits le visage de celle qu'il venait voir. La visite continuait monotone et lente. Tout à coup, en arrivant au lit n° 10, le docteur s'arrêta.

Le drap rejeté sur le lit moulait un cadavre rigide.

Il le releva d'un geste à la fois respectueux et recueilli, et deux cris jaillirent à la fois : l'un de surprise poussé par le docteur, l'autre de désespoir sorti de la poitrine du forgeron.

— Ma femme! Ma femme! dit-il.

Brusquement il repoussa les médecins et les élèves, et tomba sanglotant sur le lit, étreignant la morte dans ses bras, l'appelant des noms les plus tendres, laissant déborder une douleur approchant de la folie.

Jacques Séricourt fit un geste ordonnant qu'on respectât l'horrible souffrance de cet homme; puis il demanda à l'interne ce qu'il avait ordonné la veille :

— Vingt gouttes de laudanum dans sa potion, maître, et j'ai transmis exactement votre ordonnance à la garde de service.

— Cette femme souffrait beaucoup, dit le médecin, mais aucune complication n'était à craindre. Cette mort foudroyante cache un mystère qu'il s'agit d'éclaicir au plus tôt. Appelez une infirmière. Je veux savoir tout de suite comment ce décès est survenu.

La mère Riduel s'avança.

— Qui a soigné le n° 10? demanda le docteur.

— Mlle Clorinde, monsieur le docteur ; on peut dire qu'elle ne l'a pas quittée d'une seule minute... La pauvre femme a crié jusqu'à son dernier soupir.

A ce nom de Clorinde l'ouvrier releva la tête.

— Qui ça, Clorinde? fit-il d'une voix étranglée.

Mais Clorinde en ce moment se trouvait à la pharmacie, il fallut l'envoyer chercher. Quand elle entra roide dans ses mouvements, les traits rigides, les prunelles mortes, le docteur ne put s'empêcher d'éprouver un frisson.

— Vous seule avez approché cette malade durant la nuit, fit-il, vous seule l'avez soignée jusqu'au dernier moment?

Clorinde n'eut pas le temps de répondre, Pierre Latour s'était élancé vers elle et, posant ses lourdes mains de forgeron sur les épaules de la misérable :

— Confesse ton crime! dit-il, tu l'as tuée, ma bien-aimée Blandine, pour te venger d'avoir été repoussée par moi... Ah! misérable, misérable! tu monteras sur l'échafaud.

Andrezel s'approcha de l'ouvrier.

— Mon ami, lui dit-il, calmez-vous, au nom du ciel, peut-être n'y a-t-il ici qu'un malheur!

— J'atteste devant Dieu qu'il y a crime, monsieur! Une voix me l'affirme au fond de ma conscience. Elle a tué Blandine, elle l'a empoisonnée. Cette femme voulait m'épouser autrefois. Je l'ai repoussée parce que je ne l'aimais pas. Il faut qu'elle expie son crime infâme.

Cependant l'autorité d'Andrezel agit sur le malheureux. Il voulait d'ailleurs entendre et les questions de Jacques Séricourt et ce que l'infirmière allait lui répondre.

— Monsieur, fit Clorinde d'une voix sans timbre, vous avez ordonné du laudanum afin de calmer les douleurs de cette jeune femme, je lui en ai fait boire...

— Une fiole entière, répliqua l'interne.

— N'était-ce point l'ordonnance?

— Vingt gouttes! dit Jacques Séricourt, j'avais dit vingt gouttes. M'avez-vous jamais entendu ordonner une fiole entière de laudanum?

— Je me serai trompée, dit Clorinde en baissant la tête, c'est un grand malheur. Elle criait si fort qu'elle troublait toute la salle, j'aurai pris une potion pour une autre, sans doute. Toutes les fioles étaient ensemble; une erreur est facile à commettre.

— Ce n'est pas vrai, cria Pierre Latour, ce n'est pas vrai! Tu savais son nom, et tu as voulu te venger, vipère! Mais il y a une justice! Dites-moi, monsieur, qu'il y a une justice, répéta le forgeron en se tournant vers Andrezel.

— Oui, répondit le jeune médecin d'une voix profonde, il existe une justice, là-haut.

— Nous ferons l'autopsie, messieurs, fit Jacques Séricourt, et, s'il y a eu crime, ce crime sera poursuivi. Cet homme a raison, il faut que la lumière, toute la lumière soit faite.

Le reste de la visite s'acheva rapidement. Pierre était resté près de la morte, lui parlant tout bas, couvrant de baisers son visage et ses mains. Nul n'avait le cruel courage de l'arracher de cette place. Debout à quelque distance, droite et rigide, Clorinde le regardait d'un regard haineux. Elle ne regrettait pas sa vengeance.

Au moment où le docteur s'arrêta devant le lit de la jeune mère, celle-ci joignit les mains :

— Mon enfant! dit-elle, mon enfant!

— Où est cet enfant? demanda Jacques Séricourt.

— Mort, répondit Estabelle.

— Je l'ai entendu crier, crier de douleur, quand vous l'avez placé sur le poêle brûlant, fit la malheureuse femme; c'est vous qui l'avez tué, le pauvre petit.

— Qu'est-ce que cela signifie? demanda le docteur.

— L'enfant vagissait de froid, reprit Estabelle dont le visage fut subitement envahi par une rougeur apoplectique, j'ai voulu le réchauffer...

Le médecin se dirigea rapidement vers l'endroit où se trouvait le petit cadavre, il était couvert de brûlures profondes, et Séricourt ramassa sur le sol des fragments de langes à demi consumés. Ce que disait la mère était donc vrai.

— Misérable femme! dit-il en foudroyant du regard Estabelle, maudit soit le jour où vous et vos semblables êtes entrées ici.

Un moment après le docteur, accompagné d'Andrezel et des internes, se faisait annoncer chez le directeur.

— Monsieur, lui dit-il, les faits qui viennent de se passer nécessitent la présence des magistrats. Je me trouve en présence de deux morts causées par des crimes : un infanticide que les juges qualifieront, et le trépas d'une jeune femme empoisonnée par une infirmière. Je rends la femme Estabelle et la fille Clorinde responsables, et je vais déposer entre vos mains un rapport circonstancié.

Le directeur essaya de protester :

— J'accuse, dit Jacques Séricourt, les juges décideront. C'est désormais affaire entre eux et moi.

Puis regardant bien en face le directeur :

— Vous avez exigé le renvoi des religieuses qui donnaient à nos malades des soins intelligents et des consolations de toute heure, voici pour la première fois la justice saisie d'une affaire d'empoisonnement et d'infanticide... Mais, soyez-en convaincu, monsieur, elle franchira souvent le seuil de votre établissement. En l'ouvrant aux infirmières laïques, vous y avez fait pénétrer la fraude, le vol et les plus mauvaises passions. S'il est un endroit où la politique ne devrait jamais pénétrer, certes, c'est bien celui où l'on soigne les malades nécessiteux.

Le docteur quitta le cabinet du directeur et s'installa dans une pièce voisine de la salle de dissection. En attendant les représentants de la justice il rédigea un long rapport.

Une heure plus tard les magistrats arrivèrent. L'autopsie fut décidée pour l'infortunée jeune femme, elle amena la certitude que celle-ci avait succombé à l'absorption d'une quantité considérable de laudanum. La mort de l'enfant ne laissait aucun doute sur les causes qui l'avaient amenée.

Dans le lieu même où venait de se pratiquer l'autopsie eut lieu la confrontation des inculpées avec les cadavres. C'est toujours un moment terrible pour ceux dont la conscience n'est pas tranquille.

Estabelle tremblait de tous ses membres. Ses joues flasques avaient perdu leurs couleurs, elle flageolait sur ses courtes jambes. L'épouvante que lui causait la justice la prenait à la gorge, et empêchait les mots qu'elle prononçait d'arriver à l'oreille des magistrats. Elle protestait de son innocence, et répétait confusément que, dans sa hâte de s'occuper de la mère, trouvant l'enfant glacé, elle l'avait posé sur le poêle sans se douter qu'il fût assez brûlant pour lui causer une souffrance. Elle paraissait sincère. Les témoins entendus appuyèrent ses dires. Néanmoins elle fut mise en état d'arrestation provisoire, jusqu'à ce qu'une enquête plus minutieuse ait pu être faite.

L'attitude de Clorinde fut tout autre. Froide, presque hautaine, elle avoua s'être trompée, sans ajouter même une expression de regret. Quand on lui montra le visage de Blandine convulsé par l'horreur des souffrances éprouvées, loin de détourner la tête, elle attacha ses regards avides sur la figure de la morte. Elle semblait savourer sa vengeance.

Alors entra Pierre Latour.

Il ne vit ni les magistrats ni le docteur, il ne vit que Clorinde. S'avançant vers elle avec un geste de menace :

— Monstre! dit-il, monstre sans entrailles! Tu pouvais me tuer, moi, me planter un couteau dans le cœur, ou me jeter du vitriol à la tête. En te repoussant je t'avais offensée, mégère! Mais que t'avait fait cette douce créature! Oh! messieurs, n'ayez ni pitié ni grâce pour elle. En a-t-elle eu pour ma femme bien-aimée? Je demande vengeance! je demande justice!

Interrogé sur le passé, Latour raconta le roman imaginé par Clorinde. Il ajouta que durant plusieurs mois il ne se douta nullement des vues de la femme de chambre ; lorsqu'elle les dévoila, il prétexta un départ pour la Belgique où, disait-il, on lui offrait un emploi avantageux, et il changea de quar ier.

L'accent de ce malheureux impressionna vivement ceux qui l'entendirent. Clorinde ne répliqua pas un mot. Une sorte de rictus crispait ses lèvres minces, elle se renferma dans de froides dénégations. Une perquisition fut ordonnée dans sa chambre. Au milieu des cendres du foyer on retrouva les fragments de la photographie de Pierre.

Le soir même Estabelle et Clorinde étaient écrouées à la prison de Saint-Lazare.

Le scandale et l'épouvante furent grands dans la maison. La terreur envahit l'esprit des malades. Chacune d'elles se demanda si l'une de ces femmes remplaçant les religieuses n'était point son ennemie. Les journaux s'emparèrent de ces faits, en attendant le jugement des tribunaux. Des lettres s'échangèrent entre le directeur d'une administration puissante et d'honnêtes gens révoltés par les faits navrants qui se multipliaient depuis le renvoi des Filles de Saint-Vincent-de-Paul.

Le sentiment de la crainte, le besoin de se cramponner à une céleste espérance, quand tout leur manquait en ce monde, rapprocha les malades de la religion qu'on semblait leur interdire. Un sentimer t de révolte germa dans les esprits. Quelques vieilles femmes, que de nombreuses misères clouèrent maintes fois sur des lits d'hospice, se rappelaient les soins et les bontés des religieuses et ne se gênaient point pour en parler tout haut...

— Je me souviens, disait la vieille Sophronie en secouant la tête, d'avoir été plus d'une fois clouée sur un lit d'hôpital. Rien qu'à voir la cornette blanche d'une sœur, à entendre le cliquetis des médailles de son chapelet, je me sentais rassurée. Une surtout, une jeune, toute frêle et mignonne, héritière de grande famille, cela se voyait à ses mains blanches et à la finesse de sa peau transparente, se montrait à mon égard d'une angélique bonté. Cela nous consolait de savoir que des filles de grandes maisons avaient quitté leur famille, le luxe dont elles étaient entourées, pour venir se pencher au-dessus de nos lits de souffrance. Leur vue seule nous rappelait au sentiment religieux. Comment ne point croire en un Dieu à qui elles sacrifiaient tout. On les remplace par des servantes à gages! Est-ce qu'elles nous aimeront, celles-là? Ne faut-il point leur payer les plus petits soins, les moindres adoucissements? Elles ont besoin d'amasser, de thésauriser. Quelques-unes nourrissent un vieux père, d'autres des enfants. On doit se conserver pour la famille. La moindre plaie leur cause une répugnance invincible. Elles redoutent les virus dangereux, les maladies contagieuses. Pourquoi donc porteraient-elles des odeurs nauséabondes, des germes de pestilence chez elles. Ce sont des domestiques salariées pour un travail plus dégoûtant qu'un autre; voilà tout. Peut-on leur demander de la charité pour ceux qu'elles soignent? Cela était bon quand il s'agissait des saintes filles qui nous pansaient pour l'amour de Jésus en croix. Ah! voyez-vous, on parle du soulagement de la misère, de l'extinction de la pauvreté, ce sont des mots! Je suis assez vieille pour les avoir entendu prononcer plus d'une fois. A chaque révolution c'est la même chose, et les belles promesses, des paroles creuses aboutissant au même résultat. Il y aura toujours des pauvres, mais on doit les entourer de ce qui peut leur aider à porter une croix trop lourde. Avec les religieuses on a supprimé la chapelle que nous voyions à l'extrémité de la salle. Le soir la sœur y faisait la prière. Cela ne gênait personne, n'est-ce pas? et cela consolait bien des malades. Nous tombons de plus en plus bas, voyez-vous, et c'est à sortir d'ici quand la mort nous menace, car on nous prive même de l'espérance en une vie meilleure.

— Vieille radoteuse! murmura Jeanne Hortis en passant près de Sophronie.

L'octogénaire se trouvait voisine de Mme Vebson; celle-ci tourna un regard sympathique vers la vieille femme. Elle aussi trouvait bien dur de voir autour d'elle ces infirmières à l'aspect insolent et dur. Mais elle se disait que jamais elle n'aurait pu guérir sans la résolution qu'elle avait prise avec tant de larmes. Mélati trouvait difficilement du travail, la misère devenait si grande qu'elles ne parviendraient point à en triompher toutes deux. Il fallait que l'une d'elles se sacrifiât, et la mère s'était résignée. N'est-ce pas toujours là le rôle des vraies mères.

Mais si elle pouvait consentir à rester loin de sa fille jusqu'à ce qu'elle fût guérie, elle ne renonçait point à recevoir des consolations devenues pour elle d'autant plus indispensables qu'elle se sentait plus profondément atteinte. Ce qui s'était passé la veille la remplissait d'une crainte inconnue, elle se demandait ce qui adviendrait d'elle, dans cet hôpital placé sous la protection de la loi, dirigé par une administration puissante, et où on tuait à la fois les enfants et les femmes.

Voyant donc s'approcher de son lit la nouvelle infirmière, Rosalie Chardon, elle lui dit d'une voix suppliante :
— Je désirerais voir l'aumônier.
— Nous n'en avons plus depuis que l'hôpital a été laïcisé, répondit Rosalie.
— Plus d'aumônier dans une maison où l'on souffre, où l'on meurt !
— Non, madame.
— Mais quand on désire un prêtre ?
— On adresse sa demande au directeur de l'hospice qui juge s'il y a lieu d'y consentir.
— Rendez-moi donc le service de lui transmettre la mienne, je ne veux pas mourir sans m'être mise en règle avec le ciel.
— Oui, madame, répondit Rosalie Chardon.
Suivant sa promesse elle se rendit au bureau du directeur, et lui expliqua ce que souhaitait Mme Vebson.
— Est-elle à l'agonie ? demanda le directeur.
— Non, monsieur, mais elle souffre cruellement de fièvres rapportées des Indes. C'est une dame, celle-là ! Je ne connais pas de malade plus douce et plus patiente.
— Répondez-lui qu'on lui enverra un prêtre quand elle entrera en agonie. Je ne ferai point de cette maison l'asile de la superstition et de l'obscurantisme.
Le directeur qui, la veille, était allé voir à l'Eden le ballet *Excelsior*, en avait rapporté ce souvenir.
— Je le lui dirai. monsieur : superstition et obscurantisme.. Voilà bien les deux mots prononcés par monsieur le directeur ? Je ne me trompe pas ?
— Oui, allez.
Rosalie Chardon rentra dans la salle et s'approcha du lit de Mme Vebson.
— Ce que je redoutais arrive, madame, le directeur refuse qu'on prévienne un aumônier.
— Sous quel prétexte ?
— Vous n'êtes pas assez malade.
— Il a osé dire cela ?
— Il s'est servi de cette expression : « Je l'autoriserai quand elle entrera en agonie. »
— Mais c'est monstrueux ! s'écria Mme Vebson, oui, vraiment monstrueux ! Quoi ! tandis que je reste en pleine possession de mes facultés, on m'interdit la réconciliation avec Dieu, on me prive des consolations divines de la religion ! Et il ne me sera permis de la

réclamer qu'au moment où mon esprit entrera dans la grande obscurité de la mort. Aurai-je donc alors la lucidité nécessaire pour remplir mes devoirs, pour me repentir du mal commis, et faire une paix avec le Juge devant qui je vais paraître. A l'agonie ! On laissera le prêtre s'approcher de moi ! Quelle hypocrite dérision ! Quand la souffrance me tordra sur mon lit, quand la nuit se fera tout autour de moi, que la douleur physique me jettera dans une prostration semblable à un trépas anticipé, le prêtre pourra venir... Mes oreilles n'entendront plus les mots qu'il prononcera, ma langue glacée ne pourra plus répondre aux prières sacrées... Je sentirai à peine les onctions qui purifient la chair coupable ! Et le prêtre sera là ! cela est infâme ! Infâme !

Mme Vebson ajouta d'une voix plus douce :

— Je vous remercie, oui, je vous remercie du fond du cœur, d'avoir bien voulu tenter cette démarche, quoiqu'elle soit restée infructueuse.

— Je ne suis point meilleure qu'une autre, répliqua Rosalie Chardon, mais je vois bien qu'il me sera impossible de rester ici. J'ai cru que j'y pourrais être utile; depuis que j'y suis, mes compagnes entreprennent de faire ce qu'elles appellent « mon éducation ». Dérober les vivres, les desserts et les vins de l'administration, arracher sou par sou aux malades ce qu'ils possèdent; et se faire payer la moindre complaisance... Tout cela, madame, n'entre point dans mes idées; je quitterai certainement la maison. On y est bien payé, bien nourri, mais il faudrait y voir trop de choses abominables, et en devenir complice, pour que j'en aie le courage.

La Riduel l'appela et elle disparut.

Pendant le reste du jour Arinda pleura sans bruit.

Son sacrifice devenait inutile. Elle sentait qu'elle ne pouvait demeurer dans cette maison sans Dieu. Une à une devant elle les souffrances passées se réveillèrent. Le nom de Gaston mourait sur sa lèvre avec des sanglots. Enfin elle prit une résolution qui la calma et elle s'endormit.

Le lendemain, au moment du lever, elle ne se contenta point de quitter son lit, afin qu'il fût possible de le faire avant la visite du médecin; elle s'habilla lentement, frissonnante, le cœur dévoré par l'angoisse, puis elle s'assit près de sa couche.

Avec sa robe élimée de cachemire noir, son châle rougi, son chapeau démodé, Mme Vebson gardait cependant grand air.

Quand le docteur Séricourt entra, accompagné de Guillaume Andrezel et de ses élèves, elle sentit monter une faible rougeur à son front.

Il ne tarda point à se trouver près d'elle.

— Quoi ! lui dit-il, debout, et dans ce costume, mais c'est une folie et je ne comprends pas qu'on l'ait tolérée.

— Monsieur le docteur, répondit Mme Vebson, je vous demande mon *exeat*.

— Y songez-vous, madame, vous êtes malade, très malade! Vous laisser partir serait vous exposer à une mort presque certaine.

— Je le sais, monsieur, puisque j'ai pu me résoudre à entrer ici, et cependant maintenant je voudrais partir.

— Vous manquerez chez vous de bien des choses.

— Peut-être de pain, docteur, à coup sûr de remèdes.

— Quelle raison vous force à partir?

— Le directeur m'a refusé le droit de faire venir un prêtre, et je ne veux pas mourir sans m'être confessée.

Guillaume Audrezel fit un geste de colère.

— Après les religieuses, l'aumônier ! c'est logique.

— Réfléchissez, madame, reprit Jacques Séricourt.

— J ai assez souffert pour avoir besoin de Dieu, dit Mme Vebson. Je suis résignée à tout sauf à mourir comme un chien.

— Remettez son *exeat* à madame, dit le docteur.

Arinda se leva, prit le papier d'une main tremblante, remercia et quitta la salle.

Guillaume Andrezel se dirigea vers le pied du lit, et copia sur la pancarte la note dont il avait besoin.

La malade était si faible qu'elle vacillait en quittant l'hôpital.

Mais, si frappée qu'elle se sentît, elle n'eût à aucun prix consenti à demeurer un jour de plus dans cette maison.

Elle s'arrêtait fréquemment, s'appuyant tantôt sur un meuble mis en étalage, tantôt contre une maison, respirant avec peine. L'heure était matinale. Paris s'éveillait, faisant sa toilette matinale. Les trottoirs ne gardaient plus de neige, mais l'abondance avec laquelle elle était tombée n'avait pas encore permis d'en débarrasser les deux côtés de la rue. Les misérables vêtements d'Arinda ne pouvaient la protéger contre l'intensité du froid; elle frissonnait sous son maigre châle, et malgré son énergie elle craignit plus d'une fois de tomber.

Tandis qu'elle marchait une pensée traversa son esprit :

— Si j'entrais à l'église? se dit-elle.

Saint-Vincent-de-Paul se trouvait non loin de là, elle se dirigea de ce côté. Des fidèles s'y rendaient pour l'office matinal; Arinda ressentit une consolation subite à l'idée de prier dans sa maison Celui qu'on chassait de tous les lieux de souffrance, et d'invoquer le grand Proscrit sur son autel

Ce fut en se traînant le long des murailles qu'elle pénétra dans l'église, mais la force lui manqua pour monter bien haut ; elle s'arrêta près du dernier pilier et ses regards embrassèrent avec une sorte de ravissement le grand vaisseau du temple. Au-dessus des colonnes défilait, dans sa beauté majestueuse et vraiment chrétienne, cette longue procession peinte par un artiste de génie. La famille sanctifiée, grandie par l'amour, l'immolation, le martyre, trouvaient là une consécration admirable. Les types divers d'hommes, de femmes et d'enfants, attiraient et charmaient le regard. Ceux-là jouissaient depuis longtemps de la gloire céleste achetée par leurs épreuves et leur courage. En voyant planer au-dessus d'elle ces protecteurs qui connurent eux aussi les amertumes de la terre, et les acceptèrent par amour pour Dieu, Arinda sentit son âme pénétrée d'une douceur infinie. Perdue dans le sentiment d'une ferveur grandie par l'excès de sa misère, elle entendit la messe, emplissant son âme d'une douceur qui la réchauffait.

Lorsque le prêtre quitta l'autel, Arinda laissa passer le flot des fidèles, puis, voyant qu'elle se trouvait en ce moment presque seule dans l'église, elle quitta sa place, et s'approcha du bénitier.

Mais soit qu'elle ressentit une fatigue augmentée par un long agenouillement, soit qu'au sortir de l'atmosphère tiède de l'église, le froid la saisit plus vivement, elle chancela en franchissant la porte, puis elle tomba privée de sentiment.

En ce moment une dame, élégamment vêtue de noir, gravissait les marches de l'escalier, appuyée sur le bras d'un jeune homme.

Ni l'un ni l'autre ne vit tomber Arinda, mais tous deux faillirent heurter ce corps qui paraissait privé de vie.

— Francis ! Francis ! dit la dame, vois donc cette infortunée.

— Évanouie, dit le jeune homme. A sa pâleur on dirait qu'elle succombe presque autant à la faim qu'à la maladie. Nous ne pouvons la laisser sans secours.

— Mon ami, dit la mère, cours chercher une voiture, je t'en supplie, pendant ce temps j'essaierai de ranimer cette infortunée.

La dame s'agenouilla, fit respirer des sels à la malade, mais ses efforts demeurèrent infructueux, et ce fut Francis qui, avec l'aide du cocher, déposa la malheureuse femme dans la voiture.

— Où allons-nous la conduire ? demanda Francis.

— Chez nous, mon ami, nous verrons plus tard.

LA CHAMBRE N° ,

Les deux bras croisés sur un fauteuil, elle penchait sa jolie tête blonde, pâle et désespérée. (Voir page 155.)

CHAPITRE XIII

RETROUVÉE

Lorsque Mélati, après d'inutiles tentatives pour se procurer du travail, rentra vers la nuit dans le froid logement de la rue de Maubeuge, elle ne s'étonna point tout d'abord de le trouver sans feu, et plongé dans une obscurité complète. Depuis le commencement de l'hiver le combustible manquait souvent dans le pauvre ménage. Quant à l'absence de clarté, qu'en avait besoin la malade dont presque toutes les heures se passaient sur un lit de souffrance? Mélati s'empressa d'allumer une petite lampe, puis ses yeux se tournèrent vers le lit. Il était vide. Courant à la cuisine elle appela sa mère : personne! L'inquiétude s'empara de la pauvre enfant, elle aperçut la lettre portant pour suscription : *A ma bien-aimée fille* MÉLATI. Dans les circonstances douloureuses une lettre nous semble plutôt motif à redoublement d'inquiétude, qu'une raison de nous tranquilliser. Mélati prit la lettre, la colla sur ses lèvres et la regarda encore sans avoir le courage de l'ouvrir. Elle le fit pourtant, et lut à travers ses larmes des phrases débordantes de tendresse, mais qui lui apprirent le départ de sa mère, sans lui révéler de quel côté elle s'était dirigée, et quel était son but. Que faire? Qui interroger? La nuit était venue, nuit glaciale et neigeuse; Mélati qui n'avait rien pris depuis le matin se sentait à bout de forces. L'idée de l'hospice ne lui vint pas. Elle savait Arinda si fière! Elle crut plutôt qu'elle avait trouvé l'emploi de quelques journées, grâce à un travail facile. Assise sur son lit, elle manqua de courage pour se déshabiller, s'attendant à chaque instant à entendre heurter à la porte, et à voir tomber sa mère dans ses bras. Renversée sur le lit, et pleurant à sanglots, elle entendit sonner les heures avancées de la nuit, et tour à tour se fermer les chambres qui l'avoisinaient. Rameau d'Or seul n'était pas rentré, il avait obtenu ce soir-là d'aller au théâtre, et tout préoccupé du drame de son maître, *La Chambre n° 7*, il étudiait le travail compliqué des changements de décors, passait et repassait dans les couloirs, et s'amusait de tout son cœur. Pour une fois il pouvait bien renoncer aux petits profits que lui procurait son industrie d'ouvreur de portières.

Cependant, au moment où il quittait le théâtre de l'Ambigu, il aperçut à quelques pas devant lui, sous la lumière crue du gaz, deux figures qu'il lui parut reconnaître. Il s'arrangea de façon à rejoindre les deux personnages, puis les dépassant lestement, il se trouva bien en face, les examina froidement, obstinément, afin de s'assurer qu'il ne se trompait point, enfin il s'élança du côté de la voiture qui paraissait les attendre. Au moment où il allait en ouvrir la portière, un grand valet de pied le repoussa brusquement, et remplit les devoirs de sa charge. Rameau d'Or entendit alors une voix dure, qui lui était aussi familière que le visage, dire au valet :

— A l'hôtel.

Sans perdre de temps, avec une agilité de saltimbanque, Rameau d'Or suivit la voiture à la course. Si rapide que fût le pas des chevaux, le jeune garçon rassemblait ses idées et les formulait à bâtons rompus :

— Je ne me trompe pas, c'est bien M. de Luzarches qui se repose sur les coussins moelleux de ce coupé, tandis que moi je trotte dans la boue et la neige fondue, comme un misérable barbet... Diable! il est vite remonté sur sa bête, M. de Luzarches! Ruiné par le testament du vieil Henriot, criblé de dettes, car nous en avons appris de belles après son départ de Marolles, il trouve encore le moyen d'avoir des huit-ressorts... Quelle coquinerie peut-il bien entreprendre? Quant à exercer une profession honnête, jamais de la vie! D'ailleurs, M. Dervaux et son ami Jean Lagny le disent bien, les braves gens ne roulent pas aisément carrosse... Mais enfin, qui sait! il est peut-être marié? Intrigant, beau garçon, habile parleur, il est de force à conquérir une héritière... Mais alors, pourquoi n'est-il point avec elle au théâtre? Comment se fait-il, en plus, que je connaisse les yeux de la personne qui l'accompagne... Je dis : les yeux, car la bouche, la couleur des cheveux, le teint, me déroutent d'une façon absolue; les moustaches me cachent les lèvres, mais les yeux... ces yeux rusés et mauvais, je ne les ai vus qu'à Damien... Damien? Tu deviens fou, mon pauvre Rameau d'Or! Damien était un valet, que son maître M. de Luzarches traitait de haut... Quel rapport peut-il exister entre cet homme et le prodigue neveu de M. de Marolles... C'est égal! la Providence ne m'a pas jeté inutilement sur les traces de celui que nous accusons tous de la mort du vieil Henriot... Si l'oncle n'avait pas surpris le neveu au milieu d'une de ses orgies, peut-être vivrait-il encore. Oh! il trouverait la femme et la fille de M. Gaston, lui! Tandis que moi? Ai-je manqué à mon devoir? Non, pourtant! Je continue mes recherches en dépit du manque de résultat... Maudits chevaux! comme ils vont vite! le souffle me manque...

Enfin il arriva au terme de son épreuve, la voiture qui depuis un certain temps roulait dans l'avenue de Villiers, s'arrêta, Rameau d'Or lâcha le ressort auquel il se cramponnait; le cocher demanda d'une voix autoritaire la porte qui roula sur ses gonds, et l'enfant la vit disparaître sous la voûte.

— Avenue de Villiers, 56, fit-il, c'est bon à retenir.

Sans savoir pourquoi l'adresse de M. de Luzarches lui serait utile, il gardait la certitude qu'une heure sonnerait où il en aurait besoin.

Il rentra dans sa mansarde et se jeta sur son lit, brisé par la fatigue de la course qu'il venait de faire, et s'endormit comme un enfant, les poings sur les yeux.

Le jour était venu quand il s'éveilla, un jour d'hiver blafard et morne. Rameau d'Or devina qu'il se faisait tard, s'habilla hâtivement, quoiqu'il eût pris à Paris l'habitude d'une certaine recherche dans sa toilette; puis quittant sa mansarde, il jeta un coup d'œil sur la porte de Mme Vebson, s'attendant à voir la boîte au lait de faïence suspendue au bouton, et le seau à charbon sur le paillasson. Aucun de ces objets ne se trouvait à sa place accoutumée, car depuis un certain temps, Rameau d'Or avait pris l'habitude de faire les commissions de Mme Vebson « en même temps que les siennes », disait-il. Mélati s'efforça de lui témoigner sa reconnaissance, et, durant un après-midi où elle n'avait aucun travail pressé, la jeune fille dessina le portrait de Rameau d'Or.

La joie de celui-ci ne put se décrire :

— Je l'enverrai à Colette, dit-il.

— Qui est cette Colette? demanda Mélati.

En voyant la sympathie, l'amitié que lui témoignaient ses voisines, le jeune garçon n'eut pas le courage de se taire. Il raconta son enfance abandonnée, les misères de sa vie jusqu'à l'heure où Jarnille le recueillit. Enfin il laissa entrevoir l'espérance que lui laissaient les deux femmes de se voir un jour le maître du *Soleil-Levant*. Seulement, même au milieu de l'entraînement de ses confidences, il ne dit pas un mot de la mission dont l'avait revêtu Gaston de Marolles. Ce secret devait rester entre lui et sa conscience; et lorsque Mme Vebson lui demanda pourquoi, sachant qu'on l'acceptait comme le futur mari de Colette, il s'était résigné à quitter l'auberge de Jarnille, il se contenta de répondre :

— On a son amour-propre, madame. Colette sera riche, je veux lui apporter quelque chose à mon tour.

— C'est d'un brave cœur, répondit Arinda.

Elle le questionna longuement sur Marolles et ses habitants, lui demanda s'il avait connu le vieux Henriot, s'enquit de bien des détails. Rameau d'Or répondit avec une réserve prudente chaque fois qu'il craignait de voir l'entretien s'engager sur un terrain difficile. Mais à partir de ce jour une sorte de glace se rompit. Sans qu'il sût pourquoi, l'enfant devint un ami pour ces pauvres femmes. Elles trouvaient entre elles et lui le lien sacré d'un malheur. Mais ni Arinda ni sa fille ne rompirent le silence sur le passé dont le souvenir déchirait leur âme. Seulement elles acceptèrent plus volontiers ses services, et lui témoignèrent plus d'affection.

Rameau d'Or demeurait debout devant la porte close.

— Pas de boîte à lait, pas de seau à charbon! Elles sont malades, pour sûr. Allons, mon garçon, pas d'embarras pour si peu. Il s'agit de travailler double si l'on a besoin de toi! Quand on songe que des anges pareils manquent de pain, et qu'un Maxime de Luzarches traverse Paris en coupé pour gagner son hôtel, avenue de Villiers.

Enfin rira bien qui rira le dernier! Mais personne ne rit ici, Seigneur, et nul n'en a même envie.

Il descendit rapidement les escaliers, emprunta une boîte à lait qu'il rapporta en même temps qu'un boisseau de charbon, et il allait sonner à la porte de Mélati quand il crut distinguer un bruit de sanglots.

Tirant vivement la sonnette il arracha la jeune fille à sa torpeur désespérée, mais craignant qu'elle n'osât pas ouvrir, il cria à travers la serrure:

— C'est moi, Rameau d'Or, ouvrez, je vous en supplie.

Ce fut un soulagement pour la jeune fille, dans l'abandon cruel où elle se trouvait, d'entendre la voix d'un ami, si humble qu'il pût être.

Elle se leva chancelante, ouvrit la porte, et laissa voir son visage ruisselant de pleurs.

— Qu'avez-vous, mademoiselle? demanda Rameau d'Or.

— Ma mère! ma pauvre mère! cria Mélati dans un sanglot.

— Se trouve-t-elle plus mal?

— Partie, Rameau d'Or, morte peut-être!

— Partie! Elle, vous abandonner, oh! ne l'accusez pas, mademoiselle... Peut-être a-t-elle entrepris un voyage afin de demander aide et protection à quelqu'un.

— Personne ne peut nous protéger, notre unique parent ne peut nous vouloir que du mal.

— Je vous demande pardon, mademoiselle, ne prenez rien de moi en mauvaise part... Si peu que je sois je pourrai peut-être vous rendre service... Le cœur supplée à l'âge et à l'esprit voyez-vous... Enfin j'ai des économies à votre service, vous me les rendrez quand vous voudrez... Ne pleurez pas! cela me fend le cœur de vous voir pleurer... Si vous me montriez la lettre de votre mère, elle vous a bien laissé un mot...?

— Le voici; elle trouve que, malade depuis si longtemps, elle est pour moi un fardeau. Sa promesse de retour est vague...

Rameau d'Or lut les quelques lignes d'Arinda, puis se levant:

— Je ne suis qu'un petit paysan, dit-il, et je connais trop peu Paris et ses ressources pour vous donner une indication... Laissez-moi communiquer ce billet à M. Dervaux... La presse est toute puissante.

— Va! va! Rameau d'Or, tout, pourvu qu'on me rende ma mère.

L'enfant descendit et trouva les deux amis prenant leur déjeuner matinal. En quelques phrases émues il raconta le désespoir dans lequel il venait de trouver Mélati, et montra la lettre de sa mère.

— Que t'en semble, Jean, demanda Dervaux, cette mère affaiblie, réduite à l'impossibilité de se soigner en raison du manque d'argent, et voyant sa fille chercher en vain un travail lucratif, ne sera-t-elle point allée frapper à la porte d'un hôpital?

— C'est mon avis, répondit le peintre.

— Eh bien ! mon petit Rameau d'Or, va chercher une voiture, tous deux nous allons commencer nos courses.

Dervaux jouissait d'une juste popularité. Toutes les portes s'ouvraient devant lui, et quand il monta dans le coupé qui l'attendait, il savait qu'il ne rentrerait point sans nouvelles. D'abord il se rendit à l'Hôtel-Dieu, et s'informa si Mme Vebson ne s'y était point présentée. Sur la réponse négative qui lui fut faite il courut à l'hôpital de la *Pitié*; puis tout à coup il songea que l'hôpital de Lariboisière étant le plus proche, il avait plus de chances d'y rencontrer sa protégée.

L'interne à qui il s'adressa en l'absence du directeur consulta un registre, et lui répondit qu'en effet une dame Arinda Vebson, atteinte d'une fièvre grave rapportée des Indes, avait été admise la veille.

— Puis-je la voir ? demanda Dervaux.

— Le directeur seul pourrait vous accorder une autorisation en contradiction avec les règlements. Mais nous sommes au mercredi, demain vous aurez le droit de la visiter, vous et ceux qui s'intéressent à elle. Attendez jusque-là. Je vous promets de lui donner tous mes soins.

— Merci, répondit Dervaux, je vais aller rassurer sa fille.

Rameau d'Or, la joie sur le visage, s'impatientait de la marche lente du cheval. Arrivé rue de Maubeuge il monta les marches quatre par quatre, et tomba comme un affolé dans le petit appartement.

— Retrouvée, mademoiselle, nous l'avons retrouvée.

— Où ? demanda Mélati.

— Dans un hospice, ajouta l'enfant en baissant la tête.

— A l'hospice, ma mère, la veuve de...

Elle s'arrêta et prit les mains de son humble ami.

— Conduis-moi, dit-elle, conduis-moi vite !

— Hélas ! mademoiselle, vous devrez attendre à demain, c'est le règlement... Mais demain nous irons tous non point la voir, mais la chercher. M. Dervaux a découvert un marchand d'éventails qui vous prendra tout ce que vous voudrez... Quel brave artiste ! Tous deux, du reste ! Je ne sais pas qui j'aime le mieux de M. Dervaux ou de son ami... J'ai un faible pour celui qui écrit, à cause du drame, la *Chambre n° 7* ... Ah ! voilà que j'ai la langue trop longue. Il paraît qu'on ne doit jamais parler du titre d'une pièce ou d'un livre... Il y a des flibustiers de lettres qui vous les filoutent sans crier gare!... On vous a donc trouvé du travail, bien payé... M. Dervaux affirme que vous avez beaucoup de talent... Prenez courage jusqu'à demain, mademoiselle... Soignez-vous, buvez cette tasse de lait... Je me chargerai du ménage aujourd'hui, il faut que votre mère trouve tout en ordre... M. Dervaux souhaiterait vous voir, puis-je lui dire que vous consentez à le recevoir?

— Plus tard, Rameau d'Or, j'accepte ton aide, range l'atelier, je pourrai plus décemment y recevoir M. Dervaux.

L'enfant apporta un zèle extrême dans son labeur; en une heure les meubles se trouvèrent brossés, les toiles époussetées, et le grand artiste put monter chez la jeune fille.

Le respect avec lequel il l'aborda lui prouva en quelle estime et quelle sympathie il la tenait. Après lui avoir annoncé qu'il venait de lui trouver un travail suffisamment rémunéré, il lui demanda la permission de feuilleter la collection des dessins de son père.

— Mademoiselle, dit-il après les avoir vus, je trouverai certainement des journaux qui s'estimeraient très heureux de les publier, et je mettrai dans les conditions que les originaux vous seront rendus... Consolez-vous, les jours mauvais sont finis, je l'espère... Demain vous reverrez votre mère, vous ne la quitterez plus...

— J'ai bien souffert déjà, monsieur, répondit Mélati, et je crois pouvoir affirmer que je suis courageuse, mais, je l'avoue, devant le chagrin qui m'a frappée hier, je me suis trouvée sans force.

Louis Dervaux s'efforça de faire rentrer l'espérance dans cette jeune âme. A sa voix Mélati retrouva du courage, et quand il la quitta, réconfortée par la vaillante sympathie qui s'offrait à elle, rassurée sur le sort de sa mère, elle se sentit renaître, et compta les heures en attendant le lendemain. Rameau d'Or, que son séjour à l'hôtellerie du *Soleil-Levant* avait rendu assez expérimenté autour des fourneaux, prépara un repas modeste auquel la jeune fille fit honneur. Elle dormit profondément, se leva dès huit heures, comme s'il lui était possible d'entrer tout de suite à l'hôpital, partit trop tôt et attendit l'ouverture des portes.

Le nom de la salle et le numéro du lit de la malade lui avaient été donnés par M. Dervaux, elle allait donc, accompagnée de Rameau d'Or, à travers les longues files de lits, mais, arrivée à celui dans lequel la pauvre enfant s'attendait à trouver sa mère, elle vit une très vieille femme qui, la veille, avait été à demi écrasée par un camion.

— Mon Dieu! dit-elle, m'aurait-on trompée?

Ce cri d'épouvante, les larmes jaillissant de ses yeux, émurent profondément la jeune poitrinaire occupant le lit voisin.

— Mademoiselle, dit-elle, d'une voix faible, vous cherchez Mme Vebson, n'est-ce pas?

— C'est ma mère! ma mère bien-aimée!

— Elle est partie, répondit la malade, partie hier sur sa demande, lors de la visite du docteur Séricourt... Il voulait la garder à cause de sa fièvre... Mais comme on lui refusait de lui permettre de voir un prêtre, elle s'en est allée, quelque instance qui lui ait été faite...

Mélati n'écoutait plus.

— Ma mère! ma mère! cria-t-elle dans un sanglot.

Elle s'enfuit de la salle, à l'extrémité de laquelle l'attendait Rameau d'Or.

— Comment se trouve-t-elle, mademoiselle? demanda le jeune garçon.

— Elle n'y est plus! partie sans rien dire, partie, et elle n'est pas rentrée à la maison.

— Peut-être allons-nous l'y trouver...

Mais Rameau d'Or prononça ces mots d'une voix basse et faible, il ne croyait point à cette espérance.

Mélati lui saisit la main.

— Comprends-tu, il y a un malheur... Ma mère est morte... Si faible qu'elle fût, il suffisait d'une heure pour revenir chez elle...

— Rentrons, mademoiselle, rentrons, je vous en supplie... M. Dervaux nous donnera un bon conseil. Je suis impuissant comme vous, moi! il nous prêtera son aide, une aide influente.

Mélati se laissa emmener. Qu'aurait-elle objecté? Son impuissance l'écrasait à cette heure... Elle sentait que l'enfant avait raison. Arrivée chez elle, Mélati s'affaissa sur le sol et y demeura comme privée de vie.

Rameau d'Or descendit en courant. Par une délicatesse touchante, cette fois Louis Dervaux ne monta point chez la jeune fille; la concierge monta, tandis que le dramaturge prenait l'avis de son ami.

— Que ferais-tu, toi? demanda-t-il.

— Je mettrais un avis dans les journaux.

— Je le ferai, ensuite?

— Tu connais beaucoup de monde à la Préfecture, cherches-y des renseignements.

— Comme pour l'article, il est trop tard.

— Alors à demain les recherches et le succès. Mélati sera bien soignée par la mère Verdas, une bonne femme sous sa rude écorce;

il faut que je parle au peintre de décors qui ne comprend pas la mise en scène du quatrième acte. Allons à l'*Ambigu*, nous avons la chance de l'y trouver ce soir.

— Je n'ai guère le cœur au théâtre.

— Tu as tort, il rend les hommes de lettres millionnaires, et cela leur est souvent bien utile quand ils désirent épouser des héritières, ou bien doux quand ils sont amoureux de filles pauvres...

— Jean !

— Eh bien ! quoi ? T'ai-je blessé ?

— Non, c'est moi qui suis fou.

— Il faut bien le devenir, une fois dans sa vie.

Après tout les jeunes gens ne pouvaient rien pour Mélati, en restant chez eux, tandis qu'au théâtre ils avaient la chance de rencontrer des confrères qui se chargeraient volontiers de faire passer la note concernant Mme Vebson.

Après un dîner rapide ils coururent à l'*Ambigu*.

Ils se trouvaient dans la loge qu'on venait de mettre à leur disposition, quand Dervaux s'écria :

— Tiens, Francis de Gailhac-Toulza ! Je ne puis mieux m'adresser pour demander ce service.

Francis occupait un fauteuil d'orchestre ; sur un signe de Louis Dervaux, il le rejoignit dans sa loge.

— Eh bien ! lui dit-il, nous avons une bonne bataille à livrer et à gagner ! Quand nous nous opposions de tout notre pouvoir au renvoi des religieuses dirigeant les hospices, avions-nous tort ? Tenez, il y a là un drame tout fait pour vous... J'en connais les moindres détails, grâce à Guillaume Andrezel... Ecrivez pour votre journal un article de fond cette nuit. Nous devons tirer sur toute la ligne. Oh ! le roman sinistre est complet. Une fille de Paris vicieuse, presque laide, a pu ramasser six mille francs, elle espère que cette somme excitera l'ambition d'un brave ouvrier dont elle s'est éprise ; mais celui-ci aime une ouvrière dotée d'une aiguille, de beaucoup de jeunesse et de beauté, il l'épouse. Des circonstances fortuites l'obligent à quitter momentanément Paris. De Marseille il envoie à sa femme de l'argent qui ne lui parvient pas... Elle tombe malade, entre à l'hospice, et se trouve rapprochée de sa mortelle ennemie, cette Clorinde dédaignée jadis par son mari... Clorinde empoisonne sa rivale, et le mari revient au moment où le docteur constate le décès, n'est-ce pas abominable ?

— Vraiment, oui, cela fait froid. Et cela s'est passé ?

— A l'hôpital de Lariboisière.

— Vous y connaissez un médecin, dites-vous ?

— Guillaume Andrezel, un millionnaire doublé d'un savant. Il exerce non pas par amour de l'art, mais par vocation de charité... Ayant grandement souffert il s'est voué aux souffrants... Quoiqu'il possède une grande science, il suit néanmoins les cours des maîtres, et c'est ainsi que depuis quelque temps il accompagne Jacques Séricourt dans ses visites.

— Voulez-vous m'obliger?

— Autant qu'il me sera possible.

— Hier, dans le service du docteur Séricourt, se trouvait une femme d'environ quarante ans, mais qui semble au premier abord plus âgée... Vaincue par le besoin, elle a quitté sa fille, afin d'alléger les difficultés que celle-ci trouve à gagner sa vie au moyen de son pinceau... Elle a traversé l'hospice, plus qu'elle n'y a séjourné... Entrée avant-hier, elle en est sortie ce matin, parce qu'on avait refusé de demander pour elle un prêtre.

— Ah! s'écria Francis de Gailhac-Toulza, nous n'aurons plus le droit de mourir en chrétiens!

— Depuis son départ de Lariboisière, elle n'est pas rentrée chez elle...

— Et vous dites, une femme de quarante ans...

— Des cheveux blancs, une physionomie distinguée.

— De quelle maladie est-elle atteinte?

— Une fièvre rapportée des Indes.

— En deuil.

— Elle est veuve!

— Ne cherchez pas davantage, mon cher Dervaux.

— Vous savez où elle a trouvé un asile?

— Chez nous! répondit Francis.

— Par quel hasard...

— Rectifions : par quelle Providence... J'accompagnais ce matin ma mère à l'église de Saint-Vincent-de-Paul, lorsque, arrivés sous le péristyle, nous voyons une femme quitter le saint lieu, s'avancer en s'appuyant aux colonnes, puis subitement défaillir... Je cherche une voiture, nous l'y portons, et nous la conduisons chez nous... Depuis ce matin elle occupe la chambre de ma sœur Blanche. La fièvre ardente qui la consume ne lui permet pas de se rendre compte de ce qui se passe autour d'elle.

— Elle se nomme Mme Vebson?

— Oui, Andrezel avait lu ce nom sur la pancarte de l'hôpital.

— Dieu soit loué! Combien sa fille va vous bénir.

— Elle a une fille?

— Une fille adorable, d'une beauté merveilleuse, si pénétrante qu'on en oublie l'éclat. Je ne l'ai jamais vue sourire ! Toutes deux sont très pauvres ! L'enfant peint des éventails. Le père, dont j'ai vu les dessins, était un artiste. Mélati est l'ange de la piété filiale.

— Si nous quittions le théâtre ? demanda Dervaux.

— Comme vous voudrez ! le drame ne vaut pas grand'chose.

— Lagny voulait parler au peintre qui a fait le décor du second acte.

— Et votre pièce, quand passe-t-elle ?

— Dans trois mois.

— On dit l'action palpitante !

— Lagny fait courir ce bruit-là.

— Vous avez, si on en croit les racontars de foyer, mis en scène un drame qui s'est passé aux Marolles, près de Grenoble.

— Justement, drame sans dénouement dans la réalité.

— Et vous en avez imaginé un ?

— Conforme aux lois de l'éternelle Justice.

— A la bonne heure !

Les deux jeunes gens reprirent leurs pardessus, descendirent, et, montant en voiture, partirent pour la rue de Maubeuge.

Mélati pleurait toujours. Assise à terre, les deux bras croisés sur un fauteuil, elle penchait sa jolie tête blonde, pâle et désespérée, tandis que Rameau d'Or, caché dans un angle de la cuisine, se tenait prêt à lui venir en aide. Mais que pouvait pour elle le pauvre enfant sinon lui faire comprendre d'une façon muette qu'un être se tenait là dans son ombre, prêt à obéir au moindre signe.

Mélati n'adressait point la parole à Rameau d'Or, elle le laissait dans cette nuit et ce silence qu'interrompaient seulement ses sanglots, et pourtant il lui était doux de savoir qu'elle n'était pas seule, et qu'un être dévoué restait là, prêt à obéir au moindre signe.

La pauvre enfant ne croyait point aux paroles d'espoir qui lui avaient été dites par Dervaux et Jean Lagny. Sa mère était morte, elle s'en croyait certaine désormais. Encore si elle avait assisté à ses derniers moments, recueilli son souffle suprême, senti tomber sur elle sa bénédiction et le baiser de l'adieu, mais la perdre brutalement, l'avoir laissée au logis et retrouver ce logis vide, c'était plus que n'en pouvait supporter son pauvre cœur.

Dix heures sonnaient quand la voiture amenant rue de Maubeuge Francis de Gailhac-Toulza, Dervaux et Lagny, s'arrêta devant la maison occupée par les jeunes gens. Tous montèrent à l'étage des mansardes, et frappèrent à la porte. Rameau d'Or qui gardait une secrète espérance, et demeurait convaincu que les artistes n'abandonnaient pas la jeune fille, se leva sans bruit pour leur ouvrir.

Dervaux s'avança le premier.

A la vue de Mélati il recula, pris d'un tel respect et d'une si grande pitié que la parole s'arrêta sur ses lèvres.

— Nous savons où est Mme Vebson, dit Jean Lagny à Rameau d'Or.

Au milieu de sa douleur et de ses larmes, Mélati entendit, et subitement se dressa sur les pieds. Alors se tournant vers les jeunes gens, son beau visage ruisselant de pleurs, ses cheveux dénoués, si admirablement belle et sainte en ce moment que rien ne saurait rendre l'impression qu'elle produisit sur ses amis, elle tendit vers eux les bras.

— Ma mère! dit-elle, vous avez parlé de ma mère!

Ce fut Francis de Gailhac-Toulza qui s'avança.

— Mademoiselle, dit-il, nous l'avons trouvée à la porte de la maison de Dieu, et nous l'avons amenée dans la nôtre... Ma mère et ma sœur lui donnent des soins empressés.

— Votre mère! votre sœur! Quoi! vous avez eu cette charité de ne pas la rejeter dans un hospice? Vous l'avez abritée et gardée? Votre sœur, votre mère, sont donc deux anges?

— Oui, répondit Francis avec une visible émotion, des anges terrestres qui vont tout de suite vous aimer...

— Ainsi, vous venez...

— Vous chercher pour vous conduire chez ma mère.

Francis se tourna vers le romancier :

— Fais-moi la grâce de me présenter à mademoiselle.

— Mon ami, Francis de Gailhac-Toulza, fils d'un procureur général de Rennes, démissionnaire lors de la promulgation des décrets.

Un sourire éclaira le visage marbré de pleurs de la jeune fille.

Elle prit dans une armoire un vêtement très simple, jeta une mantille sur sa tête, et dit à Francis :

— Me voici prête à vous suivre, monsieur.

Ensuite se tournant vers les deux amis :

— Dieu vous récompense comme je vous remercie!

— Nous permettez-vous d'aller prendre des nouvelles de Mme Vebson et des vôtres?

— De grand cœur.

— Mademoiselle, ajouta Rameau d'Or, dans une maison où se trouve une malade il faut un commissionnaire, emmenez-moi, je ne ferai pas de bruit.

— Viens! dit Francis.

Mélati, tremblante, accepta le bras de Francis et quitta sa maison pour accepter l'hospitalité d'Aimée de Gailhac-Toulza.

LA CHAMBRE N° 7

Les saintes pompes de la mort se déployèrent dans la demeure de l'ancien magistrat. (Voir page 167.)

CHAPITRE XIV

ORPHELINE

Mme Vebson demeurait en proie à une fièvre ardente, en dépit de la savante médication de Guillaume Andrezel. Plus que tout autre cependant, celui-ci était capable d'achever une cure semblable ; il devait à son séjour en Amérique, et à ses relations avec les derniers restes des tribus indiennes, de connaître les effets efficaces d'un grand nombre de plantes. Il possédait des richesses pharmaceutiques d'un prix inestimable. S'il n'eût été en possession de tous ses grades, on n'aurait pas manqué de l'accuser de charlatanisme. Mais il employait les remèdes exotiques avec une telle réserve et un si rare bonheur que son maître, Jacques Séricourt, eut plus d'une fois recours à ses conseils dans des cas désespérés. La situation de fortune exceptionnelle de Guillaume, ce qu'on devinait des souffrances de sa jeunesse, car il ne livrait à personne le secret des douleurs passées, tout contribuait à lui attirer des sympathies, à lui créer des relations. Il possédait une clientèle nombreuse, mais jusqu'à ce jour il n'avait jamais voulu recevoir directement le prix de ses services. Lorsqu'une famille riche tenait à lui témoigner sa reconnaissance, il lui remettait l'adresse d'un homme tombé dans une misère imméritée, d'une femme réduite aux abois, d'enfants abandonnés.

— Sauvez-les, disait-il, je serai payé.

Il allait rarement dans le monde, se contentait de voir d'intimes amis, se rendait d'une façon régulière à certaines séances d'académies, et y lisait parfois des mémoires ou des fragments remplis d'un véritable intérêt.

Du premier regard, il jugea Mme Vebson, et quand Aimée de Gailhac, après l'avoir ramenée chez elle, le fit appeler, il poussa, en reconnaissant la malade de l'hospice de Lariboisière, un cri de surprise et de joie.

— Ah! madame! dit-il à la mère de Francis, je jurerais que cette infortunée est digne de toute votre sympathie.

— Vous l'avez déjà vue?

— Elle sort de l'hôpital.

— Malade comme elle l'est?

— C'était vouloir se tuer, je le sais bien! Mais la place même où vous l'avez trouvée prouve la sincérité de ses convictions. Votre mari le noble Henri de Gailhac-Toulza a jeté sa démission aux ministres qui lui ordonnaient de chasser les moines et les jésuites... Mme Vebson mourante a fui l'hospice quand on lui a refusé d'y laisser pénétrer un prêtre... Vous le voyez, vous êtes dignes de vous entendre.

— Nous la sauverons, n'est-ce pas? demanda Mlle de Gailhac qui venait d'entrer.

— Nous ferons tout notre possible pour cela, répondit le jeune médecin dont le visage se colora vivement à la vue de la jeune fille. Mais nous ne pouvons nous le dissimuler, le grand mal de cette pauvre créature n'est point cette fièvre dont je suis certain de la guérir... Elle s'en va de consomption; la douleur l'a rongée jusqu'au cœur...

— Est-elle donc seule au monde?

— Qui peut le savoir! Je comptais dans la journée retourner à l'hôpital et m'entretenir avec elle. La demande de son *exeat* dérangea ce projet ; ce qui vous prouve que j'avais l'intention de ne la point oublier, c'est que j'avais relevé le texte de sa pancarte.

— Le temps vous a manqué pour réaliser ce dessein?

— La gravité de ce qui s'est passé hier à l'hôpital de Lariboisière a pris toutes mes heures. J'ai dû seconder Jacques Séricourt dans l'autopsie de la jeune femme empoisonnée par une infirmière laïque. Mais, soyez tranquilles, j'irai demain au domicile de Mme Vebson, et j'en rapporterai tous les renseignements dont vous avez besoin pour lui être utile... Je vous laisse une ordonnance... On m'attend chez une jeune femme aveugle à qui il s'agit de rendre la vue... Ma mère viendra vous aider dans votre pieuse tâche.

Andrezel salua Aimée et Blanche avec un sentiment mêlé d'admiration et de respect, puis il quitta la maison.

La mère et la fille restèrent près du lit de la malade.

— Quel homme que ce Guillaume Andrezel! dit Aimée.

— Oui, répondit Blanche, il possède à la fois un grand esprit et un grand cœur.

— La femme qu'il choisira sera une heureuse femme, ne le penses-tu pas?

— Tu crois, maman? demanda Blanche en se rapprochant de sa mère jusqu'à poser son front sur son épaule.

— Je le pense ; seulement Guillaume attend pour révéler le fond de son cœur, que celle qu'il a choisie ait retrouvé la sérénité perdue. Une déception lui brisa le cœur ; avant d'essayer d'y faire épanouir cette fleur divine qu'on appelle la tendresse, il veut que rien ne reste du vestige du passé. N'a-t-il point raison?

— Oui, répondit Blanche d'une voix étouffée.

— Notre malade fait un mouvement, reprit Mme de Gailhac heureuse de rompre un entretien glissant sur une pente difficile, aide-moi à la retourner sur son lit.

Blanche obéit à sa mère, un soupir de soulagement s'échappa des lèvres de Mme Vebson. Ses yeux s'ouvrirent, à ses côtés elle aperçut une jeune fille et, croyant retrouver son enfant dans cette charmante créature, elle dit avec un sourire heureux :

— Il fait bon se voir sous la véranda de lianes, n'est-il pas vrai, Gaston? Nous sommes heureux tous trois... Ta fille te ressemble... Un ange! Elle aura ton cœur et ta bonté... Qu'eût été ma vie si tu ne m'avais pas choisie en dépit de ma pauvreté... Tu m'as tout sacrifié, tout! Si je ne m'étais pas trouvée en travers de ta route, tu serais riche, très riche... Je verserais pour toi mon sang... Que dis-tu? aller à Paris... Chercher fortune, se rapprocher de celui qui m'a repoussée, et qui voulait le faire épouser une autre jeune fille... Restons! restons! Ce nid de verdure et de fleurs ne se retrouvera jamais... Il y a des serpents dans cette contrée, je le sais! là-bas, ce seront des hommes qui nous tendront des pièges et qui briseront notre bonheur... Adieu, maison blanche! Adieu, palmiers, douce vie d'amour! Ma fille, mon mari, j'emporte tout avec moi... Nous approchons de la France... J'ai froid, bien froid... Mon petit ange, ne pleure pas! c'est de la neige... On dirait un grand linceul étendu sur le sol. . J'ai toujours eu froid depuis... Travaille! travaille! pour du pain! On dit que tu as du génie, mais il faut produire... Tu ne peindras plus jamais, jamais! Tu ne reviendras pas de ta course dans les montagnes... Je savais bien qu'il se trouvait des serpents en France : ton cousin! ton cousin...

La malade se recula avec une expression de terreur, puis elle poussa un cri semblable à un râle :

— Cachez ce sang! cachez-le!

Ce fut tout. L'accès était passé, elle retomba inerte.

Mme de Gailhac-Toulza mouillait son front d'eau fraîche, et lui frappait doucement dans les mains. Blanche, épouvantée, devinait qu'un drame effrayant avait plongé cette malheureuse femme dans le désespoir.

Cependant la crise passa, et un sommeil lourd s'empara de la malade. Vers cinq heures Henri de Gailhac-Toulza rentra du palais où il plaidait ce jour-là. Depuis qu'il s'était installé à Paris après avoir donné sa démission de magistrat, sa clientèle augmentait dans des proportions rassurantes pour l'avenir. Ruiné par un double scrupule de conscience, il retrouvait par surcroît plus qu'il n'avait perdu. Sa haute personnalité le mettait tout de suite à sa place. Quelques mois suffirent pour qu'il groupât autour de lui des sommités du parti catholique. Le talent naissant de son fils François, dont le premier volume était plus qu'une promesse, ajoutait à l'intérêt inspiré par l'ancien magistrat. On savait de plus que son dernier fils, Didier, avait vu briser sa carrière à la suite de cet anniversaire de la Saint-Henri que devait suivre de si près la mort du comte de Chambord. Parti pour l'Afrique en qualité de volontaire, il y gagnait une popularité de bravoure, promettant rapidement les épaulettes injustement perdues. Enfin, pour ajouter un dernier attrait, un charme plus attendri encore à l'histoire de la famille de Gailhac-Toulza dont l'aïeul était mort dans la cour d'un couvent assiégé, deux femmes se montraient également dignes d'être les compagnes d'Henri de Gailbac. Aimée, sa femme, Blanche, sa fille, prenaient rang parmi celles qui, si elles ne se livrent point à un bruyant exercice de la charité, en remplissent quotidiennement les devoirs. Les œuvres de Paris, ces œuvres admirables, écloses au souffle de la pitié, réclamaient leurs soins et s'honoraient de les compter parmi leurs membres. La famille entière formait un faisceau que rien n'était capable de désunir, rien!

Est-ce à dire cependant qu'elle n'eût point sa plaie cachée, sa souffrance mystérieuse, un ulcère sur lequel s'appuyaient des mains humides des eaux qui pacifient et des huiles fortifiantes. Ce foyer avait son Caïn, cette famille comptait son renégat On s'efforçait d'oublier Robert. Mais bruyamment, insolemment, d'une façon à la fois cruelle et lâche, son nom frappait d'une façon brusque les yeux de ceux qu'il déshonorait. On le trouvait au bas d'articles inspirés par la haine de tout ce qui est noble et grand. Les feuilles publiques racontaient les efforts du préfet de R... pour témoigner son zèle au gouvernement. L'ambition de Robert le poussait dans la voie révolutionnaire, l'obligeant à suivre une route déclive, d'autant plus rapide qu'il s'efforçait de faire oublier la conduite tenue par son père et par son frère Didier.

Robert les reniait, depuis qu'il en était maudit.

Jamais on ne prononçait le nom de Robert chez l'ancien magistrat. Les amis de la maison gardaient le même silence. Pour tous il était mort, du trépas le plus terrible, ce trépas moral pour lequel il n'existe ni prière, ni palme funèbre, ni pieux souvenirs.

Heureusement pour Henri de Gailhac-Toulza, ses affaires, le soin de la renommée à conquérir, ses efforts persistants afin de remporter une victoire quotidienne, l'empêchaient de beaucoup penser. Il fallait agir, agir sans cesse. Le sourire attendri de sa femme et de sa fille le récompensait.

Lorsqu'il rentra, Blanche courut au-devant de lui.

— Père, dit-elle, la maison est toute bouleversée.

— Un malheur!

— Une bonne action.

— Pourquoi m'avoir fait peur, méchante fille!

— Oh! père! fit Blanche en nouant ses bras autour du cou de son père, laisse-moi te dire ce que je sais... Ma mère est occupée près de notre malade... Nous nous sommes trouvées sur sa route, et comme le Samaritain de l'Évangile, nous l'avons amenée ici.

— Je commence d'abord par approuver ta mère, elle ne peut rien faire que de juste.

Blanche raconta la rencontre de la femme évanouie sous le péristyle de Saint-Vincent-de-Paul, puis elle parla de la visite de Guillaume Andrezel, des craintes qu'il conservait sur l'état de l'infortunée.

M. de Gailhac-Toulza embrassa sa fille avec émotion.

— C'est bien, dit-il, ta mère est une sainte, elle fera de toi une femme réellement digne de ce nom. Depuis qu'elle est devenue ma compagne, j'ai toujours béni Dieu de me l'avoir donnée.

— Oh! père! père bien-aimé! Le docteur Andrezel viendra ce soir, sa mère doit l'accompagner.

— Nous dînerons ensemble, et nous parlerons de votre protégée.

Henri de Gailhac entra au salon, où il trouva un feu clair, une lampe joyeuse, les journaux du jour, et ce luxe de confort qui repose et charme tout ensemble. Il ne possédait plus la fortune au sein de laquelle il avait grandi, mais rien ne lui manquait de ce qui délasse et console.

Vers six heures Aimée de Gailhac rejoignit son mari.

Il lui baisa pieusement les mains.

— Je m'étonne souvent, lui dit-il, de ne point voir fleurir les lis sous tes doigts et les pains se multiplier dans le pan de ta robe, tant je te juge charitable et sainte.

— Ne me gâte pas, Henri, tu me donnerais de l'orgueil.

— Je t'en défie.

— Je te le répète, ne me gâte pas! L'éloge d'un homme tel que toi est d'un si haut prix... J'entends la voix de Mme Andrezel et celle de Guillaume, c'est bien heureux, nous allions nous dire...

— Que nous nous chérissons tendrement, n'est-ce pas, Aimée?

Mme de Gailhac ne répondit point, son amie entrait.

Eugénie était toujours pâle sous sa couronne de cheveux prématurément blanchis, mais son teint s'était éclairci, son regard rayonnait. Guillaume l'entourait de soins constants, elle savait qu'il parviendrait à se créer une place enviée au milieu des sommités de Paris : tranquille sur le présent, elle attendait de l'avenir de nouvelles joies, et ce fut avec une tendresse vraiment maternelle qu'elle appuya ses lèvres sur le jeune front qui se tendait vers elle.

Guillaume alla visiter Mme Vebson.

— Rien à faire, dit-il, laissons-la dormir.

Il écouta ce que Mme de Gailhac lui rapporta des phrases incohérentes prononcées par la malade.

— Je ne me trompais pas dans mes prévisions, elle est née loin d'ici... Ce que nous ne saurons peut-être jamais, c'est le mot de l'énigme de sa vie, il y a là un drame, un drame sanglant!

Sa voix devint plus basse, il se souvint lui aussi que son père avait été victime d'une épouvantable catastrophe.

Ils causèrent doucement, lentement, au pied du lit de cette femme assoupie, dont il semblait que rien ne pût secouer la torpeur.

Tout à coup elle fit un mouvement, se dressa sur son lit et tendit les bras :

— Ma fille! Ma fille!

— Le délire revient, dit Eugénie Andrezel.

Non, ce n'était point le délire, mais un sens divin de prophétie, de divination qui s'éveillait soudainement en elle. A travers son sommeil peuplé de rêves tantôt riants tantôt épouvantables, elle sentait venir à elle l'enfant de son âme, le dernier lien qui l'attachât à cette terre d'épreuves.

Et comme un écho venant d'en haut, une voix au timbre jeune, quoique voilé, répondit :

— Ma mère! Ma mère!

Mélati se précipita dans les bras de Mme Vebson. Ce furent des baisers fous, des larmes brûlantes, des cris de joie mêlés de soupirs d'angoisse, de reproches attendris, de promesses émues.

— Cruelle mère! Je t'ai crue morte.

— J'ai voulu t'épargner le supplice de me voir souffrir sans parvenir à me soulager.

— Enfin te voilà! Je te guérirai, tu ne me quitteras plus jamais, jamais!

— Non, jamais, à moins que Dieu m'appelle.

Puis les baisers recommencèrent. Mélati demanda comment elle trouvait Arinda dans cette maison hospitalière; la mère admira les voies de la Providence qui faisait rencontrer le soir même Francis et Louis Dervaux. Mais Andrezel, avec l'autorité d'un docteur, mit fin à ces épanchements ; il ordonna le repos pour Mélati, le sommeil pour Arinda. Il fut convenu que la femme de chambre de Mme de Gailhac veillerait la malade.

— Quant à vous, dit Blanche en saisissant affectueusement la main de Mélati, vous partagerez ma chambre.

Que faire? refuser... Etait-ce possible? Entre les jeunes cœurs l'accord s'établit vite ; Mélati tomba dans les bras de Blanche, et cette caresse scella une amitié qui devait durer toute la vie.

Le sommeil des jeunes filles fut doux et profond ; celui de Mme Vebson tranquille. Cependant le lendemain, à l'heure accoutumée, elle se trouva prise d'un accès de fièvre violent. Andrezel, consulté par Mme de Gailhac, lui répondit :

— J'adoucirai son mal, sans garder d'illusions sur le résultat de mon traitement. Cette infortunée ne saurait vivre longtemps. Elle succombe moins aux crises de la douleur physique qu'à la continuité d'un état de souffrance causé par des épreuves morales. Ce n'est pas la pauvreté qui la tue, mais le regret d'un être cher, la commotion reçue par la façon tragique dont il a succombé. Combien durera cette situation, je l'ignore... Elle peut se prolonger en raison du calme, des soins dont la malade se trouvera entourée; elle peut s'activer sous l'empire d'une émotion nouvelle.

— Je ne renverrai jamais cette infortunée dans sa froide mansarde, docteur, elle restera ici ainsi que sa fille.

Les arrangements nécessités par cette décision furent pris en famille. M. de Gailhac les approuva de tout point. Blanche, avec la fougue ardente des jeunes cœurs, s'était déjà prise d'une amitié enthousiaste pour Mélati. Dans la journée du lendemain il fut convenu qu'on enverrait chercher, rue de Maubeuge, les cartons et les pinceaux de Mélati. Dervaux promit de traiter avec la propriétaire et de régler le prix du loyer de la veuve. Ce fut Rameau d'Or que le journaliste chargea de porter chez Mme de Gailhac les menus objets indispensables à Mélati. Il entra chez Henri de Gailhac avec un visage moitié satisfait moitié chagrin.

— Eh bien! mon petit homme, lui demanda l'ancien magistrat, n'es-tu pas heureux de voir à l'abri ces dames pour qui, dans la mesure de tes forces, tu t'es montré si dévoué?

— Je me réjouis de votre bonté pour elles, monsieur, mais je m'afflige en même temps. Que voulez-vous, j'aime beaucoup ceux que j'aime... Et puis, je tiens à mes habitudes, et leur séjour ici les dérangera.

— Quelles habitudes, mon ami?

— Faire les commissions, même un peu le ménage; elles avaient confiance en moi, voyez-vous... Ah! si vous vouliez...

— Tout ce qui pourra te consoler.

— Permettez-moi de les servir encore, de porter les éventails de mademoiselle, d'aller chez les marchands de couleurs, de me rendre utile enfin...

— Aux mêmes conditions? demanda en souriant M. de Gailhac.

— Oui, monsieur, répliqua l'enfant en levant sa jolie tête brune. Je puis vivre sans recevoir le salaire de certains services. Ma vie à moi est de courir sur le pavé de Paris, comme un Juif-Errant. J'exerce assez de métiers pour bien vivre. Je me dévoue un peu aussi à M. Dervaux, qui jamais ne m'humilie en m'offrant un salaire. Que me faut-il? Un peu de grain comme aux moineaux, ce grain-là ne me manque jamais.

— Mon enfant, dit M. de Gailhac d'une voix grave, un homme doit exercer un métier, et tu n'en connais pas, car ce n'est point un état que cette vie errante à travers Paris.

— Monsieur se trompe, répondit Rameau d'Or, je connais un métier excellent, grâce auquel on fait fortune.

— Toi !

— Mais je suis aubergiste, monsieur ! futur propriétaire de l'hôtellerie du *Soleil-Levant*, et fiancé de Colette.

— Que fais-tu à Paris, alors?

— J'essaie d'y remplir un mandat, n'est-ce pas le mot ?

— Je sais le monde, les affaires, le cas échéant je te donnerai un bon conseil : as-tu besoin de mon aide?

— Si vous pouviez m'aider à trouver une personne dans Paris.

— Ce sera peut-être difficile, mais non pas impossible. Peux-tu me fournir des renseignements?

— Non! j'ai juré de me taire, de ne dire à personne...

— Pas même à l'autorité? Je te remettrai un mot pour un chef de cabinet à la préfecture de police. Tu lui confieras ton secret, et certainement il te rendra service.

— J'accepte et je vous remercie, monsieur.

En effet M. de Gailhac donna à Rameau d'Or un billet laconique mais pressant que l'enfant porta le jour même. On lui adressa peu de questions, l'intérêt de M. de Gailhac le couvrant d'une protection suffisante. L'enfant aurait sans doute éprouvé de cruelles angoisses en attendant la réponse de l'administration si l'état de santé de Mme Vebson n'eût exigé de lui un dévouement de toutes les heures. Ne devait-il pas faire successivement les courses nécessitées par les ordonnances du docteur, porter le travail de Mélati, en chercher de nouveau. Mme Vebson éprouvait un peu de mieux, mais elle ne quittait point sa chambre. A la pensée d'abandonner Mélati, elle essayait de se cramponner à l'existence, suppliait Andrezel de la guérir, mais la nuit venue, lorsque, enveloppée de ses ombres, elle voyait tout à coup s'en dégager la figure de celui qu'elle avait tant aimé, une force irrésistible l'entraînait de nouveau vers le trépas. Elle s'y sentait glisser sans lutte, avec une sorte de volupté amère, et le lendemain il lui fallait un violent effort pour se cramponner à la vie.

Entre le mort sans cesse présent à son souvenir et l'enfant vivante elle se trouvait incessamment partagée. Le corps brisé entraînait l'âme sur une pente irrésistible. Parfois elle demandait pardon à Mélati de manquer de courage. Elle se reprochait sa faiblesse, sans se rendre compte qu'elle n'en était point responsable. La fièvre qui la minait sourdement ne cédait à aucun remède, et Andrezel ne se faisait plus d'illusion.

Mélati en conservait encore; elle parlait de guérison, de soleil, de vie renouvelée, travaillait avec ardeur, fortifiée par l'amitié de Blanche, par la protection de ces deux anges qui s'appelaient Eugénie Andrezel, Aimée de Gailhac.

Jean Lagny et Louis Dervaux venaient souvent passer la soirée avec Francis. Le magistrat aimait, estimait ces deux vaillants qui conquéraient, l'un à l'aide de son crayon, l'autre grâce à sa plume, une position honorable et enviée. Lorsque Mme Vebson reposait, il arrivait quelquefois que Mme de Gailhac et les jeunes filles rejoignaient Henri et Francis au salon. On parlait du livre de Francis, de la pièce de Dervaux dont les répétitions commenceraient bientôt.

Un jour que Louis insistait sur les détails de la mise en scène, Mélati se leva, quitta le salon, et tomba défaillante sur une chaise de la salle à manger. Quand Aimée de Gailhac lui demanda la cause de cette indisposition subite, elle prétexta la fatigue et la chaleur régnant dans le salon.

Que n'eût-elle point donné pour pouvoir dire à la généreuse femme:

— Je suis la fille de celui qu'on assassina à l'auberge du *Soleil-Levant*!

Mais quoi! Fallait-il donc ajouter aussi que sa mère ne pouvait fournir les preuves d'un mariage contracté aux Indes, et que toutes deux devaient passer pour des aventurières? Que servirait de révéler ces tristes détails à leur protectrice? Elles ne pouvaient rien prouver, rien. Le testament du vieil Henriot qui les faisait riches demeurait lettre morte, faute des papiers qu'elle avait vu son père prendre dans une cassette, et qui n'avaient point été retrouvés sur son cadavre. Elle étouffa son émotion, puis, rentrée dans la chambre de sa mère, elle se jeta sur sa poitrine.

— Quelle épreuve! dit-elle, j'ai failli me trahir.

Mme Vebson la serra dans ses bras:

— Mourons s'il le faut avec notre secret dans le cœur, dit-elle; Dieu me connaît, cela suffit pour notre conscience; des femmes comme nous ne peuvent être soupçonnées.

Les premiers souffles du printemps, loin de ranimer la malade, parurent trop forts pour sa poitrine épuisée. Mme Vebson se sentit mourir. Durant les derniers jours elle s'efforça de faire passer dans l'âme de sa fille les sentiments de courage et de résignation qui l'avaient longtemps soutenue. Ses entretiens avec Mme de Gailhac étaient plus longs, plus intimes. Elle ne cessait de lui recommander l'enfant qu'elle laisserait orpheline. Aimée, qui avait vidé la coupe de la douleur, s'efforçait d'adoucir les heures suprêmes de cette éprouvée. Elle lui promettait de considérer Mélati comme sa seconde fille, de la couvrir de sa protection, d'en faire la sœur de Blanche. Un pâle sourire effleurait alors les lèvres de la malade, ces lèvres qui souvent prenaient par avance la rigidité de la mort.

Deux semaines s'écoulèrent de la sorte, pendant lesquelles les cœurs d'élite répandirent autour de l'agonie lente de Mme Vebson les trésors de leur inépuisable tendresse, de leur ardente charité.

Mélati ne pouvait prévoir son malheur. Lorsque ses grands yeux bleus cherchaient au fond du regard d'Andrezel sa secrète pensée, elle les trouvait voilés de cette placidité à laquelle les médecins ont recours pour masquer leurs craintes. Sa mère la rapprochait davantage de son cœur, mais sans garder le courage de l'habituer au suprême adieu.

Il fallut bien cependant que la jeune fille apprît la vérité. Aimée, sur la demande d'Arinda, fit demander le prêtre; les saintes pompes de la mort se déployèrent dans la demeure de l'ancien magistrat.

Quand la pieuse cérémonie fut achevée, Mme Vebson attira sa fille sur son cœur, dont chaque minute ralentissait les battements.

— Nous allons nous quitter, lui dit-elle, pour nous retrouver plus tard, dans la demeure où se compensent les souffrances de la terre... Je demanderai pour toi le courage de soutenir ton fardeau, s'il doit être aussi lourd que le mien, mais j'espère qu'au nom de celui que je vais rejoindre, j'obtiendrai qu'il prenne bientôt fin... Si tu recouvres un jour la fortune qui nous fut destinée par Henriot de Marolles, fais-en bon usage, répands l'aumône sur les malheureux avec une sainte profusion... Mais jusqu'à ce que le ciel fasse luire la lumière sur les faits qui se sont passés là-bas... cache mon secret, dérobe le nom que la loi ne t'autorise point à porter, et qui fut ma joie et mon orgueil... Nul ne doit savoir que Gaston de Marolles fut ton père avant que tu rentres en possession des papiers qui lui furent dérobés... Tu me le jures?

— Oui, mère, je te le jure.

— Tu seras fidèle à ce serment, car tu es une Marolles !

Elle l'embrassa passionnément.

— Pauvre chérie ! Mon ange aimé, je te quitte ! Ma force s'en va, ma vie est usée, tu as travaillé pour ta mère avec un grand cœur, un dévouement admirable, je t'en remercie, je te donne la bénédiction la plus tendre... Le rôle de la femme est d'être épouse et mère ! Si tu inspires de la tendresse à un homme digne de toi, fais-en le compagnon de ta vie, aime-le fortement, dans la raison, dans le devoir, dans toutes les traditions de la famille chrétienne..

Sa voix se faisait si basse qu'elle ressemblait à un soupir. Mélati posa la main sur sa bouche pâlie, et demeura à ses genoux. Un long silence suivit, pendant lequel commença cette lutte terrible de l'âme s'efforçant de briser sa fragile enveloppe.

Aimée, Eugénie, accoururent, et toutes deux, à genoux, récitèrent les invocations qui convoquent au chevet du chrétien les troupes glorieuses des anges, des apôtres, des martyrs et des vierges.

A l'aube les yeux clos d'Arinda s'ouvrirent tout grands, un subit effroi les traversa, ses bras se tendirent comme s'ils voulaient repousser un ennemi, puis d'une voix étranglée elle s'écria :

— Maxime de Luzarches! Prends garde! prends garde!

Sa main droite retomba sur le front de sa fille, elle la caressa avec un geste vague, répéta : « Ma fille! ma fille! » puis, épuisée, elle se renversa en arrière. A partir de ce moment elle ne parla plus. Un faible soupir souleva sa poitrine, ce fut le dernier.

Mélati poussa un sanglot et s'abattit sur le lit de la morte. On n'osa l'arracher à cette place, tant qu'un reste de chaleur anima le corps de la trépassée, mais Eugénie Andrezel, se levant, ferma les yeux d'Arinda, tandis que Mme de Gailhac-Toulza entraînait l'orpheline.

Dans la journée, Francis demanda à parler à Mélati.

— Mademoiselle, lui dit le jeune homme, votre douleur ne doit être troublée par aucun de ces détails qui la ravivent et l'irritent. Soyez assez bonne pour me donner les noms de madame votre mère, je ferai les démarches nécessaires pour la déclaration de son décès.

— Son nom! son nom! répéta Mélati d'une voix sourde, ah! la loi demande ces choses... Je vous remercie, monsieur, je me sens assez forte pour remplir encore ce devoir... C'est à la mairie que je dois aller, n'est-ce pas?

— Oui, mademoiselle, mais dans l'état de faiblesse où vous êtes...

— J'irai, monsieur, faire cette déclaration ; ce que je vous demanderai, c'est de vous occuper du convoi de ma mère, hélas! le convoi des pauvres!

Se rappelant la promesse faite à sa mère, Mélati ne voulait permettre à personne de pénétrer son secret. Mais le nom que la morte avait cessé de porter depuis l'assassinat de Gaston de Marolles, elle voulait le graver sur sa tombe, et le lui restituer maintenant que tout était fini.

Elle sortit, rentra demi-morte, s'enferma dans la chambre de sa mère, et ce fut elle qui la coucha dans son cercueil.

Le concert précédant le bal s'achevait. (Voir page 174).

CHAPITRE XV

UN NOM SUR UNE CROIX

Damien ne s'était pas trompé, lorsque dans son cynisme il offrit à son maître d'entrer dans une association dont il deviendrait le chef. Chacun de ces misérables avait besoin de l'autre. Maxime sans argent se trouvait incapable de recommencer à Paris sa vie de luxe accoutumée. Damien, enrichi par le vol et l'usure, pouvait, il est vrai, soit vivre de ses rentes en petit bourgeois, soit placer son argent d'une façon fructueuse en achetant un de ces cabinets d'affaires dans lesquels s'élaborent tant de chantages honteux, et se traitent un si grand nombre de marchés dont le moins coupable mériterait les sévérités de la police correctionnelle.

Mais Damien disait vrai en affirmant à Maxime qu'il allait changer de peau. Les planches sur lesquelles jusqu'à ce jour il joua ses farces de Scapin lui brûlaient les pieds. Il rêvait d'abord un autre théâtre. Ce qu'il appelait « son audacieux génie » demandait une scène plus vaste. Il continuerait une existence de coquin, mais en l'entourant d'élégance.

Maxime aux abois accepta le traité.

Une fois arrivés à Paris, les deux chevaliers d'industrie descendirent dans une modeste maison meublée, Damien ne voulant dépenser que les sommes capables de rapporter au centuple.

Au bout de quinze jours il découvrit, avenue de Villiers, un petit hôtel entouré d'un jardin, que son propriétaire consentait à louer tout meublé l'espace de trois ans.

— A l'expiration du bail, dit Damien à Maxime, nous serons assez riche pour l'acheter.

Des voitures au mois leur suffirent; mais elles furent fabriquées pour eux et timbrées de leurs chiffres.

Il ne fallut pas un mois aux deux associés pour monter leur maison. La saison s'avançait, ils partirent pour Monte-Carlo, jouèrent un jeu infernal et firent sauter la banque par deux fois. Maxime retrouva des amis dans cette capitale hivernale des plaisirs délicats et des passions énervantes. Il leur présenta sir Edward Jobsy, ancien major dans l'armée des Indes anglaises, le triomphateur du trente-et-quarante, et le fit accepter par un groupe de jeunes gens avides de distractions bruyantes. Du reste, Damien composa son personnage d'une façon admirable. Durant son séjour à Paris il s'adressa à une Juive connue pour vendre des produits pharmaceutiques aux femmes coquettes. L'ancien valet s'en munit, et au bout d'un mois le hâle de son teint avait disparu, et sa peau blanche et lisse ressemblait à celle d'un véritable fils d'Albion. Une teinture chimique décolora ses cheveux noirs et les rendit d'un roux ardent. Les soins d'un manicure effacèrent de ses mains les traces du travail. Il savait un peu d'anglais; grâce à un tailleur habile, à sa facilité de comédien pour changer de ton et d'allure, il prit l'aspect roide d'un sujet de l'Angleterre, parla peu, affecta un flegme approchant de la distinction, et ne commit pas un impair quand il se trouva mêlé aux amis de son ancien maître.

Lorsque ses instincts reprenaient le dessus, il s'enfermait dans sa chambre, vidait plusieurs bouteilles de vin capiteux, cuvait son ivresse dans la solitude, puis, ranimé par un bain froid, plus grave que jamais, il reprenait le chemin de la salle des Jeux.

Après avoir gagné, s'il rencontrait des mendiants, joueurs de zampogne, vieillards sans force pour travailler, adolescents dévorés par les lièvres des maremnes, jeunes mères portant dans leur giron des enfants affamés, il leur jetait par poignées l'or qu'il venait de ramasser sur le tapis vert.

Au retour de cette campagne financière, Damien possédait cinq cent mille francs. Il ne se tenait cependant pas pour satisfait. Cette somme, il la voulait non point en capital, mais en revenu. Pour parvenir à ce but il devait mettre en œuvre ses ressources occultes, et continuer à demander au jeu des bénéfices incessamment renouvelés. Sans oser frapper à la porte des grands clubs dont les membres comptent plusieurs quartiers de noblesse, il parvint à se faire admettre dans deux cercles où l'on se montrait moins difficile. Il put s'y lier avec des jeunes gens enrichis par des successions récentes, assez fous pour risquer leur fortune sur une carte et qui acceptaient gaiement les soupers de sir Edward Jobsy, ancien major aux Indes anglaises.

Le marché conclu entre M. de Luzarches et son ancien valet fut respecté par chacun d'eux. Quelques amis de Maxime s'étonnèrent bien de sa subite amitié pour un étranger, amitié si vive qu'ils habitaient le même hôtel, mais pour la justifier Luzarches racontait que le major lui avait sauvé la vie en le retirant d'un précipice où il avait failli mourir. Cette raison parut suffisante. D'ailleurs, Paris est la ville du monde où l'on s'inquiète le moins des détails de la vie des gens qu'on fréquente. Où ne règne pas l'amitié sincère et dévouée, on rencontre la plus complète indifférence. La situation du major et de Maxime se trouva donc très rapidement établie. Cependant si M. de Luzarches acceptait le présent, il n'en était pas moins résolu à secouer le plus vite possible le joug sous lequel il pliait. Son intimité avec Damien lui créait un danger permanent. Il n'était point sans s'être aperçu que l'ancien valet savait aider à la fortune, et qu'il possédait à fond l'art de tourner le roi et de gagner au baccara. Quand il hasarda une observation sur le danger de semblables manœuvres, Damien lui répondit avec effronterie :

— Libre à vous de me quitter, pourvu que vous ne me trahissiez pas !

— Je n'y ai jamais songé.

— Parce que ma perte serait la vôtre... Cependant vous me haïssez profondément.

— Pourquoi vous détesterais-je ?

— Parce que je suis votre complice... Vous ne me pardonnerez jamais l'orgueil qui me porte à vivre à vos côtés, et l'obligation dans laquelle vous êtes de me couvrir de l'égide de votre amitié. Nous nous quitterons sans nul doute plus tard, veillez seulement à ce que ce jour-là la police ne se mêle pas de nos affaires. Suivez mon conseil, mariez-vous... A votre âge, grâce à votre nom et à votre apparente situation de fortune, vous trouverez une jeune fille confiante, prête à vous rendre heureux ; épousez-la, et tâchez d'oublier le passé...

— Le passé ! répéta Luzarches.

— Soyons francs vis-à-vis l'un de l'autre, continua Damien ; n'avez-vous jamais revu en rêve la belle et pâle figure de Gaston de Marolles ?

— Si, répondit Luzarches en frissonnant.

— Ne vous est-il jamais arrivé, en remontant à l'angle d'une rue, de voir, sous les pluies froides ou les grandes neiges, une jeune fille amaigrie, tendant la main en balbutiant des paroles confuses, et de vous dire que peut-être cette enfant était la fille légitime de votre cousin, l'héritière légataire de la fortune d'Henriot de Marolles ?

— Si, répondit de nouveau Luzarches, je l'ai souvent pensé.

— Ce qui est étrange, reprit Damien, ce que jamais je ne suis arrivé à comprendre, c'est que M. de Marolles fût arrivé sans papiers. J'ai lu la lettre de son oncle ; le vieillard les exigeait d'une façon absolue. Le voyage de M. Gaston n'avait pas de raison s'il n'apportait point les preuves de son mariage avec Arinda Vebson... Et cependant... Mais aussi, pourquoi ne pas fouiller le cadavre...

— Le temps me manqua, répondit Luzarches avec un frisson. Gaston avait poussé un cri qui pouvait être entendu, d'un autre côté mes amis appelaient. J'entendis monter l'escalier, et je retournai dans la salle vider une dernière coupe de champagne...

— La crainte ne vous est-elle jamais venue qu'un autre avait dérobé à Gaston les titres de famille ?

— Nul n'y avait intérêt.

— Plus tard avez-vous suffisamment cherché sa femme et sa fille ?

— J'ai inutilement fouillé Paris. Qui sait si elles ne sont point retournées aux Indes ?

— Ce serait pour vous un grand bonheur, repartit Damien. Mais si nous manquons d'atouts de ce côté, nous pouvons cependant étaler encore un joli jeu, et faire la vole... La fille de Wilhelm Muller, le banquier, semble vous regarder avec une préférence marquée... On ne peut dire qu'elle soit jolie ; mais en la regardant à travers sa dot, elle demeure un parti très convenable. Je sais bien que Wilhelm Muller se lance dans des spéculations audacieuses, capables de le mener loin ; mais si les banquiers considéraient trop la fin de leurs entreprises, ils n'en lanceraient aucune. Un homme comme vous, rendu prudent par le passé, saura placer convenablement la fortune de sa femme, et la mettre à l'abri de tout risque. Je n'imagine point que vous éprouviez des préjugés contre la race sémitique, la seule qui conserve les grandes traditions des échanges du commerce et de l'usure.

Maxime fit un signe de tête négatif.

— Sarah Muller, avide d'entrer dans un autre monde que celui de la finance, vous acceptera tout de suite pour fiancé.

— C'est une affaire à suivre.

— Dites une affaire à conclure.

— Je ne suis pas si pressé, repartit Maxime.

— A votre volonté, dit Damien. Je m'estime trop honoré de votre amitié pour vouloir hâter l'heure de notre séparation.

L'ancien valet employait souvent à l'égard de Maxime de ces formules d'hypocrite respect qui allumaient une rage sourde dans l'âme de M. de Luzarches. Des deux, Damien était le véritable maître. S'il avait été le complice muet, le préparateur complaisant du crime commis à Marolles, s'il avait attiré la victime dans un piège et veillé sur le balcon, tandis que Maxime assassinait son cousin, Damien cependant ne prit aucune part directe à ce crime ; qu'une accusation fût lancée contre lui, rien ne lui eût été plus facile que de s'en disculper. Depuis qu'il était au service de M. de Luzarches, il faisait prospérer ses fonds d'une manière à demi ostensible. Ses gains merveilleux à Monte-Carlo expliquaient l'apogée de sa fortune. Mais la mort de Gaston de Marolles demeurait pour Maxime, sinon le sujet d'une crainte permanente, du moins le vague objet d'une préoccupation. Un mot de Damien n'aurait-il pas suffi pour tout expliquer, et mettre à néant la prétendue culpabilité de Chemineau. Aussi l'ancien valet lisait clairement dans l'esprit de Maxime, quand il affirmait que sa présence le gênait. Oui, et parfois elle lui pesait comme un cauchemar, elle devenait la personnification même de son crime. Crime inutile, dont l'horreur le poursuivait, doublé par l'humiliant sentiment de son impuissance. De quoi lui servirait d'hériter de Marolles ? Ne serait-il point trop vieux pour jouir alors d'une fortune achetée si cher ? Damien avait doublement raison en lui conseillant de se marier. Il y songeait depuis longtemps, laissant aller à tout vent la fantaisie de son choix. Souvent il rêvait qu'il voudrait aimer sa femme, se jeter dans une calme et sainte affection, et tenter d'oublier au sein de la vie de famille les débordements de sa jeunesse et les effroyables souvenirs qu'elle lui laissait. D'autres fois, se jugeant tel qu'il était, vraiment misérable au fond de son âme et destiné à traîner sans fin la chaîne de ses remords, il trouvait qu'il serait plus sage et plus logique de ne demander en mariage qu'un appui social et la tranquillité de l'avenir. Les audaces de Damien l'épouvantaient. Il sentait que le misérable suivait une route menant rapidement à ces éclats qui déshonorent sans retour. Jusqu'à ce moment la chance les protégeait. Ceux qu'il dépouillait dans les parties de baccara qui suivaient des orgies ne gardaient point assez de sang-froid pour se plaindre. Mais un jour ne pouvait-il se trouver en face d'un joueur de sang-froid ou d'un parieur attentif? Damien arrêté, Maxime se trouverait perdu, même si l'ancien valet ne le chargeait pas. Une séparation devenait urgente. Il prendrait les moyens de la réaliser promptement. Son mariage expliquerait suffisamment une séparation entre lui et l'ancien major des Indes. Sans doute Sarah Muller ne lui inspirait aucune sympathie, mais après tout elle tiendrait sa maison d'une façon convenable, et lui assurerait à perpétuité un luxe dont il ne pouvait se passer.

Durant une journée, il tourna et retourna dans son cerveau les idées que sa conversation avec Damien y avait fait naître. Le soir même il demanda à l'ancien valet :

— Wilhem Muller ne reçoit-il point aujourd'hui?

— Ah ! vous avez réfléchi ?

— Il ne m'en coûtera guère d'adresser des fadeurs à Sarah.

Damien sourit.

Quelques heures plus tard tous deux, vêtus avec cette correction qui les rajeunissait, le gardénia à la boutonnière, entrèrent dans le salon du banquier au moment où s'achevait le concert précédant le bal. Bientôt les danses commencèrent. Sarah possédait une certaine grâce qui, pour la première fois, fut remarquée par Maxime. Dès qu'elle revint à sa place, il l'invita pour un quadrille, et sa demande se trouva gracieusement accueillie. Durant toute la durée du bal, il se montra attentif sans exagération, et constata que Sarah l'écoutait avec une préférence marquée.

De son côté la fille du banquier dit à son père au moment de le quitter :

— J'ai trouvé un mari ce soir.

— Un prétendant?

— Non, un mari.

— Qui s'appelle?

— Monsieur de Luzarches.

— Bonne famille, fortune problématique.
— Bah ! vous êtes riche pour deux.
— Fais à ta volonté. Du chef de ta mère tu possèdes douze cent mille francs ; j'en ajouterai cent mille pour le mobilier.
— Sans compter le petit hôtel de la rue de Prony ?
— Juive ! va ! fit Muller en souriant.
— Israélite, tout au plus.
— Accordé l'hôtel.
— Et maintenant laissez-moi arranger mes affaires toute seule.

Sarah croyait qu'elles marcheraient plus vite ; mais bien que Maxime se montrât fort assidu aux réceptions de M. Muller, il évitait de s'engager. Cependant il accepta une invitation à dîner qui parut mettre les relations sur un pied plus intime entre les deux hommes. Un mois après il paraissait à l'Opéra dans la loge du banquier, et de ce moment, dans le monde parisien avide de nouvelles, on répandit le bruit du prochain mariage de Sarah avec M. de Luzarches.

Elle se défendit mal quand on lui en parla ; Maxime se contenta de sourire. Cependant, comme son cœur n'avait nullement sa part dans ces projets, il continua de mener la vie de plaisirs à laquelle il était habitué. Il soupa comme d'habitude avec ses amis, fréquenta les petits théâtres, et n'immola rien à ses futurs projets.

Un jour qu'il flânait sur le boulevard, il aperçut une jeune fille d'une beauté si rare, qu'il en demeura comme ébloui. Elle marchait du pas des gens qui se rendent à un but déterminé. Poussé par la curiosité, il la suivit. La jeune fille entra chez Duvelleroy, puis elle étala sur le comptoir des éventails en feuilles, tandis que le fabricant les examinait en connaisseur.

Tandis qu'il marchandait le travail de la jeune fille, M. de Luzarches, collé à la vitrine du magasin, contemplait les traits charmants de cette jeune créature qui joignait à la régularité du visage une expression si souveraine de candeur et de dignité qu'elle inspirait tout de suite le respect.

Duvelleroy paya les éventails ; la jeune fille ramassa quelques pièces d'or, puis elle sortit après avoir échangé une promesse avec le marchand, car M. de Luzarches l'entendit répondre au moment où elle ouvrait la porte :

— Soyez tranquille, monsieur, je serai exacte.

Maxime la regarda s'éloigner ; quand elle eut disparu du Passage, il entra à son tour dans le magasin de Duvelleroy, et demanda à voir des éventails.

— Montrez-moi des peintures d'abord, dit-il, je choisirai des montures ensuite.

Le marchand étala les feuilles apportées par les artistes. Au milieu d'un grand nombre d'autres, Maxime reconnut celles que venait de vendre la jeune fille dont la beauté l'avait si profondément ému. Il repoussa les autres, puis étudiant celles-là avec une admiration qu'il ne chercha point à dissimuler :

— Voilà qui est ravissant ! dit-il ; mais comment se fait-il que le nom du peintre ne s'y trouve point ?

— Jusqu'à présent l'artiste n'a rien signé.

— C'est dommage ! J'eusse acheté cet éventail couvert de fleurs exotiques, et cet autre sur lequel volent des oiseaux... Mais, vous le savez, la signature seule donne de la valeur à l'œuvre... Quand le peintre sera célèbre, ses éventails doubleront de prix.

— Qu'à cela ne tienne, monsieur, je prierai l'artiste de mettre son nom.

— Quand pourrai-je revenir?

— Demain, monsieur, à la même heure. Cette jeune fille doit m'apporter deux écrans, elle signera les éventails devant vous.

— Fort bien, monsieur, je vais choisir des montures.

Maxime en prit une en nacre décorée de rehauts d'or ; quant à la seconde, il la choisit en filigrane de Gênes.

Le soir il alla au Théâtre-Français, salua Sarah Muller, mais il n'eut point le courage de rester près d'elle, tant le souvenir de la jeune artiste le hantait.

— Pourquoi faut-il qu'elle soit pauvre ! disait-il, et que cette sotte poupée possède douze cent mille francs.

Il savait bien qu'il serait incapable de choisir une femme pauvre, fût-elle douée de toutes les vertus, mais il ne chassa point de sa pensée la blonde créature qui lui était apparue, et dont il revoyait le front pur et les regards lumineux.

Le lendemain il fut exact. Trop exact : il devança l'heure, et attendit sous les galeries l'arrivée de la jeune fille. Il la vit s'avancer du même pas rapide, élégant, puis entrer dans la boutique. Le marchand lui expliqua ce que désirait son client, elle parut hésiter, rougit, puis elle saisit un pinceau, le trempa dans un godet de sépia et traça ce nom : *Mélati*.

En ce moment Maxime entrait.

— Voici, monsieur, ce que vous souhaitiez, dit le marchand en montrant l'éventail.

— Je vous remercie, mademoiselle. Avant peu vous serez célèbre et je conclus une excellente affaire, si vous consentez à peindre pour moi deux autres éventails, dont vous me permettrez de fixer le prix à cinq cents francs pièce.

Mlle Vebson rougit.

— C'est trop, dit-elle, beaucoup trop, M. Duvelleroy ne me les paie que...

— Qu'importe, mademoiselle! Je les estime et ne les marchande pas!

— Veuillez avoir l'obligeance de me donner votre adresse, j'aurai besoin de vous porter les armes que vous peindrez sur l'envers de ces éventails.

— Je vous serai obligée de les remettre ici.

— Cependant...

— J'habite chez des amis, monsieur, et je ne reçois personne.

Elle dit ces mots avec une hauteur qui troubla Maxime. Il la laissa passer, s'inclina profondément, puis, ayant jeté son adresse au marchand, il se mit à la poursuite de la jeune fille.

Un instinct lui disait qu'un danger la menaçait; en se retournant, elle reconnut M. de Luzarches à quelques pas derrière elle. Son visage devint pourpre, et, pressant davantage le pas, elle gagna une maison qu'elle connaissait, disparut par une double issue, et laissa Maxime sur le trottoir, attendant le retour de l'artiste qu'il croyait simplement occupée à faire des achats dans le magasin où elle venait d'entrer.

Au bout d'une heure, il dut comprendre qu'il lui faudrait recommencer une campagne pour la retrouver.

Au premier moment d'irritation, il se dit qu'il y renoncerait. Le lendemain, se rappelant sa commande, il comprit qu'il devait au moins en prendre livraison. Mais ce prétexte, il dut vite se l'avouer, cachait une obstination secrète de sa pensée.

Le souvenir de ce pur visage le poursuivait. Quelque chose d'indéfinissable le remuait en y songeant. Il se demandait où il l'avait déjà vu? En rêve ou à travers ces révélations instinctives qui ressemblent à des prophéties? L'éclair de ces grands yeux, il l'avait croisé jadis; la loyauté visible de l'âme sur un front honnête lui était apparue avec ce même charme dominateur. Il n'était point jusqu'aux notes d'or de cette voix qu'il n'eût entendues. Renoncer à la revoir? Jamais!

Il se rendit chez Duvelleroy, il n'y trouva qu'un commis qu'il tenta de faire parler. Mais soit délicatesse personnelle, soit par suite d'ordres reçus, il ne put apprendre où demeurait la jeune artiste. Trois jours plus tard, le célèbre fabricant d'éventails lui annonçait que sa commande venait d'être livrée à son magasin, qu'il attendait le dessin de ses armoiries.

Maxime porta les cinquante louis dus à l'artiste, un blason de fantaisie, puis il demanda s'il pouvait repasser dans trois jours.

On lui promit que le travail serait achevé.

Ce fut Luzarches lui-même qui surveilla le Passage à la date indiquée. Il vit entrer la jeune fille, se retira assez à l'écart pour ne point être reconnu, puis quand elle sortit il la suivit. Cette fois elle était sans défiance, et marcha sans s'arrêter jusqu'à ce qu'elle arrivât à la rue Bonaparte où demeurait la famille de Gailhac-Toulza.

Après lui avoir laissé le temps de gravir l'escalier, il pénétra dans la loge de la concierge.

— Madame, dit-il, la jeune fille qui vient d'entrer a laissé tomber dans la rue ce petit agenda, il me semble renfermer des notes importantes; à quel étage dois-je le remettre ?

— Ah ! Mlle Vebson a perdu son calepin... Montez au second, monsieur, et sonnez à la porte en face, chez Mme de Gailhac-Toulza.

Maxime monta, redescendit un moment après, salua poliment la concierge et disparut.

Dans la journée, Mélati, descendant en même temps que Blanche, fut appelée par Mme Robertine.

— Mademoiselle, dit-elle, le monsieur vous a monté votre calepin. n'est-ce pas ?

— Quel calepin ?

— Celui que vous avez perdu ce matin dans la rue.

— Je n'ai rien perdu, et personne ne m'a rien rapporté.

— Sotte que je suis, pensa Mme Robertine, c'était une frime et je m'y suis laissé prendre.

Mais Mélati, se souvenant d'avoir été suivie, et trouvant assez étrange la commande d'éventails trop richement payés, reprit en rougissant :

— Faites-moi le portrait de ce monsieur, s'il vous plaît.

— Grand, mince, élégant; très bien, quoi ! Cheveux bruns, et moustaches semblables. Quarante ans, environ.

— Merci, madame Robertine.

Elle n'ajouta rien, mais au moment où Aimée de Gailhac rejoignit les deux jeunes filles, elle trouva Mlle Vebson très agitée.

— Qu'avez-vous, chère enfant ? demanda-t-elle.

Mélati raconta candidement ce qui lui était arrivé, et ajouta :

— Ne croyez-vous point, madame, que je devrais distribuer aux pauvres ces mille francs trop facilement gagnés ?

— Non, mon enfant, répondit Aimée. M. Jean Lagny, qui a vu vos éventails, les estime très fort; gardez cette somme très légitimement acquise, seulement vous n'irez plus chez Duvelleroy sans être accompagnée.

Il ne servit de rien à Maxime de guetter chez l'éventailliste le retour de l'artiste; Lagny trouva subitement une commande avantageuse pour la jeune fille, qui cessa de peindre des éventails pour exécuter une série d'aquarelles dont elle trouvait les sujets dans des croquis de son père.

La fantaisie de Maxime eut le temps de se changer en préoccupation si vive, qu'il resta trois semaines sans mettre les pieds chez le banquier.

Sarah le crut malade. Inquiète, elle envoya son père au petit hôtel de l'avenue de Villiers. Celui-ci trouva M de Luzarches plus pâle que de coutume, et le prétexte de sa mauvaise santé parut justifié par l'altération de ses traits. Il promit de sortir de sa retraite, s'engagea même à aller dîner le lendemain; mais lorsqu'il se trouva en présence de Sarah, il comprit que feindre longtemps lui serait impossible et il se retira de très bonne heure.

Ses stations près de la demeure de Mme de Gailhac-Toulza le mirent assez vite au courant des habitudes de cette famille. Il la suivit à l'église, pria non loin de Mélati, et la vit tressaillir en le reconnaissant.

Mais il comprit que ce tressaillement venait d'une secrète terreur.

Il essaya de changer de système, et de se rapprocher d'elle d'une façon plus digne. En cherchant parmi ses relations, il trouva qu'un de ses amis venait de faire plaider par Henri de Gailhac une cause que celui-ci avait gagnée. Maxime saisit ce prétexte d'une question litigieuse et frappa un matin à la porte du cabinet de l'avocat. Celui-ci l'écouta avec une gravité patiente, puis se levant pour donner congé à ce nouveau client :

— Excusez-moi, dit-il, monsieur, je ne saurais m'occuper d'une semblable cause. Je me souviens d'avoir lu dans les journaux du temps les détails de l'affaire *La Chambre n° 7*, et il m'est resté beaucoup de trouble dans l'esprit au sujet du crime commis sur la personne de M. Gaston de Marolles.

Maxime comprit et quitta le cabinet de M. de Gailhac.

Chaque obstacle rencontré sur sa route grandissait la fièvre qui le dévorait. Il songeait à se présenter brusquement chez Aimée, et à lui tout avouer en demandant la main de l'orpheline. Mais il devinait alors que dans M. de Gailhac, qui semblait s'être fait le tuteur de la jeune fille, il trouverait un secret ennemi. L'épouser, d'ailleurs, n'était-ce pas ruiner ses projets et ses espérances? Quand il aurait liquidé sa situation avec Damien, que lui resterait-il ? Quelques misérables gains de jeu. Il est vrai que Mélati paraissait si modeste qu'elle n'exigerait sans doute pas beaucoup d'un mari. Il n'osai parler à Damien de ce que lui-même appelait une folie, et continuait à épier les sorties de Mélati qui toujours sortait accompagnée.

Cependant une après-midi, il la vit quitter seule la maison, gagner le quai, et monter dans un fiacre.

Lui-même sauta dans une voiture, et dit au cocher :

— Vingt francs si vous suivez ce coupé.

— Compris, bourgeois, répondit le cocher.

Les deux voitures se mirent à rouler dans Paris, rapprochées souvent, d'autres fois éloignées par des embarras de véhicules, par des groupes de piétons. Ils montèrent la rue Richelieu, s'engagèrent dans l'avenue de Clichy, et coururent sur la route de Saint-Ouen.

Le premier fiacre s'arrêta à la porte du cimetière.

M. de Luzarches descendit de sa voiture et marcha à la suite de Mélati, se dissimulant derrière les croix et les monuments funéraires.

La jeune fille s'agenouilla sur une tombe ; puis le visage caché dans ses mains, elle fondit en larmes. Pauvre enfant ! Elle venait supplier sa mère disparue de la protéger contre un malheur qu'elle sentait vaguement planer autour d'elle, contre une douleur intense qu'elle sentait aussi s'éveiller au fond de son âme.

Elle resta longtemps à cette place, puis, rabattant son voile, elle se leva et s'éloigna.

Maxime ne la suivit pas. Peut-être allait-il plus en apprendre sur la destinée de celle qui le préoccupait, dans une seule minute, qu'il ne l'avait fait depuis le jour où, pour la première fois, elle lui était apparue. A son tour, s'approchant de la tombe sur laquelle Mélati venait de s'agenouiller, il s'agenouilla et lut :

Ici repose dans l'attente de l'éternel bonheur

ARINDA DE MAROLLES.

M. de Luzarches se leva bouleversé, le visage livide.

— Arinda de Marolles ! répéta-t-il, sa mère, alors ! La femme de Gaston, sa veuve... Arinda, ce nom indien qui d'abord ne m'avait point frappé, était celui de Mme de Marolles. Mélati... Quoi ! cette jeune fille poursuivie par moi depuis des mois, dont le souvenir me hante et que j'aime avec folie, est la fille de Gaston... Je suis sauvé, alors ! Ce que je veux s'accomplit toujours en dépit des obstacles accumulés sur ma route... Mélati devient ma femme, je prends tout de suite possession de ses biens... La petite Sarah attend un million, Mélati en possède quatre !

Il rejoignit sa voiture et rentra chez lui dans un état de joyeuse exaltation. Ne touchait-il point enfin à la réalisation des vœux de son cœur et à celle de ses ambitions de fortune ?

— Fifi-Cadavre, enfant de la Turne, qui donne les plus belles espérances.
(Voir page 188.)

CHAPITRE XVI

LE PIÈGE

La vie de Maxime se trouvait changée. Il devait désormais mettre à néant les plans conçus jadis et combinés avec tant de peine. Retrouver la fille de Gaston de Marolles dans cette enfant dont la beauté l'avait séduit au premier regard, n'était-ce pas trop de bonheur? D'un autre côté, rien ne serait plus difficile, sans doute, que de s'em-

parer de cette âme délicate, froissée par les premiers procédés de
Maxime. Révéler son nom, n'était-ce point courir le risque d'être
sommairement repoussé, et de voir s'élever dans l'esprit de la jeune
fille des soupçons qu'à tout prix il eût voulu éloigner. Qui sait si,
placée en face de ce prétendant à sa main, elle ne se souviendrait
point du drame dont l'hôtellerie du *Soleil-Levant* avait été le théâtre.
La mort de Gaston pouvait aux yeux des siens demeurer inexpliquée.
Ce qui ajoutait à l'angoisse de M. de Luzarches, c'est qu'il ne se
mentait point à lui-même en affirmant qu'il aimait profondément
Mélati. Sans le vouloir, sans y songer, la charmante fille s'était em-
parée de l'esprit, puis du cœur de ce viveur à outrance. Sans doute
le contraste existant entre Mélati et les femmes que jusqu'alors il
avait connues suffisait pour expliquer cette passion à laquelle il ne
voyait point d'issue, s'il ne recourait à la violence. Mais cette idée,
la pensée qu'il verrait Mélati en pleurs, que cette enfant lui demanderait grâce et pitié, le troublait au fond de l'âme. Il eût voulu que
le don de sa main restât volontaire. Il avait assez vu ce front pur
qui jamais n'avait dû rougir sous une mauvaise pensée, ces grands
yeux candides autant que ceux d'un enfant, cette bouche rose ouverte pour la prière, pour demeurer convaincu qu'en dépit de sa
lutte avec la vie Mélati gardait la pureté des anges. Ce qu'il souhaitait à cette heure, c'était d'aller à elle humble, repentant, cachant
au fond de son âme le remords de l'ancien crime, lui jurer qu'il con-
sacrerait sa vie à la rendre heureuse. Alors, si elle l'écoutait sans
colère, si elle ne le repoussait point avec mépris, il demanderait
grâce à Dieu, il courberait le front, il tenterait de sceller sa paix avec
le ciel. Peut-être, après tout, n'était-il point impossible qu'elle se
montrât touchée du sentiment qu'elle inspirait. Quelle femme ne
prend vite pitié des douleurs qu'elle a causées? Mais avant tout il
s'agissait d'arriver jusqu'à elle. Le pouvait-il? Jusqu'alors toutes
ses tentatives s'étaient trouvées déjouées par la vigilance avec laquelle Mélati veillait sur elle-même, le dévouement avec lequel ses
amis la protégeaient. Que n'avait-il tenté déjà? Jusqu'à cette demar-
che compromettante, si contraire aux intérêts de l'orpheline, qui
l'avait poussé dans le cabinet de M. de Gailhac-Toulza pour lui demander s'il voulait se charger de plaider le procès par lequel il re-
vendiquerait la succession d'Henriot de Marolles, au détriment de
la fille de Gaston.

Après une série de crimes et de fautes, il restait pourtant quelque
chose debout, survivant à sa dignité, à son honneur : son amour
pour Mélati de Marolles.

Ah! si l'on connaissait l'avenir.

Combien toutes les difficultés se fussent aplanies jadis ! A l'heure où le vieil Henriot éloignait de lui Gaston, coupable de lui avoir résisté, si Maxime eût sollicité la grâce d'un coupable cher encore, s'il avait ramené dans les bras du vieillard cette famille inconnue, de quelle amitié Gaston l'aurait entouré; combien Arinda lui eût été reconnaissante, avec quelle joie naïve Mélati lui eût prodigué une tendresse que maintenant il achèterait au prix de sa vie. Mais afin de conquérir la fortune d'Henriot, il s'était emparé de l'esprit affaibli du vieillard, l'avait circonvenu par une série de mensonges; puis, surpris en flagrant délit d'hypocrisie, rejeté avec dégoût et sans retour, il n'avait rien trouvé au fond de son âme corrompue que le dessein de se défaire de Gaston par un assassinat : sans doute, la justice ne paraissait point l'avoir soupçonné. L'influence de son nom, la réputation suspecte de Chemineau, sa présence le soir de l'orgie, la crainte de commencer une affaire qui sans doute se fût terminée par une ordonnance de non-lieu, tout concourut pour laisser Maxime en sécurité. Et pourtant il n'oubliait point quelques paroles prononcées par le juge de paix, paroles aiguës comme une lance et dissimulant mal le germe d'une sourde accusation. L'attitude du notaire du vieil Henriot n'était pas restée moins significative, quand le jour de la lecture du testament il laissa vides deux sièges qui selon lui auraient dû être occupés par les héritières de Gaston de Marolles.

Jusqu'à Sébas qui, gardien vigilant, entretenait l'antique manoir en priant Dieu d'y renvoyer ses maîtres légitimes.

Maxime connut à partir de cette heure les angoisses du doute et les tortures d'un sentiment ardent réduit à l'impuissance.

Rentré chez lui, M. de Luzarches attendit avec impatience le retour de Damien. Mais celui-ci, en même temps que son complice, songeait à faire une fin, et préparait un second avatar. Après avoir jonglé avec toutes les boules de la chance parisienne, il se disait qu'il était temps de s'arrêter, s'il ne voulait voir brusquement interrompre le cours de prospérités dues à la fraude et au cynisme. Sa fortune pouvait aisément se liquider. Il songeait à quitter l'hôtel de l'avenue de Villiers, afin de partir pour la Belgique. Pendant une saison à Ostende, il avait fait la conquête de la fille, un peu mûre, d'un riche brasseur, et il venait de recevoir une lettre de M. Van Totten lui annonçant que sa demande était définitivement agréée. Damien pensait que la vie à Bruxelles est presque aussi brillante qu'à Paris; qu'il y fréquenterait les théâtres, les courses, les fêtes ; qu'en montant sa maison sur un grand pied il trouverait le moyen de recevoir la meilleure société de la ville. En conséquence, il voulait faire coup double, marier Maxime à Sarah Muller, et lui-même épouser la blonde Henriette Van Totten. Des visites chez son notaire, des courses dans les magasins occupèrent sa journée; il dîna au cercle, joua une parti de la nuit, soupa jusqu'au jour et rentra exténué.

Maxime savait que Damien avait le réveil peu aimable, le lendemain de ses orgies. Levé dès l'aube, tourmenté par les tumultueuses pensées qui se pressaient dans son cœur, il attendit en proie à une fièvre impatiente qu'il fît jour chez son ancien valet. Midi sonnait quand on ouvrit les rideaux du major. Il détira ses bras, bâilla, prit une tasse de chocolat, songea qu'il devait adresser une lettre chaudement reconnaissante à l'honnête brasseur Van Totten afin de le remercier de lui accorder tout ensemble un million sonnant et la main d'Henriette; puis il se demandait combien de temps il accorderait à Maxime pour régler ses propres affaires, quand celui-ci entra dans la chambre de l'ancien valet.

Elle était meublée d'une façon bizarre et ingénieuse. L'intérieur représentait une tente militaire à tentures grises rayées de rouge. Des panoplies arabes la décoraient. Du plafond descendaient des lampes étranges, des œufs d'autruches ornés de touffes et de glands de soie. Rien d'efféminé dans cette pièce. Les tapis se composaient de fourrures d'ours et de tigres jetées sur le sol et même sur le divan. Celui qui se donnait le titre d'ancien major tenait à garder un cadre en harmonie avec son titre. Le milieu dans lequel il vivait lui servait de plus à marquer certaines rudesses, à dissimuler des angles qui auraient surpris ses connaissances. D'amis il n'en avait point, car on ne saurait donner ce titre à M. de Luzarches. La complicité excluant l'estime ne permet pas davantage le lien sacré de l'affection. En apercevant M. de Luzarches, le major se souleva sur ses oreillers.

— Vous me prévenez, lui dit-il, j'allais aller chez vous.
— Ne vous dérangez point et causons.
— Cette conversation sera-t-elle longue?
— Je le crois.
— Alors, commencez, fit Damien.
— Au contraire, permettez-moi d'attendre vos confidences.
— Vous les avez pressenties, dit le major. Au jeu, j'ai pour système de ne point chercher à violenter la chance; j'en veux faire autant dans la vie. Nous avons risqué plus d'une audacieuse partie, je compte n'en plus risquer une seule. Vous épousez Sarah Muller; à mon tour je me marie avec la fille d'un honnête bourgeois de Bruxelles; je lui demanderai de joindre son nom au mien afin de disparaître davantage. Ma fortune, jointe à celle de mon beau-

père, sera pleinement suffisante. Henriette Van Totten joint une sorte d'admiration à la sympathie dont elle m'honore.

Je vais tenter de changer de peau moralement en l'épousant, et de la rendre sincèrement heureuse. Franchement, quand on a comme nous couru tant de hasards, on s'estime trop heureux d'aborder dans un port sans orage. Tout est convenu. Je cède l'hôtel, il vous est inutile, puisque Mlle Muller vous en apporte un rue de Prony. Cependant, quelque pressé que je sois de partir pour Bruxelles, je veux vous laisser le temps de régler vos propres affaires. Quand vous mariez-vous?

— A Sarah Muller? Jamais.
— Comment, jamais? Quelle folie!
— Cette folie sera consommée.
— Je ne sais pas au juste quel chiffre de fortune vous gardez, mais je croyais la dot de Mlle Muller nécessaire pour assurer votre situation.
— Damien, fit M. de Luzarches, en posant la main sur le lit de l'ancien valet, Damien, Sarah m'apporte douze cent mille francs, et je trouve une héritière de quatre millions.
— Elle vous accepte?
— Je l'aime.
— Son nom?
— Mélati de Marolles.
— Quoi! la fille de Gaston?
— La fille de Gaston et d'Arinda Vebson.
— Ah! fit Damien, voilà un irréparable malheur
— Tu ne comprends donc pas?
— Je comprends que vous allez vous perdre.
— Je te dis que j'en suis fou, que je l'épouserai.
— Vous connaît-elle?
— Mélati ignore mon nom.
— Où l'avez-vous rencontrée?
— Dans la rue; sa beauté me charma, je m'enquis d'elle, de sa vie, de sa famille... Arinda est morte... Mélati orpheline est protégée par la famille d'un ancien magistrat démissionnaire au moment de la promulgation des décrets... Peut-être me sait-elle mauvais gré de l'avoir traitée comme on fait souvent d'une jolie créature dont on ignore la situation et la fortune, mais je lui ferai vite oublier cette impression. Comprends-tu ma joie? dans Mélati, cette enfant charmante, je retrouve la seule créature qui pût me causer de l'ombrage. Ne tient-elle pas dans ses petites mains les quatre millions du vieil Henriot?

— Oui, répondit Damien, mais, sans la connaître, je doute fort qu'elle se sente d'humeur à vous les offrir. Votre nom seul l'épouvantera. Ne vous doit-elle point les longues épreuves subies par sa famille? Je ne parle pas de l'assassinat de Gaston de Marolles, dont elle ignore l'auteur, mais de la persécution dont son père fut l'objet, de l'ostracisme qui flétrit la vie d'Arinda. Si vous ressentez, comme vous le dites, une tendresse profonde pour Mlle de Marolles, c'est un malheur; d'autres vous diraient : c'est un châtiment; ce qui est certain, c'est que cette tendresse constitue un véritable danger. Or, nous avons assez des difficultés de notre vie, sans nous mettre en face d'un péril immédiat. Je ne suis guère chrétien, mais je reste superstitieux. Mélati sera pour vous la pierre d'achoppement, le piège, n'y roulez pas ou vous êtes perdu.

— Jamais je ne renoncerai à Mélati.

— Voyez-vous un moyen de la conquérir?

— Je la forcerai à devenir ma femme, du moins.

— De quelle façon ?

— En me rendant le maître de sa vie.

— Vous songez à la violence?

— Elle doit être en mon pouvoir, si j'en veux triompher.

— Et vous comptez pour arriver à ce but ?...

— Sur ton assistance, répondit M. de Luzarches.

— Vous avez tort, je n'aiderai point à cette folie.

— Tu n'as que ce mot sur les lèvres, et tu oublies que mon union avec Mélati serait la plus sage des précautions. Une fois qu'elle sera ma femme, qu'importe qu'elle apprenne la vérité, même au sujet de la mort de Gaston ? Elle la dissimulera, cette vérité; tandis que libre, abandonnée à sa haine, elle luttera contre moi, contre nous, si le hasard lui révèle nos noms. Voici le plan que j'élucidais cette nuit. Mélati, pauvre, travaille pour des marchands d'aquarelles et d'éventails. Je connais son adresse. Nous nous garderons bien de mettre en avant ton nom ou le mien dans toute cette affaire. Il s'agira seulement de trouver une femme habile, assez rouée pour jouer un rôle, et, celle-là, tu la découvriras aisément. Mélati, attirée dans une maison sous le prétexte d'une commande, n'en sortira que pour être conduite dans un endroit connu de nous seuls.

Damien ne répondit pas tout de suite. Il pesait dans son esprit le pour et le contre de la proposition de M. de Luzarches. Celui-ci, sous l'influence de la passion qui le poussait vers Mélati, ne reculerait devant aucun moyen pour s'en emparer; sa hardiesse devenait le plus grand des dangers. Quant à le laisser tenter seul cette aventure, cela paraissait plus impossible encore que de lui aider. Mieux valait voir clair pour cet aveuglé que de lui permettre de se jeter dans un gouffre. Du reste, dans l'esprit de Damien, le dénouement de ce drame devait être plus complet que ne le rêvait M. de Luzarches.

Si Mélati consentait à devenir sa femme, Damien la laisserait faire; si elle refusait il la tuerait plutôt que de voir Maxime multiplier des folies capables de jeter une clarté sinistre sur le drame de la *Chambre n° 7*.

Mais il ne pouvait s'empêcher d'éprouver une profonde rancune contre ce fou de Maxime qui, au moment où il croyait toucher à la réalisation de ses vœux, liquider sa situation, partir pour la Belgique et y devenir le mari d'Henriette Van Totten, le rejetait dans des aventures dont il comprenait le danger.

Cependant il réfléchit que l'enlèvement de Mélati pouvait prendre deux jours à peine, et qu'il abandonnerait son complice aussitôt qu'il aurait réalisé sa dernière fantaisie.

Seulement, le plan de Maxime lui parut d'une simplicité trop élémentaire. Avant de risquer cette sottise, car Maxime ne lui donnait point le nom de crime, il fallait s'assurer l'aide de quelques-unes des anciennes relations qu'il avait eues dans les bas-fonds de Paris.

Quelque bien assis que parût être le major dans la situation qu'il avait conquise, il n'en conservait pas moins, par mesure de prudence, des gens capables de tout, même de se débarrasser de M. de Luzarches si le besoin s'en faisait sentir.

Le soir même du jour où Maxime lui révéla et l'existence de Mélati et le rôle qu'elle jouait dans sa vie, Damien monta dans un fiacre, le quitta rue Descartes, et s'aventura seul dans le quartier Mouffetard. Il ouvrit à l'aide d'une clef la porte bâtarde d'une maison de médiocre apparence, alluma une bougie placée à sa portée sur une étagère du couloir, monta l'escalier, et se trouva dans une chambre assez propre, sobrement meublée de deux armoires et d'une table de toilette.

Une des armoires contenait un assortiment complet de costumes de tous genres; sur la table de toilette s'entassaient des cosmétiques; une boîte renfermait des perruques. Il fallut quelques minutes seulement à l'élégant propriétaire de l'hôtel de l'avenue de Villiers pour se métamorphoser. Une perruque noire, une blouse bleue, une cravate lâche, et il devint impossible de reconnaître le brillant major. Sa voix elle-même changea de timbre, le corps se déhancha, le regard devint canaille, le sourire prit une expression indéfinissable de cynisme et de brutalité; Damien se regarda dans une glace, parut satisfait du résultat obtenu, quitta la maison, et se dirigea vers la boutique d'un marchand de vin de la même rue. La casquette de côté, l'air gouailleur, les deux mains dans les poches de son pantalon, il passa devant le comptoir, et cligna de l'œil en disant :

— Les amis sont dans le cabinet?

Le marchand de vin répondit d'un signe de tête. Il ne connaissait point assez le nouveau venu pour l'appeler par son nom.

— C'est une pratique de mon prédécesseur, pensa-t-il.

Damien entra le front haut, examina tour à tour ceux qui occupaient le cabinet, puis il alla tendre la main à un homme d'environ soixante ans dont la figure ravagée disait assez les aventures sinistres.

— Ça va bien, Boule-de-Suif?

— Fil-de-Soie! répondit celui que Damien avait appelé Boule-de-Suif.

— Oui, Fil-de-Soie qui n'oublie point ses vieux camarades.

— Je ne dis point que tu les oublies, mais tu les négliges diablement.

— Que veux-tu, les affaires?

— Il faut qu'elles aillent bien pour qu'on ne te revoie plus

— J'ai fait la province. Présente-moi donc à tes amis?

— Je te les présenterai, plutôt; n'es-tu pas un ancien? Nous avons fabriqué ensemble des chaussures à Melun, cela ne s'oublie jamais! Impossible de savoir comment on te pinça, tant tu étais adroit! Un vrai singe! Tiens, ce gars, en dépit de son allure de marchand de bestiaux, on l'appelle le Gars de Poissy, parce qu'il travaille dans ces environs-là, et réalise de fameux coups... Ce petit, tout nerfs, se nomme Jean-de-la-Lune, mais il ne faudrait pas s'y fier; tandis qu'il a l'air de chercher une éclipse au ciel, il dévalise merveilleusement les poches... Crème-de-Vanille! Toujours astiqué parfumé, admiré, dévalise les locataires absents... Enfin, voici Fifi-Cadavre, enfant de la Turne, qui donne les plus belles espérances.

— Je ne demande pas mieux que de lui aider à les réaliser.

— Apportes-tu une affaire?

— Oui.

— Combien à gagner?

— Deux mille francs.

— Pour un?

— Non, pour deux.

— Parle, Fifi-Cadavre et moi nous ferons l'ouvrage.

— Rien de bien difficile du reste, il ne faut ni forcer la caisse d'un banquier ni contrefaire des billets de banque... Une jeune fille à enlever, voilà tout.

— Cela va! dit Fifi-Cadavre.

— J'aimerais autant le reste ; une jeune fille se débat, appelle à l'aide.

— Elle n'appellera pas, nous aurons soin de l'endormir. Vous devez tous deux la garder dans une maison voisine de cette boutique.

— Quand faudra-t-il agir ?

— Rien n'est préparé encore. Avez-vous sous la main une voleuse adroite, sachant porter une toilette élégante ?

— Florine, répondit Boule-de-Suif.

— Va pour Florine. Demain tu recevras nos instructions. Cette Florine aura besoin d'une femme de chambre.

— Sa sœur lui en servira.

Damien causa encore une demi-heure avec son ancien camarade de Melun, puis il quitta le cabinet et rentra chez lui.

Le lendemain, plus gourmé, plus major anglais que jamais, il cherchait dans une des plus riches maisons meublées de la rue Duphot l'appartement capable de convenir à Florine.

Il trouva une maison à double entrée, l'une donnant rue Duphot, l'autre rue Saint-Honoré, loua un appartement de cinq cents francs par mois, annonça que sa cousine Carmen Vittoria y entrerait le jour même, paya d'avance, et laissa la concierge fort émerveillée de ses grandes manières et de sa générosité.

Vers la nuit doña Vittoria et sa femme de chambre prirent possession de l'appartement. La concierge vit une jeune femme très jolie, accompagnée d'une cameriste au regard hardi ; elle ne parla ni à l'une ni à l'autre, le major avait remis les clefs à doña Carmen.

Ce résultat obtenu, il ne s'agissait plus que d'amener Mélati dans cette maison. Il est toujours aisé de tromper les âmes droites, et ce ne devra pas être un grand triomphe pour les misérables d'abuser de la crédulité d'un cœur naïf.

Cependant, depuis qu'elle avait été audacieusement suivie par M. de Luzarches, Mélati ne gardait plus la même sécurité. Il lui semblait que ce témoignage hardi rendu à sa beauté laissait sur elle une involontaire souillure. Aussi, lorsque Rameau d'Or lui offrait de l'accompagner, acceptait-elle avec une vive reconnaissance la protection de cet adolescent au visage franc, rayonnant d'intelligence et de bonté. D'abord, elle se fit scrupule d'accepter aussi souvent ses services, mais Rameau d'Or trouvait toujours le moyen de lui persuader qu'elle ne le dérangeait pas.

Ne pouvant, n'osant même essayer de rétribuer ses services, elle lui causa un jour une grande joie en faisant de lui un portrait très ressemblant.

— Voilà pour Colette, dit-elle

Rameau d'Or tremblait de joie, et des larmes lui montèrent aux yeux.

Le soir même il expédia à Marolles, et sous le couvert de Jarnille, le dessin de Mélati.

La vie de la jeune fille s'écoulait d'une façon uniforme, au milieu des amis à qui elle se donnait de toute son âme. Eugénie Andrezel et Aimée de Gailhac lui témoignaient un attachement maternel; Blanche, avec l'ardeur des jeunes et belles âmes, avait fait de l'orpheline sa meilleure amie. Si la fille de l'ancien procureur général ne lui avait point encore confié comment elle avait vu se briser sa première illusion, c'est qu'il lui semblait que cette histoire était déjà bien vieille. Tant d'émotions dramatiques, puis plus tard tant de tranquilles joies familiales, avaient passé sur ce souvenir, qu'il s'était effacé, laissant à peine après lui une trace légère. Où le dédain passe rien ne reste.

A quoi bon, d'ailleurs, regarder en arrière, quand le présent se dégageait des nuages, quand l'avenir pouvait sourire? Lorsque Blanche écoutait Eugénie Andrezel lui raconter quelque trait de dévouement ou de bonté de Guillaume, Blanche, émue, l'écoutait avec une joie mêlée d'attendrissement. Les éloges donnés au frère le plus cher ne l'eussent point rendue plus orgueilleuse. A son tour, si Mme de Gailhac-Toulza lisait le soir un article écrit par son fils, l'admiration de Mélati pour le talent du jeune écrivain précipitait les battements de son cœur et faisait rayonner ses yeux d'enthousiasme.

Quelquefois Henri de Gailhac travaillait tard dans son bureau, préparant la plaidoirie du lendemain ; le plus souvent il se reposait avec sa famille des labeurs du jour. Mme Andrezel arrivait tantôt seule, tantôt accompagnée de son fils. On s'entretenait des graves questions du moment, de la politique lancée sur une voie déclive, affolée, courant vers des abîmes qu'elle ne semblait pas soupçonner; de la religion, contre qui la persécution grandissait à la façon des vagues qui menacent de couvrir de débris les rivages prochains ; de la patrie saignante, à qui nul ne paraissait songer au milieu d'un débordement d'égoïsme.

L'esprit de Mélati s'agrandissait, son âme se fortifiait dans ce milieu intelligent et pieux. Parfois il lui semblait que sa pensée atteignait des hauteurs que jusqu'alors elle ne soupçonnait pas. Sans doute, elle gardait dans son cœur un double deuil, mais à son âge la douleur même emprunte les ailes de l'espérance. Ceux qu'elle chérissait, elle les voyait heureux, réunis; elle croyait les voir près d'elle, l'entourant d'une protection céleste.

Chaque dimanche elle se rendait au cimetière et renouvelait les fleurs de la tombe d'Arinda. Un jour elle eut quelque peine à reconnaître l'endroit où reposait la chère morte. Le gardien, qui passait en ce moment, lui demanda :

— Etes-vous contente, mademoiselle?

— Qui donc vous a donné ordre de fleurir cette tombe?

— Monsieur de Gailhac-Toulza, répondit le gardien.

Mélati baissa la tête, et des larmes d'attendrissement montèrent à ses yeux. Avant de s'éloigner, elle cueillit quelques fleurs et les emporta.

Un matin, Mélati reçut un billet par lequel on la priait de passer chez dona Carmen qui souhaitait lui commander des écrans. On l'attendrait vers cinq heures.

La jeune fille montra le billet à Blanche.

— Vous verrez, lui dit-elle, que je deviendrai millionnaire.

— Jamais millions ne seraient mieux placés, mon amie.

A l'heure indiquée, Mélati, suivie de Rameau d'Or, se dirigea vers la rue Duphot.

L'enfant resta en faction à la porte, tandis que Mélati montait au second étage.

Elle entra dans un appartement meublé avec luxe, et se trouva en face d'une jeune femme qui, après avoir vanté son talent et lui avoir montré deux éventails achetés chez Duvelleroy, lui commanda deux écrans dont elle donna les projets.

Ensuite, sous prétexte de lui faire admirer une collection d'éventails anciens, elle l'entraîna en riant dans le boudoir voisin.

Une odeur étrange, capiteuse, s'en exhalait ; Mélati porta les deux mains à son front, et dona Carmen lui dit avec l'expression du regret :

— O mon Dieu! Que je suis étourdie, j'adore ces parfums, il me semble que tout le monde est comme moi. Respirez ce flacon, chère enfant, il dissipera ces odeurs peut-être dangereuses.

Avec une feinte bonté elle approcha un flacon des narines de la jeune fille, mais alors les yeux de Mélati s'ouvrirent d'une façon démesurée ; elle sentit s'arrêter brusquement les battements de son cœur, ses jambes se dérober sous elle ; puis l'infortunée s'abattit sur le divan de soie bleue.

Carmen Vittoria laissa le flacon près de ses lèvres, puis elle frappa sur un timbre, et dit à un homme qui entra aussitôt :

— On la dirait morte!

— Elle n'est pas même évanouie. Sans doute il lui est impossible de faire un mouvement, mais elle s'éveillera sinon sans chagrin, du moins sans souffrance. Il s'agit maintenant de l'envelopper dans un manteau et de la descendre dans la voiture qui vous attend sous la voûte. Fifi-Cadavre occupe la concierge, ne vous tourmentez de rien. Nous avons, du reste, une demi-heure devant nous.

En effet, Fifi-Cadavre se faisait montrer avec amples détails un appartement situé au quatrième étage.

La soubrette de dona Carmen souleva comme une enfant Mélati privée de sentiment, la plaça dans la voiture, puis le major y monta à son tour après avoir dit :

— Allez !

Quelques minutes suffirent à la complice du Major et à sa femme de chambre pour quitter à leur tour l'hôtel meublé. Il ne resta plus bientôt aucune trace des aventuriers. Les clefs se trouvaient aux portes, ils n'avaient rien dérobé, et payé à l'avance un mois de location.

Pendant que Mélati, enlevée par ordre de M. de Luzarches, était emportée vers les hauteurs de Paris, Rameau d'Or continuait à faire le guet devant l'entrée de la rue Duphot.

Durant un quart d'heure il prit patience ; au bout d'une demi-heure il s'inquiéta. Jamais Mélati ne demeurait aussi longtemps dans les maisons où elle entrait pour des commandes. Enfin, quand sept heures sonnèrent, se sentant véritablement troublé, il entra et pria la concierge de lui indiquer où demeurait Mme Carmen Vittoria.

— J'attends une jeune fille qui y devait faire une courte visite, et la séance me semble bien longue.

— Alors, montez au second étage, mon jeune monsieur.

Rameau d'Or monta, sonna ; nul ne répondit. A la fin, impatienté et voyant la clef sur la porte, il se décida à ouvrir, et à sa grande surprise, passant d'une chambre dans une autre, il ne trouva personne. L'idée lui vint immédiatement qu'un piège avait été tendu à la jeune fille. Redescendant précipitamment l'escalier, il pénétra chez la concierge comme un fou.

— Personne ! dit-il, personne ! Toutes les portes sont ouvertes, l'appartement est abandonné.

— Abandonné ! Nous allons voir.

La concierge monta et constata que, si rien n'avait été dérobé, il ne restait plus aucune trace des locataires.

— C'est ma foi vrai ! fit-elle, les oiseaux sont envolés : heureusement ils avaient payé la location d'avance.

— Madame! Madame! dit Rameau d'Or en se précipitant aux genoux de Mme de Gailhac. (Voir page 198.)

CHAPITRE XVII

AUX ÉCLATS DE LA FOUDRE

François se trouvait seul dans le salon avec sa mère. M. de Gailhac s'était retiré dans son cabinet de travail et avait donné l'ordre qu'on ne le dérangeât pas. Il préparait une plaidoirie, et devait consacrer au travail la soirée tout entière. La mère et le fils pouvaient jouir de quelques heures recueillies, durant lesquelles tous deux épancheraient mille secrets de tendresse faisant dans le cœur un renouveau. Cette femme charmante, cette mère adorable inspirait à ses fils une tendresse mêlée d'un si grand respect, que l'affection qu'ils lui portaient se doublait d'une foule de nuances délicates. Restés purs, nobles et dignes, au sein de cette famille gardant les traditions d'une loyauté chevaleresque, n'ayant rien à cacher, ils montraient les secrets de leurs pensées et de leurs espérances, sans jamais avoir à rougir. Aimée de Gailhac était la confidente de leurs ambitions ; elle doublait leur courage pour la lutte : c'est près d'elle qu'ils cherchaient l'énergie, s'ils la sentaient faiblir. Très instruite, elle cultivait encore son esprit, afin de le maintenir à la hauteur de l'intelligence d'Henri et de Francis. Jamais celui-ci n'aurait livré à la publicité un livre dont sa mère n'aurait pas relu les feuilles. Il écoutait ses conseils, retouchait les pages incriminées et ne portait son manuscrit à l'éditeur que le jour où sa mère s'était déclarée satisfaite. Fort de son approbation, il savait pouvoir affronter le jugement du public. Sans elle rien ne lui semblait facile, près d'elle tout paraissait aimable et bon.

Depuis quelques mois il se rapprochait davantage de sa mère, comme s'il éprouvait le besoin de la conquérir et de la gagner secrètement à sa cause. Cette tendresse croissante semblait si douce à Mme de Gailhac, qu'elle s'en laissait imprégner avec une douceur émue. Elle était touchée de voir Francis ne chercher d'autre société que la sienne, et préférer le foyer de la famille à tous les lieux de réunion dont fourmille Paris.

Ce soir-là encore, Francis avait refusé d'accompagner ses amis à une première représentation pour tenir compagnie à sa mère.

— Et ton travail, demanda Aimée en suspendant sa broderie ; est-il bientôt fini, ce livre dont tu attends le succès, ce fameux roman dont nous avons ensemble discuté les principales péripéties?

— Je le remets sans cesse sur le métier, suivant en cela le précepte d'un homme qui, pour être un peu pédant, n'en fut pas moins un maître. Et puis, tandis que je l'achève, je cours Paris tout en combinant des situations neuves, je vois des éditeurs, et je cherche lequel m'offrira les conditions les plus avantageuses.

— Comment, mon Francis songe à l'argent quand il s'agit d'une œuvre d'art? Mon fils chercherait-il la fortune en même temps que la gloire?

— Pourquoi pas? Je suis artiste pendant que je travaille ; je remue dans mon cerveau les idées que je crois les plus hautes, les plus capables de défendre ma thèse ; je mets mon style à la hauteur du sujet que je traite. En un mot, je fais à la fois œuvre de penseur et d'ouvrier. Mais ensuite, ne suis-je point libre d'exiger de mon travail un prix rémunérateur? N'est-il pas naturel que je me mette en rapport avec l'éditeur le plus intelligent, avec celui qui, sachant tirer le meilleur parti de mon œuvre, y trouvera le plus grand profit et pour lui et pour moi? Ne puis-je tenter de faire fortune par le moyen des lettres?

— Faire fortune! répéta Mme de Gailhac, souffres-tu de notre médiocrité? Regrettes-tu le temps où, jouissant d'une fortune que depuis nous avons su ne pas nous appartenir, nous pouvions ne nous refuser aucune fantaisie?

— Non. Quand mon père daigna nous consulter, avant de restituer son million à la famille Andrezel; quand il nous réunit autour de lui avant d'expédier sa démission de procureur général, vous le savez, j'ai tout approuvé, reconnaissant qu'il ne pouvait agir d'une autre manière sans toucher au vieil honneur qui sera notre héritage. Depuis cette crise qui marqua mon entrée dans la vie active, j'ai lutté courageusement, et plus d'une fois vous m'en avez rendu témoignage. Mais, j'ai vingt-cinq ans, l'âge d'un homme, l'âge où l'on regarde l'avenir bien en face, l'âge où l'on comprend que l'homme véritablement libre est celui qui peut se suffire par son travail.

— Et, demanda Mme de Gailhac, dans cet avenir dont tu parles volontiers depuis quelque temps, n'est-il point entré le projet d'amener ici une jeune femme? Je ne pense point que tu songes à nous quitter? Sans toi, la vie me semblerait un peu vide, malgré mon amour pour ton père et mon attachement pour ta sœur. Les mères aiment les fils, non seulement comme des enfants, mais encore comme des protecteurs. Souvent, quand ton père est au palais, tu m'offres ton bras. Il me semble que je dois m'y appuyer toujours. L'idée de te voir quitter la maison ne traverse donc pas mon esprit, mais je me demande si tu ne rêves point de voir s'agrandir la famille, et de me voir recommencer la maternité en apportant les petits enfants sur mes genoux...

— Oh! mère! s'écria Francis.

— Je ne te blâme point de cette pensée. Il est bon que le jeune homme assume de bonne heure sur sa tête de graves devoirs. Leur chaîne douce et sacrée lui rend tout facile. Tu te marieras donc. Seulement je te demande de ne point choisir seul. Quand tu écris un livre, toujours tu me demandes conseil. J'espère que tu auras en moi la même confiance quand il s'agira de cet acte autrement grave qui s'appelle le mariage.

Francis pressa les mains de sa mère sans répondre, et celle-ci reprit:

— Dans le cercle de mes relations, je crois avoir trouvé la fiancée qui te convient. Agréable sans grande beauté, admirablement élevée par une mère instruite et pieuse, Louise Villefort apportera à son mari, avec une dot de cent mille francs, toutes les qualités qui font chérir une compagne. Tu ne possèdes que ton talent, elle le sait, et pourtant, j'en suis certaine, elle rougira de plaisir si tu la demandes en mariage. Peut-être, si tu devenais le mari d'une fille trop riche, montrerait-elle des exigences en rapport avec sa dot. Alors au lieu d'avoir accru ta situation, tu l'aurais seulement compliquée. Cent mille francs paieront ta dépense dans la maison, ce que tu gagneras sera pour la toilette de ta femme, quelques voyages, et les plaisirs que tu ne sauras lui refuser. Je te l'avoue, depuis longtemps j'étudie Louise, et mon amitié pour elle grandit en proportion des qualités que je découvre en elle. Sa mère, une ancienne compagne de pension, sera fière de s'allier à notre famille. Dis un mot, et j'entame des négociations qui ne tarderont point à être suivies d'un heureux résultat, j'en suis certaine.

— Je vous remercie, ma mère, répondit Francis d'une voix douce. Je ne nie aucune des qualités de Louise Villefort ; elle est bien ce que vous dites, douce, bonne, charmante ; je suis persuadé qu'elle serait pour moi la meilleure des épouses et pour vous la plus tendre des filles ; mais rien pourtant ne m'attire vers elle. Je la vois sans plaisir, je la regarde partir sans regret. Je devine qu'elle vivrait à mes côtés, sans que jamais existât entre nous cette fusion des âmes qui fait la joie de l'existence. Il faut éprouver plus et mieux que cela pour la jeune fille avec qui nous partagerons plus tard, non seulement de grands devoirs, mais encore de grandes douleurs. Que serait devenu mon père pendant les heures difficiles qu'il vient de traverser, si vous n'aviez été complètement digne de lui ! Et vous, ma mère chérie, que seriez-vous devenu si vous n'aviez pas trouvé dans votre cœur la force d'affection qui donne une sorte de plaisir à partager en commun les épreuves communes.

— Ne mêle point le rêve à la réalité, mon enfant, répliqua Mme de Gailhac avec une douceur pénétrante. Rien ne te prouve que Louise ne satisferait point tes aspirations légitimes vers le bonheur. Je tremble toujours de voir un jeune homme confondre les sensations orageuses d'une première inclination avec la tendresse grave que le mariage exige. Les romanciers parlent souvent du coup de foudre qui lie indissolublement deux cœurs. Combien ce coup de foudre a-t-il fait de malheureux dans la vie réelle !

— Vous êtes une sainte ! dit Francis en mettant un baiser sur les mains de sa mère ; mais une sainte accessible à tous. Vous savez être l'amie de vos fils, sans jamais compromettre le respect dont ils vous entourent. Je puis vous parler mieux que je ne le ferais à mon père, dont la gravité se tempère de moins de sourires. Laissez-moi donc vous peindre idéalement celle que j'aimerai, celle qui deviendra ma compagne, parce que tous les vœux de mon cœur l'appellent, et que, si elle ne m'était pas unie un jour, je sens que je briserais tous les liens qui m'unissent au monde... Je la veux belle, pardonnez-le moi. Un écrivain est un artiste. Et puis, dans notre intérieur, je n'ai eu sous les yeux que l'image de la beauté parfaite. Vous et Blanche, n'êtes-vous point le type accompli, l'une de la jeunesse brillante, l'autre de la maturité sereine. Donc ma femme sera belle, ce qui pour moi n'est point la même chose qu'être jolie. Je vous ferais son portrait, si j'étais peintre ; une taille droite, haute, une tête fine, qu'elle porte bien, avec une fierté native; des yeux bleus emplis de lumière et d'azur ; l'azur du ciel et le rayonnement de l'âme. Une bouche grave, sur laquelle fleurira rarement le sourire, car je l'aime mieux pensive que gaie, et je souhaite être le premier à lui faire cueillir les joies de la vie. Sa voix est douce, pleine d'harmonie; elle chante sans prétention, mais sa voix remue. Elle est musicienne, parce que la musique est une façon de traduire une pensée plus haute souvent que la parole. Elle est peintre, parce que la peinture est l'art qui permet d'idéaliser le mieux ce que la nature a placé autour de nous. Instruite, elle ignore la vanité de la science, et la dérobe plus qu'elle ne l'étale. Ses cheveux sont longs et blonds, le soleil passe au travers. Habile à tous les travaux des femmes, elle ne dédaigne aucun labeur dans la maison. La jeune fille de mon rêve possède peu ou point de fortune. Devant tout à mon travail, elle semble reconnaissante du moindre effort réalisé pour lui plaire...

— Quel idéal que cette fille !

— Idéal en ce sens qu'il est rare de trouver réunies toutes les qualités qu'elle possède; mais non point parce que cette figure doit rester dans le vague de la poésie sans s'incarner sous une forme vivante. De quelle tendresse je l'aimerai, cette enfant naïve, qui ne connaît des sentiments humains que l'amour filial, de cette créature éprouvée qui saura prendre sa part de mes combats et de mon labeur, de cette épouse qui ne voudra rester étrangère à rien de ce qui m'intéressera.

En écoutant les dernières paroles de son fils, Mme de Gailhac devint pâle. L'animation de Francis, l'expression de son regard, le trouble de sa voix, tout concourait à lui prouver l'importance qu'elle devait attacher à cette révélation. Durant une seconde, elle le regarda avec une angoisse muette, et, sans doute, elle allait lui adresser une question directe, elle allait lui demander de mettre un nom au bas de ce portrait idéal, si la porte du salon ne se fût ouverte en ce moment avec violence.

— Madame! Madame!

Voilà tout ce que put dire Rameau d'Or, en se précipitant aux pieds de Mme de Gailhac.

— Parle, répondit la jeune femme émue du désespoir de l'enfant, que t'est-il arrivé? Ton émotion est à son comble; quel grand malheur vient fondre sur toi, pauvre petit?

Francis comprit subitement que le chagrin de l'enfant n'avait point une cause personnelle, et, d'un accent dans lequel vibrait une douleur aiguë, il s'écria :

— Mélati?

— Enlevée, disparue! fit Rameau d'Or en se tordant les bras avec désespoir.

— Disparue, enlevée, et tu avais accepté la charge de la garder, de veiller sur elle, et tu disais l'aimer! Et tu nous avais dit d'avoir toute confiance en toi!

— Si je l'aimais! répéta Rameau d'Or, ah! vous ne saurez jamais quel dévouement je ressentais pour elle... J'en négligeais le devoir sacré qui doit remplir ma vie. Si je l'aimais! N'étais-je pas son esclave et son chien? Me donnait-elle un autre salaire qu'une douce parole et un bon regard? J'ai couché en travers de sa porte, je me suis fait son ombre. Mais puis-je empêcher des méchants de tramer des complots, de déjouer ma vigilance de chaque instant, et de la prendre dans leurs pièges?

— Mon fils, dit Mme de Gailhac en regardant Francis avec une expression de tendresse dans laquelle le jeune homme trouva la générosité et le courage dont cette admirable femme avait tant de fois donné des preuves, écoute Rameau d'Or avec sang-froid, et discutons ensemble le moyen de retrouver Mélati. L'heure des récriminations est passée; il s'agit d'agir et d'agir au plus vite.

— Oh! je bouleverserai Paris s'il le faut, dit Francis. S'il le faut, j'irai jusqu'au bout du monde pour l'arracher à ses ravisseurs. Ceux qui l'ont volée paieront ce crime de leur vie. Chère et sainte enfant! Dans quelle douleur ne doit-elle pas être plongée? Comme elle m'appelle à son aide, avec quelle impatience elle doit m'attendre! Elle doit savoir, elle sait...

Mme de Gailhac posa sa main sur les lèvres de Francis et lui dit avec un accent de tendre reproche :

— Connaît-elle donc ce que j'ignore moi-même? Lui as-tu donc avoué que tu lui avais donné ton cœur?

— Non! non! je me suis tû... Ou plutôt, j'ignorais jusqu'à cet instant la puissance du sentiment qui me bouleverse. Moi, j'aurais dit à Mélati ce que mon cœur renferme pour elle? Mais je suis fou! fou d'angoisse! Ayez pitié de moi, ma mère, ayez pitié de moi! Vous voyez bien que je perds la tête.

Francis tomba sur le divan et cacha son visage dans ses mains pour étouffer les sanglots qui lui serraient la gorge.

Un instant après il releva la tête. Son regard n'exprimait plus qu'une énergique résolution.

— Je vais faire ma déclaration à la préfecture, viens, Rameau d'Or. Ton témoignage sera très utile pour les démarches que nous allons demander à la police.

— Consulte ton père, mon ami, répliqua Mme de Gailhac, son expérience te servira mieux que l'impétuosité de tes inquiétudes. Autrefois, il a eu souvent l'occasion de suivre des affaires analogues et ses conseils te seront précieux. Va le chercher, mon enfant, ajouta-t-elle en se tournant vers Rameau d'Or, il travaille dans son cabinet.

Le jeune garçon disparut, franchit en hâte la pièce qui le séparait du cabinet de l'ancien magistrat, frappa à la porte de M. de Gailhac-Toulza et lui dit d'une voix troublée :

— Madame demande si vous pouvez passer chez elle. Il s'agit d'un événement de la plus haute gravité.

Puis, manquant de force pour ajouter un mot de plus, Rameau d'Or rentra dans le salon, comprenant qu'il ne pouvait manquer de prendre part à la discussion qui s'élèverait sur le meilleur moyen à prendre pour retrouver Mélati.

Le magistrat entra vivement.

— Que se passe-t-il? demanda-t-il en considérant le visage troublé de sa femme et l'attitude désespérée de Francis. Sommes-nous menacés de quelque malheur?

— Mélati est partie, répondit le jeune homme, des misérables l'ont enlevée. Rameau d'Or vient de nous l'apprendre, et il ignore où on l'a cachée.

— A Paris, en plein jour, est-ce croyable? Tu dois te tromper, mon enfant, sans doute Mélati va revenir.

— Oh! le crime a été commis avec une rare audace! A coup sûr ses ravisseurs n'en étaient pas à leur premier rapt.

— Connais-tu les détails de cet enlèvement?

— Je ne sais que le fait terrible, monstrueux. J'en reste atterré, à demi fou...

— Rameau d'Or, dit l'ancien magistrat, apprends-moi ce qui s'est passé sans omettre un seul détail. Souvent la plus petite circonstance sert à trouver le fil conducteur.

L'enfant raconta qu'il avait quitté la rue Bonaparte, en compagnie de Mlle Vebson, qui, mandée rue Duphot chez une dame espagnole, devait y trouver une riche commande. Il l'avait attendue à la porte, pendant une heure environ ; puis ne la voyant pas revenir, il était entré chez la concierge pour s'informer à quel étage habitait dona Carmen. Sur l'indication qui lui avait été donnée, il était monté et avait vainement tenté de se faire ouvrir. Las de sonner, trouvant la clef dans la serrure, il entra dans l'appartement ; il était vide. La concierge surprise le suivit, et fut forcée de reconnaître que l'appartement venait d'être abandonné...

— Et personne n'avait vu sortir les locataires? demanda M. de Gailhac.

— La maison a une seconde issue sur la rue Saint-Honoré. Il est bien évident que c'est par là qu'ils ont emmené Mélati.

— Mon père! mon père! agissons vite! dit Francis. Je ne tiens plus en place ; cette immobilité me tue.

— Quel est ton plan?

— Révéler ce rapt à la police, d'abord... Mettre à la poursuite des coupables les plus fins limiers de Paris.

Le magistrat secoua la tête.

— Le lendemain, dit-il, une indiscrétion commise mettra le nom de Mélati dans tous les journaux. Chacun saura que cette enfant a été enlevée. Tu te trouveras, en raison même de l'activité de tes recherches, mêlé à ce drame, on te prêtera des sentiments qui te sont étrangers...

— Mon père! mon père! dit Francis, en se jetant aux genoux de M. de Gailhac-Toulza, pardonnez-moi!

— De quelle faute es-tu donc coupable?

— Il n'est que malheureux, répondit Aimée à qui son fils adressa un regard reconnaissant.

— Non, non, reprit Henri de Gailhac, cherchons d'abord autour de nous, fouillons nos souvenirs, Mélati n'aurait-elle pas par quelque imprudence que son âge expliquerait...

— Mélati est pure comme les anges, mon père! Je la connais depuis peu, mais je suis prêt à m'en porter garant.

— Je le sais. Mais les anges attirent involontairement les hommages des damnés... Dis-moi, Aimée, nulle confidence de Mélati ne peut-elle te mettre sur la voie?

— Non, répondit Mme de Gailhac avec découragement. Rien dans les paroles de Mélati ne m'a jamais permis de supposer que quelqu'un la poursuivît de ses assiduités.

Rameau d'Or s'avança vers l'ancien magistrat :

— Je ne suis encore qu'un enfant, dit-il, mais je me sens du courage, et Dieu m'aidera. Votre père a raison, monsieur Francis, ébruiter ce malheur serait compromettre la réputation de Mlle Mélati... Voulez-vous me charger de la chercher seul... Il me semble que je serai bien vite sur une bonne piste.

— Pourquoi refuses-tu mon concours? demanda Francis. Pourquoi vouloir garder pour toi toute la gloire de la réussite.

— Parce que l'enlèvement de Mlle Vebson peut avoir été fait par un homme qui la suivait depuis longtemps; je sais où demeure cet homme, mais il ne faut pas qu'il se doute de mes recherches.

— Apprends-moi son nom?

— Je préfère vous le taire.

— Manques-tu de confiance?

— Dieu m'en garde!

— Quelle raison te pousse à me refuser, alors? N'agissons-nous pas tous dans le même but?

— Le besoin de m'entourer de plus de mystère. Où se glisse un enfant ne passe pas un homme. Vous éprouvez trop de désespoir pour garder beaucoup de prudence. Enfin celui que je soupçonne possède un vieux compte à régler avec la justice, et je ne serais pas fâché d'en être l'instrument.

— Tu es si jeune, Rameau d'Or. La charge que tu veux assumer ne sera-t-elle pas au-dessus de tes forces?

— Ne vous ai-je point dit souvent que je suis chargé de remplir une mission sacrée?

— Je m'en souviens.

— Vous voyez bien que je puis inspirer confiance. Si d'autres ont eu foi en moi, pourquoi ne me feriez-vous pas le même honneur?

— Sans doute, mais aujourd'hui il s'agit d'une tout autre affaire, et deux entreprises aussi graves seraient sans doute trop lourdes pour tes faibles épaules.

— Vous voulez reprendre une jeune fille, et c'est une jeune fille que je cherche... Vous seriez prêt à verser votre sang pour Mélati la pauvre orpheline, moi je tente chaque jour des moyens nouveaux pour rendre des millions à l'enfant dont j'ai vu assassiner le père, lequel en mourant m'a laissé le soin de retrouver sa fille.

— Toi! s'écria M. de Gailhac-Toulza.

— Moi!

— Et tu gardes un tel secret?

— Il me brûle souvent les lèvres, cependant Dieu me conserve la force de le porter. Et maintenant, je vous en supplie, confiez-moi le soin de chercher seul celle que vous pleurez. Si mes efforts restent inutiles, il vous sera toujours loisible dans quelques jours de recourir à d'autres dévouements.

— Va, noble enfant, suis la route que tu crois être la bonne, dit Henri de Gailhac, va, et que Dieu te guide.

— Si tu la ramènes, ta fortune est faite, ajouta Francis. Ma reconnaissance sera sans bornes.

— Je suis assez riche, monsieur, répliqua l'enfant, sans pouvoir réprimer un petit mouvement d'orgueil, puisque j'hériterai de l'auberge du *Soleil-Levant*.

— Ne parlons point d'argent à cet enfant, dit Mme de Gailhac en serrant les mains de Rameau d'Or; son cœur le conseillera mieux que ne ferait l'intérêt.

— Merci, madame, vous me rendez justice. Oui, je vous le jure, je réussirai où toute la justice de Paris échouerait. Je réussirai parce que je demanderai au ciel de m'inspirer.

— Va donc, et que Dieu te conduise.

L'enfant quitta rapidement le salon, descendit les escaliers, puis il prit le chemin de la rue de Maubeuge. Avant d'agir il éprouvait le besoin de consulter un homme dont il estimait grandement les conseils : Louis Dervaux.

Lorsque Rameau d'Or eut disparu, Mme de Gailhac-Toulza regarda alternativement son mari et son fils, redoutant à la fois le mécontentement de l'un et la douleur de l'autre. Elle sentait que son mari avait deviné le secret de Francis et elle attendait anxieuse l'opinion du magistrat. Sur le front du père de famille se lisait une grave préoccupation, mais aucune sévérité n'en altérait l'expression. Il paraissait plus peiné qu'inquiet ou malheureux.

Après un instant de silence, durant lequel Francis demeura debout, les regards baissés, silencieux, écrasé par le poids de ses pensées, M. de Gailhac lui dit :

— Assieds-toi, Francis, et causons, comme un père tendre avec son enfant, comme un fils respectueux avec son père. Il s'agit pour toi de prendre une résolution trop grave pour qu'elle puisse être prise à la légère.

Le jeune homme obéit, et la main d'Henri chercha celle d'Aimée, comme s'il éprouvait le besoin d'être soutenu, grâce à la tendresse de cette admirable femme.

— Je n'ai jamais cru, dit l'ancien magistrat, que l'autorité du chef de famille fût incompatible avec une bonté condescendante.

Dans les sentiments surtout, il faut éviter les froissements douloureux. Je t'aime profondément, et je te considère comme digne d'une grande confiance. La sagesse de ta conduite, ton amour du travail, méritent autant d'estime que de tendresse. Mais si l'esprit est déjà fort, le jugement droit, la raison ferme, le cœur ne raisonne pas autant que la tête. Le cœur s'en va suivant le caprice, l'entraînement d'une inclination première. Ton cœur s'est donné sans réfléchir, et tu crois déjà qu'il ne saurait se reprendre. Pourquoi ne m'avoir rien dit de cette tendresse, à l'heure où elle s'éveillait en toi? Un fils respectueux doit-il avoir de pareils secrets pour son père?

— Ah! mon père! s'écria Francis, j'en ignorais moi-même la puissance avant d'avoir entendu crier : « Mélati vient d'être enlevée! »

— Comment n'aurais-je point aimé cette créature charmante, douce et pieuse, qui cherchait dans le travail d'honorables moyens d'existence? Oh! dites, n'est-il point naturel que la pitié soit entrée en moi du premier regard, quand je l'ai vue sanglotant près de sa mère mourante. Je prévoyais ce que vous allez me dire, nous ne savons rien d'elle! La bonté de ma mère, ma fraternelle amitié, n'ont pu arracher son secret à la morte, ni desserrer les lèvres de Mélati... Le silence qu'elles ont gardé les accuse-t-il donc? Rappelez-vous où nous trouvâmes Mme Vebson... Sous le péristyle d'une église... Pourquoi abandonnait-elle l'hôpital de Lariboisière en plein hiver, sous la neige, en dépit d'une fièvre terrible? C'est qu'on venait de lui refuser la consolation de voir un prêtre... Qu'il existe un mystère dans la vie de Mélati, ou plutôt dans sa famille, je le crois. Je ne l'accuse point de ne pas nous le révéler : sa mère doit le lui avoir interdit. Mais ce mystère ne peut entacher sa réputation, ni la rendre indigne de sympathie. Nous la voyons depuis des mois, elle s'est toujours montrée bonne, affectueuse, naïve comme une enfant, et forte comme une femme. Suis-je à blâmer pour m'être épris de cette candeur unie à tant de souffrance? Si vous saviez combien j'ai suivi lentement sans m'en douter, par une progression insensible, la pente qui m'entraînait vers elle. Je ne soupçonnais point que ce fût de l'amour, je vous le jure. Il me semblait que l'amitié seule me la rendait chère. Quand la foudre éclate, tout s'illumine à ses clartés fulgurantes; j'ai compris que j'aimais Mélati seulement au moment où Rameau d'Or m'a appris que je la perdais.

— Pauvre enfant! dit Mme de Gailhac en posant un tendre baiser sur le front brûlant de son fils.

— As-tu réfléchi où pourrait t'entraîner une semblable inclination?

— A travailler davantage pour nourrir la femme que j'aurai appelée à partager mon foyer

— Oh! jeunesse! dit M. de Gailhac-Toulza, combien il est difficile de l'imposer le joug de la raison. Dans notre famille, poursuivit le magistrat, nous n'avons jamais contracté de mariages d'aventure. Celui-ci en serait un. Règle générale, le romanesque doit être exclu de la vie. Depuis plusieurs siècles, les Gailhac-Toulza s'allient avec des familles d'une égale ancienneté! Il ne se trouve pas une étrangère dans notre arbre généalogique. D'où vient Mélati? Sa mère était née aux Indes. Son père était-il Anglais? Il serait surprenant, dans ce cas, que Mélati parlât le français avec une pureté si grande. Ce n'est certes pas au moment où tu souffres d'une façon si cruelle que je songe à t'adresser des reproches. Je te promets mon concours le plus efficace pour retrouver et venger cette jeune fille, si Rameau d'Or échoue dans sa tentative. J'exige en retour ton engagement formel de taire à Mélati le secret qui vient de t'échapper. Tu dois à la candeur de cette âme, qu'il faut redouter de troubler, le silence jusqu'au jour où elle-même nous révélera ce qui se cache de mystérieux dans son existence.

— Et quand nous le connaîtrons, mon père, pourrai-je espérer que vous satisferez mon vœu le plus cher?

— Alors, si rien n'entache l'honneur de la famille Vebson, et si ta mère y consent, je te donnerai Mélati pour femme.

— Ah! s'écria Francis, vous êtes le meilleur des pères! Je vous aime comme jamais fils n'a aimé son père.

— Retrouvons-la d'abord, tu me remercieras après.

Francis se jeta dans les bras de son père qui le garda serré sur sa poitrine, tandis qu'Aimée lui murmurait tout bas:

— Je te promets de la chérir autant que Blanche.

Il saisit sa main délicate et la força à tracer ces lignes : *Moi, Mélati...* (Voir page 215.)

CHAPITRE XVIII

ENTRE DEUX MALHEURS

Lorsque Mélati s'éveilla de la torpeur dans laquelle l'avait plongée le contenu du flacon présenté par Florine, la fausse dona Carmen, elle se trouva dans une chambre meublée avec recherche, garnie d'étoffes capitonnées, dont le plafond formait une coupole du haut de laquelle tombait une lampe dont la clarté se tamisait à travers des globes d'un rose pâle. Un large divan l'entourait; des coussins multipliés à profusion permettaient d'organiser un lit. Au bas de ce divan, et sur des tapis de Smyrne, aux tons doux, aux laines hautes et souples, des fourrures de bêtes fauves se trouvaient éparses.

Dans la cheminée brillait un feu clair; tous les meubles étaient d'une rare élégance. Un guéridon de bambou de petites proportions se trouvait non loin de Mélati. A sa portée un cordon de sonnette. On ne voyait aucune porte au milieu des murailles de soie bleue à capitons d'un rose de fleur. Ces détails ne frappèrent pas tout de suite la jeune fille. La torpeur à laquelle elle venait d'être en proie, et qui lui ôtait encore la mémoire distincte des événements, ne lui permettait point de juger le milieu dans lequel elle se trouvait; encore moins d'en tirer des déductions. Le sommeil dont elle sortait ressemblait trop à la mort pour que l'infortunée comprît tout de suite l'excès de son malheur. La pensée revint dans son cerveau avec une lenteur désespérante. Elle dut lutter avec persistance contre l'engourdissement de son esprit. Lorsqu'elle triompha du sommeil, et reprit d'une façon absolue possession de sa raison, elle se mit à étudier avec sang-froid l'endroit où elle se trouvait.

Qui l'y avait conduite? Elle l'ignorait. Que lui voulait-on? Elle s'en effrayait sans le deviner. Lentement, aux clartés de la lampe rose, elle fit le tour de la chambre, en tâta les murs, et les trouva épais et moelleux comme si d'épais matelas les couvraient. La fenêtre trop haute, pour qu'il lui fût possible de l'ouvrir, était fermée non par une espagnolette, mais à l'aide d'une serrure. Ce luxe donnait froid, ces précautions semblaient terribles. Mélati ne douta pas un instant qu'elle fût prisonnière. Dans quel but l'avait-on séparée de ses protecteurs? Qu'allait-on exiger d'elle? Tombant à genoux devant le divan elle pria avec des larmes, demandant à Dieu de la tirer du piège dans lequel les méchants l'avaient jetée.

Il lui était d'autant plus impossible de calculer combien de temps s'était écoulé depuis son enlèvement de la rue Duphot, que la pendule était arrêtée. Elle n'osa toucher aux mets placés sur le guéridon, dans la crainte d'y trouver mêlé un dangereux somnifère. Durant deux ou trois heures elle patienta, espérant entendre un bruit révélateur ou voir entrer quelqu'un. Personne ne venant, sentant croître son effroi dans cette incertitude et ce silence, elle tira le cordon de la sonnette placé à portée de sa main. Une minute après entra une femme qu'elle reconnut immédiatement : c'était dona Carmen.

— Vous! s'écria Mélati, c'est vous qui m'avez attirée dans ce piège!

— Pardon, mademoiselle, répondit Florine avec l'accent d'un sincère respect, je n'ai point agi par moi-même, mais sous l'impulsion de personnes à qui il m'était impossible de résister.

— Impossible! répéta Mélati d'un air de doute.

— Oui, mademoiselle, répliqua Florine. Je n'ai pas eu besoin d'échanger plus de quelques paroles avec vous, rue Duphot, pour me convaincre que vous alliez être victime de misérables...

— Quoi! fit Mélati, les jugeant de la sorte, vous restez leur complice!

— Ils ont fait de moi leur esclave.

— Révoltez-vous.

— Je ne le puis.

— Pas même pour me sauver la vie.

— On n'en veut point à votre vie.

Mélati saisit les mains de Florine.

— Par pitié, dit-elle, défendez-moi, protégez-moi. Une femme comprend toujours une autre femme. Je ne vous ai rien fait, à vous! Je puis même certifier n'avoir jamais nui à ceux qui me persécutent... Je suis faible, pauvre, inoffensive...

— Vous êtes bien belle! répliqua Florine, avec l'accent d'une admiration sans jalousie.

— On ne me l'a jamais dit, madame, répondit Mélati en secouant la tête. Croyez-moi, je ne suis point de celles à qui l'on adresse de ces louanges, et qui les daignent écouter. Vous me semblez bonne, ne vous montrez pas insensible. Je serai si reconnaissante de votre compassion!

— Elle demeurerait stérile, mademoiselle. Si j'essayais de me sauver moi-même, et d'échapper à ceux qui se font mes tyrans, je succomberais, voyez-vous... Sans doute je voudrais vous arracher à ceux qui vous gardent, vous enlever de cette maison, vous rendre la liberté...

— Ceux qui me gardent... répéta Mélati. Je ne suis donc pas seule dans cette maison?

— Trois hommes en occupent le rez-de-chaussée.

— Vous les connaissez?

— Pour mon malheur.

— Ah! s'écria Mélati, pour la première fois je regrette d'être pauvre. Ces bandits subalternes appartiennent au plus offrant, sans doute...

— Quelquefois; non dans ce cas. Au-dessus de l'argent ils obéissent à une loi terrible de complicité voulue, acceptée. Ceux qui vous gardent reçoivent les ordres d'un chef à qui rien ne résiste.

— Un homme endurci dans le crime, alors?

— Il n'a guère plus de vingt ans! répondit amèrement Florine.

— N'avez-vous aucun pouvoir sur lui?

— Je n'en ai plus, fit-elle avec abattement.

— Mon Dieu, mon Dieu! Je sens, à chaque mot que vous me répondez, grandir mon épouvante. Mais cet homme, je ne le connais pas, moi, j'en suis certaine.

— Je le crois aussi.

— Quel motif le pousse à me vouloir du mal?

— Grouillant dans les bas-fonds du crime, faisant la grosse besogne, risquant les parties dangereuses, jouant sa tête dans les entreprises de chaque nuit, pour de l'or qu'il dépense en orgies, il n'a d'autre avenir que l'échafaud, et il le sait. Cependant votre enlèvement sera pour lui d'un mince bénéfice. Une chaîne le lie à l'homme qui l'a fait agir contre vous.

— Connaissez-vous celui-là?

— Non, mademoiselle.

— Mais vous êtes libre! Vous pouvez aller et venir dans la maison, il vous serait facile de me faire évader!

— Une seule porte donne accès à cette chambre, mademoiselle, celle par laquelle je suis entrée. L'escalier qui y conduit se trouve à l'intérieur d'une salle basse dans laquelle veillent trois hommes dont le meilleur est dix fois bon à pendre. Rien ne peut les séduire ni les acheter. J'ai reçu ordre de demeurer sur le palier de votre chambre, jusqu'à ce que vous m'appeliez. Je crois même que je quitterai la maison aussitôt l'arrivée du maître.

— Dans quelle rue se trouve cette maison?

— Je ne puis vous le dire.

— Vous êtes jeune, pourtant! fit Mélati, vous devriez avoir pitié. J'ignore ce que vous avez souffert; dans vos réticences je devine des fautes qu'il ne m'appartient pas de juger, des désespoirs sourds excitant ma compassion. Dieu vous prendrait en miséricorde si vous aviez pitié de moi... Vous avez eu une mère...

— Je ne l'ai jamais connue.

— Des sœurs, une famille?

— J'ai grandi dans la rue, au milieu de gens ayant intérêt à me pervertir... Et je suis tombée si bas que, si vous me connaissiez, votre pitié n'oserait descendre jusqu'à moi.

— Oh! vous vous trompez, répliqua Mélati de sa voix harmonieuse, je me sentirai toujours saisie de compassion pour une femme qui souffre. Serais-je donc moins miséricordieuse que le ciel, qui promet au repentir un généreux pardon? Dans votre vie d'épreuves nul ne vous a-t-il parlé de Dieu?

— Personne, répondit Florine, je n'ai entendu son nom qu'au milieu des blasphèmes. Dieu! mais s'il pouvait avoir compassion de ses créatures, il les protégerait quand elles sont innocentes, au lieu de les relever, lorsqu'elles sont devenues coupables. Je me rends justice, allez! Quelque jour, à force de m'avoir mêlée à leurs trames, les misérables auxquels j'obéis me feront passer en cour d'assise... Tenez! il suffirait de votre dénonciation pour obtenir ce résultat... Enlèvement d'une jeune fille mineure... Mon compte serait vite réglé... La maison centrale pour Florine! Et savez-vous ce que c'est que ces lieux d'expiation? C'est le travail de douze heures sans repos, des repas insuffisants, le silence perpétuel, le silence qui amène la folie. Que voulez-vous qu'on devienne, lorsqu'on ne trouve dans son souvenir que des fautes et des crimes... Ils le savent bien, ceux qui m'emploient! La pitié m'est interdite, parce que cette pitié serait ma perte.

— Vous vous trompez, dit Mélati, jamais je ne révélerais que je vous dois la liberté.

— Quand bien même vous vous tairiez, ne devineraient-ils point que je vous ai prise en pitié. Ils attendent une occasion pour se débarrasser de moi; cette occasion, ils ne manqueraient pas de la faire naître, du moment que je cesserais d'être dans leurs mains un instrument docile.

— Je ne vous demande qu'une grâce, une seule.

— Je serais obligée de vous refuser.

— Qui sait! Je n'écrirai rien: vous vous bornerez à aller chez mes amis, et à leur donner l'adresse de cette maison... Je serai sauvée.

— Je ne puis pas.

— Ceux qui viendraient à mon aide sont de grands cœurs. La femme est une sainte, le mari est digne de sa compagne, et Blanche leur fille m'aime comme une sœur... Quand vous seriez près d'eux, vous pourriez vous croire en sûreté... Tous vous aideraient à changer de voie, à remonter le sentier qui vous a conduite à l'abîme... M. de Gailhac-Toulza...

— Gailhac-Toulza, répéta Florine, je connais ce nom, oui, je le connais...

— Il a fait tant de bien...

— Attendez, je me rappelle... Il a été procureur général... Je le vois encore en robe rouge, parlant au nom de la religion, de la morale, tonnant contre une fille criminelle, demandant son châtiment... Un châtiment terrible... la mort... Comprenez-vous cela? Je l'ai vu, j'y étais... Les yeux fixés sur lui, tremblante comme s'il pouvait tout de suite faire jouer le couperet de la guillotine... Les jurés furent plus miséricordieux, ils condamnèrent à une peine légère cette accusée... Ah! vous êtes l'amie de M. de Gailhac-Toulza, n'attendez rien de moi, alors, n'attendez rien!

— Soit, répondit Mélati, je ne compterai plus que sur Dieu.

Florine sourit.

— Quelle heure est-il?

— Dix heures; n'ayez aucune crainte, soupez si vous avez faim, je veillerai sur vous cette nuit, vous ne recevrez point de visite avant demain.

Florine quitta la chambre, et cette fois Mélati n'essaya point de la retenir. Elle savait du reste que si elle tirait le cordon de la sonnette la jeune femme accourrait à son appel.

Quand elle se trouva seule, toute l'amertume de son désespoir déborda de son âme. Son effroi grandit en présence de l'inconnu qui la menaçait. Le danger devint plus tangible, plus épouvantable, elle se demanda comment elle y ferait face, elle si faible, tandis qu'une créature comme Florine se déclarait incapable de l'affronter.

Avec quelle ardeur elle invoqua Dieu! Combien elle appela à son aide le père frappé traîtreusement dans une misérable chambre d'auberge, la mère morte de langueur, tuée sans doute par le souvenir de celui qu'elle avait tant aimé.

Elle essaya ensuite de rassembler son courage, prit un peu de pain, dans la crainte que la faim augmentât sa faiblesse; puis se couchant toute vêtue sur le divan, elle s'endormit en dépit de ses angoisses.

Quand elle s'éveilla, par la raie lumineuse glissant entre les volets, elle devina que le jour était venu. Alors elle sonna Florine qui vint à son appel, plus pâle, plus humble encore que la veille.

Mais Mélati ne lui demanda plus de l'aider à quitter sa prison, elle se contenta de s'informer si ses ennemis ne se démasqueraient point.

— Vous recevrez aujourd'hui une visite, se contenta de répondre Florine.

Mélati attendit, et attendit seule. Bien que Florine lui témoignât une certaine pitié, la vue de cette fille la troublait. Repentante, elle l'aurait attirée; mais silencieuse et dévouée d'une façon implicite à ceux qui la persécutaient, Mélati ne pouvait plus la garder près d'elle.

Dans l'après-midi un coup sourd frappé sur un gong retentit jusque dans la chambre de la jeune fille. Bientôt après elle entendit du bruit dans l'escalier, distingua un court colloque avec Florine, puis les pas légers de celle-ci.

Une clef tourna sans bruit dans la serrure, la porte s'ouvrit, et, à la clarté de la lampe, Mélati vit paraître l'homme qui déjà l'avait suivie, son persécuteur.

Elle se leva toute droite, le regardant de ses beaux yeux clairs.

— De quel droit m'avez-vous enlevée? De quel droit me tenez-vous captive? lui demanda-t-elle.

M. de Luzarches s'inclina profondément devant la jeune fille.

— Voulez-vous, fit-il, me faire la grâce de m'entendre?

— Non, répondit-elle, point avant que je sois libre.

— Vous le serez.

— Ouvrez cette porte, je vous croirai.

— De quoi me servirait de mentir? Je viens ici pour vous fléchir, non pour vous insulter, et augmenter votre défiance. Écoutez-moi; si, après m'avoir compris vous ne me pardonnez point encore, vous me jugerez du moins d'une façon moins défavorable.

— J'en doute, répondit Mélati.

Elle retomba sur le divan, tandis que Maxime restait debout comme un accusé.

— Mademoiselle, reprit-il, je vous aime...

— Un tel mot!

— Amène la rougeur à vos joues et met la colère dans vos yeux, je le vois. Que voulez-vous! les anges ne comprennent pas les hommes! Je vous aime du jour où je vous vis pour la première fois, si belle, si pâle, reportant chez un éventailliste célèbre les œuvres que vous veniez d'achever. De cette heure je vous appartins d'une façon absolue, je devins votre esclave, et je sentis l'impossibilité de vivre sans vous. Je tentai de vous rejoindre. Sous le prétexte d'une cause à plaider je pénétrai chez M. de Gailhac-Toulza; je ne réussis point à lui persuader qu'il pouvait gagner mon procès... Privé de ce moyen de me rapprocher de vous, je vous suivis, follement attiré par votre charme, résolu à vous conquérir coûte que coûte. Mais déjà vous étiez sur vos gardes, et je ne vous vis plus qu'accompagnée d'un page rustique dont vous avez fait votre garde du corps.

— J'avais peur de vous, fit Mélati.

— Peur! avant de m'avoir entendu, avant de savoir ce que je viens vous apprendre...

— Celui qui enlève une jeune fille à ses défenseurs, à ses amis, ne doit lui rien apprendre que d'infâme.

— L'injure de songer à m'élever jusqu'à vous est-elle donc si sanglante. Je le sais, vous êtes digne de tous les respects, et les plus fiers devraient s'estimer heureux si vous les remarquiez. Mais durant des années vous eussiez passé près de moi sans me voir. Vos regards se lèvent trop haut pour voir où je suis... Je le compris vite. Comment vous séduire? Vous êtes pure comme le diamant. Je n'y songeai même pas. Les tentations ne pénètrent point sous votre cuirasse de vertu. Il fallait courir le risque de vous déplaire, de vous irriter, de faire de vous mon ennemie, pour arriver à être entendu. Et maintenant, mademoiselle, me jugez-vous aussi coupable?

— Plus que je ne le supposais encore. De quel droit m'imposer un amour que je n'ai ni demandé ni accepté? Croyez-vous qu'il suffise que vous soyez pris pour moi d'une fantaisie, car je juge le mot amour trop grand pour être prononcé par vous, pour que je sois obligée de répondre à cette passion? Si vous avez pour moi autant de respect que vous l'affirmez, pourquoi ne point m'écrire loyalement, ou plutôt vous adresser à Mme de Gailhac-Toulza qui remplace aujourd'hui ma mère.

— Votre amie m'aurait repoussé.

— Etes-vous donc plus méprisable encore que je ne le suppose?

— Je ne suis plus jeune, mademoiselle, je sens toute mon infériorité, et cependant je garde l'espérance. C'est de vous, de vous seule que je prétends vous tenir...

— Eh bien! répliqua Mélati d'une voix glaciale qui semblait mal s'accorder avec la douceur de son caractère et l'expression de son visage, renoncez tout de suite à vos prétentions, car jamais, entendez-vous, je ne serai votre femme.

— Vous avez dit jamais, et vous êtes femme! Moi qui suis homme, c'est-à-dire la force et la volonté, je vous répète : je veux!

— Que m'importent votre vouloir ou vos désirs! On ne traîne pas une jeune fille à l'autel malgré elle.

— Non, mais l'emprisonnement que vous subirez viendra à bout de votre résistance. De quoi vous servirait de lutter? Tout a plié devant moi, hommes et choses. Je vous aime assez pour me montrer bon, dès que vous aurez consenti à un mariage qui doit s'accomplir. Si vous refusez, qu'arrivera-t-il? Je vous garderai ici loin de tous ceux que vous aimez, qui vous estiment, et qui pourraient vous défendre.

— Ceux-là vont s'inquiéter de mon absence, ils me feront chercher, la police me retrouvera...

— Vous supposez l'impossible. La police ne vous retrouvera point, soyez sûre qu'elle n'est pas assez bien faite pour cela. Cette maison est louée par bail à des gens que je tiens dans ma main, par leurs vices et par leurs crimes. En France, on ne viole pas le domicile des individus. Mais, admettons qu'on vous retrouve... Vous y serez seule, alors... les hommes qui vous surveillent, la femme qui vous garde, auront disparu comme par enchantement... Qui accuserez-vous du rapt dont vous êtes victime? Quel scélérat dénoncerez-vous à la justice? Savez-vous mon nom, seulement? Pour vous, je suis et je resterai « Celui qui vous aime », sans autre désignation, jusqu'à ce que vous consentiez à devenir ma femme...

— Je suis en prison, fit Mélati, vous-même venez de le dire, et vous êtes à la fois mon ravisseur et mon geôlier. Quels étranges moyens pour arriver à gagner le cœur d'une honnête fille.

— On emploie ceux qu'on peut.

— Je connais mal le monde, et j'ai vécu dans un milieu pauvre. Depuis que j'habite dans la famille de Gailhac-Toulza, je conserve mon amour de la solitude. J'en sais assez cependant, pour être sûre que l'homme épris d'une fille comme moi s'adresse à ses parents ou à ses tuteurs. Je ne connais rien de vous, avez-vous dit, et c'est la vérité. Rien de vous! pas même votre nom! Vous agissez en bandit, je dois croire que sur ce nom est une tache ineffaçable.

— Non, pas de tache. Le mal que j'ai commis, je puis m'en repentir et l'expier. Seule vous êtes capable de me ramener au devoir, et d'appeler sur moi le pardon. Comprenez-moi! Vous seriez l'absolution du ciel sur ma vie! Ne vous montrez pas implacable. J'ai fait ce que j'ai cru indispensable... La crainte d'être refusé m'a seule rendu criminel.

— Eh bien! fit Mélati, si vous ne mentez pas...

— Non, je vous le jure!

— Prouvez-le-moi, alors.

— De quelle manière?

— En me rendant la liberté.

— Je suis prêt à y consentir.

— Alors je vous pardonnerai, dit Mélati en joignant les mains.

— J'y mets une seule condition.

— Encore!

— Une seule, vous me signerez une promesse de mariage.

— Toujours ce mot! Je vous ai dit jamais, cependant! Jamais! Une promesse! A quoi m'engagerait-elle? Une fois partie de cette maison, ne pourrais-je me soustraire à l'obligation de la tenir.

— Non, répliqua M. de Luzarches. Vous êtes la vertu, la candeur même, Mélati, vous ignorez qu'une femme est perdue, quand elle a mis le pied dans certains sentiers. Tandis qu'on vous cherche, on se demande si vous n'êtes pas coupable d'une folie !

— Moi ! Madame de Gailhac me connaît trop pour le croire, et Francis ne me soupçonnera jamais !

— Francis ! répéta lentement M. de Luzarches, Francis ! Ainsi, c'est le sentiment que vous éprouvez pour lui qui vous donne le courage de la résistance. Vous l'aimez, et vous me repoussez ! De près ou de loin, il vous domine ! Francis de Gailhac ! Je n'y avais pas songé. N'est-ce point naturel, pourtant, la jeunesse attire la jeunesse !

Il demeura pensif, tandis que Mélati, accablée, retombait sur le divan. Le cri inconscient qui venait de jaillir de son cœur l'épouvantait elle-même. Ce que disait ce misérable serait-il vrai ? Son affection pour Francis venait-elle de se révéler d'une façon soudaine et victorieuse ?

Un geste de colère de M. de Luzarches la fit tressaillir. Sa voix qui jusqu'à ce moment s'était adoucie devint dure et menaçante :

— Prenez garde ! mademoiselle, je ne prie plus, je commande ! Ce Francis de Gailhac, on peut le tuer. Je défie un homme d'être un spadassin plus habile que moi. Cinq fois je me suis battu en duel, et cinq fois j'ai tué mon adversaire ! Réfléchissez, je reviendrai demain, cette fois vous signerez la promesse que je vous demande ou M. de Gailhac sera perdu.

Mélati ne répondit rien et retomba défaillante sur le divan, tandis que disparaissait Maxime de Luzarches.

De même que Francis avait compris à quel point elle lui était chère, au moment même où il la perdait, elle sentit que sa tendresse pour M. de Gailhac, tendresse doucement endormie dans un coin de son cœur, s'éveillait soudainement et battait des ailes. Depuis qu'elle vivait dans cette famille unie par des liens si forts et si doux, elle s'accoutumait à respirer dans une atmosphère de tendresse. L'idée ne lui était point venue qu'elle pouvait devenir la femme de Francis. Comprenant les justes ambitions de la famille, elle eût traité son rêve de folie, mais ce rêve, elle ne l'avait pas fait ! L'amitié suffisait à cette âme tendre d'enfant. Elle ne voyait rien au delà de l'amitié de Blanche, de l'affection maternelle d'Eugénie, de la protection délicate dont l'entouraient Henri et Francis.

Elle aurait cru manquer à la délicatesse comme à la reconnaissance, si elle avait nourri des projets ambitieux. D'ailleurs les plaies mal fermées de son cœur saignaient encore. La mort tragique de son père, l'agonie lente d'Arinda laissaient au fond de son âme trop de levains douloureux pour que les fleurs de l'espérance y pussent germer.

En lui disant qu'elle aimait Francis, on déchirait brusquement le voile de son âme, on commettait envers elle une violence morale.

Sa haine contre son ennemi, car elle ne pouvait appeler autrement celui qui l'avait enlevée, grandit en proportion de cette nouvelle souffrance. Elle tenta vainement de s'abuser. Ce fut impossible. Cette révélation l'écrasa et la ravit tout ensemble. Quel moment pour comprendre qu'elle avait fait le don de son cœur, que celui où elle comprenait qu'il demeurerait stérile.

Quoi qu'on lui eût dit, c'est de M. de Gailhac-Toulza qu'elle attendait le salut. Elle savait qu'il la demanderait à tous, que l'ancien magistrat remuerait Paris pour retrouver l'orpheline. Elle s'efforçait de suivre par la pensée les efforts qu'ils faisaient pour la rejoindre et la reprendre. Tantôt elle croyait distinguer des bruits autour d'elle, et la malheureuse enfant essayait de se persuader qu'ils tendaient à sa délivrance. Mais bientôt elle comprenait que les voix montant jusqu'à elle étaient les voix avinées de ses gardiens, et le découragement s'emparait de nouveau de son âme. Enfin, succombant à ces combats et aux fluctuations de sa pensée, elle resta immobile, engourdie, jusqu'au moment où Florine lui servit à dîner.

Cette fille parut touchée de son abattement. Quoiqu'elle ne possédât point l'énergie nécessaire pour sauver Mélati et se délivrer elle-même, elle la plaignait d'autant plus sincèrement qu'elle savait de quoi ses persécuteurs étaient capables. Dans son langage, tantôt brutal comme la réalité, tantôt rassurant, elle conseilla à Mélati de céder à sa destinée. Mais elle trouva la jeune fille d'autant plus résolue à la lutte qu'elle lisait davantage au fond de son âme.

— Cessez de m'encourager à suivre une voie honteuse, dit-elle à Florine, on me tuera peut-être, on ne me fera pas céder.

Maxime revint le lendemain. Il se flattait que l'emprisonnement viendrait à bout de la constance de Mélati. Il la trouva résolue.

— La guerre ! fit-il alors, la guerre ! Une lutte, dont vous sortirez brisée ou morte.

— Morte, soit !

— Refusez-vous de me signer une promesse

— On n'épouse pas un bandit !

M. de Luzarches lui jeta un regard de haine.

— Voilà deux jours que vous êtes en mon pouvoir, lui dit-il, M. Francis de Gailhac ne voudrait plus de vous pour sa femme... Voici de l'encre, du papier, écrivez, écrivez...

Il saisit sa main délicate, plaça la plume entre ses doigts, et la força à tracer cette ligne : *Moi, Mélati...*

— Laissez votre nom de famille en blanc ; *je m'engage sous serment à devenir la femme de monsieur...* Je tracerai également mon nom moi-même, continuez...

Mais Mélati arracha sa main à demi broyée des doigts de fer qui la serraient, et répéta par trois reprises :

— Lâche ! lâche ! lâche !

Luzarches recula, honteux de lui-même

— Je ne vous dis point à demain, fit-il, mais à ce soir... D'ici là réfléchissez, je vous laisse le choix...

— Entre deux malheurs ! répondit Mélati.

La porte se referma sur Maxime, et Mélati fondit en larmes.

Pour la première fois elle se crut perdue. Si ses amis l'avaient cherchée, ne l'eussent-ils point trouvée déjà ? Maxime raisonnait-il donc juste dans son brutal cynisme. Était-elle à la fois si compromise et si abandonnée qu'il fût désormais impossible de la sauver ?

Toute âme connaît les agonies. Mélati but la sienne à pleine coupe. La pendule qu'elle avait remontée afin de pouvoir calculer la marche du temps l'avertissait que bientôt rentrerait chez elle son bourreau, et sa défaillance croissait, en sentant la cuisante douleur de ses poignets meurtris ; elle comprenait que cette fois elle serait perdue, et signerait l'engagement maudit qui la lierait à son persécuteur.

— Quel est son but ? se demandait-elle. Peut-être m'aime-t-il ! Le tigre cache une famille dans les jungles. Mais il semble que son obstination à me vouloir pour femme cache une raison plus impérieuse que celle de son désir. Je ne le connais pas, cependant. Jamais avant ses persécutions je ne l'avais rencontré. Le ciel permettrait-il que je fusse la victime d'un misérable, tandis que tout mon cœur vole vers ceux que sans doute je ne reverrai plus.

Dix heures venaient de sonner. Le bruit décroissait dans les rues. En bas, de temps à autre montaient des imprécations, des cris, des chocs de verres, des bruits de bouteilles. Sur le cadran Mélati suivait la marche régulière des aiguilles, en même temps qu'elle prêtait l'oreille pour savoir si quelqu'un ne montait point l'escalier.

Deux d'entre eux jouaient une interminable partie de piquet. (Voir page 224.)

CHAPITRE XIX

PROMENADE SUR LES TOITS

En quittant la famille de Gailhac-Toulza, Rameau d'Or courut rue de Maubeuge, et tomba comme une bombe dans l'atelier de Jean Lagny. Il trouva celui-ci en train de composer un décor représentant une chambre d'hôtellerie d'après le croquis pris sur le vif à l'auberge du *Soleil-Levant*.

— Monsieur, lui dit-il, savez-vous où est votre ami?

— A l'Ambigu, mon enfant, on répète sa pièce, ça ne va pas tout seul, surtout le prologue... Tu sais, la scène de l'assassinat. Le traître n'est pas d'accord avec l'auteur pour régler la chose. Il paraît que pour faciliter une sortie, je dois retoucher la maquette du décor. En somme cela m'est égal. Seulement je tiens à l'exactitude, et changer la disposition des lieux me semble une véritable faute... Tu devrais bien passer jusqu'à l'Ambigu, mon petit Rameau d'Or, ce serait rendre un fier service à tout le monde...

— Monsieur, répliqua Rameau d'Or, tout ce que vous voudrez un autre jour... Vos bontés pour moi sont telles que vous me trouverez toujours à vos ordres.. Mais en ce moment, c'est impossible... Il se joue dans Paris un bien autre drame que celui de l'Ambigu... Je venais justement demander un conseil à votre ami... Quand on écrit des pièces, on sait démasquer les traîtres et prendre les mécréants d'un coup de filet... J'ai besoin de jeter l'épervier en grand, voyez-vous...

— Puis-je t'aider à la place de Louis.

— Merci, monsieur, vous n'écrivez pas de drames, vous!

— Seulement, je tire joliment bien au pistolet; en Chine, je pourrais me vanter de connaître les dix-huit manières de combattre. Le cœur et la main sont à toi, mon brave enfant.

— Je me contenterai pour l'instant d'un revolver. On a son orgueil de futur aubergiste! J'accomplirai ma besogne tout seul, ou du moins je le tenterai. Peut-être vous appellerai-je à la rescousse.

— Il s'agit donc de quelque chose de grave?

Rameau d'Or refoula ses pleurs.

— Mélati a été enlevée, dit-il. Vous comprenez qu'il faut que je la retrouve... Si j'échoue dans ma tentative je vous crierai à l'aide.

— Un enlèvement en plein Paris, au grand jour!

— Quand je vous dis que c'est un drame... Merci pour le revolver, monsieur, si je tue un coquin, il n'y aura pas grand mal... Ah! dans les prisons, dès que l'homme veut s'évader, il faut une échelle de corde pour descendre, et une lime afin de scier les barreaux... Je me procurerai cela.. Si je réussis, j'accourrai vous le dire...

— Pauvre Mélati! Au revoir, brave petit homme!

Rameau d'Or grimpa jusqu'à sa chambre, prit deux cents francs dans sa cassette, avisa un fiacre, se fit conduire dans un magasin tenant les assortiments d'objets pour gymnase, choisit une corde à nœud, acheta une lime chez un quincaillier, puis il dit au cocher en lui donnant l'adresse d'un hôtel situé rue de Villiers :

— Je vous prends à perpétuité, voici vingt francs d'acompte.

Nous mangerons, vous, moi et votre cheval, quand nous pourrons... Mettez de l'avoine dans sa musette, je me charge de nos provisions. Si tout va bien, vous pourrez vous vanter d'avoir eu de la chance en prenant une pratique comme moi.

— Voilà qui est parlé... Hue, Cocotte ! Tu trouveras des picotins en route.

L'enfant se garda bien de faire arrêter le fiacre en face de l'hôtel habité par Maxime et Damien ; il stationna trois maisons au-dessous, de telle sorte qu'il fallait pour descendre dans Paris que la voiture de M. de Luzarches passât devant Rameau d'Or.

Il pouvait être trois heures de l'après-midi. Les démarches et les courses de l'enfant avaient pris du temps. Assis dans la voiture, tandis que Cocotte mangeait tranquillement et que le cocher lisait son journal, l'enfant adoptif de Jarnille demeurait le front collé à la vitre, cherchant avec obstination s'il n'apercevait point Maxime.

Celui-ci connaissait déjà le succès du complot. Le premier soin de Damien avait été de l'en informer, et l'assassin de Gaston de Marolles se promettait de voir le lendemain celle dont il était le maître désormais. L'idée ne lui vint même pas qu'elle pût chercher à se défendre. Entre un mariage imprévu et des malheurs mille fois pires, elle accepterait le mariage.

Il dîna en compagnie de ses amis de Grenoble qui, lancés dans une vie de plaisir à outrance, ne se contentaient plus d'orgies dans la grande salle du *Soleil-Levant*. Hector de Sablé tenait tête à tous ses amis, sablant les grands vins, riant de son large rire. Lucien Grandpré, dévoré par la névrose, continuait à écrire des vers maladifs qui lui valaient une réputation. Il avait son cénacle, ses familiers et ses thuriféraires. En tête de ses livres on avait gravé son portrait. Tête fatale, chevelure à travers laquelle passait un souffle de tempête, bouche au rictus amer. Très beau malgré cela. Posant à toute heure, mais sachant poser. Carl Chamigny et Fabius Aubertin n'enrayaient pas davantage sur le chemin de la folie. Entre ces amis ou plutôt ces complices de plaisirs, c'étaient chaque soir des parties effrayantes. La chance sautait de l'un à l'autre, mais souvent elle se manifestait en faveur de Maxime et du major. L'argent fondait dans ce creuset de vices. Quand s'arrêteraient ces fous ? A l'heure où, ne possédant plus rien, ils demanderaient à la dot de leur femme de nouveaux moyens d'existence.

Tous se trouvaient en verve ce soir-là. M. de Luzarches, se croyant déjà possesseur des millions du vieil Henriot, jouait un jeu d'enfer et gagnait d'une façon insolente, d'autant plus incroyable qu'il ne trichait pas.

Le major le regardait en souriant.

Il se disait qu'avant quelques jours il serait débarrassé de son complice, et pourrait enfin à son aise donner suite à son projet de mariage avec Henriette van Totten. Cette espérance l'inclinait à la patience, mais, d'un autre côté, ses forces étaient à bout. Par une superstition commune aux joueurs, il regrettait d'avoir engagé cette dernière partie, et la considérait comme un défi jeté à cette Providence qu'il redoutait en la raillant.

Pour faire diversion à ses craintes, il se représentait la vie tranquille qu'il mènerait au milieu de la tribu patriarcale de van Totten. Quand il songeait que lui-même deviendrait père de famille, il se promettait de donner à ses fils la plus sévère des éducations, et de les rendre assez capables et assez honnêtes pour aspirer aux honneurs et aux emplois dans leur patrie. Serait-il donc le seul ayant subi des aventures multiples ? Ne connaissait-il point dans le monde bon nombre d'habiles coquins qui, dédaigneux de leur origine, s'efforçaient de la faire oublier.

Il en ferait autant, dans un avenir prochain, demain peut-être ! En attendant, il ramassait avec la désinvolture que donne une longue habitude les pièces d'or et les billets de banque s'entassant sur le tapis vert de la table de jeu.

Vers deux heures, les amis de M. de Luzarches se retirèrent, le portefeuille plus ou moins vide. Maxime et Damien se trouvaient seuls.

— Eh bien ! demanda le major en s'allongeant dans un fauteuil, vous avez enfin ce que vous souhaitiez. Mélati est en votre pouvoir. Nous ne nous devons plus rien l'un à l'autre, puis-je partir pour Bruxelles, afin d'y négocier mon mariage avec la blonde fille du brasseur, tandis que vous arrangerez le vôtre avec votre cousine ?

— Attends encore, attends ! répondit M. de Luzarches. Sans doute Mélati prisonnière subira mes volontés, mais j'ignore combien il faudra de temps pour l'amener à l'obéissance. Les Marolles ont la tête dure, et Mélati est une Marolles.

— Oui, mais sa mère Arinda était de race orientale.

— S'il ne s'agissait pour M. de Luzarches que d'épouser une fille dont il est épris, je trouverais bien dans mon arsenal de vieilles rouerics, des armes suffisantes pour triompher de cette innocente. Ce que je redoute, c'est la révélation de mon nom. Mélati fut élevée dans la haine de Maxime de Luzarches.

— Mélati est trop chrétienne pour haïr quelqu'un.

— Substitue le mot de crainte à celui de haine, peu importe, le sentiment subsiste. Admets que Mélati, convaincue d'un amour que, je te le jure, je ne feins pas, se déclare prête à devenir la femme d'un homme qui emploie des moyens violents pour la vaincre, mais qui lui prouve par cela même une passion exaltée, elle peut retirer sa parole, quand, dans cet homme, elle trouvera le spoliateur de sa famille, celui qui condamna son père à une vie misérable, conduisit sa mère à l'hôpital, et fit d'elle une orpheline recueillie par charité... Qui sait même si dans le fond de son âme cette enfant ne se demande pas quel rôle j'ai joué dans le drame de l'auberge de Jarnille... Enfin, en découvrant la vérité, elle peut du même coup comprendre quel immense intérêt je possède à en faire ma femme et à la réintégrer dans ses droits à l'héritage d'Henriot... Je te l'ai dit déjà, notre séparation dépend absolument de mon succès.

— Eh bien! non! dit Damien d'une voix sourde, il ne me convient pas d'être à votre merci plus longtemps. Je brise la chaîne qui me retient à vous. Je redeviens mon maître, je prétends partir, agir à ma guise et changer de peau.

— Tu le feras quand je te le permettrai, Damien. Cette peau dont tu parles de te dépouiller ne s'enlève point aussi vite qu'il te semble. Les serpents la rejettent comme une robe usée, les hommes sont souvent obligés de se la brûler sur le dos. Si je suis à ta merci, tu demeures à la mienne.

« Fil-de-Soie, dit Damien, dit le major, semblerait peut-être un singulier mari à la fille de cet honnête brasseur qui porte plus d'un million dans son tablier d'ingénue. A quoi bon te révolter. Le forçat ne brise point sa manille ; il l'enveloppe de linges sanglants, la traîne, et en boite toute sa vie. Résignons-nous à vivre en frères siamois de la vie interlope, jusqu'à l'heure où réciproquement nous nous rendrons la liberté...

Damien courba la tête.

— Vous verrez demain Mlle de Marolles?

— Demain.

— Je vous accorde un délai de grâce ; huit jours, pas un de plus!

— Vous êtes vraiment bon, Fil-de-Soie! répondit ironiquement Maxime. Soyez tranquille! Je tâcherai de ne point vous faire attendre.

Ils se séparèrent sur cet échange de mots gros d'orages et remplis de sourdes menaces.

Maxime rentra dans son appartement, et chercha vainement le sommeil. Tantôt le souvenir de Mélati s'emparait despotiquement de sa pensée ; tantôt il se rappelait l'attitude prise par Damien.

Évidemment il ne devait plus compter sur cet homme.

Quand il sortit, vers midi, d'un engourdissement n'ayant amené aucun repos, il sonna son valet de chambre, déjeuna et se fit habiller. Ce fut sous la double influence de son succès, relativement à la captivité de Mélati, et des craintes inspirées par l'attitude de Damien qu'il monta en voiture pour se rendre chez elle. Sa préoccupation était trop vive pour qu'il lui fût possible de voir arrêté à quelques pas un fiacre à la portière duquel se collait une figure brune, intelligente, anxieuse.

A peine le coupé de M. de Luzarches fila-t-il vers la montagne Sainte-Geneviève, que Rameau d'Or baissant la glace intérieure dit à son cocher :

— Suis cette voiture, tu sais nos conditions.

— Compris, mon petit bourgeois, répliqua le cocher, hue, Cocotte!

Et Cocotte, assez bonne bête, fila comme un trait sur l'avenue de Villiers. Vingt fois l'enfant craignit que la piste fût perdue ; vingt fois il interrogea le cocher. Celui-ci se retournait, répondait un « soyez tranquille, mon petit bourgeois! » puis il allongeait un coup de fouet à Cocotte.

Le coupé s'arrêta rue Mouffetard, et le fiacre rétrograda, restant de l'autre côté de la rue. Il fut facile à Rameau d'Or de voir entrer M. de Luzarches dans une maison d'apparence borgne, sentant le mystère et le mauvais lieu. Sans bouger de sa voiture, il épia les alentours, et en grava les détails dans sa mémoire.

Cette maison possédait un rez-de-chaussée éclairé par des fenêtres treillagées de fer, ce qui est rare dans Paris, garnies de carreaux poussiéreux recouverts d'une cotonnade rouge, semblable à celle qu'on emploie dans certains caboulots de banlieue. La porte était basse, étroite. On devait pénétrer de plein pied dans la salle du fond.

Le premier étage gardait ses volets de bois complètement clos. Au-dessus, un deuxième étage dont les persiennes délabrées pendaient avec des dislocations fantaisistes. Les toiles d'araignées tendaient seules ses fenêtres maussades. De chaque côté de cette maison se trouvaient à droite une maison d'un seul étage dont le rez-de-chaussée servait d'atelier à un menuisier; à gauche, un bâtiment de planches accompagnant un chantier de bois de démolitions, encombré d'échelles, de voliges, de fenêtres, de portes dépareillées.

Rameau d'Or tourna son attention de ce côté.

Une grille en mauvais état donnait entrée dans ce chantier, l'escalade ne devait être qu'un jeu pour le brillant élève des saltimbanques. Du toit de l'appentis au premier étage, où il semblait à l'enfant que devait être enfermée Mélati, en raison de la fermeture exacte des fenêtres, il se trouvait une hauteur d'environ deux mètres. Un conduit de zinc descendant de la gouttière pouvait servir d'échelle pour y parvenir.

Si Mélati était là, Rameau d'Or se trouvait certain de parvenir jusqu'à elle. Après avoir noté tous ces détails dans sa mémoire, il remonta en voiture, entra dans un petit restaurant de la rue Soufflot, et y déjeuna d'une façon substantielle, car il prévoyait qu'il aurait besoin de forces le soir même. Ensuite, il caressa gaiement Cocotte, flattant la brave bête, tandis que le cocher mangeait à son tour. Quand l'automédon fut revenu à sa place, Rameau d'Or lui dit :

— Restez devant le grand portail de Saint-Étienne-du-Mont, je viendrai vous y rejoindre.

— On y sera, mon petit bourgeois !

Rameau d'Or entra dans l'église de Sainte-Geneviève qu'il ne connaissait pas. D'abord il y pria, demandant le courage de finir son entreprise et de retrouver Mélati. Ensuite, se disant que les belles œuvres sont placées dans les églises afin d'inspirer de grandes et saintes pensées aux fidèles, il parcourut les chapelles l'une après l'autre, admirant les fresques, s'efforçant d'en comprendre le sens. Depuis qu'il vivait à demi dans l'atelier de Jean Lagny, il s'était déjà formé le goût. Le sentiment de la ligne ne lui était point étranger; les qualités de coloriste d'un peintre le charmaient. Il se trouvait bien dans cette vaste église emplie du parfum de l'encens et des cierges. Il se souvenait d'avoir vu sous le péristyle la statue d'une fille des champs qui fut la protectrice d'un peuple, l'amie d'une reine, et qui osa s'opposer à l'entrée du Fléau de Dieu dans cette cité franque, dont la Providence allait faire la capitale du monde civilisé. Puisqu'une bergère avait vaincu un roi, ne pouvait-il triompher d'un Maxime de Luzarches? Il demeura dans l'église jusqu'à l'heure où les portes fermèrent. Alors il se dirigea vers le quartier Mouffetard, épiant le moment où il lui serait possible d'y pénétrer.

La Providence le protégeait visiblement, la grille en était ouverte, et sur un long camion des hommes chargeaient des débris de bois.

— Faut-il un coup de main, camarades? demanda-t-il.

— Un garçon de bonne volonté rend toujours service, répondit le charretier.

Rameau d'Or pénétra dans le chantier, remua des voliges à demi pourries, des poutrelles, s'employa comme quatre ; puis lorsque le travail fut fini, un des hommes lui dit :

— Tire la clef de la serrure, donne-la-moi, et suis-nous chez le mannezingue.

Rameau d'Or ne se fit point prier. Prévoyant qu'il aurait besoin de veiller toute la nuit, il prit deux tasses de café noir, dont le goût bizarre lui fit faire une légère grimace, puis il quitta ses nouveaux amis, au moment où ceux-ci entraient en ébriété.

— A demain si tu veux, le grosse ! trois francs par jour.

— Accepté, répondit Rameau d'Or.

Il s'éloigna du cabaret, se glissa le long du mur du chantier, en poussa la grille qu'il avait eu soin de ne point fermer, et se trouva pour ainsi dire dans la place.

Les murailles de la maison voisine étaient si peu épaisses, qu'il lui était possible d'entendre les éclats de voix des hommes gardant le rez-de-chaussée.

Fil-de-Soie avait chargé de veiller sur Mélati les gredins sur lesquels il savait pouvoir le mieux compter : Fifi-Cadavre, Robin-Mouton et Jean-le-Borgne.

Tous trois avaient de l'eau-de-vie, des cartes, un jambon, des revolvers. Deux d'entre eux jouaient en ce moment une interminable partie de piquet et gardaient juste assez de raison pour ne pas perdre de vue la consigne de Fil-de-Soie : veiller à ce que Florine seule pût descendre dans la salle, empêcher qui que ce fût de parvenir jusqu'à Mélati. Le troisième dormait déjà profondément, une bouteille vide entre les bras.

Ils remplissaient leur mandat, tout en se racontant ce qu'ils appelaient « leurs bons tours ». Les uns se vantaient d'avoir dévalisé trois maisons de campagne aux environs de Paris ; Fifi-Cadavre se moquait de la Rousse qui n'avait point reconnu sa manière d'opérer dans l'assassinat commis sur la vieille femme habitant la Butte-aux-Cailles. Jean Jarnot annonçait qu'il y avait « un coup à faire » dans une maison de Paris que les propriétaires ont coutume de quitter durant l'hiver pour aller passer trois mois à Monaco.

— J'en suis ! dit Fifi-Cadavre en frappant sur la table. Plus c'est difficile, plus ça me tente. Dévaliser un hôtel en plein Paris, au beau soleil, voilà un coup qui ne s'est peut-être jamais vu.

— Faut être un rusé copain pour réussir, ajouta Jean-le-Borgne que la conversation avait tiré du sommeil.

— Oh ! moi, le tout pour le tout ! déclara Fifi-Cadavre. Et j'avoue mieux aimer ce travail-là que la besogne dont Fil-de-Soie nous charge aujourd'hui. Métier de vieille femme que de garder cette jolie fille qu'on tient enfermée. Enfin, vous me croirez si vous voulez, je ne vaux pas cher...

— Nous le savons ! fit Jean-le-Borgne avec un gros rire.

— Tu ne vaux même rien du tout ! ajouta Jean Jarnot.

— Silence, la petite Pègre ! ne coupez pas mes effets d'éloquence ! Je reprends...

— Tu ne vaux pas cher... Et tu es resté là-dessus.

— Je veux bien me colleter avec la police, chambarder des sergots, chouriner à l'occasion, mais des pleurs de femme, ça me retourne ! Ne dirait-on pas une petite sainte, cette enfant ! J'ai vu une statue qui lui ressemblait dans l'église de mon village... Je vous demande s'il n'y a pas assez de coquines au monde, pour devenir les dignes compagnes de Fil-de-Soie...

— Mais Fil-de-Soie ne travaille pas pour son compte.

— Tu crois ?

— J'en suis certain.

— Pour qui donc ?

— Pour ce monsieur bien mis qui est venu tantôt.

— Eh bien ! sans lui faire tort il ne me revient guère.

— A moi non plus. Et puis il n'est pas de notre monde.

— Qui sait ! la pelure ne fait pas l'homme ! Il y en a qui travaillent dans le grand genre. Ceux-là cultivent le faux, un crime qui se commet tranquillement à son bureau, en alignant des pattes de mouches.. D'autres font sauter la coupe et tournent le roi comme feu Robert Houdin. J'en connais qu'on salue très bas, et qui mettent en action des valeurs baroques comme « la solidification des brouillards de la Tamise », « l'extinction des volcans de Krakatoa, » la « culture des prairies sous-marines ». Ils trouvent des gogos, lancent l'affaire, trafiquent de leurs actions, réalisent une fortune ; puis les mains dans leurs poches, ils assistent à la ruine de ceux qui ont eu confiance dans leur platine. Ruine et malheur ! Les journaux racontent cela tous les jours. Le brave monsieur pour qui nous travaillons doit monter une banque.

— S'il nous faisait administrateurs ? demanda Jean-le-Borgne.

— Avec ça, dit Jean Jannot, qu'on ne sait pas porter la toilette. Je m'en suis payé un complet de cérémonie à la Belle-Jardinière, pour assister à un mariage rupin ! Ce jour-là je cultivais la chaîne de montre... J'en ai récolté seize...

Fifi-Cadavre haussa les épaules.

— Est-ce qu'on s'habille à la Belle-Jardinière quand on veut passer pour un homme ayant « du chic et du chèque » comme on chante aux Variétés ? A la bonne heure, moi, j'ai un tailleur anglais !

Il éclata de rire en se renversant sur sa chaise.

Au même instant le bruit d'un sanglot arriva jusqu'aux trois complices.

— Coquin de sort ! la petite pleure ! dit Fifi-Cadavre.

— Et Florine n'est pas là !

— Si Fil-de-Soie le savait !

— Eh! l'absence de Florine vaut peut-être mieux que sa présence pour les affaires. Ne semblait-elle point toute attendrie ce matin!
— Un verre d'eau-de-vie pour nous donner du cœur.
— Et une chanson pour nous empêcher d'entendre les appels de la prisonnière.

Ils entonnèrent un couplet dont le refrain fut marqué par le bruit des verres heurtant la table. Et, comme le souhaitait Fifi-Cadavre, dans le vacarme qu'ils firent ils cessèrent d'entendre les sanglots de Mélati.

Cédant à une impression d'angoisse affolée, incapable de supporter davantage une solitude qu'elle supposait grosse de dangers, se rapprochant de la porte, elle y avait heurté de toute la vigueur de ses mains frêles, sans obtenir d'autre résultat que celui d'exaspérer ses geôliers.

Elle continua pourtant jusqu'à ce qu'elle sentit ses forces l'abandonner. A cet accès de fièvre succéda un abattement profond, dont elle ne sortit qu'en entendant non loin d'elle un bruit dont il lui devint impossible de définir la nature.

Lorsque Rameau d'Or se trouva seul dans le chantier, après en avoir soigneusement fermé la grille, il se cacha sous l'appentis, attendant pour agir que l'heure fût plus avancée, et que le mouvement diminuât dans les rues. Quand dix heures sonnèrent aux deux plus proches églises, il lui sembla que cette voix de bronze l'avertissait que le moment se trouvait propice pour s'assurer si Mélati se trouvait enfermée dans cette maison.

Il tira de l'angle où on les entassait une longue échelle, l'appuya contre le petit bâtiment, dont il escalada la toiture, et se trouva à environ trois mètres des fenêtres closes à travers lesquelles filtrait un mince rayon de lumière. Marchant avec précaution sur le toit, il gagna le conduit de plomb servant à la descente des eaux, s'appuya des pieds sur l'un des colliers de fer le scellant à la muraille; puis, l'embrassant à la façon d'un arbre, il monta avec lenteur.

Son adresse d'ancien saltimbanque lui fut en ce moment d'un immense secours. Quelques minutes lui suffirent pour gagner la hauteur du premier étage; mais quand il s'y trouva, en dépit de ses efforts pour rencontrer un point d'appui, il ne put poser nulle part ses pieds pendant dans le vide. Les volets de la fenêtre se trouvaient trop éloignés pour qu'il pût les atteindre; force lui fut de continuer à monter encore. Arrivé au niveau du toit, il se hissa jusqu'à une gouttière et parvint à s'y reposer. Il demeura immobile, regardant au-dessous de lui le chantier noyé dans l'ombre, les maisons closes envoyant une lumière avare à travers les rideaux. Alors il se recueillit. Que faire? Il lui vint dans l'idée de faire le tour de la maison, et de chercher s'il ne découvrirait point le moyen de gagner le premier étage. Tout en rampant, il mit son projet à exécution. Peine inutile! Rameau d'Or ne découvrit rien. Une seule chance de pénétrer dans la place lui restait. Elle était délicate et scabreuse. Le temps lui manquait pour juger de son opportunité et des chances de salut qu'elle pouvait renfermer. S'avançant donc vers la cheminée en brique dominant la toiture, il grimpa jusqu'au sommet, puis lentement se laissa descendre, s'aidant des coudes et des genoux.

On n'y avait point allumé de feu, heureusement! mais elle était très étroite, et Rameau d'Or y étouffait. Depuis longtemps on ne la ramonait plus, la suie s'y amoncelait, et l'âpre odeur qui s'en dégageait le prenait à la gorge.

Enfin, jugeant qu'il ne devait plus y avoir une grande distance entre la hauteur où il se trouvait et le plancher de la chambre du premier étage, il laissa pendre ses pieds, lâcha brusquement la muraille, et tomba par la cheminée, roulant au milieu d'une masse de suie et soulevant un nuage de cendres.

Mélati poussa un cri d'épouvante.

Les geôliers l'entendirent comme ils avaient entendu ses pleurs, mais le seul résultat qu'obtint cet appel désespéré fut de leur faire entonner le troisième couplet de la chanson des *Bois-Rouges*...

Mélati se recula dans l'angle de l'appartement, en entendant le tapage produit par la descente inattendue de Rameau d'Or. On ne pouvait plus distinguer les traits du visage de l'honnête garçon, et ce fut seulement en entendant sa voix que Mélati crut le reconnaître.

— Ce n'est pas, cependant, cela ne peut être...

— Si, mademoiselle, c'est bien moi, Rameau d'Or, moi qui vous cherche et qui vous ai trouvée! Bonté du ciel votre disparition nous a-t-elle causé du chagrin, à moi et à M. Francis...

— Ah! à M. Francis aussi! Brave cœur! Agissons vite! Le misérable qui m'a enlevée ne tardera pas à revenir... Cette fois il me tuera, vois-tu, et j'ai peur, grand'peur! Je ne veux pas mourir...

— Vous ne mourrez pas, mademoiselle, puisque je suis là... Où est la porte de cette chambre?

— La voilà. Des draperies la cachent.

— Organisons devant une barricade... Bien! à la fenêtre, maintenant... Vous êtes courageuse, n'est-il pas vrai, mademoiselle? Dame! je n'ai pas un ascenseur à vous offrir!

— Comment es-tu venu?

— Par les toits, comme un rossignol de gouttière.

— Qu'importe le moyen, pourvu que j'échappe à ce monstre...

— La fenêtre est cadenassée, mais j'ai une lime... Dans la crainte qu'on vous ait mise sous clef, je me suis approvisionné d'outils comme un voleur... La lime mord... Et on chante en bas ! les canailles ! oh ! les canailles ! Mais patience ! le bon Dieu aura son tour. Ceci se paiera avec le reste ! J'ai mon idée, voyez-vous, mademoiselle... Mettez des gants si vous en avez, la corde à nœuds pourrait vous déchirer les mains.

— Qu'importe, Rameau d'Or, qu'importe ! On ne chante plus en bas, avance-tu dans ta besogne !

— Je le crois, mademoiselle... Une seconde encore. Victoire ! la fenêtre s'ouvre... Voici l'heure dangereuse, une prière à Dieu, mademoiselle, et qu'il nous sauve tous deux...

Rameau d'Or se signa, puis, déroulant la corde qu'il portait en ceinture, il la fixa à la barre de la fenêtre.

Enlevant alors Mélati, il la fit asseoir sur le bord de la croisée, attendit qu'elle eût trouvé les nœuds destinés à lui servir de points d'appui ; puis, dès qu'elle commença à descendre, il se plaça devant la fenêtre le revolver au poing.

Au moment où elle atteignit le toit de l'appentis il lui dit :

— Ne bougez pas, maintenant, je vous rejoins.

Et se laissant glisser, tenant la corde de la main gauche et le revolver dans la main droite, il descendit rapidement près de sa protégée.

L'échelle qui lui avait déjà servi se trouvait encore dressée contre le petit bâtiment ; il passa le premier, tendit les mains à Mélati, puis une seconde après tous deux se trouvèrent à terre.

— Prenez mon bras, mademoiselle, dit Rameau d'Or, une voiture m'attend à quelques pas d'ici.

Au moment où tous deux rasaient la maison, un homme enveloppé dans un ample paletot, et dont le chapeau cachait le front et les yeux, les frôla en passant.

Mélati le reconnut et se serra plus fort contre son sauveur.

Maxime frappa trois coups, auquel Fifi-Cadavre répondit par le brisement d'une bouteille, puis il ouvrit à celui que Fil-de-Soie appelait le maître.

— Seule ? demanda M. de Luzarches.

— Seule, répondit Fifi-Cadavre, Florine n'est pas revenue.

Maxime monta rapidement l'escalier de la chambre capitonnée. Une seconde après il reparaissait dans la salle basse, les yeux injectés de sang, les lèvres blêmes :

— Misérables ! fit-il, misérables, vous l'avez fait évader.

Il courut vers l'acteur jouant le rôle du Voyageur. (Voir page 233.)

CHAPITRE XX

RÉPÉTITION DE LA PIÈCE

Ce ne fut pas sans s'imposer une extrême violence que Francis se résigna à suivre le conseil de son père, en laissant seul agir Rameau d'Or.

Plus d'une fois l'ancien magistrat saisit dans la conversation de l'enfant des allusions à une grande tâche à remplir. Le secret qu'il gardait, à l'égard de ses meilleurs amis, sur des obligations acceptées, semblait respectable à M. de Gailhac-Toulza. Il aimait l'enfant en raison même de son courage à conserver au fond de son âme un mystère qui devait lui peser. Aussi quand il l'entendit s'engager à faire tous ses efforts pour retrouver Mélati, demeura-t-il convaincu qu'il réussirait plus vite que les limiers de la police. Il demandait peu de temps du reste pour trouver la piste de la jeune fille : deux jours! Mais quelle ne fut pas l'angoisse de Francis pendant ces heures qui se traînaient avec une lenteur désespérante. Sa mère et sa sœur le gardèrent près d'elles. M. de Gailhac tenta vainement de l'entraîner au palais et d'y chercher une distraction violente. Le jeune homme se trouvait mieux à côté de Blanche et d'Aimée. Elles le laissaient à sa tristesse, sans essayer d'y porter remède. De temps à autre, effrayé de son propre silence, et sentant le besoin de parler de Mélati, Francis ramenait l'entretien sur l'enfant disparue. Il cherchait dans la maison ces belles et lumineuses aquarelles sorties vivantes de son pinceau. Il rappelait sa douceur et sa grâce, sa bonté unie au charme d'un esprit sérieux.

Mme de Gailhac l'écoutait les larmes aux yeux, comprenant combien son enfant souffrait.

Sans doute, elle rendait justice aux qualités de Mélati, mais quand elle songeait à la situation de la famille, doublement ruinée par d'héroïques sacrifices, elle se prenait à songer, en dépit du désintéressement de son caractère, qu'elle eût souhaité une bru riche afin de commencer à relever la famille de Gailhac-Toulza. Francis comprenait les restrictions de sa mère, il n'osait reparler de ses rêves, de ses chers projets, caressés depuis des mois, auxquels il devait l'enivrement des espérances printanières. Sa sœur, éprouvée si jeune et si vite désabusée, lui semblait devoir mieux comprendre son affection pour Mélati. Lorsque Mme de Gailhac, appelée par ses devoirs de maîtresse de maison, s'éloignait de ses enfants, Francis laissait déborder les sentiments qui lui remplissaient l'âme, et épanchait son cœur dans le cœur de sa sœur. Alors la jeune fille puisait dans sa tendresse des mots consolants, des espérances nouvelles.

— On retrouvera Mélati, disait-elle ; rassure-toi. Je l'aimais déjà comme une amie, je la chérirai bien plus encore quand elle nous sera rendue, maintenant que je sais que tu voudrais me la donner pour sœur.

— Tu es un ange, Blanche!

— Parce que je te promets de seconder tes désirs? N'est-ce point naturel, dis? J'ai bu la coupe d'une rude épreuve. Je sais ce qu'il en coûte pour broyer son cœur... Quand M. Ernest de Blossville reprit sa parole ou du moins permit à mon père de la lui rendre, ce qui était la même chose, je crus mourir, oui, de douleur... L'indigne lâcheté de l'homme qui se retirait le jour de la signature du contrat ne me guérit pas tout de suite de ma première illusion brisée. Je le méprisais, et je le regrettais tout ensemble, ou plutôt, je regrettais mon rêve! Je me demandais pourquoi Dieu me révélait sitôt les amertumes de l'existence, pourquoi je devais cesser de croire à la générosité, à la loyauté des hommes! Mon oncle, ce saint religieux chassé de son cloître, m'apprit d'abord la résignation ; depuis j'ai senti jour par jour se cicatriser la plaie vive de mon cœur. Mais bien que j'aie cessé de souffrir, je garde, en raison de ma cruelle expérience, une grande pitié pour ceux qui traversent les mêmes épreuves que moi ; je te comprends et je te plains. Et, quand la charmante fille que tu aimes sera rentrée dans notre maison, je te promets de faire tous mes efforts pour décider nos parents à te la donner pour femme ; je sens si bien qu'elle seule pourra faire ton bonheur!

— Mon mariage sera-t-il l'unique union qui se concluera dans la famille?

— Tais-toi, répondit doucement Blanche de Gailhac. Je possède la paix, n'est-ce point assez?

Dans la journée Eugénie Andrezel fit une visite à Aimée, et le docteur arriva le soir. On ne parla que de Mélati. A chaque instant on s'attendait à recevoir une lettre, un télégramme de Rameau d'Or. Le moindre mot du courageux enfant aurait calmé les angoisses de la famille, mais la soirée se passa sans amener d'incident. On se sépara de bonne heure, on se leva tôt dans la maison des Gailhac-Toulza. Francis, que l'inquiétude affolait, se rendit rue de Maubeuge, pour demander à Jean Lagny s'il n'avait point eu de nouvelles de Rameau d'Or.

— Aucune, répondit l'artiste, et, je ne vous le cache pas, nous commençons à être tourmentés. Cet enfant est doué d'un courage téméraire. Il peut s'exposer à de graves dangers. Croiriez-vous qu'il est parti à la recherche de Mlle Vebson sans nous donner la moindre indication sur les moyens qu'il compte employer pour la retrouver? Ceux qui ont fait disparaître la jeune fille seront-ils embarrassés pour se défaire d'un enfant? D'un autre côté, s'adresser à la police est raconter à tous l'enlèvement de Mélati. Je suis profondément inquiet.

— Et Dervaux?

— Dervaux fait répéter son drame... Une pièce corsée, je vous l'atteste! mais ça ne marche pas. Un des rôles n'est pas tenu de la façon dont le comprend l'auteur, et tous ces événements ne sont pas faits pour lui causer le calme d'esprit dont il aurait besoin. En ce moment rien ne va! Si nous retrouvions Mélati, le reste se ferait tout seul.

Francis rentra découragé.

La fin de la journée se traîna avec une lenteur désespérante. Vers le soir, M. de Gailhac cherchant un moyen, quel qu'il fût, d'arracher son fils au sentiment de l'angoisse qui le dévorait, le pria de préparer un travail relatif à une grave affaire de finance que venait de lui confier un de ses principaux clients.

Francis n'osa refuser; mais il tua le temps plus qu'il ne l'employa d'une façon utile. Les chiffres dansaient devant ses yeux, les phrases ne gardaient point de sens précis pour son intelligence. Sur chaque ligne il ne voyait luire que les lettres formant ce nom étrange et charmant... Mélati.

Mme de Gailhac et Blanche reculaient le moment de prendre un repas dont elles avaient grand besoin. Elles ne pouvaient se résigner à se retirer avant de savoir dans quel état de cœur et d'esprit se trouvait Francis.

Un roulement furieux de voiture qui, brusquement, s'arrêta devant le n° 13 de la rue Bonaparte fit tout d'un coup lever Blanche de Gailhac.

— Qu'as-tu? lui demanda Aimée.

— N'as-tu pas entendu?

— Une voiture? Si, mon enfant. Il s'agit d'un locataire qui rentre, sans doute?

Au même instant un coup de sonnette violent retentit, et Blanche se précipita dans l'antichambre.

La domestique n'arrivant point assez vite à son gré, elle-même ouvrit la porte, et poussa un cri de joie si retentissant qu'il attira à la fois Aimée, Henri de Gailhac et Francis.

— Mélati! dit le jeune homme.

— Chère sœur bien-aimée! ajouta Blanche en couvrant son amie de tendres caresses.

Mme de Gailhac reçut dans ses bras la jeune fille à demi évanouie. Rameau d'Or descendit rapidement l'escalier, remit deux louis à son cocher qui répondit : « Merci, merci, mon petit bourgeois! Si j'avais souvent des clients comme vous, mon cheval mangerait plus d'avoine! » puis fouetta Cocotte et disparut.

Lorsque le protégé de l'aubergiste du *Soleil-Levant* entra timidement dans le salon, il vit Mélati étendue sur un divan, Blanche agenouillée près d'elle, puis au chevet Aimée serrant les deux mains de Francis.

Ce fut alors que le jeune homme reconnut Rameau d'Or, auquel, dans son émotion, il n'avait pas encore fait attention.

— Ah! fit-il, je suis ingrat!

D'un bond il rejoignit l'enfant et le serra sur sa poitrine : sa joie était si grande que les paroles s'étouffaient dans sa gorge.

— Je savais que je la sauverais ! dit-il.

— Mais comment, par quel miracle l'avez-vous retrouvée et amenée jusqu'ici? demanda Blanche.

— Oh ! ce n'a pas été sans peine. On a employé les grands moyens : escalade, échelle de cordes, promenades sur les gouttières. Je deviendrais maintenant un excellent voleur... J'en suis presque venu à remercier ceux qui m'ont appris le métier d'acrobate.

— Le nom de celui qui a commis ce crime?

— Il n'en est point à son premier, monsieur. Dieu le châtiera, soyez-en sûr.

— En attendant il jouit de l'impunité.

— Nul ne vous assure qu'elle sera longue.

— Tu me l'apprendras, il faut que je venge l'acte infâme dont il s'est rendu coupable.

— Son secret est un peu le mien, monsieur, vous permettrez que je le garde. Je m'étais engagé à vous ramener Mlle Vebson, j'ai réussi, que Dieu soit loué ! Pourquoi faut-il qu'il ne me soit pas possible de sauver aussi celle à qui je dois mon dévouement et ma vie, en raison d'un serment.

— Le ciel te comptera ce que tu fais pour Mélati ; il t'aidera, crois-le, à accomplir ta mission.

Rameau d'Or s'agenouilla devant le divan sur lequel Mlle de Marolles restait étendue.

— Mademoiselle, dit-il, priez pour moi ; demandez à Dieu qu'il me permette d'aller jusqu'au bout de ma tâche... Sans cela, voyez-vous, jamais je ne pourrai me trouver heureux.

— Et quelle est cette tâche, mon ami?

— Retrouver une jeune fille pauvre, belle comme vous peut-être ! et qui me devrait le bonheur si Dieu me plaçait sur la route et me permettait de lui rendre la fortune qu'on lui a volée.

— J'espère que tu ne rentreras pas ce soir rue de Maubeuge ? demanda Francis.

— Je vous demanderai la permission de coucher dans l'antichambre; mais si je l'osais, si je ne craignais pas de me montrer indiscret, j'avouerais...

— Quoi? demanda le jeune homme.
— Ma foi que je meurs de faim! Les émotions m'ont creusé l'estomac, et j'avoue que je ferais honneur au plus petit morceau de fromage.

Jamais souper ne fut plus gai que celui-là. Mme de Gailhac et sa fille servaient le futur propriétaire du *Soleil-Levant*. Rameau d'Or, délivré des angoisses qui durant deux jours le mettaient à la torture, retrouvait sa gaieté native. Mélati, complètement revenue à elle, lui souriait avec attendrissement. L'enfant respirait dans une atmosphère de chaude bienveillance. Son âme se dilatait: il croyait, comme ses protecteurs devenus ses amis, que ce qu'il venait de réaliser porterait bonheur à l'accomplissement de sa tâche, et que bientôt il pourrait retourner auprès de ses vieux amis de Marolles.

Il était plus de minuit quand la famille de Gailhac se coucha. Rameau d'Or ne fit nul embarras pour accepter un lit dans l'antichambre.

Le lendemain, Blanche alla s'asseoir au chevet de Mélati qu'elle trouva tranquillement endormie.

Le déjeuner rassembla la famille, Rameau d'Or eut une place à la table du magistrat, à côté de Mélati. Il fut arrêté pendant ce repas que sous aucun prétexte désormais la jeune fille ne sortirait seule. On ne pouvait assez veiller sur un trésor dont la perte venait de coûter tant de larmes. Sans aucun doute ses ravisseurs n'abandonneraient pas la partie et tout était à craindre de leur côté.

Francis ne demanda aucun détail à Mélati, il lui suffisait de la revoir tranquille au sein de sa famille. Plus tard elle aurait le temps de raconter les incidents de ce drame.

Après le déjeuner Rameau d'Or se leva:
— Je vais rassurer M. Dervaux et son ami, dit-il ; ils ne savent rien encore et doivent être sur des charbons ardents.
— Reviens ce soir, répondit Francis.
— J'essaierai, monsieur.

Il monta dans un tramway et arriva rapidement au grand atelier où Jean Lagny se trouvait seul.
— Mon pauvre Rameau d'Or! te voilà enfin. Nous commencions à ne rien comprendre à ton silence. Vrai, jamais nous ne nous serions consolés s'il t'était arrivé malheur.
— Dieu garde les braves gens, monsieur. Votre ami va bien?
— Du tout, il va mal!
— Qu'a-t-il donc?
— La fièvre... la fièvre dramatique, s'entend... Et si tu veux lui rendre un véritable service, mon enfant, cours à l'Ambigu, et vois

quelle besogne on y brasse... Hier, dans le prologue on a fait des coupures... Aujourd'hui il s'agit d'ajouter des béquets... Louis est furieux...

— Toucher au prologue! dit Rameau d'Or. A la pièce, soit! Mais quant à la mise en scène du tableau qui se passe dans la chambre n° 7, c'est moi que cela regarde. Je file à l'Ambigu; peut-être mes conseils ne seront-ils pas inutiles. Au revoir, monsieur, je retournerai chez M. de Gailhac-Toulza ce soir.

— Allons, mon brave enfant, ton avenir est fait.

— Certainement, puisque j'aurai l'auberge de Jarnille, et c'est devenu une fière auberge depuis que les curieux viennent visiter la chambre du crime.

— Mon ami qui écrit des romans t'expliquera qu'ayant sauvé Mélati, celle-ci te devra tant de reconnaissance que la famille de Gailhac te fera riche et heureux.

— Et Colette, monsieur. Colette qui m'attend et à qui j'ai juré de revenir pour en faire ma femme.

— Elle épousera un gros meunier, la Colette!

— Jamais! elle en sécherait de chagrin... Ma vie est faite d'avance voyez-vous... Ne pas retourner à Marolles épouser la nièce de dame Jarnille qui m'a presque élevé, serait se montrer ingrat... Dieu ne bénit jamais les ingrats, monsieur.

— Quel bon petit homme tu fais!

— Je remplis simplement mon devoir, et ne crois point qu'il y ait à cela grand mérite. C'est pourquoi je vous quitte, monsieur, votre ami s'impatiente peut-être à l'Ambigu... Quoiqu'il ne m'attend pas, j'ai idée qu'il sera bien aise de me voir.

Rameau d'Or courut au théâtre.

Jean Lagny avait raison, rien ne marchait à souhait pour l'auteur dramatique. A la lecture son drame avait produit un effet colossal; tant qu'il s'était agi du dialogue seul, tout alla bien, mais lorsqu'on répéta en scène ce fut autre chose.

Le rôle de garçon d'auberge, rôle très court, demandant à être joué avec sensibilité et naïveté tout ensemble, avait été confié à un élève sorti tout récemment du Conservatoire. Il rêvait un succès, et dans la première scène où il devait paraître, il s'obstinait à chercher des effets que le rôle ne comportait pas. Il voulait toujours se porter au premier plan alors qu'il devait rester au second rang.

— Mais, monsieur Valdajou, vous vous trompez! disait Dervaux, comprenez donc la situation... Vous avez quinze ans, vous êtes un enfant élevé par charité, que le malheur a rendu timide, que la nécessité de remplir un devoir peut faire héroïque à son heure...

Lorsque le Voyageur de la *Chambre n° 7* vient d'être frappé, vous devez montrer de la pitié, du sang-froid... Pas d'éclats de voix, pas de grands gestes... Toute l'attention du public doit rester attachée sur la victime qui agonise.

— Eh! monsieur, répondit Valdajou, je ne sens pas le rôle comme cela, moi! Et puis, le décor n'est pas commode... la porte-fenêtre me gêne... et la table...

En ce moment une main s'appuya sur le bras de l'auteur dramatique. C'était Rameau d'Or.

En descendant de l'omnibus qui l'avait amené devant le théâtre l'enfant fut fort désappointé. Il trouva toutes les grilles de l'*Ambigu* fermées. Il erra longtemps sur le boulevard avant de découvrir la petite porte par laquelle entrent les artistes. Mais là de nouvelles difficultés l'attendaient. Il se heurta d'abord à la concierge qui consentit à grand'peine à lui laisser monter l'escalier poussiéreux donnant accès aux bureaux de l'administration et aux loges des artistes. Il se perdit dans ce dédale de couloirs sombres, frappa à plusieurs portes sans obtenir de réponse et enfin découvrit, dans une pièce vitrée qu'éclairait un maigre filet de gaz, un homme au visage imberbe qui lui demanda ce qu'il voulait.

— J'ai besoin de parler à M. Dervaux.

— M. Dervaux est sur la scène; il fait répéter sa pièce et le directeur m'a donné l'ordre de ne le déranger sous aucun prétexte. D'ailleurs, si ce sont des billets que vous voulez, cela est bien inutile; on ne joue ni aujourd'hui ni demain et toute la salle est louée pour les dix premières représentations de la *Chambre n° 7*.

— Il s'agit bien de billets, reprit Rameau d'Or avec un peu d'impatience; c'est moi qui ai donné à M. Dervaux l'idée de sa pièce; c'est moi qui ai assisté au crime qu'il a mis dans son prologue, et je sais qu'il désire me voir pour certaines scènes qui ne marchent pas à son gré. Cela vous étonne peut-être d'un enfant de mon âge, et pourtant je vous dis la vérité.

A ce moment un jeune homme blond, au visage sympathique, s'interposa. Il demanda de quoi il s'agissait. C'était le secrétaire du directeur. Par bonheur Dervaux lui avait raconté comment lui était venue la pensée d'écrire son drame et lui avait parlé de Rameau d'Or.

— Descendez l'escalier qui est au fond du couloir, poussez la porte doucement, vous serez sur la scène. Vous y trouverez M. Dervaux. Surtout ne faites pas de bruit, et prenez garde de tomber; il ne fait pas clair.

Rameau d'Or ne se le fit pas dire deux fois. La dernière recommandation du secrétaire n'était pas inutile. Dans sa précipitation, l'enfant manqua une marche, se raccrocha péniblement à la rampe graisseuse et parvint enfin sur le théâtre. Un instant il demeura hésitant au milieu des portants. Enfin il aperçut une lampe fumeuse qui éclairait mal Louis Dervaux et les acteurs qui, en tenue de ville, répétaient le prologue de la *Chambre n° 7*.

Un instant il écouta, faisant à part lui des observations et se tenant à quatre pour crier aux acteurs : Ce n'est pas cela.

Le mauvais vouloir de Valdajou mit le comble à son impatience. Prenant son courage à deux mains, il s'approcha de Dervaux et lui dit :

— Monsieur, faut-il lui montrer comment faire ? Il n'était pas là quand la scène s'est passée, lui... Ne le grondez pas.

— Ah ! tu me sauves la vie, Rameau-d'Or ! répliqua Dervaux. J'ai cru un moment que jamais nous ne sortirions de cette scène.

Il se tourna vers le jeune acteur et ajouta :

— Ce jeune garçon habitait Marolles... Il connaît le lieu de la scène, il était là quand le drame s'accomplit... c'est lui qui reçut le dernier soupir de la victime. Permettez qu'il vous fournisse les renseignements dont vous avez besoin...

— Comment donc ! répliqua Valdajou d'une voix aigre ; il peut même jouer le rôle si cela lui convient !

Puis, se reculant, il ajouta à demi voix :

— Une « panne » après tout ! Et un auteur qui me coupe mes effets.

— Mais restez donc, Valdajou, lui dit Dervaux d'une voix conciliante, il s'agit seulement...

— De savoir si un deuxième prix de comédie au Conservatoire vaut un Janot de Marolles, merci !

— Recommençons la scène, je vous prie, dit Dervaux pour mettre fin à cette explication.

L'acteur qui remplissait le rôle du Voyageur reprit sa place à une table, et dit avec une expression de tendresse sincère :

« — Ma femme, ma fille ! combien toutes deux seront touchées de recevoir demain un mot daté de cette auberge... Pauvres anges ! N'est-ce point pour elles seules que j'ambitionne la fortune... Quand elles seront riches... Quand mon oncle m'aura rendu avec sa tendresse une part des biens que mon cousin prétend me ravir... Quelle joie de voir enfin se terminer leurs épreuves... »

En ce moment on vit entrer par une porte vitrée qui communiquait avec le grand balcon de l'auberge un homme en costume élégant, fleur à la boutonnière, tenue de souper joyeux. Il s'avança sans bruit, tira un poignard, et le leva en disant :

« — Le reconnais-tu ce cousin que tu hais ? »

Ceci fut dit d'un ton mélodramatique et menaçant. Rameau d'Or se pencha vers Dervaux.

— Je ne crois pas que l'assassin ait fait ce mouvement, dit-il. Voilà comme il a dû s'y prendre.

Traversant la coulisse il gagna le balcon extérieur, puis jetant un regard inquiet du côté où se trouvait la salle à manger, il s'approcha du Voyageur, enfonça le couteau entre ses deux épaules, recula comme pris d'horreur en entendant le cri du malheureux; puis il quitta la chambre avec une sorte d'affolement.

— Bien ! très bien ! notez ce jeu de scène, Jaubert. Evidemment, la scène jouée ainsi aura plus d'effet sur le public.

Après une demi-minute, pendant laquelle le Voyageur parut écrasé par la souffrance, celui-ci fit un effort afin de ressaisir la plume avec laquelle il écrivait tout à l'heure, mais la souffrance lui arracha un cri.

Alors Rameau d'Or reparut à l'entrée de la chambre, franchit le seuil d'une porte masquée à demi dans la muraille, et communiquant avec l'escalier de l'auberge conduisant à la salle du rez-de-chaussée.

Il courut vers l'acteur qui jouait le rôle du Voyageur, s'écria d'une voix dans laquelle tremblaient des larmes :

« — Blessé ! vous êtes blessé... !

« — A mort, répondit le Voyageur; aide-moi à me soulever... Conduis ma main, il faut que j'écrive... Le nom du misérable sera connu. »

Il prit la plume, traça une ligne, puis s'arrêta vaincu encore une fois par la douleur.

« — Tu porteras cette lettre, jure-le... Tu la remettras à ma femme... Ma fille ! ma bien-aimée fille !... Toutes deux seules... isolées... à Paris... »

Tandis que l'acteur prononçait ces mots, la physionomie de Rameau d'Or exprimait tour à tour l'épouvante et l'angoisse... Des larmes, de vraies larmes coulaient sur ses joues...

« — Jure ! lui dit encore le moribond, jure !

« — Sur mon salut ! répondit Rameau d'Or, avec un geste d'impressionnante simplicité.

« — Ces papiers, pour elles, elles seules, entends-tu... Honneur, fortune ! tout est là-dedans... Tu les trouveras... »

« — L'adresse, monsieur, l'adresse ! répéta Rameau d'Or. Comment les trouver sans cela?

« — Oui, l'adresse, rue... »

Mais au moment où il allait l'indiquer, un spasme le saisit, il se roidit dans son fauteuil, poussa un profond soupir et retomba les deux bras sur la table.

« — Mort! » murmura l'enfant.

Son jeu fut alors admirable de simplicité et de justesse. Il baisa pieusement la main du Voyageur, prit les papiers qu'il cacha dans sa poitrine, puis s'entendant appeler par l'hôtelière il quitta la chambre du meurtre en répétant :

« — Votre femme! votre fille! je tiendrai mon serment. Oui, je jure de les retrouver,

Lorsque Rameau d'Or quitta la scène, Dervaux courut à lui les bras ouverts.

— Tu es tout simplement admirable! lui dit-il. Tu me sauves. C'est toi qui auras fait le succès de la pièce si elle réussit.

— Pourquoi? demanda Rameau d'Or.

— Tu joues cette scène en acteur consommé!

A son tour le directeur s'approcha :

— Je t'engage, dit-il. Tu empoigneras cent fois mieux ton public que ce poseur de Valdajou, qui nous jette sans fin son prix de Conservatoire à la tête. Vingt francs de feux! cela te va-t-il, mon petit homme?

— Vingt francs de feux! Mais je n'ai pas froid, monsieur, je vous remercie.

— Tu ne comprends point, dit Devaux, monsieur t'offre un louis tous les soirs pour jouer cette scène comme tu viens de le faire.

— Mais je n'ai pas besoin d'être payé pour cela, je suis tout à votre service, et d'autant plus que grâce à ce moyen je trouverai peut-être...

— Quoi? demanda Dervaux.

— L'assassin du Voyageur, répondit l'enfant.

— Auras-tu le courage d'apprendre le reste de la pièce?

— Sera-ce long?

— Tu comprends que rien n'est fini... Nous venons de jouer le prologue...

— Après cela?...

— Après cela tu cherches la femme et la fille de celui qui t'a remis ses papiers...

— Est-ce que je les trouve, monsieur?

— Naturellement, la pièce doit bien finir.

— Et le misérable assassin?

— Il est châtié au dénouement.

— Eh bien! j'en suis, monsieur! Quand j'avais huit ans je faisais danser des ours et je jouais des parades... Je débute sur un grand théâtre de Paris... C'est cela qui s'appelle monter en grade... Colette m'avait pourtant fait jurer... Mais cela ne regarde pas Colette, et, pourvu que je continue à l'aimer, il me semble qu'elle n'a le droit de rien dire...

— Naturellement, mon ami !

— Tous les gens riches de Paris viendront voir votre drame, n'est-ce pas ?

— Je l'espère.

— C'est entendu, j'apprendrai tout ce que vous voudrez... J'aurai peut-être la tête plus dure pour les autres scènes, mais vous me direz comment faire, et je me montrerai docile.

— En voici assez pour cette fois, Rameau d'Or... Prends le rôle de Valdajou... Apprends-le par cœur d'ici demain.

En sortant de la répétition, l'enfant se rendit chez le magistrat.

Ce fut Mme de Gailhac qui le reçut. Blanche et Mélati se trouvaient ensemble dans un petit boudoir.

Depuis l'instant où Blanche comprit quelle profonde tendresse son frère portait à Mélati, elle n'eut plus d'autre rêve que de les unir, et de leur donner à tous deux un bonheur dont elle était dépossédée.

Avec toutes les délicatesses de l'amitié, elle s'efforça d'arracher à Mélati le secret que celle-ci enfermait héroïquement dans son sein.

Ses instances ne parvinrent qu'à faire couler les larmes de Mélati.

— Blanche ! Blanche ! dit-elle d'une voix déchirante, cessez de me torturer.

— Vous torturer, ma chérie ! quand je songe seulement à vous rendre heureuse... Le désespoir de vous avoir perdue a arraché hier à mon frère un secret que je soupçonnais seule... Devenez ma sœur ! Francis vous aime ! Vous nous serez deux fois plus chère quand il vous devra la joie de sa vie.

Mélati se renversa dans les bras de Mlle de Gailhac.

— Ah ! fit-elle, ne me montrez point un bonheur auquel je ne puis atteindre... Francis fera la félicité d'une jeune fille plus heureuse que moi... Vous me garderez votre pitié, votre amitié, vous ! Mais ce mariage est impossible ! impossible !

Elle fondit en larmes et resta le front appuyé sur l'épaule de Blanche, jusqu'à ce que l'arrivée bruyante de Rameau d'Or l'arrachât au sentiment de souffrance intense qui lui dévorait l'âme.

— Ma parole, j'ai envie de ne pas assister à ma première. (Voir page 242.)

CHAPITRE XXI

DANS LA SALLE

La première représentation d'une pièce excite toujours à Paris un double mouvement d'intérêt et de curiosité. D'intérêt de la part des amis, des rivaux ou des ennemis de l'auteur; de curiosité de la part du public. A mesure que les journaux révélateurs fournissent des détails sur l'importance des rôles, le luxe des costumes, les merveilles de la mise en scène, les *agences théâtrales* accaparent les billets, dont la cote monte à la façon de celle de la Bourse. Tandis que le nom de l'auteur est dans toutes les bouches, qu'on assiège les portes closes du théâtre, le dramaturge essaie de se retrouver avant la bataille décisive, cette bataille qui aura le grand public pour juge.

Louis Dervaux venait de passer par ces phases diverses. Épuisé de fatigue, il en était arrivé à se dire que cela irait comme ça pourrait, mais qu'il ne s'en occuperait plus.

— Ma parole, dit-il à Jean Lagny, j'ai envie de ne pas assister à ma première.

— Es-tu fou?

— Je le deviendrais si cela devait durer trois jours de plus. Encore, si j'avais contenté ceux que j'aime? mais non! La moitié des gens à qui j'aurais tenu à faire plaisir sont furieux contre moi et m'accusent de mauvaise volonté. J'aurais dû donner une loge à celui-ci, un fauteuil à celui-là. Les critiques qui me serrent la main, les rivaux qui m'appellent « cher maître » vont s'escrimer ce soir. Oh! mon ami, si j'entendais tout ce qui sera dit dans les foyers contre la pièce et contre l'auteur! c'est à dégoûter du théâtre.

— Si on pouvait s'en dégoûter jamais! Seulement cela est impossible.

— Mon drame me paraît mal fait aujourd'hui... Il me semble qu'il y a des trous... Les couplets d'acteurs que je croyais valoir quelque chose me paraissent entachés d'enflure, et tout à fait poncifs... Un seul rôle sauvera le drame, s'il est sauvé...

— Lequel?

— Celui de Rameau d'Or. L'enlève-t-il! Jamais je n'aurais cru que le fils adoptif de Jarnille eût été capable d'arriver au comble de l'art du premier coup... Ou plutôt, il ne s'agit point d'art chez lui, mais de vérité, une vérité saisissante qui l'empoigne et qui ne saurait manquer de saisir le public... L'enfant aurait assisté à la scène réelle du drame qu'il ne la rendrait pas mieux.

— Qui nous dit qu'il ne l'a pas vue? demanda Jean Lagny.

— Lui! mais s'il en avait été témoin, nous l'aurions su; lui-même l'aurait révélé à la justice...

— Veux-tu connaître mon opinion là-dessus?

— Volontiers.

— Rameau d'Or est un profond politique. Ce petit garçon, le futur aubergiste du *Soleil-Levant*, comme il dit, est incontestablement plus fort que nous deux. Il est évident qu'il poursuit un but. Il sait ce que la justice ignore. Il réalise ce que la police resterait impuissante à faire. Mélati est enlevée, il la retrouve. Sans tâtonnements, avec le flair d'un limier certain de la piste, il l'arrache d'une maison borgne qu'elle n'a pas même pu désigner. Crois-moi, Rameau d'Or tient un fil conducteur, dont il ne livrera le peloton à personne.

— Tout ce que tu dis là, je le pense depuis longtemps, répondit Dervaux, et c'est en raison des qualités que je reconnais à cet enfant que j'eusse désiré assurer son avenir. Il est tout fait s'il le souhaite. Après le succès qu'il remportera ce soir, il n'est pas un directeur de théâtre qui ne lui offre un engagement.

— Sois certain qu'il refusera.

— Je le crains.

— Rameau d'Or n'est pas seulement un brave enfant, vois-tu, mais un profond philosophe. Au fond il regrette Marolles, quand il compare la grande hôtellerie ensoleillée à la mansarde qu'il occupe ici; la petite Colette, blanche comme une marguerite et rouge comme une fraise, aux pauvres filles qu'il coudoie dans nos rues.

— Je suis sûr que ce soir le succès le trouvera parfaitement calme.

Jean Lagny achevait sa phrase, quand la porte s'ouvrit devant Rameau d'Or.

— Monsieur, dit-il à Louis, voulez-vous me remettre le coupon de la loge que vous avez eu la bonté de me promettre?

— Le voici, mon enfant.

— Merci, monsieur. je compte l'offrir à Mme de Gailhac.

— Tu sais qu'il vaut cinq cents francs?

— Pardon, monsieur, six cents à cette heure! Oh! vous aurez un rude succès, j'y compte. Je saute dans ma voiture, car j'ai une voiture à mes ordres aujourd'hui, et payée par le directeur de l'*Ambigu*, encore! Le temps de me rendre chez M. de Gailhac-Toulza, et je reviens.

— Tu dînes avec nous, Rameau d'Or?

— C'est un grand honneur que vous me faites, monsieur, mais il faut que je dîne de très bonne heure alors.

— On s'arrangera, va vite.

Rameau d'Or prit le coupon et commanda au cocher de s'éloigner à fond de train.

Quand il rentra dans le salon d'Aimée, Blanche et Mélati travaillaient au même métier à une tapisserie. Henri de Gailhac lisait, et Francis corrigeait une épreuve.

Rameau d'Or semblait très ému.

— Madame, dit-il en s'avançant vers Aimée, je sais qu'il n'est point dans vos habitudes d'aller au théâtre, mais la pièce de M. Dervaux est d'une moralité incontestable; il serait très heureux si vous lui faisiez l'honneur d'y venir... Moi, vous savez, j'y joue un rôle... Peut-être y serai-je mauvais, mais rien ne m'encouragerait comme de vous voir dans la loge que je vous apporte.

— Merci, mon enfant, dit Mme de Gailhac, je ne vais jamais au théâtre.

— Il s'agit d'un succès, madame. On ne parle que de la *Chambre n° 7*...

Mélati se leva brusquement :

— Tu dis que le titre de la pièce de M. Dervaux est...

— La *Chambre n° 7*, mademoiselle.

— La pièce se passe?

— Dans le village de Marolles.

— A Marolles... Madame! madame! fit Mélati en s'approchant de Mme de Gailhac-Toulza, je vous en supplie, conduisez moi à cette pièce... Moi non plus, je ne vais jamais au théâtre, j'ignore ce que c'est qu'un drame... Mais je désire tant voir celui-là! Faites-moi cette grâce, je vous en supplie.

— Vraiment, Mélati, vous y attachez une telle importance?

— Plus grande que je ne saurais vous le dire, madame. Ne me refusez pas, au nom du ciel!

— Ma mère, ajouta Francis, Rameau d'Or a raison, cette pièce est si morale que ma sœur et Mélati la peuvent entendre.

— Il faut céder aux enfants! dit en souriant Aimée.

— Vous avez raison, mon amie, ajouta M. de Gailhac.

— Me voilà content, reprit Rameau d'Or en regardant Mélati, je sais qu'il y aura dans la salle quelqu'un qui m'applaudira.

Le protégé de Jarnille laissa le coupon et rejoignit Louis Dervaux. Jusqu'à ce moment, entraîné dans le mouvement des répétitions et du travail à la fois intelligent et matériel, l'enfant s'était peu préoccupé de la première représentation et de l'effet qu'elle lui produirait. Tant qu'il s'était agi de jouer dans une salle à peine éclairée par quelques becs de gaz, il avait trouvé très simple et tout à fait aisé d'entrer par une porte placée au même endroit que cette porte se trouvait réellement à l'auberge de Jarnille, et de répéter une scène qui, dans sa jeune âme, laissait d'ineffaçables souvenirs. Mais quand le moment approcha de parler devant un vrai public, d'affronter la rampe, de braver les regards de quatre mille spectateurs, la frayeur le prit; il connut les angoisses du trac; et au moment où il entra chez l'auteur, le pauvre garçon tremblait comme une feuille.

Il n'était pas le seul, du reste, que cette représentation troublât profondément. La veille, lorsque les affiches portaient : Relache pour les répétitions générales de la *Chambre n° 7*, M. de Luzarches, qui se montrait très curieux de premières, et les suivait à la façon des hommes élégants, demeura un moment immobile devant cette affiche, l'épelant avec une sorte d'épouvante.

— La *Chambre n° 7*... On en a fait un drame... Bah! il s'agit peut-être d'un hasard... Voyons : chaque tableau porte un titre différent... *Premier tableau* : L'auberge de Marolles... Oui, à Marolles... Nul doute, l'auteur connaît le pays, il a trouvé là-bas l'histoire du crime, ou plutôt la légende du crime... c'est singulier, le nom de Chemineau ne figure point dans le prologue... Il devrait s'y trouver, cependant... Voyons les personnages, le Baron de Gential... Ah! le traître! On a supprimé Chemineau, ou bien on n'y a pas cru... Qui joue ce rôle? Robertal, très bon dans ce genre, air fatal, des yeux qui flamboient, une bouche acerbe... Henri Guérerty, cousin du baron de Gential... Ah! toute la famille; celui-là, c'est Gaston... Gaston... Mistress Nataly Jane sa fille... Mistress Nataly, l'indienne, sans doute, sa fille... Mais l'enfer s'est fait le collaborateur de l'homme qui a écrit cette pièce... Louis Dervaux, l'auteur de l'*Orpheline de Grand-Val*, des *Maquignons*. Sa pièce fera du bruit... Tous les clubs y auront leurs loges... Il m'en faut une, à tout prix... S'il existe un danger pour moi dans cette représentation, on verra qu'au moins je sais l'affronter. S'il faut ensuite régler des comptes, mordieu! On les règlera...

Il entra dans une agence théâtrale du boulevard et demanda une loge pour la *Chambre n° 7*.

— Monsieur, lui fut-il répondu, la location est faite jusqu'à la vingtième.

— Oh! je suis Parisien, répliqua Maxime de Luzarches, n'essayez pas de me tromper ou de trop surfaire la marchandise. Voici trois billets de banque, vous suffisent-ils pour une bonne loge?

— Mettez cinq cents francs, et nous vous donnerons la dernière.

Maxime paya, prit son coupon et rentra.

Il trouva le major des Indes qui l'attendait.

— Avant le dîner, lui dit-il, j'ai besoin de vous entretenir d'une chose grave. Je pars dans trois jours. Les pièces que j'ai envoyées, les notes qu'on a prises sur moi satisfaisant la famille van Totten, je suis agréé et décidément je me marie. Vous m'aviez demandé un sursis, je vous l'ai accordé. Désormais n'attendez plus rien de mon dévouement, je n'oserais dire de mon amitié...

— J'en attends cependant une chose, répondit M. de Luzarches, vous assisterez dans ma loge à la première représentation de la

Chambre n° 7. Qui sait quels souvenirs elle éveillera en nous! Quant à moi, bien que je ne sois pas superstitieux, il me semble que le vent souffle en tempête.

L'ancien valet ne répondit rien d'abord, puis lentement, comme si les paroles tombaient avec difficulté de ses lèvres blêmes :

— Vous m'avez entraîné dans une voie terrible... J'avais des peccadilles sur la conscience, et la société que je fréquentais à Melun n'était guère choisie, mais ma dette était payée; je me rangeais. Après quelques années d'un bon service, je pouvais me retirer tranquillement... Vous m'avez tenté en me promettant une part des millions du vieil Henriot... J'ai eu la faiblesse de céder, et depuis ce jour-là, quoi que je fasse, je ne jouis pas d'une heure de repos. Oh! je voudrais être à Bruxelles, marié, caché à tous les yeux; vivre tranquille, oublier Marolles et le vieux château où vous régniez en maître, jusqu'au jour où le vieillard moribond vous apparut comme la statue du commandeur... Oublier la nuit d'orgie, la nuit durant laquelle vous avez répandu le sang... On dirait que vous ne vous en souvenez plus, à voir le calme de votre visage! Moi, je vois toujours le corps de M. Gaston couché sur la table, un couteau entre les deux épaules...

— Tais-toi, Damien, tais-toi!

— Je n'en parlerai plus. Dans trois jours nous serons loin l'un de l'autre... Trois jours encore, et j'aurai franchi la frontière et rejeté derrière moi le fardeau des souvenirs... Si je demeurais à Paris, vous finiriez par me perdre... Quelle folie que cette aventure de l'enlèvement de Mélati qui s'est terminée à notre honte. Ne vous laisse-t-elle aucune crainte? Nous avons été suivis, épiés. Un être sait à Paris que c'est vous, vous, Maxime de Luzarches, qui avez voulu enlever miss Vebson... C'est trop, voyez-vous. Nous avons le droit de trembler, car le sol manque sous nos pieds.

— Ce soir nous saurons ce que nous devons craindre. Dans cette pièce se trouve une partie sinon la totalité de notre secret, reprit M. de Luzarches, et nous ne serons pas trop de deux pour faire face à l'orage... Il te reste trois jours, dis-tu? En trois jours nous aurons remporté une victoire définitive.

— Ou nous serons perdus! dit Damien.

— Eh! dois-tu t'attendre à voir ton sentier semé de roses? s'écria M. de Luzarches. L'énergie te manquerait-elle à la dernière heure? Il faut raisonner avant d'agir; la faute commise, il ne reste plus qu'à tout tenter pour la dissimuler... Allons, major, appelez votre valet de chambre, procédez à une toilette aristocratique. La fleuriste doit nous avoir envoyé des gardénias... Tête à l'ennemi, morbleu!

Tête à l'ennemi ! Quel qu'il soit, il sera moins terrible que le fantôme de Gaston de Marolles...

Une exclamation de rage échappa à Damien. Cependant l'argumentation de M. de Luzarches était trop serrée pour qu'il ne se rendît point à ses observations Il avait plus que son maître l'intuitive compréhension du danger. Au lieu de faire tête à l'ennemi comme le conseillait Maxime, il se sentait pris d'un désir fou de mettre non pas seulement des lieues, mais l'espace presque infini entre lui et le péril qui le menaçait. S'il consentit en dépit de sa colère à rester près de son complice durant cette soirée, c'est qu'il réfléchit que la perte de M. de Luzarches entraînerait la sienne, et que l'abandonner était sans doute le plus sûr moyen de sombrer avec lui. Que le crime commis à Marolles retombât sur la tête de Maxime, celui-ci ne manquerait pas de dénoncer son complice.

Le major se jura qu'il échapperait le lendemain à la servitude que lui créait sa situation, mais il sonna son valet de chambre comme le lui conseillait M. de Luzarches, et, une heure après, tous deux attendaient au salon que la voiture fût attelée.

Chacun d'eux portait en ce moment la marque d'une placidité absolue.

Résolus à agir, ils l'étaient également à parler de leurs doubles projets. Ceux de Fil-de-Soie n'allaient pas plus loin que son mariage avec la blonde Henriette van Totten; ceux de M. de Luzarches visaient plus haut. Après avoir tenu à sa disposition la proie convoitée, après avoir eu prisonnière cette Mélati qui assurait la sécurité de son avenir au double point vue de l'honneur et de la fortune, il ne songeait à autre chose qu'à la reconquérir. Mais cette fois il se montrerait sans pitié. Elle consentirait à devenir sa femme, ou il la briserait sans remords.

M. de Luzarches, en se rendant au théâtre de l'Ambigu, était convaincu qu'il y trouverait sinon le mot absolu de l'énigme qui le troublait, du moins une indication précieuse. Le protecteur de Mélati ne pouvait manquer d'assister à ce drame. L'auteur et lui se devaient connaître.

Tout à coup un soupçon traversa l'esprit de M. de Luzarches.

— Mélati n'était-elle point aimée de l'auteur dramatique ? N'était-ce pas d'elle qu'il tenait les détails du crime commis dans l'hôtellerie de Jarnille ? Comment n'avait-il point soupçonné plus tôt Louis Dervaux ? Accoutumé par la nature même de son esprit et la direction de ses travaux à employer avec facilité les moyens dramatiques, il avait dû par habileté scénique, et par la force même des déductions, arriver...

Mais ici Maxime s'arrêtait. Que Louis Dervaux se fût trouvé mêlé à la vie d'Arinda et de Gaston, rien de plus simple. L'écrivain, habitant avec son ami Jean Lagny, pouvait apprécier le talent du neveu d'Henriot, et s'être pris en même temps d'une pitié tendre pour sa veuve et sa fille. Quoi de plus naturel que d'éprouver de l'attachement pour cette Mélati, si parfaitement belle et charmante. Mais les sentiments de Dervaux ne se bornaient pas à une sympathie profonde pour l'orpheline, l'auteur dramatique le soupçonnait donc, lui, Maxime de Luzarches, d'être l'auteur de l'enlèvement de sa cousine.

Ces pensées agitaient profondément M. de Luzarches, tandis que tranquillement, en apparence, il étudiait devant une glace si le nœud étroit de sa cravate blanche était irréprochable, et si ses cheveux se massaient avec grâce sur son front.

— La voiture de monsieur est avancée, vint dire le valet de pied.

Le major regarda son complice en face, hardiment, paraissant le défier d'aller plus loin que ne le commandait la prudence, puis tous deux montèrent dans le coupé qui les entraîna rapidement.

La salle de l'Ambigu était pleine, houleuse et chaude. Les auteurs dramatiques s'y trouvaient en nombre; les critiques s'abordaient dans les couloirs. La plupart d'entre eux comptaient sur un succès.

— Très fort, Dervaux! disait l'un. Il marche en progressant. Toute pièce nouvelle double sa fortune et augmente sa réputation. C'est le d'Ennery de l'avenir.

— Bah! répliqua Camille Broutin, dont un grand drame militaire venait d'être sifflé quinze jours auparavant, s'il comptait sur une victoire n'eût-il point invité la presse à la répétition générale? Défiez-vous toujours d'un drame dont les surprises sont réservées pour la première. On a des amis plein la salle, ce jour-là. La claque est à son poste! Tandis qu'à la répétition il s'agit seulement de la presse; on sait que l'article est écrit dans la nuit, qu'il paraîtra le lendemain. J'ai plus de courage que Dervaux, moi!

— Oh! vous, mon cher, vous êtes comme les matelots, vous ne craignez pas les bordées!

— Que signifie? demanda Broutin d'un air rogue.

— Rien du tout! reprit le critique. Vous avez écrit une pièce à coups de fusil, Dervaux compte sur un succès de larmes, vous voyez que cela ne se ressemble guère.

— J'entends la sonnerie électrique appelant les acteurs en scène.

— A nos places.

— Tout à l'heure, au foyer, n'est-ce pas?

— Naturellement.

En effet le bruit strident de la sonnerie retentissant à la fois dans les couloirs et dans les foyers rappela les spectateurs à leurs places respectives.

Dès qu'ils y furent installés, ils commencèrent à braquer leurs jumelles sur les loges et les premières galeries, cherchant les visages de connaissance, saluant de la main, du sourire. Les loges se garnissaient lentement. Il n'est pas du dernier goût d'arriver au lever du rideau, de voir monter les clartés de la rampe et descendre celles des herses.

Maxime se trouvait à sa place, et déjà rapidement son regard venait de fouiller la salle. Il y reconnut des amis de club, des partenaires de jeu, des parieurs de courses, le gratin le plus distingué de la haute gomme, mais rien ne lui parut inquiétant dans l'ensemble de ce public choisi. On pouvait nommer les locataires de toutes les grandes loges, sauf des étrangers dont la présence ne pouvait intéresser M. de Luzarches. Le major, lui aussi, faisait son inspection. Elle le laissa complètement rassuré, et ce fut avec la désinvolture la plus grande qu'il entama une discussion sur le tir aux pigeons de Monte-Carlo.

Cependant l'heure fixée pour le lever du rideau était sonnée, les musiciens dont les trémolo devaient accompagner les entrées et les sorties de certains acteurs se trouvaient à leur place. Les instruments étaient enfin accordés. La rampe monta étincelante; les clartés des lustres et des lampes s'avivèrent, trois coups furent frappés; un soupir de soulagement sortit de toutes les poitrines, le rideau se levait avec lenteur.

La scène représentait d'une façon identique l'auberge de Jarnille. Au fond, le balcon de bois sur lequel s'ouvrait une porte vitrée, au premier plan à droite une porte donnant sur le palier, à gauche une table-bureau, avec un encrier, des plumes, du papier. C'était le soir, une bougie éclairait la chambre. A côté on menait grand tapage de cris et de rires. On y soupait joyeusement.

Maxime de Luzarches devint blême en regardant Fil-de-Soie qui se mordait les lèvres. La scène était vide; les spectateurs n'étaient en ce moment occupés que des bruits divers provenant du salon voisin de la chambre d'auberge.

Tout à coup, détournant ses regards du théâtre, Maxime les fixa sur une avant-scène jusqu'alors inoccupée, et ce fut avec un sentiment d'épouvante folle qu'il y vit entrer Mélati. D'abord il ne reconnut qu'elle, vêtue de noir, belle comme un rêve, dans sa toilette de jais, avec ses cheveux d'or fin formant une auréole autour de son charmant visage. Mélati! Il connaissait assez ses goûts, ses habitudes, il savait trop quel deuil elle portait dans son cœur, pour croire qu'elle vint simplement au théâtre afin d'y voir représenter un drame excitant à l'avance des curiosités nerveuses.

Elle ne serait venue voir aucune autre pièce... Mais celle-là ! que pensait-elle? qu'attendait-elle donc? Quelle apparition croyait-elle voir dans cette *Chambre n° 7* de l'auberge du *Soleil-Levant*? La présence de Mélati lui parut à la fois un avertissement et une menace. A ses côtés se placèrent Mme de Gailhac-Toulza paraissant la couvrir de sa protection maternelle, puis Blanche toute pâle dans sa robe d'un ton crême très doux, et ravissante au milieu des dentelles de cette toilette virginale. Caché par le rideau de velours de l'avant-scène se tenait Henri de Gailhac, tandis que Guillaume Andrezel et Francis restaient derrière les jeunes filles.

Mélati, avide de ne perdre aucun mot du dialogue, s'accouda sur la rampe de la loge et ne détourna pas les yeux du théâtre.

Si les auteurs avaient changé les noms des personnages, trouvant dans la réalité tout ce qu'il leur fallait pour préparer leur action et mouvementer le drame, ils s'étaient contentés pour leur exposition d'un dialogue entre l'actrice représentant Jarnille, dont le costume avait été soigneusement copié, et une ingénue de village. Colette, en jupons courts, rieuse et mignonne, s'entretenait avec la tante du neveu du millionnaire buvant et chantant avec ses amis, tandis que le vieillard agonisait dans une chambre isolée du manoir de Marolles. Elle racontait à sa nièce comment M. de GENTIAL était arrivé à prendre dans l'esprit de l'octogénaire, plus encore que dans son cœur, la place du plus jeune de ses neveux, celui qu'il préférait naguère, et dont l'avait éloigné un mariage contracté sans son autorisation. Puis elle ajoutait qu'elle comptait sur la justice de Dieu pour remettre chaque chose à sa place. Le vieillard savait désormais à quoi s'en tenir sur la prétendue affection de son neveu. L'aubergiste rappelait le banquet au milieu duquel le mourant était apparu. — Depuis, il a écrit, vois-tu, et nous reverrons M. Henri, il amènera ici la jeune étrangère qu'il épousa aux Indes, et sa fille, un ange! Ceux-là, Colette, seront les vrais, les seuls maîtres de Marolles.

Luzarches écoutait ce dialogue avec stupeur. On aurait dit qu'il avait été écrit sous l'impression même des paroles entendues ou du moins recueillies. Comme Louis Dervaux avait dû étudier le pays, faire causer les gens, pour reproduire de la sorte ce qui s'était passé! A côté de lui, le major, les lèvres pincées, le regard froid, sentait grandir le péril.

Mélati, appuyée sur le rebord de la loge, et penchée en avant, ne perdait pas un mot du dialogue. Jusqu'alors elle n'avait vu personne dans la salle, mais brusquement un éclair d'un regard lui montra en face d'elle celui qui s'était fait son persécuteur, en attendant qu'il devînt son bourreau, mais dont le nom lui était inconnu.

— Lui! lui! fit-elle en se renversant en arrière.

Francis s'inclina rapidement sur le dossier de son siège

— L'homme au gardénia, n'est-ce pas?

— Oui, dit-elle d'une voix faible comme un soupir.

— Je saurai ce soir son nom, répliqua-t-il.

De nouveau Mélati prêta une attention dévorante au drame.

Les instruments jouaient ces quelques mesures d'ouverture indiquant dans une pièce l'arrivée d'un personnage important.

La voix d'un enfant répéta : — Par ici, monsieur, par ici *Chambre n° 7*! — et Rameau d'Or fit son entrée. Il précédait le voyageur. Celui-ci jeta dans la chambre un rapide coup d'œil, s'assit près de la table; puis après que le jeune valet eut allumé le feu, il resta seul. Mais seul avec un souvenir ardent, celui de sa femme, de sa fille, il marchait à grands pas, parlant haut, s'excitant au courage, tantôt se réjouissant de la fortune qui, de nouveau, le favorisait, tantôt formant des vœux pour le salut du vieux parent qui l'appelait à son lit de mort.

— Mademoiselle, demanda Francis à Mélati, vous souffrez, désirez-vous quitter la loge?

— Je veux voir! je veux voir! répéta-t-elle fiévreuse.

Depuis un moment l'ancien magistrat l'observait avec une attention croissante, il comprenait maintenant que Mélati possédait plus qu'un intérêt de banale curiosité à la représentation de ce drame.

Il marchait toujours, vibrant, soutenu. Le voyageur, accoudé sur la table, écrivait à sa femme une lettre remplie de tendresse débordante. Absorbé par cette chère occupation, il ne vit point entrer par la porte vitrée s'ouvrant sur le balcon un homme élégamment mis, qui cachait dans sa main un couteau. Il s'avança sans bruit, leva la main, et le couteau s'enfonça entre les épaules du voyageur.

Un cri échappé à l'une des spectatrices bouleversa alors toute la salle tant il renfermait de désespoir et de sanglots.

— Mon père! mon père!

Mélati tendit ses mains et tomba évanouie dans les bras de Mme de Gailhac-Toulza.

Les applaudissements de la claque chargée de faire valoir l'importance de cette scène muette couvrirent le tumulte causé dans l'avant-scène par l'incident qui venait de s'y produire. Mais il n'échappa ni aux regards de Maxime ni à ceux de Fil-de-Soie. Une autre surprise leur était ménagée.

A l'appel poussé par le blessé un enfant accourut, le même qui avait introduit le voyageur dans la *Chambre n° 7*. Il se précipita vers le malheureux, le prit dans ses bras, portant un verre d'eau à ses lèvres, lui parlant, implorant un mot, donnant de tels signes de regrets, et jouant d'une façon si expressive, si remarquablement naturelle, que la salle demeura haletante.

L'enfer s'en mêlait décidément pour Maxime et pour Fil-de-Soie. Cet enfant qui jouait si naturellement le rôle de garçon d'auberge, ils le reconnaissaient. C'était bien Rameau d'Or, le fiancé de Colette.

Il parlait maintenant, suppliant le voyageur de lui donner ses instructions, de lui indiquer ce qu'il attendait de lui... Le blessé tirait de son sein une liasse de papiers et les lui tendait :

« — Ils contiennent l'honneur, la fortune de celles que j'aime le plus au monde... ma femme... ma fille... Tu jures de les leur remettre...

— Je le jure. — Sur ton salut?... — Sur mon salut. — Je te crois, tu les porteras rue... Ah! je meurs... »

Et il tombait roidi entre les bras de l'enfant.

Celui-ci prenait les papiers, boutonnait dessus sa petite veste, et s'enfuyait de la chambre maudite.

L'acte se terminait là. Le rideau baissa au milieu des bravos.

M. de Luzarches se leva.

— Viens, dit-il au major.

Lorsque tous deux se trouvèrent dans le couloir, Maxime demanda à Fil-de-Soie :

— Comprends-tu?

— Parfaitement.

— Par un hasard que je ne m'explique pas, Rameau d'Or s'est trouvé en rapport avec Louis Dervaux... Il lui a raconté l'affaire de la *Chambre n° 7*... Il lui a même ajouté ce que nous ignorions... C'est que c'est à lui, à lui, comprends-tu, à lui, que Gaston de Marolles a dû remettre les papiers établissant les droits de Mélati à l'héritage d'Henriot.

— Mais s'il les possédait, comme vous dites, — cette jeune fille qui vit au milieu de magistrats les aurait déjà fait valoir...

— Rameau d'Or les possède, mais il ne connaît la fille de Gaston que sous le nom de Vebson ; le nom de sa mère Arinda Vebson... Eh bien! avant que tu partes pour la Belgique, c'est-à-dire avant deux jours, il faut que nous ayons repris ces papiers.

— Oui, répéta Fil-de-Soie entre ses dents, il le faut.

La main de Maxime se leva. (Voir page 258.)

CHAPITRE XXII

PROVOCATION

Un grand mouvement s'opéra dans la salle, lorsqu'au milieu d'un succès enthousiaste s'acheva le prologue du drame. Le public se dispersa dans les couloirs, puis il gagna les foyers. On s'aborda avec l'animation propre à ces batailles qui s'appellent les « premières ». Les critiques, les journalistes, tous ceux qui, à quelque titre que ce fût, possédaient leurs entrées dans les coulisses profitèrent de cette immunité. Des curieux ne jouissant pas du même privilège sollicitèrent d'un ami la faveur de l'accompagner, et de pénétrer dans le monde étrange composant l'envers du théâtre...

M. de Luzarches, la bouche serrée, le regard froid, plus hautain que jamais, chercha dans la salle le névrosiaque Lucien Grandpré, et lui prenant amicalement le bras :

— Tu connais assez de monde ici pour aller dans les coulisses?
— Je m'y rends.
— Est-il indiscret de te prier de m'y conduire ?
— C'est indiscret, mais viens tout de même. Un beau et légitime succès pour Dervaux ! Ma foi, il le mérite, c'est un charmant garçon ! Et pour peu que les cinq actes vaillent le prologue... Hein ! Est-ce assez réussi cette scène de l'assassinat ! Une trouvaille que ce Rameau d'Or ! Les théâtres vont se l'arracher désormais. Il a tiré un excellent parti de l'affaire... Au point de vue scénique le crime, compris de cette façon, offre infiniment plus d'intérêt qu'avec le personnage de Chemineau.

— Évidemment! répliqua Maxime.

Grandpré se fit ouvrir la porte conduisant sur le théâtre. On s'y remuait avec peine. Les acteurs recevaient leur part d'éloges. Tout le monde paraissait heureux de cette belle soirée, et Dervaux, que ne quittait pas son ami Jean Lagny, recevait les félicitations avec une expression de reconnaissance expansive.

— C'est bon, la fraternité, disait-il. En vain essaie-t-on de la nier, on la retrouve encore parmi les gens de lettres et les dramaturges. Cela m'épanouit le cœur de serrer tant de mains amies. Vraiment, pour la première fois je sais ce que c'est que le succès.

— Et, chose rare, il ne te grise pas, ajouta Jean.

— Pourquoi me laisserais-je éblouir par une chance inattendue? Car vraiment tout est hasard dans nos batailles gagnées comme dans nos revers. Telle pièce, dont nous attendons beaucoup, peut tomber d'une façon misérable ; telle autre, sur laquelle personne ne comptait, réussit d'une manière inespérée.

— Pardon, mon cher, nous comptions tous sur une victoire, dit Grandpré.

— Pourrais-je vous demander, monsieur, qui vous avez prétendu mettre en scène dans ce drame tapageur? demanda M. de Luzarches à l'auteur dramatique avec une insolence de ton et d'attitude qui fut remarquée de toutes les personnes entourant Dervaux.

Celui-ci regarda froidement Maxime, et se contenta de lui répondre :

— Mes personnages sont les enfants de ma fantaisie, monsieur, et je ne dois compte qu'au public de la façon dont je les fais agir. S'il me donne raison comme ce soir, tout va bien ; s'il me siffle, c'est que je me suis trompé, voilà tout.

— Et jamais il n'est arrivé qu'on vous demandât raison de la hardiesse inconvenante avec laquelle vous reproduisez sur la scène des faits intéressant une famille honorable?

— Jamais, répondit Dervaux.

— Je serai donc le premier, monsieur, qui exigera de vous une réparation pour ce fait...

L'auteur dramatique se mit à rire.

— Vraiment, dit-il, si je ne pensais que vous sortez d'un dîner où vous avez fait usage de vins trop capiteux, je serais fort embarrassé pour qualifier votre conduite. Nous avons fort peu de temps à nous.. L'entr'acte ne sera pas long, dans une minute on sonnera les artistes... Jusqu'à ce que vous fassiez partie de la presse, monsieur, je vous récuse de la façon la plus absolue.

— C'est que vous ignorez mon nom, monsieur...

— Absolument, et je vous avoue que ce début d'entretien ne me donne nulle envie de l'apprendre.

— Vous le saurez cependant. Mieux vaut que je vous le dise que de vous jeter une carte au visage.

— Monsieur! s'écria Dervaux.

— Je m'appelle Maxime de Luzarches.

— Tant mieux pour vous, monsieur, si vous portez un nom honorable! tant pis si vous le déshonorez ou si vous le rendez ridicule.

— Ma famille est de Marolles, poursuivit Maxime blême et menaçant. M. Henriot de Marolles habitait le château...

— Ah! repartit froidement Dervaux, vous êtes ce Maxime de Luzarches dont on parlait beaucoup dans le pays... Grand chasseur, et le reste !

— Je vous interdis de mettre en scène mon infortuné cousin...

— Gaston de Marolles... Très bien! Je commence à comprendre... Et je consens à vous donner devant tous une explication.

— Ce sont des excuses qu'il me faut! J'exigerai ensuite que la pièce soit retirée.

— Toujours sous le prétexte qu'elle vous offense... En quoi, je vous prie? Je me sers d'un crime commis il y a trois ans dans un petit village, ce crime me semble renfermer des éléments dramatiques... Un homme jeune, intelligent, digne d'affection et de respect... est assassiné dans des circonstances étranges... Il passe dans ce drame un mendiant qui meurt après une apparition bizarre... Sa vie excentrique, misérable, le signale à la justice qui recule devant son cadavre... Nous ne faisons pas de pièces avec les morts, monsieur. J'ai été tenté par le début de ce drame... Dans la crainte de froisser des susceptibilités ombrageuses, la scène se passe, dans ma pièce, vingt ans avant l'époque où l'assassinat de Gaston de Marolles fut un événement dans le pays... J'ai ajouté des personnages, comme vous en jugerez en écoutant les actes suivants...

— Vous ne pouvez nier ceci : je suis le neveu de M. Henriot de Marolles, et dans votre pièce...

— Le neveu assassine son cousin... Voilà ce qui vous blesse... Mais ce personnage est à moi, c'est mon enfant, ma création... Essayez de référer cette affaire à un tribunal et vous verrez ce qui vous sera répondu. Où en serions-nous, grand Dieu! si nous n'avions pas le droit de mettre un assassin en scène sans qu'un monsieur se levât pour nous dire : C'est de moi que vous parlez!

— Monsieur! s'écria Maxime.

— Point de colère, je vous réponds, voilà tout. La *Chambre n° 7* restera sur l'affiche tant que le public me fera l'honneur d'y assister. Je ne nie point que dans l'hôtellerie de Jarnille se trouve une chambre semblable à celle que nous avons reproduite... Mais encore une fois chacun, en matière théâtrale, prend son bien où il le trouve...

— Et vous croyez qu'un auteur peut faire jouer un rôle par le valet même de l'auberge où se passa le drame?

— J'entre en scène! dit Rameau d'Or, en s'approchant de M. de Luzarches, le visage animé, la voix vibrante. Est-ce que ma vocation dramatique vous gêne? demanda-t-il à Maxime. Et qui donc représenterait mieux le protégé de Jarnille que cet enfant lui-même? Ce n'est pas mon but, d'ailleurs. Les saltimbanques qui me volèrent ou me recueillirent m'ont habitué à tout : depuis le dressage des ours, jusqu'à la danse de corde et les parades de la foire... Oh! vous pouvez me regarder avec des yeux irrités, monsieur de Luzarches, je vous le rendrai bien, allez! Et je n'ai pas peur que vous fassiez comme le traître du drame... Un coup de couteau entre les épaules, v'lan!

— Misérable! s'écria Maxime en levant le bras.

— Ne me touchez pas! dit l'enfant, je vous le défends! Diable! tout n'est pas rose dans le métier. On provoque mon auteur, on me traite de misérable! Tout cela parce que je suis né à Marolles, et que j'ai eu souvent le désavantage de vous y voir... La dernière fois, si ma mémoire est bonne, c'était la nuit du meurtre... Vous soupiez avec huit de vos amis... Monsieur Grandpré en était... Et un couplet de chanson couvrit le cri d'agonie de Gaston de Marolles...

Luzarches bondit sur Rameau d'Or, mais alors les spectateurs de cette scène s'interposèrent :

— Un enfant ! dirent-ils, un enfant !

— Oh ! fit Maxime, je le tuerai !

— Tout le monde ce soir, alors ! Les honneurs d'abord à M. Dervaux, c'est justice, moi après ! le débutant, le garçon d'auberge du *Soleil-Levant*, le fiancé de Colette ! Un rien du tout, quoi ! Eh ! qui sait, cependant, s'il se laisserait faire !

— Monsieur, demanda Maxime en s'adressant de nouveau à Dervaux, retirerez-vous votre pièce ?

— Jamais.

— En ce cas, nous nous battrons !

— Sous quel prétexte ? demanda l'auteur dramatique.

— Vous vous permettez de toucher à ma famille.

— Vous êtes le dernier représentant de cette famille, puisque Gaston est mort.

— Vous battrez-vous ?

— Non, répondit Dervaux.

— Je vous y forcerai.

— J'en doute... Voyez-vous, monsieur, il existe deux espèces de gens en ce monde, ceux qui honorent leur pays par leur travail, qui portent dignement le nom transmis par les aïeux, ou qui s'en font un plus haut que celui des ancêtres... Puis il existe une race d'êtres inutiles, sinon dangereux, employant leur temps à développer leurs vices et à entretenir ceux de leurs amis... Les uns tiennent la plume, le pinceau, l'épée ; les autres manient la fourchette ou des cartes plein les mains, font la vole et tournent le roi ! Convenez qu'entre ces hommes la partie ne serait pas égale, et que celui qui travaille et vaut quelque chose par son intelligence et sa moralité serait un grand sot de risquer sa vie contre un viveur et un spadassin de profession.

— C'est vrai ! c'est vrai ! murmurèrent les amis de Dervaux.

— J'ajouterai, dit celui-ci, que le duel me paraissant une sorte d'assassinat je le repousse de toutes les forces de ma foi religieuse.

— Si je vous insultais...

— Ce serait devant un nombreux public et j'en appellerais aux tribunaux

— Lâche ! fit Maxime, lâche !

Dervaux regarda ceux qui l'entouraient avec une expression de calme superbe.

— Cet homme est fou ! dit Lagny en désignant Luzarches.

— Peut-être... répliqua Dervaux d'une voix profonde.

— Vous battrez-vous? cria Maxime en rapprochant si près son visage de celui de Dervaux que son souffle brûlant souleva les cheveux de l'auteur dramatique.

— Non, répéta celui-ci.

La main de Maxime se leva, elle aurait touché la joue de Louis, si Grandpré n'avait arrêté le bras de M. de Luzarches.

— Je tiens le soufflet pour reçu, fit Dervaux.

— Mais je garde la situation d'offensé, ajouta Luzarches.

— Mes témoins s'entendront avec les vôtres, monsieur.

Cette scène produisit un effet impossible à décrire. Ces réclamations, ces ripostes vives, l'intervention de Rameau d'Or, les sous-entendus terribles de l'enfant, l'insulte faite à Dervaux, tout cela se passant dans les coulisses d'un théâtre entre le prologue et le premier acte, tandis qu'on plantait les décors, que les hommes d'équipe passaient et repassaient, qu'on essayait les costumes et que retentissait la sonnerie appelant les acteurs sur le théâtre, tout cet ensemble de faits bizarres et terribles causa une indescriptible émotion parmi les habitués des coulisses. Chacun donnait tort à Maxime de Luzarches et se demandait ce qu'il y avait de fondé dans ses réclamations insolentes. Le bruit de ce qui venait de se passer se répandit rapidement dans la salle, et quand le rideau se releva les applaudissements de la foule prouvèrent à l'auteur la sympathie qu'il inspirait.

Luzarches n'assista point à la fin du drame. Il venait de s'apercevoir que la loge de la famille de Gailhac-Toulza était vide.

— Je me bats avec Dervaux, dit Maxime à Fil-de-Soie, quand il l'eut rejoint.

— Tant pis, répondit celui-ci.

— Ne comprends-tu pas qu'il faut que je le tue?

— Pourquoi?

— Il a des soupçons.

— Votre maladroite colère va les doubler.

— Il mourra! Je veux qu'il meure! Chaque fois que je me suis battu, mon adversaire est resté sur le terrain... Si tu avais entendu ses répliques, tantôt froides comme une lame d'épée, tantôt brûlantes comme un fer rouge... Un peu plus et il m'eût crié devant tous : — Les juges furent stupides d'accuser Chemineau. Ne fallait-il point chercher à qui profitait le crime avant d'en accuser ce mendiant...

— Oui, oui, belle besogne! dit Fil-de-Soie. Nous étions tranquilles depuis trois ans ; en nous séparant, vous gardiez de quoi vivre honorablement si la fantaisie vous en prenait... Puis tout à coup vous

vous éprenez d'une jeune fille, la fatalité veut qu'elle soit l'héritière directe du vieil Henriot, et de ce moment tout est compromis... Il faut l'enlever... se créer des dangers, ameuter des ennemis... Mélati vous connaît maintenant. Elle sait mettre un nom sur votre visage... Et Mélati vit dans un milieu judiciaire qui peut grandement l'éclairer sur ses droits... Vous aviez eu trop de chance jusqu'ici, il faut que vous tentiez de la faire tourner... C'est fait, allez! La presse va s'emparer du conflit de ce soir... M. Francis de Gailhac qui, je n'en saurais douter, éprouve une vive sympathie pour Mélati, va, sinon vous dénoncer, du moins insinuer dans une série d'articles que la justice se trompa jadis en accusant l'inoffensif Chemineau... Nous voilà dans un beau guêpier.

— Nous nous en tirerons, fit Luzarches. Partageons-nous la besogne... Tu dois comme moi être convaincu que Rameau d'Or en sait plus qu'il ne dit... Cette scène qu'il joue d'une façon si dramatique, il l'a vue... Ces papiers constatant le mariage de Gaston et d'Arinda, papiers qui n'ont point été trouvés sur le cadavre de mon cousin, et sans lesquels cependant il ne fût point venu chez mon oncle, Gaston mourant a dû les lui remettre... Il les détient, il les cache...

— S'il les possédait ne les aurait-il point déjà remis à Mélati?

— Elle ne porte point le nom de son père. Rameau d'Or vit auprès d'elle, et continue à la chercher... Ces papiers, il faut les reprendre... Tandis que je tuerai Dervaux, enlève à l'enfant le moyen de nous nuire.

— Cette fois, dit Fil-de-Soie, je reconnais qu'il faut en finir.

Tous les deux rentrèrent en silence et se séparèrent froidement sans discuter les plans qu'ils pouvaient former pour leur sûreté ou leur vengeance.

Quant à Dervaux il considéra comme une manifestation de folie furieuse ce qui s'était passé entre M. de Luzarches et lui pendant l'entr'acte de son drame. Le succès de la pièce n'avait cessé de grandir; et si les amis de Louis, cédant aux vœux de public, ne l'avaient point entraîné sur la scène, c'est que le vainqueur de la soirée éprouvait une profonde horreur pour tout ce qui ressemblait à une exhibition de sa personne. Brisé d'émotion, il rentra chez lui accompagné par Lagny, refusant de souper avec de joyeux camarades, las de la lutte, énervé par sa victoire même.

Il s'endormit d'un sommeil fiévreux et fut réveillé par Rameau d'Or.

L'enfant se tenait immobile près de son lit, pâle, bouleversé par une émotion secrète. Quand Louis Dervaux ouvrit les yeux, il sourit à son protégé.

— Eh bien! lui demanda-t-il, tu n'es pas grisé de ton succès?
— Épouvanté, oui; grisé, non.
— Pourquoi épouvanté?
— C'est que j'aurais dû vous taire ce qui malgré moi s'est échappé de mes lèvres. Vous possédez un immense talent, et vous avez admirablement mis en œuvre ce que je vous indiquai à deux reprises : d'abord à l'auberge de Jarnille, ensuite au moment où vous commenciez ce que vous appelez la charpente de votre drame.
— Je ne l'ai point oublié, et si tu demandes des droits d'auteur...
— Je sollicite mon pardon, d'abord. Je me devais et je vous devais de taire mes soupçons... Ils vous ont conduit à écrire la *Chambre n₀ 7*, mais ils causent aussi votre querelle avec M. de Luzarches. Quel misérable que cet homme! Il ne lui suffit pas d'avoir porté le coup mortel à son oncle Henriot en organisant des orgies au château de Marolles, d'avoir assassiné M. Gaston...
— Ainsi tu crois ce que tu me disais jadis d'une façon dubitative... « Supposez que M. de Luzarches eût commis le meurtre... »
— Il l'a commis! Et je ne suis point le seul à le croire. Le juge de paix de Marolles en était convaincu... Soyez certain que tout avait été combiné d'avance, le dîner qui absorbait l'attention du personnel de l'auberge, et pendant lequel les invités chantaient, inconscients de ce qui devait se passer... Que serait-il advenu si Chemineau ne fût point arrivé demander un asile pour la nuit? Gaston de Marolles eût été assassiné quand même, seulement les soupçons se seraient plus vite portés sur Maxime...

Rameau d'Or n'osa rien ajouter. Il s'informa seulement si Dervaux avait besoin de lui, et sur sa réponse négative il courut chez Mme de Gailhac-Toulza prendre des nouvelles de Mélati.

Depuis le moment où, bouleversée par la scène qui reproduisait d'une façon terrible l'assassinat de son père, Mélati s'était évanouie, une fièvre ardente brûlait son sang. Il lui échappait dans ce délire des mots soudains, des cris inconscients, des révélations inattendues. Tantôt elle pleurait à sanglots, le front caché dans ses oreillers; tantôt elle se redressait implacable, le bras tendu et semblait désigner un coupable à la justice. Mme de Gailhac, la trouvant en cet état alarmant, essaya de lui faire compléter les révélations de la veille, mais la jeune fille demeura muette chaque fois qu'une question directe lui fut adressée. Elle se leva tard et trouva au salon Francis qui l'attendait. Il n'avait pas fermé les yeux. Le sentiment profond qu'il ressentait pour Mélati croissait en raison des douleurs qu'elle avait subies, de la protection dont elle avait besoin. Quand il la vit paraître pâle, brisée, il courut à elle :

— Mélati, dit-il, chère Mélati, ne puis-je rien pour guérir le chagrin qui vous dévore ? Dois-je vous consoler ou vous venger ?

— Ni l'un ni l'autre, répondit-elle d'une voix sans timbre

— Ne me condamnez pas à demeurer inactif dans le drame qui se passe autour de vous. Mon dévouement vous est acquis jusqu'à la mort, Mélati, ne le savez-vous pas ? Sans que je m'en doutasse d'abord vous avez pris dans mon âme une si grande place que, si je vous arrachais de ma pensée, il n'y resterait rien ! rien! entendez-vous ! Ne soyez pas courroucée, Mélati, ne me brisez pas par votre indifférence. Écoutez-moi, une fois, la première, la dernière si vous le voulez... Je vous chéris de toute mon âme... Ma mère le sait, ma mère le permet... Au-dessus des avantages de la fortune elle place les qualités du cœur, les hautes vertus, les dévouements sacrés... Pourvu qu'il n'existe pas une tare sur la famille, qu'importe le nombre plus ou moins grand des sacs d'argent... Je vous attendais, Mélati, puisque jamais une autre femme ne m'avait remué le cœur avant le jour où vous m'êtes apparue... La Providence nous rapproche, vous ne voudrez pas nous séparer.

— Il le faut pourtant, répondit Mélati d'une voix dans laquelle montaient des larmes. Oui, vous avez raison, nous ressentons l'un pour l'autre une vive sympathie, une franche amitié ; mais ne vous trompez point sur la nature de ce sentiment, monsieur Francis .. Comparez nos deux situations, et vous demeurerez convaincu que vous ne pouvez aimer d'amour la pauvre fille dont la mère était, il y a quelques mois, étendue sur un lit d'hôpital.

— Eh ! ce sont ces douleurs noblement supportées qui m'attachent si fortement à vous ! Mélati, ne voulez-vous point me rendre heureux ; Mélati, sûre de la tendresse de ma mère comme de mon amour, refuserez-vous de devenir ma femme?

Mélati ferma les yeux et porta ses deux mains à sa poitrine.

— Cela ne se peut pas ! dit-elle.

— Cela ne se peut pas! Ah! s'écria Francis, vous ne pouvez m'aimer, peut-être en préférez-vous un autre...

Elle sourit avec une tristesse navrante.

— Croyez tout ce que vous voudrez, dit-elle. Jamais je n'entrerai dans votre famille... Je ne vous aime pas! monsieur Francis ! Je ne puis ni ne dois vous aimer.

— Vous reviendrez sur cette cruelle parole ?

— Jamais! dit-elle.

Puis le voyant si troublé qu'elle craignit de perdre elle-même son sang-froid, elle lui tendit la main :

— Ne me haïssez pas, c'est tout ce que je vous demande, et laissez-moi seule...

— Non, répondit-il, je ne vous quitterai pas avant que vous m'ayez expliqué pourquoi vous me repoussez... Trouvez-vous ma situation insuffisante? Je le sais trop. Mais enfin je suis jeune, courageux; on m'accorde quelque talent, et devant moi j'ai l'avenir. Que ne ferais-je point, Mélati, si je voyais comme récompense de mes efforts, dans un temps que vous feriez aussi lointain qu'il vous conviendrait, l'espérance d'être aimé de vous et de vous consacrer ma vie. Ce n'est pas seulement moi que vous atteignez par un refus sans motif, mais ma mère qui vous chérit tendrement, ma sœur qui voit en vous plus qu'une amie... Je serai patient, je me tairai, dites-moi seulement que vous ne me repoussez pas.

La jeune fille secoua la tête.

— J'agirais mal en vous trompant, dit-elle, mieux vaut aujourd'hui vous faire souffrir.

— Même si cette souffrance doit me tuer?

— Vous tuer, vous!

Son regard venait de s'animer; elle s'était penchée vers Francis avec une ardente rougeur sur les joues, d'ordinaire si pâles; ses lèvres tremblaient, et son corps frêle vibrait comme une harpe. Un rayon d'espoir traversa la pensée de Francis. Cette émotion ne pouvait être feinte. Mélati ne savait pas mentir. Mais alors comment concilier cet attendrissement subit et la froide indifférence qu'elle témoignait tout à l'heure. A quel moment trompait-elle? Peut-être allait-il insister davantage, mais la porte du salon s'ouvrit et Louis Dervaux entra.

Il était pâle et le regard dont il enveloppa Mélati renfermait une affection si vive, un culte si fervent, que Francis en demeura frappé.

— Allons, pensa-t-il, voici celui qu'elle préfère. Quoi d'étonnant à cela, après tout! Depuis longtemps ils se connaissent... Dervaux est bien heureux! Dervaux est riche et célèbre; il peut lui offrir un nom glorieux, une fortune chaque jour accrue, tandis que moi! moi!...

Mélati allait se retirer après avoir échangé un salut avec l'auteur dramatique. Celui-ci la retint:

— Voulez-vous me donner la main, demanda-t-il.

— De grand cœur.

Il ajouta:

— Vous ne me parlez pas de mon drame?

— Excusez-moi, répliqua-t-elle en portant la main à sa poitrine, je ne l'ai pas entendu jusqu'au bout... Les émotions qu'il m'a causées ont été si poignantes...

— Que mademoiselle s'est évanouie après le prologue, ajouta Francis.

— Évanouie! Oh! mon Dieu, voilà toute la joie de mon succès perdue...

— Perdue! parce qu'une fille ignorante des choses de théâtre ne peut supporter la violence des émotions que vous excitez en elle... Ne gardez au contraire de cette soirée que le souvenir d'une éclatante victoire... Vous l'avez bien gagnée.

— Mademoiselle Vebson... dit-il, au moment où Mélati allait franchir le seuil du salon.

Elle s'arrêta et le regarda de ses grands yeux si doux

— Non! non! fit-il tout bas, ce serait de la folie, taisons-nous... Souhaitez-moi bonne chance, voulez-vous, et promettez-moi de prier Dieu pour moi demain.

Elle le promit et sortit lentement.

Le regard de Louis Dervaux la suivit, puis inconsciemment resta fixé sur la porte.

Francis ressentait une irritation sourde, et ce fut d'une voix accusée qu'il dit à son ami :

— Que souhaitez-vous de moi?

— Je me bats demain, et je viens vous prier de me servir de témoin.

— Vous vous battez! avec qui?

— Avec M. de Luzarches.

— C'est une folie! Vous, un honnête homme, croiser l'épée contre ce spadassin étrange! Qu'est-il arrivé entre vous?

— Ce monsieur s'est déclaré offensé par ma pièce. Il trouve étrange que je m'empare du village de Marolles pour en faire le lieu de la scène, et que je reproduise dans le décor la chambre de l'auberge de Jarnille. Il paraît oublier, ce pointilleux personnage, que nous n'inventons pas tout dans nos œuvres, et que la moelle de nos livres, comme celle de nos pièces, est prise sur la nature même. Ah! ne croyez pas, mon cher Francis, que j'aie tout de suite accepté une rencontre. Elle me répugnait d'autant plus que la personne de M. de Luzarches m'est antipathique. Mais voyant ses arguments sans effet, il a eu recours aux voies de fait... Un soufflet a failli m'atteindre, et vous comprenez...

— Oui, dit Francis, devant un certain monde, et une espèce de tribunal d'honneur, vous devez laver cette injure dans le sang... Mais pour moi le duel est un crime, un meurtre déguisé, ou une folie! folie sanglante puisque la mort d'un homme la peut suivre. La raison, la religion, condamnent le duel. Mes principes le repoussent. Je ne serai pas votre témoin.

— Je m'attendais à un autre accueil, dit Dervaux. Et cependant, à cette heure, j'ai besoin de courage... Au moment de risquer sa vie, on sent plus d'une pensée cruelle vous étreindre le cœur... On se dit qu'il eût été facile de bâtir l'édifice de son bonheur, après avoir fondé celui de sa fortune...

— Et, demanda Francis en baissant les yeux, et en s'efforçant de dissimuler l'émotion qui le prenait à la gorge, on songe à la jeune fille dont on voulait faire sa femme?

— Ah! vous m'avez compris! s'écria Dervaux. Merci d'avoir pénétré un secret qui m'étouffe à cette heure. Si je succombe dans la lutte, vous transmettrez mes dernières paroles à celle que je respecte autant que je l'aime... J'attendais le succès d'hier pour demander à Mélati de devenir ma femme... Je vais aujourd'hui même écrire un testament qui la fera riche si je meurs... Au moins, en partant, je n'aurai pour elle aucune inquiétude... Votre famille continuera à la protéger, à la chérir, vous lui chercherez un mari digne d'elle... Quelle incomparable femme sera cet ange!

— Ainsi, dit Francis, Mélati ignore vos sentiments pour elle?

— D'une façon absolue.

— Pardon! dit Francis, vous valez mieux que moi.

— Que vous! Est-ce possible? Quoi! Mélati...

— Mélati vient de refuser ma main, répondit Francis, et j'ai supposé que c'était par préférence pour vous...

Dervaux tendit la main à Francis.

— Deux hommes comme nous ne peuvent se haïr, dit-il, plus tard Mélati décidera; promettons-nous d'abord, en dépit du choix dont elle reste maîtresse, de demeurer toujours amis.

Ils se pressèrent les deux mains en hommes qui s'estiment trop pour avoir la force de se haïr.

Dervaux n'insista point pour obtenir de Francis qu'il consentît à être témoin de son duel avec Luzarches. Il respecta le scrupule religieux du jeune homme. Après un moment d'entretien grave, comme en peuvent avoir deux amis dont l'un va peut-être mourir dans quelques heures, ils se séparèrent: Francis pour s'abîmer dans le sentiment de la douleur que lui causait le refus de Mélati, et Dervaux pour chercher un second témoin.

— Embrasse la main qu'elle te donne, dit-elle. (Voir page 276.)

CHAPITRE XXIII

CELLE QU'ON CHERCHE

Quand elle sortit du salon, en y laissant Francis et Louis Dervaux, Mélati, incapable de modérer ou de contenir sa peine, courut s'enfermer dans sa chambre. Elle éprouvait le besoin de pleurer à sanglots, de se rouler, de s'abîmer dans son désespoir. Ce que venait de lui avouer le fils d'Aimée mettait le comble à ses tortures. Elle aurait pu continuer une existence partagée entre le travail et la prière, éclairée par les rayonnements d'une amitié chaude; il lui aurait suffi de savoir que Mme de Gailhac l'estimait profondément, que Blanche lui vouait une amitié de sœur. Elle songeait aux morts adorés reposant dans le cimetière, ce cimetière où elle trouvait des couronnes et des fleurs qu'elle n'y avait pas mises, et qui cachaient en elles un charme de tendresse mystérieuse. Que demandait-elle de plus, cette orpheline dont la mère était morte de langueur, dont le père était tombé sous le couteau d'un assassin? Elle croyait avoir suffisamment payé sa dette à la douleur, et s'être montrée héroïquement résignée. Mais voilà que tout à coup le vase débordait. A ses épreuves filiales succédaient des chagrins intimes contre lesquels rien jusqu'alors ne l'avait mise en garde.

Jusqu'à ce jour ne s'était-elle point efforcée de se persuader que son cœur meurtri resterait au moins toujours libre, qu'il ignorerait les battements tumultueux, les angoisses mortelles. Parfois, sans doute, dans les heures d'inspiration où son pinceau retraçait d'une façon plus franche les fleurs qu'elle peignait sur ses éventails et sur ses écrans, tandis que la lumière, tombant de la fenêtre, lui parlait de printemps, de nids dans les arbres, de fleurs dans les prés, de longues rêveries sous les saules, elle s'était demandé d'une façon presque involontaire si jamais elle ne posséderait un foyer à elle, si jamais elle n'attendrait avec une impatience joyeuse le retentissement d'un pas connu dans l'escalier. Ce qu'elle voyait autour d'elle, l'amour sans nuage d'Aimée pour son mari, le respect mêlé d'affection de M. de Gailhac pour sa compagne, la charmait et la troublait. Sans doute Gaston de Marolles, son père, chérissait profondément Arinda, mais à côté de ce sentiment dont rien n'avait pu ralentir ou refroidir la puissance, que d'épreuves subies, que de maux partagés! Combien de fois les avait-elle entendus pleurer en songeant à l'avenir! Dans la maison de M. de Gailhac, rien de semblable. La famille y poursuivait des traditions admirables. Le vieil Archambaud, dont souvent on évoquait la mémoire, y paraissait grand comme un martyr. Une ou deux fois, il est vrai, un autre nom était venu sur les lèvres de Mme de Gailhac, celui de Robert... Mais le père avait d'un air grave penché la tête, et la mère n'avait pas osé insister. Mélati comprenait qu'il existait un fils prodigue, un fils coupable, exilé de la famille, chassé pour ses fautes du toit paternel. Mais en revanche, quel homme que Francis! Puis le plus jeune, le soldat: Didier, dont les lettres causaient tant de joie. Vraiment Aimée de Gailhac pouvait s'estimer heureuse, même si l'un de ses fils avait quitté la voie tracée depuis longtemps. Ses autres enfants étaient pour panser délicatement la plaie faite à son cœur.

Francis ne donnait-il pas mieux que des espérances? Francis ne ferait-il point un jour connaître son nom d'une façon éclatante. Quand elle prononçait ce nom, elle s'arrêtait, prise de trouble, craintive et cependant heureuse. Ne l'aimait-elle point autant que Blanche? Si elle eût voulu être franche, ne le préférait-elle pas mille fois? Elle lui en voulait des mots qu'il avait osé dire. Sa quiétude s'en trouvait à jamais compromise. Jusqu'alors elle pouvait croire que ses rêveries n'étaient partagées par personne, que l'épreuve n'atteignait qu'elle... Mais il avait parlé... Le secret de son âme venait de lui échapper. Que devait-elle faire? Demeurer dans cette maison, quand l'amour de Francis la hanterait à toute heure? Vivre à côté de ce jeune homme dont les regards, les mots dits à mi-voix, jusqu'au silence, rappelleraient le souvenir de l'heure durant laquelle il oublia qu'il s'était juré de se taire? Non, cela ne se pouvait pas. Elle devait ce dernier sacrifice à sa dignité, à la bonté de Mme de Gailhac. Les plus strictes lois de l'honneur lui ordonnaient de partir... Où irait-elle? Hélas! depuis qu'elle avait quitté Chandernagor, elle allait au hasard, comme une feuille que pousse le vent... C'était folie à elle de croire que le ciel se montrerait enfin clément! Que devenir, pourtant?

Elle chercha longtemps dans sa tête fatiguée, puis elle se dit : j'irai rue de Maubeuge... Ma mansarde est là, j'y rentrerai, voilà tout. Que de douleurs contenus dans ce mot : « voilà tout! » Hélas! oui, c'était le renouvellement des vieilles douleurs, les mêmes souffrances et les mêmes angoisses déjà subies; c'était raviver la douleur que lui avait causée la mort de sa mère.

— J'y retrouverai de bons amis, pensa-t-elle : Louis Dervaux et Rameau d'Or. Alors elle se souvint avec attendrissement des services que lui avait rendus le protégé de Jarnille, du respect dévoué dont l'environnait l'écrivain. Sans doute elle souffrirait en quittant la maison de Mme de Gailhac, mais pouvait-elle y demeurer, maintenant qu'elle connaissait le secret de Francis? Ne serait-ce pas lui faire comprendre tacitement qu'elle acceptait ses assiduités?

Elle pensa ensuite que mieux valait en finir tout de suite et soulever cette croix nouvelle; alors, s'asseyant à une petite table, elle commença pour Aimée de Gailhac-Toulza une lettre sur laquelle tombèrent bien des larmes. Les mots se pressaient d'abord sous sa plume, puis elle s'arrêta songeuse.

Encore une page et tout serait dit, une page... Mais non, cela ne se pouvait pas, jamais elle ne peindrait d'une façon assez vive sa reconnaissance et sa tendresse; jamais elle ne se jetterait avec assez d'élan sur le cœur de cette noble femme dont elle ne pouvait devenir la seconde fille. Tout ce que son âme ressentait, il lui semblait que sa plume était impuissante à l'exprimer.

— Puis-je entrer? demanda une voix douce, tandis qu'une main timide entr'ouvrait la porte de la chambre.

D'un mouvement rapide, Mélati cacha la lettre dans son buvard; elle venait de reconnaître la voix de Rameau d'Or et nul ne devait savoir son nouveau secret.

La Providence l'envoyait. Qui sait si elle ne partirait point avec lui; qui sait s'il ne consentirait pas à mettre encore à sa disposition ce dévouement auquel elle devait tant déjà.

L'enfant vit tout de suite des traces de larmes sur le visage de la jeune fille.

— Qu'avez-vous, mademoiselle Mélati? lui demanda-t-il. C'est bien indiscret à moi, sans doute, d'aller au-devant de vos confidences, mais si vous saviez combien je m'estimerais heureux de vous être bon à quelque chose!

Il disait cela debout, très ému, le regard embrumé de pleurs, comme si la douleur de Mélati fût sa propre douleur.

— Prends ce tabouret, dit-elle, viens t'asseoir près de moi, et causons. Je songeais à toi...

— Allez-vous comme les autres me répéter que mon avenir est à Paris, et qu'après avoir monté sur les planches de l'Ambigu je dois trouver fort au-dessous de moi de devenir aubergiste du *Soleil-Levant?*

— Je m'en garderai bien, répondit-elle. Sans doute ton succès d'hier a été vif, et pour beaucoup ton avenir au théâtre semble assuré; mais il faut comprendre que si, dans cette pièce, tu as montré assez de naturel pour toucher au génie, c'est que...

— C'est que j'ai vu M. de Marolles assassiné, oui, mademoiselle... Aussi, la pièce une fois retirée du répertoire, elle y restera longtemps, par exemple! Six mois, qui sait? un an, peut-être, je quitterai le théâtre, et je reprendrai avec une activité nouvelle des recherches que je suis forcé d'interrompre, et puis, quand ma mission sera enfin remplie, je retournerai auprès de Colette.

— Cher enfant dévoué! dit-elle, nul ne fait en ce monde ce qu'il veut. Je t'ai dit que tout à l'heure je songeais à toi, voici pourquoi... Ma petite chambre sous les toits, rue de Maubeuge, est toujours libre, n'est-ce pas?

— Sans doute, mademoiselle. J'en ouvre les fenêtres de temps en temps, je fais le ménage; je me rappelle l'époque où vous y viviez et où j'étais assez heureux pour faire vos commissions, car vous aviez confiance en moi... Certes, je ne demande pas que vous y reveniez, puisqu'il faudrait pour cela que vous fussiez devenue malheureuse... et vraiment vous avez payé votre large tribut de larmes...

— Rameau d'Or, ce que tu n'oses souhaiter se réalise... Je vais quitter cette maison hospitalière.

— Vous rentrerez rue de Maubeuge?

— Oui, mon ami.

— Quelle peine vous allez causer à Mme Aimée, à Mlle Blanche! à tout le monde, enfin... Avez-vous réfléchi? Ici vous êtes l'enfant de la maison, gâtée, choyée.. Là-bas vous travaillerez encore pour les marchands d'éventails, et vous savez par expérience qu'ils ne sont guère généreux ; la gêne peut venir, et avec elle les épreuves que vous avez déjà subies.

— Ici j'endure la plus cruelle de toutes!

— Dieu du ciel! vous vous créez des chagrins, mademoiselle, vous ne savez point combien toute cette famille vous adore... M. Francis se jetterait au feu pour vous... Quand vous fûtes enlevée par un misérable, je crus qu'il deviendrait fou... Il pleurait comme un enfant en répétant à Mme de Gailhac : — Elle dont je comptais faire ma femme, perdue pour moi...

Mélati étouffa un sanglot.

— Devant toi il a osé le dire... Pourquoi te cacherais-je alors le motif de mon départ... Je quitte cette maison pour ne pas obéir au vœu d'un cœur trop généreux... M. Francis m'a ouvert son âme, je ne veux pas devenir sa femme.

— Vous n'aimez pas M. Francis! dit Rameau d'Or stupéfait, lui si bon, si dévoué, si généreux.

— Je ne le dois pas, je ne le puis pas, mon ami... et acceptant sa main je croirais commettre une vilaine action.

— Mais il est surtout une chose que vous ne devez pas, miss Vebson, c'est vous montrer ingrate et injuste... Il vous aime, tout le monde vante ses qualités, que lui faut-il de plus...

— Rien! rien! Mais moi, je ne suis point la compagne qu'il lui faut. Pour cette grande famille noblement ruinée, il faut des alliances qui la relèvent... Mais surtout, Rameau d'Or, il faut des familles dont jamais un soupçon n'entacha l'honneur... Dieu le sait, s'il m'appelait à lui, je remettrais dans ses mains une âme pure, mais le malheur m'a frappée de tant de coups, que je suis à cette heure dans l'impossibilité de voir s'accomplir le plus ardent de mes rêves... Francis de Gailhac! Mais je l'aime comme il m'aime, comprends-tu?

Je sacrifierais pour lui ma vie, si ma vie pouvait lui être bonne à quelque chose; et c'est à cause de cette tendresse pleine d'abnégation que je refuse d'être sa femme... Je sais bien qu'il passerait sur tous les obstacles, mais son père, cet austère magistrat, sa mère, cette sainte, peuvent ne point raisonner comme lui... Je suis son égale par la naissance, par l'éducation... Mais le malheur a voulu que les titres de ma famille, les actes civils constatant mes droits et le mariage de ma mère fussent anéantis... Si bien que je cache mon nom sous un nom emprunté, et que miss Vebson n'a pas le droit de dire devant tous et bien haut : — Je suis la fille de Gaston de Marolles, assassiné traîtreusement dans la *Chambre* n° 7.

— Sa fille, vous ! la fille de M. de Marolles ? demanda Rameau d'Or, balbutiant, éperdu, et qui venait de tomber sur les genoux.

— Oui, répondit-elle, ce secret m'est échappé, tu le garderas pour toi seul... Je ne pouvais d'ailleurs le taire davantage... depuis hier il me monte incessamment aux lèvres...

— Vous, Mélati de Marolles... Dieu est trop bon ! Non pas trop, vous méritez tout le bonheur que vous réserve sa Providence... Moi je n'y comptais plus... Je vous ai tant cherchée depuis que j'ai quitté l'auberge de Marolles.

— Toi !

— C'est vrai, vous ne savez rien ! C'est à cause de vous que je suis à Paris... Alors, vous resterez dans cette maison... Avant un mois vous serez Mme Francis de Gailhac, c'est moi qui vous le dis... Je ne divague pas, allez ! Seulement, je ne sais par où commencer ! Il y en a qui diraient par le commencement... Je ne crois pas... Il me semble qu'il vaut mieux commencer par la fin... Et la fin sera votre mariage... Il vous aime et vous l'aimez... A moins que vous ne le jugiez trop pauvre, maintenant...

— Lui, trop pauvre !

— Car c'est vous qui êtes riche, vous, l'héritière d'Henriot de Marolles... Je comprends maintenant pourquoi le misérable Luzarches voulait vous épouser, il possédait le secret, lui... Si vous étiez devenue la femme de votre cousin il mettait la main sur les quatre millions... Mais Rameau d'Or sur qui personne ne comptait... Quelle noce on célébrera à Marolles ! Dieu du ciel ! Comme tout le monde va être content là-bas, à commencer par le bon Sébas.

— Pauvre petit ! en parlant de mon mariage avec Francis, tu oublies que je ne puis hériter des millions de mon oncle qu'à la condition de prouver ma filiation légitime d'héritière... Mon père avait sur lui tous les actes, ils lui ont été volés... et tu sais qu'on ne les a pas retrouvés dans les vêtements de Chemineau.

— Volés, non, mademoiselle, il les a confiés...

— A qui?

— A un pauvre enfant qui accourut à son cri d'agonie, le reçut dans ses bras, entendit ses recommandations suprêmes... et recueillit son dernier soupir.

— Toi! c'était toi!

— Il me dit : « Prends ces papiers et cette lettre, et jure-moi de les remettre à ma femme... Tu iras à Paris... rue...» Ce fut tout, il ne prononça pas le nom de la rue... Je cachai son dépôt sur ma poitrine, et peu de temps après je vins à Paris pour vous chercher. Je me suis informé près de tous les gens ayant des relations à Marolles, s'il connaissait la femme de M. Gaston... j'ai exercé tous les métiers qui pouvaient me mettre en relation avec un grand nombre de personnes, commissionnaire, distributeur de programmes, ouvreur de portières... rien! rien! rien! Et dire que vous étiez là, si près, que je vous voyais chaque jour, que vous aviez la bonté d'accepter mes services et que je n'ai rien deviné...

— Mais du moins tu as bien rempli ton mandat, cher enfant! dit la jeune fille en pressant les mains de Rameau d'Or.

— Ce que je faisais ne pouvait compter, tant que je ne réussissais pas. Mais, voyez combien cela est étrange, à partir du jour où je me sentis attiré vers vous, vers miss Vebson, je cherchai moins l'autre, cette Mlle de Marolles que je devais retrouver sous peine de manquer à la promesse la plus sacrée, celle qui fut faite à un mort. Je me reprochais comme une faute mon affection pour vous, le dévouement qui, malgré moi, m'attachait à vos pas... Je me faisais violence pour me rappeler la parole donnée. Je touchais avec un respect attendri les papiers légués par la victime que j'avais vue glacée dans l'auberge de Jarnille, mais rien n'y faisait, voyez-vous, miss Vebson m'eût gardé toute la vie à côté des plis de sa robe. Combien du haut du ciel votre père a dû sourire à cette divination de mon cœur que sans doute il m'inspirait.

— Ainsi, tu es certain d'avoir en ta possession l'acte de mariage de ma mère?

— Je l'ai.

— Mon acte de naissance?

— Je l'ai encore.

— Alors, tu as raison, je suis sauvée, je suis riche, je serai heureuse! Cher père, comme les approches de la mort le rendaient clairvoyant... Il comprit tout de suite que tu étais un brave cœur, et il te confia à toi, un petit, un humble, l'avenir de sa famille...

— Outre ces papiers d'actes civils, j'ai encore une lettre .. En arrivant chez dame Jarnille, M. de Marolles se mit à écrire à vous, à votre mère, sans doute... Plusieurs pages couvertes d'écriture se trouvaient sur la table quand il fut frappé... Probablement l'attention avec laquelle il s'absorbait dans sa correspondance l'empêcha d'entendre l'assassin...

— Chemineau? dit la jeune fille d'une voix basse, presque incertaine.

— J'ai dit l'assassin, mademoiselle... Dieu seul sait son nom... Mais moi, voyez-vous, j'ai mon idée... Et M. de Marolles devait avoir la sienne, car tandis que je le tenais expirant dans mes bras il traça une dernière ligne.

— Et cette ligne contenait?

— Je meurs assassiné par...

Qui t'arrête, Rameau d'Or? Son nom, livre-moi son nom?

— Votre père prononça cette phrase en la traçant, voilà pourquoi je suis certain que sa lettre contient une révélation, mais le nom ne fut pas dit. . Ses doigts tremblants cachetèrent la lettre... Il répéta dans un soupir : « — Ma femme ! Ma fille ! » et ce fut tout...

Mélati cacha son front dans ses mains et se mit à sangloter. Elle se reprochait maintenant d'avoir pu ressentir un mouvement de joie, en apprenant que Rameau d'Or possédait les titres qui lui rendraient à la fois et la possession d'état et une fortune. Fortement ébranlée par les impressions reçues le matin, ayant souffert dans son cœur naïf et bon tout ce que pouvait endurer une créature comme elle, du moment où elle crut qu'elle pouvait guérir le chagrin causé à Francis et lui montrer la situation vraie de son âme, elle comprit à quel point lui était cher celui qui, une heure auparavant, lui offrait de devenir sa femme. Le sentiment d'une joie immense l'emporta sur tout autre. Mais quand Rameau d'Or évoqua les souvenirs du *Soleil-Levant*, quand on vit dans cette chambre d'auberge M. de Marolles mortellement blessé, la tête penchée sur l'épaule de l'enfant, lui parlant de sa femme, de sa fille, lui confiant une mission sacrée, la tendresse filiale l'emporta sur tout autre sentiment, et elle répéta en pleurant :

— Mon père ! mon père !

Puis entraînée par un subit élan de reconnaissance, elle saisit les mains de Rameau d'Or, ces mains qui avaient travaillé pour elle, ces mains rougies du sang de Gaston de Marolles, et elle y posa ses lèvres.

— Mon père les a touchées ! dit-elle, tes mains de laborieux enfant sont sacrées pour moi.

Rameau d'Or pleurait, lui aussi. Mais ses larmes étaient douces.

Sa tâche était remplie. Il venait de retrouver, pour la rétablir dans ses droits, la légitime héritière de Marolles.

— Maintenant, dit la jeune fille, va, va vite chercher la lettre de mon père, la dernière preuve de son ardente tendresse pour nous.

— J'y cours, mademoiselle, répondit Rameau d'Or.

En sortant il heurta presque Blanche de Gailhac.

— Mélati est-elle au salon? demanda-t-elle d'une voix triste.

— Mlle de Marolles sera bien heureuse de vous voir, répondit le fiancé de Colette.

— La joie de son succès fait tourner la tête au pauvre garçon, pensa Blanche, même durant le jour il se croit au théâtre de l'Ambigu et ne songe plus qu'à la famille des Marolles.

Blanche était très pâle. Son cœur battait vite. Elle se demandait ce qu'elle allait dire à Mélati pour tenter de la fléchir. Francis, en quittant la jeune fille, n'osant confier tout d'abord à sa mère le chagrin qui lui poignait l'âme, était allé le verser dans le cœur de Blanche. Elle avait trop souffert jadis de l'indigne conduite d'Ernest de Blosseville à son égard, pour ne point témoigner à son frère une pitié dont celui-ci avait grand besoin. Si elle n'eût rien connu des troubles et des angoisses d'un rêve échafaudé, puis renversé brusquement, il aurait gardé le silence, mais sa sœur avait l'expérience du mal que causent les secrètes blessures, elle le comprendrait mieux que sa mère sans doute. Malgré elle, en dépit de son attachement pour Francis, Mme de Gailhac pouvait n'être qu'à demi fâchée du refus de la jeune fille. Elle n'eût qu'à regret consenti à un mariage ne présentant pas, suivant les traditions de la famille, toutes les garanties du bonheur. Tandis que Blanche? Oh! Blanche ne verrait que le cœur saignant d'un frère bien-aimé. Elle compterait moins avec certaines convenances. Avant tout, elle se disait que le cœur de Francis était déchiré comme jadis l'avait été le sien, et c'en était assez pour lui causer une douleur cuisante. Non, Francis ne se trompait point. Depuis le jour où, la voyant ruinée, M. de Blosseville rendit à M. de Gailhac sa parole, le jeune homme suivit les phases diverses de la pensée de sa sœur. Il la vit froissée jusqu'au fond de l'âme, désolée; puis l'orgueil l'emporta sur l'abattement, elle méprisa trop celui dont elle avait failli être la femme pour avoir le courage de le regretter. Un mois plus tard elle le dédaignait et l'oubliait. Il ne restait plus rien de cette image jadis chère, rien! Seulement, sur les ruines de cette tendresse dédaignée un autre sentiment commençait à fleurir, comme ces plantes frêles qui croissent sur les rocs au souffle des tempêtes et qui demeurent en dépit du vent et de l'orage. Cette affection grandit lentement, chaque jour elle devint plus forte et plus sainte, et Francis savait bien qu'elle dominait désormais toute autre pensée dans l'âme de sa sœur. Ils lisaient dans le cœur l'un de l'autre; Blanche ne cachait rien à Francis, et Francis se sentait deviné. En le voyant entrer chez elle, le visage bouleversé, elle devina ce qui s'était passé.

— Malheureux ! dit-elle, tu as parlé ?
— Oui, répondit Francis.
— Qu'a-t-elle répondu ?
— Elle me refuse.
— Oh ! c'est impossible !
— Cela est possible, puisque c'est vrai. Depuis qu'elle habite cette maison je ne songe qu'à elle, ma vie s'est remplie du rêve d'en faire ma compagne. Je lui trouve à la fois toutes les vertus et toutes les grâces. Depuis que je suis homme, je passe à côté des femmes sans oser les voir, dans la crainte que leur souvenir me détourne de mon chemin ; mais du premier regard je me suis senti vaincu... Lutter ! à quoi bon ? Je sentais d'avance l'inutilité de la résistance ; et pourtant je le tentai. Je voulus faire un pacte avec mes yeux pour ne point la voir ; fermer les oreilles pour ne plus écouter sa voix charmeresse. J'essayai de me dire qu'un mystère l'entourait, mystère mettant entre elle et moi une infranchissable barrière... Mais, en dépit de tout, je ne songeai plus qu'à elle. Notre mère m'aime assez pour lire clairement dans mon âme, elle devina la moitié d'un secret dont l'autre lui fut livrée bien vite... Mon père se montra plus dur, et pourtant il céda... Oh ! Banche, je me crus sauvé, je m'imaginai que j'allais d'un mot conquérir ma chère idole... Pendant des jours, tremblant devant elle, j'hésitai à parler... J'aurais dû me taire toujours... A ma prière elle a froidement répondu : « — C'est impossible ! » — Et lorsque je lui demandai si elle me préférait un autre homme, elle n'eut pour calmer ma jalousie et mon désespoir que ce mot atroce : « — Vous êtes libre de le penser ! »

— Ce n'est pas vrai, répondit Blanche, ce n'est pas vrai !
— Pourquoi donc ? Dervaux est-il un rival à dédaigner ? Dervaux n'attendait que le succès de sa pièce pour la demander en mariage.
— L'a-t-il fait ?
— Pas encore... Il se bat en duel demain à propos de son drame avec cet effréné viveur qu'on appelle Maxime de Luzarches... Mais avant d'aller sur le terrain, il fera son testament en faveur de Mélati, afin que son avenir soit libre d'inquiétudes. Tu vois que lui aussi sait apprécier miss Vebson... Faut-il l'avouer ? je l'envie... il peut l'enrichir tandis que j'ai ma plume pour toute fortune.

— Francis, mon Francis ! dit Mlle de Gailhac, en posant la main sur l'épaule de son frère, il règne un malentendu entre vous, pas autre chose... Une femme est clairvoyante pour deviner les secrets d'une autre femme. Si le cœur de Mélati s'est donné, il t'appartient. Mais je la crois fière et devenue ombrageuse, en raison même de ses malheurs... Il en est un que nous ignorons sans doute, mais j'en suis certaine à l'avance, il ne saurait en rien entacher l'honneur de sa famille... Console-toi, calme-toi, je verrai Mélati, je lui parlerai... J'arracherai de son cœur le secret qu'elle persiste à te taire... Avant une heure tu ne te souviendras même plus d'avoir souffert...

— Oh! si tu fais cela!

— Eh bien! Si je réussis, que veux-tu me promettre?

— Je te promettrai... Mais non! Je ne te promettrai rien, sinon de t'aimer encore davantage et de te jurer que Dieu te rendra en bonheur et ce que tu réaliseras pour moi.

— Je ne suis pas intéressée, répondit-elle avec un sourire.

Tendrement elle l'embrassa, le laissant au salon le cœur rempli tout à la fois d'angoisse et d'espérance.

Ce fut alors qu'elle courut rejoindre Mélati que quittait Rameau d'Or. Elle s'attendait à trouver miss Vebson triste du chagrin qu'elle venait de causer à son frère, embarrassée de semer la division et le trouble dans une famille à qui elle devait une hospitalité précieuse. Au contraire, le visage de Mélati rayonnait, et ce fut avec un indicible élan qu'elle jeta ses deux bras autour du cou de Mlle de Gailhac.

— Blanche! dit-elle, Blanche, ma sœur!

— Quoi? demanda Mlle de Gailhac, les dures paroles de refus adressées à mon frère...

— Elles tombaient de mes lèvres et non de mon cœur...

— Tandis que maintenant?

— Maintenant mon cœur et mes lèvres sont d'accord.

— Que s'est-il donc passé entre sa visite et la mienne?

— Il s'est opéré un miracle, tout simplement... Blanche, ne m'appelez plus miss Vebson; ce nom appartenait à ma mère; Arinda Vebson... Mais mon père était ce Gaston de Marolles qui fut assassiné dans la *Chambre n° 7*.

— De sorte que le drame de Dervaux...

— Est un récit vrai et la mise en action d'un crime abominable... Rameau d'Or habitait à l'auberge de Jarnille, dont il héritera quand il épousera Colette, comme il dit... C'est à ce brave et loyal enfant que mon père à l'agonie confia ses papiers de famille... Privée de ces actes, je restais dans l'impossibilité de prouver le mariage de ma mère contracté à Chandernagor et mes droits à l'héritage de mon oncle Henriot de Marolles... Car je suis riche! comprenez-vous ce mot, riche de quatre millions, paraît-il, et d'un château, le château de Marolles... Riche!...

— C'est vous qui trouverez Francis trop pauvre, maintenant...

— Folle! Comprenez-vous ma joie, chérie? Comprends-tu mon bonheur, Blanche, ma sœur bien-aimée... J'apporterai à Francis une assez belle dot pour rétablir la fortune de toute la famille; nous rachèterons le vieil hôtel que vous avez tant regretté... Je te donnerai un million, à toi!

— Pourquoi faire? demanda Blanche.

— Pour te marier.

— Ma sœur, dit Blanche en souriant, j'ai l'orgueil de vouloir me marier sans dot.

Elle s'échappa rapidement appelant dans l'appartement d'une voix joyeuse :

— Francis! Francis!

— Eh bien? demanda-t-il.

Sans répondre elle l'entraîna, puis le poussant vers Mélati :

— Embrasse la main qu'elle te donne, dit-elle... Tu vois, frère, ce n'est pas plus difficile que cela... Seulement, c'est peut-être toi qui vas la refuser; Mélati de Marolles apporte dans son tablier d'ingénue une dot de quatre millions...

— Quel dommage! s'écria Francis.

Mais ce mot ne l'empêcha point de se conformer à l'ordre de sa sœur.

Damien trouva moyen de tirer un second coup et se défendit comme un diable.
(Voir page 280.)

CHAPITRE XXIV

LA DOUBLURE D'UNE VESTE

L'engrenage dans lequel se trouvait pris Damien se resserrait d'une façon alarmante. L'action chaque jour plus pressée marchait vers un dénouement rapide. Quelque rage qu'éprouvât l'ancien valet de Maxime de voir retarder son voyage en Belgique, et son mariage avec la blonde Henriette Van Totten, il comprenait que quitter la

France avant de s'être débarrassé de ses ennemis était impossible... La vieille chaîne traînait, rivée aux pieds des deux coupables. Il avait donc fallu se partager la besogne. Tandis que M. de Luzarches cherchait les témoins qui devaient s'aboucher avec ceux de Dervaux, Damien consentait à supprimer Rameau d'Or, non point en assassinant l'enfant, car Damien redoutait le sang versé en raison des dangers qu'entraîne la perpétration d'un crime, mais il fallait le réduire à l'impuissance, en empêchant qu'il révélât à Mélati sa situation véritable et la mît en possession des papiers établissant son identité. Quand les actes dont M. de Marolles, expirant, l'avait fait dépositaire seraient anéantis, il importait peu que l'enfant vécût, et qu'il tentât de convaincre soit Mélati, soit les Gailhac, soit même les juges d'un tribunal. La preuve manquant, tout son échafaudage s'écroulerait... Mélati de Marolles resterait Miss Vebson. Il fallait donc s'emparer tout simplement des papiers que possédait Rameau d'Or.

Les travestissements ne coûtaient guère à Damien. Rue Mouffetard il en possédait un joli assortiment. Bottines vernies et souliers éculés, chapeaux élégants et casquettes de soie, jaquettes à la dernière mode et vestes d'ouvrier s'y coudoyaient fraternellement. Il s'y rendit avant de faire ce qu'il appelait « une reconnaissance » dans la chambre de Rameau d'Or.

Ce fut le major qui entra dans la maison de la rue Mouffetard, d'où Mélati avait été si bravement enlevée; et ce fut un commissionnaire qui en sortit, vêtu de velours bleu foncé, à côtes, la médaille accrochée à la veste, une casquette semblable sur une chevelure roussâtre; aux pieds de gros souliers à clous et sur les épaules un crochet. Dans ce quartier populeux on prête peu d'attention à ce qui se passe chez les voisins. Chacun travaille pour soi, peine, besogne et pâtit. Du reste le mouvement des allées et venues était trop grand dans cette ruche ouvrière pour qu'il devînt aisé de les suivre. Le commissionnaire portant allègrement son crochet quitta la maison suspecte, puis lentement, en homme que rien ne presse, il monta vers la rue de Maubeuge.

La maison habitée par Dervaux était très vaste. Mme Verdas occupait le matin à faire le ménage de quelques jeunes gens; de plus elle soignait, de concert avec Rameau d'Or, le petit appartement jadis occupé par Mélati. Au moment où le commissionnaire passa devant la loge, Mme Verdas ne s'y trouvait point. Il monta tranquillement, puis, avisant une bonne qui descendait l'escalier, un panier à provisions sous le bras :

— Le petit Rameau d'Or, s'il vous plaît? lui demanda-t-il en prenant l'accent auvergnat.

— La troisième porte à gauche dans le couloir. Je doute que vous le trouviez à cette heure-ci. Enfin vous pouvez toujours frapper.

— Merci, la jolie fille.

La cuisinière, qui, en effet, n'était point laide, sourit du compliment et le salua d'un signe de tête.

Il continua de monter, entra dans le couloir, compta les portes et reconnut tout de suite celle du fiancé de Colette. Il avait pris un jour fantaisie à Mélati d'y peindre en façon d'armes parlantes une branche d'oranger toute couverte de fruits. Cela signifiait Rameau d'Or pour qui était habitué à deviner les rébus.

Fouillant alors dans ses poches, le commissionnaire, après s'être assuré qu'il était bien seul, en tira un trousseau de clefs et de rossignols, et, procédant tranquillement, il en essaya plusieurs, réussit à ouvrir la porte, se glissa par l'entre-bâillement, referma le battant sur lui et se trouva dans la place. Il en fit le tour cherchant sur quel point devaient de préférence se porter ses investigations. Une petite armoire de bois blanc se trouvait près du lit, il opéra de la même façon que pour la porte, et d'abord aperçut, sur les planches, du linge, des effets de drap solides et propres, au milieu desquels faisait presque tache une veste jaunâtre fatiguée par un long usage. Enfin, dans un tiroir, il vit une cassette de chêne fermée à clef, la soupesa, entendit le tintement des pièces d'or, et, pensant que les papiers s'y trouvaient, il allait se contenter de ce butin quand une autre pensée lui traversa l'esprit.

— Ces finauds de paysan, dit-il, ont toujours des pieds de bas et des cachettes, il ne s'agit pas de faire chou blanc... En prenant tout, on ne risque pas de se tromper... Le butin n'est pas si gros. Le tout tiendra facilement sur mon crochet.

Arrachant la couverture du lit, il l'étendit sur le sol et y jeta pêle-mêle tout ce qui se trouvait dans l'armoire. Quand il eut fini, il attacha solidement les quatre coins de la couverture.

En ce moment une petite ouvrière traversait le couloir. Elle aperçut la porte entr'ouverte, glissa un regard de côté, et s'attendait à reconnaître Mme Verdas. La vue d'un homme l'inquiéta. En remarquant à quelle besogne il se livrait, elle comprit sans peine à qui elle avait affaire. Sans perdre son sang-froid, elle descendit l'escalier, et, voyant Mme Verdas dans l'appartement d'un des jeunes gens du quatrième étage, elle entra, et dit d'un air effaré :

— Il y a un voleur dans la chambre du petit Rameau d'Or. J'en suis sûre; il est en train de vider son armoire.

— Un voleur, répondit le jeune homme, descendez prévenir un sergent de ville, mon enfant; quant à vous, Mme Verdas, suivez-moi, et n'ayez aucune crainte, ce revolver-là garde six coups au service du maladrin; il sera bien malin s'il trouve le moyen de nous échapper.

La concierge, peu rassurée, monta derrière M. Gratien. Tous deux s'avancèrent à pas de loup et par la porte entre-bâillée, ils purent voir le faux commissionnaire au moment où, achevant de rouler le paquet, il le chargeait sur son crochet.

— Pas un geste, pas un mot, dit M. Gratien, vous êtes pris! Inutile de chercher à fuir.

— Pas encore, répliqua Damien.

A son tour il tira un pistolet de sa poche.

— Je ne vous veux pas de mal, fit-il, laissez-moi passer, c'est tout ce que je vous demande.

— Moi non plus je ne vous veux pas de mal, répondit le jeune homme. Je ne vous remettrai qu'à la justice.

— Alors, tant pis! S'il arrive un malheur, c'est vous qui l'aurez voulu.

Un coup partit, ce fut Mme Verdas qui le reçut dans l'épaule. Le bruit de la détonation, les cris poussés par la blessée ameutèrent en une minute toute la maison. De tous les étages on monta s'informer de ce qui se passait dans les mansardes. Tandis que Gratien portait Mme Verdas sur le lit de Rameau d'Or, Damien, ouvrant le vasistas, tentait de s'évader par le toit. Il allait y parvenir en dépit de l'étroitesse de la fenêtre, sans l'arrivée de trois sergents de ville. Saisi brusquement par les jambes, au moment où il se préparait à enjamber, Damien fit face, trouva le moyen de tirer un second coup qui fort heureusement n'atteignit personne et se défendit comme un diable. Il fallut quelques minutes pour venir à bout de lui mettre les menottes et de lui entraver les pieds. Enfin, tandis que deux sergents de ville le soutenaient et lui faisaient descendre l'escalier, le troisième ramassait le paquet qui devait servir de pièce à conviction.

Une voiture passait, on y jeta le misérable, solidement garrotté, deux agents prirent place près de lui, et le cocher, fouettant son cheval, gagna la préfecture de police.

Un attroupement se forma vite dans la rue. Mme Verdas, qu'on venait avec peine de descendre dans sa loge, excitait la sympathie générale; la petite ouvrière racontait de quelle façon elle avait aperçu le voleur. Toute la rue de Maubeuge se trouva bouleversée en un moment.

La circulation des voitures fut interrompue, il fallut l'intervention de l'autorité pour rétablir un peu d'ordre; au moment où l'on donnait sur les trottoirs un coup de balai administratif, un fiacre s'arrêta devant la maison qui venait d'être le théâtre de cette scène et y déposa Rameau d'Or.

A sa vue les commères du quartier, les petits détaillants se poussèrent du coude, et répétèrent:

— C'est M. Rameau d'Or, vous savez le fameux acteur de l'Ambigu! Celui qui joue si bien la scène du crime dans la pièce de M. Dervaux! Heureusement que le brigand n'a pas eu le temps de faire son coup...

Le nom de ce Rameau d'Or, dont s'entretenaient tous les journaux comme d'un petit phénomène, courut comme une traînée de poudre, et le jeune garçon se trouva entouré au même instant d'une foule sympathique.

— Le Cartouche est pincé! disait l'un. Dans quelques minutes il sera chez le juge d'instruction.

— On vous rendra vos effets! ajoutait l'autre. Seulement il vous faudra attendre la fin du procès.

— La justice en fera son affaire! disait un troisième, bourgeois bedonnant, à l'air important.

— Pauvre monsieur Rameau d'Or!

— Ah ça! demanda l'enfant, que se passe-t-il dans la maison, et que signifie ce vacarme? J'ai bien besoin que Mme Verdas me raconte un peu ce qui est arrivé... Tout le monde parle de moi, tout le monde me parle à la fois, et du diable si je comprends un mot...

Mais au moment où il allait pénétrer dans la loge, la petite ouvrière le retint.

— Le chirurgien est là, n'entrez pas. Votre voleur est en même temps un assassin.

— Mon voleur, que voulez-vous dire? Ma parole, il me semble que je suis encore sur la scène de l'Ambigu.

— Quel malheur, monsieur Rameau d'Or... Ne vous émotionnez cependant pas tant que cela... Il vous aura cru des mille et des cents depuis que vous êtes un grand artiste et que votre nom est sur tous les journaux... Mais le bibelot est dans les mains de la justice... On vous rendra tout...

— La justice... Mon voleur... Mais, ah ça! on m'a donc dévalisé... Expliquez-vous; je commence à être inquiet.

— Complètement! Un misérable qui a presque tué la mère Verdas, en lui tirant un coup de revolver à bout portant; même il a fallu trois sergents de ville pour l'entraver... Son affaire sera bonne, allez! et vous serez joliment vengé.

Rameau d'Or poussa un cri d'angoisse, puis repoussant ceux qui l'entouraient, et montant trois par trois les marches de l'escalier il parvint à sa mansarde et la trouva complètement en désordre. Les draps du lit portaient des taches de sang. Une des pantoufles de Mme Verdas était tombée à terre. L'armoire toute grande ouverte était vide, vide !

Il crispa de désespoir ses mains dans ses cheveux. Il vit s'effondrer tout d'un coup le fruit de ses longs labeurs.

Qu'allait-il dire à Mélati quand elle lui redemanderait le dépôt confié par son père ? Quoi ! au moment où il venait de faire luire à ses yeux les joies de l'avenir, il faudrait avouer que c'en était fait de ces mêmes espérances. Ne souffrirait-elle pas mille fois plus de les voir brisées sans retour, que si elle avait ignoré grâce à quelles chances elle pourrait être heureuse...

Son cœur battit avec une telle violence qu'il crut mourir en ce moment.

Il se jeta sur le lit, et, criant, pleurant, il en appela à Dieu et aux hommes, et resta plongé dans cette douleur jusqu'à ce que la main de Dervaux se posât sur son épaule.

— Ne désespère pas, mon ami, lui dit l'artiste ; j'ai été mis au courant de tout ce qui vient de se passer ; ta petite fortune n'est point perdue.

— Eh ! que me font les douze cents francs que je gardais là, monsieur ! fit-il en laissant voir à l'auteur dramatique son visage inondé de larmes ; je m'occupe bien de moi, à cette heure ! Ma mission était accomplie, je touchais enfin au but, et maintenant tout est perdu ! C'est Mélati, Mlle de Marolles...

— Que dis-tu ?

— Oh ! je suis un fou et un misérable indigne de toute confiance ! M. Gaston de Marolles m'avait remis les papiers de sa fille, et je me les suis laissé voler... Quand tout à l'heure je disais à Miss Vebson... ou plutôt à Mélati de Marolles : Vous avez quatre millions, je croyais pouvoir les lui faire rendre bientôt !

— Quoi ?

— Oui, quatre millions... Si belle, si bonne, si riche ! Elle allait être heureuse, elle allait se marier, et tout s'écroule par ma faute. Est-ce que je n'aurais pas dû garder toujours ces papiers sur moi !

— Ainsi, demanda Louis Dervaux, faute de ces papiers Mélati ne se mariera pas ?

— Qui sait ? répondit l'enfant avec désespoir.

— Oh ! moi, fit Dervaux, je la voudrais pauvre, isolée, triste ; il me semble qu'elle m'appartiendrait bien mieux, si elle ne m'apportait point de dot. Est-ce qu'on marchande une fille angélique comme

Mélati. Qu'elle vienne dans cet appartement qui s'éclairera de sa grâce et de sa beauté, qu'elle me dise : « J'accepte votre dévouement, » et je deviens son esclave...

Puis, s'arrêtant tout à coup :

— Fou que je suis! Puis-je parler d'avenir et de tendresse! Je me bats demain.

— Monsieur, monsieur, donnez-moi un conseil, reprit Rameau d'Or, que puis-je faire? On a tout volé chez moi, tout, et il faut que je retrouve ce qui m'a été dérobé... Il le faut, vous voyez bien, puisqu'il s'agit du bonheur de Mlle Mélati.

— Le voleur a été pris en flagrant délit?...

— Dame, je ne sais pas... Qu'est-ce que vous entendez d'abord par flagrant délit?

— Au moment même où il volait, voilà ce que ce mot signifie, répondit le dramaturge.

— Pour cela oui, le paquet était même roulé sur son crochet, à ce que l'on m'a dit.

— Alors, sois tranquille, la justice te le rendra dès que le voleur aura été condamné.

— Mais Mélati, Mlle de Marolles...

— Retourne chez ses amis, les Gailhac-Toulza. raconte ce qui vient de t'arriver. L'ancien procureur général te fera connaître la marche à suivre. Reviens ensuite dans mon appartement, tu coucheras comme autrefois sur le divan de l'antichambre. Et si M. Francis de Gailhac oubliait Mélati, dis à cette enfant, dont mon seul rêve était de faire le bonheur, que, moi vivant, elle garde un appui; que, mort, je lui laisse une autre fortune que je la prierai d'accepter comme venant du plus respectueux de ses admirateurs.

Le fiancé de Colette quitta Dervaux, un peu réconforté par les conseils que celui-ci venait de lui donner.

— Je reviendrai après le théâtre, dit-il.

Louis rentra chez lui. Jean Lagny lisait en l'attendant. Il n'avait guère le cœur au travail, le pauvre garçon. Esclave lui aussi de certaines règles de faux point d'honneur, il ne tenta rien pour empêcher le duel qui devait avoir lieu entre l'auteur dramatique et M. de Luzarches. Il lui avait été impossible de refuser à son ami de l'assister sur le terrain, mais à cette heure il se sentait pris d'une crainte sourde. Maxime lui paraissait être un de ces personnages de légendes qui trempent leurs épées dans des philtres ou qui font usage de balles enchantées. Cependant il s'efforça de paraître calme pour laisser tout son sang-froid à son ami.

— L'affaire est arrangée, dit-il, vous vous battrez après-demain au Raincy. Trois coups de pistolet seront échangés à vingt pas et au commandement.

— C'est bien, répondit Louis, je te remercie de me donner cette preuve de dévouement. Il me reste des lettres à écrire, quand elles seront terminées, nous passerons, si tu le veux, la soirée ensemble. Je suis un peu nerveux et j'ai besoin de m'étourdir.

Louis rentra chez lui. Ayant repris son grand calme il écrivit son testament et, comme il venait de le dire à Rameau d'Or, il abandonnait toute sa fortune si noblement, si glorieusement gagnée à celle qu'il chérissait d'une tendresse si grande. Des souvenirs à ses amis remplirent la dernière page de ce titre, puis il écrivit trois lettres, les cacheta de noir, et tout lui sembla dit pour ce monde.

Tout, non; car s'arrêtant devant le portrait de sa mère, il se rappela les habitudes de piété tendre que jadis elle lui avait données, et les derniers mots d'une prière, écho lointain du passé, moururent sur ses lèvres :

— Priez pour nous, maintenant, et à l'heure de la mort.

Pendant que Jean Lagny et Louis Dervaux s'asseyaient dans ce bel et vaste atelier où tant d'heures laborieuses et charmantes s'étaient écoulées, Rameau d'Or, reprenant sa course, rentrait dans la maison de la rue Bonaparte.

Le courage lui manquait pour aborder Mélati ou Francis, et ce fut par M. Henri de Gailhac-Toulza qu'il sollicita d'être reçu ; avant toute chose il voulait prendre l'avis de l'ancien magistrat.

Alors, avec la fougue de son désespoir et le désordre de ses idées, il raconta tout : la scène qui s'était passée à Marolles entre la victime du meurtrier et lui; la promesse faite à Gaston au moment où il rendait le dernier soupir, son départ, ses recherches vaines, enfin cette rencontre providentielle de l'héritière de Marolles, dans cette Miss Vebson à qui il se dévouait d'instinct. Enfin la tentative de vol faite par le commissionnaire qui se trouvait en ce moment entre les mains de la justice.

— Tu ne peux plus rien, mon enfant, répondit le magistrat, il faut laisser la justice suivre son cours. Tu vas sans aucun doute être appelé chez le juge d'instruction. Tu sauras alors qui a voulu te voler.

L'heure marchait, Rameau d'Or dut aller au théâtre jouer les cinq actes du drame, et rentrer, exténué, dans l'appartement de Dervaux. Il s'endormit cependant, mais son sommeil fut troublé par des rêves pénibles. Il se frottait encore les yeux, quand une jeune fille chargée de faire le service de Mme Verdas monta une lettre à l'enfant.

Le timbre qu'elle portait le fit tressaillir. D'un geste brusque il ouvrit la lettre et la parcourut en hâte.

— On me mande au palais de justice, dit-il, tant mieux! De cette façon-là nous aurons plus vite fini. Si on m'appelle dès aujourd'hui, c'est que l'on veut mener l'affaire rondement.

Bien avant l'heure indiquée il arriva dans les couloirs, puis on le fit entrer dans une antichambre garnie de bancs de bois à dossier. Il attendit longtemps. Quand on appela son nom il se leva d'un bond.

— Enfin! dit-il.

Cependant la solennité du magistrat, l'aspect sombre du bureau, la vue d'un petit homme chauve qui, la plume en l'air, se tenait prêt à recueillir ses dépositions, l'interdirent malgré lui, et ce fut dans une attitude pleine d'un respect grave qu'il attendit que le juge lui adressât la parole.

— Vos noms, qualité, âge...

— Mon nom, Rameau d'Or...

— Un sobriquet, tout au plus, mais le nom de votre père...

— Je n'ai connu ni père ni mère, monsieur le magistrat... Aussi loin que remontent mes souvenirs, je me trouve au milieu des saltimbanques montrant des bêtes féroces... Je les ai quittés depuis six ans environ, et une brave aubergiste de Marolles me reçut chez elle, me garda comme valet, et me fit rebaptiser, car sûrement ces bohémiens m'ont volé dans quelque village... Le prêtre me donna un autre nom, mais on ne m'a jamais nommé que Rameau d'Or... Monsieur, oh! monsieur, faites-moi rendre ce qui m'a été volé hier... Si vous saviez quelle fortune...

— Environ douze cents francs renfermé dans une cassette... Soyez tranquille, on vous remettra tout... Le voleur a pénétré chez vous pendant votre absence... Vous êtes artiste à l'Ambigu, n'est-ce pas?

— En attendant que j'épouse Colette, et que nous prenions la succession de Jarnille à l'auberge du *Soleil-Levant*, oui, monsieur.

— On va vous confronter avec le voleur, nous avons besoin de savoir si vous le connaissez...

Sur un signe du magistrat une petite porte s'ouvrit et l'on introduisit Fil-de-Soie.

Il portait son costume de commissionnaire.

— Regardez bien cet homme, mon enfant, l'avez-vous déjà vu?

— J'ai rencontré ces yeux-là, dit l'enfant... Où? quand? Seulement les cheveux, la barbe de cet homme déroutent mes souvenirs, ainsi que son costume. Oh! ce regard méchant et pervers m'a déjà menacé... Monsieur, monsieur, je suis certain que s'il n'avait des cheveux roux je retrouverais son nom.

Un agent de police plaça brusquement sur la tête du prisonnier une perruque noire, et Rameau d'Or s'écria :

— Damien! c'est Damien! le valet de chambre de M. de Luzarches.

— Vous en êtes sûr?

— J'en jurerais... Damien! Mais alors ce qu'il voulait me voler, ce n'étaient point mes économies... Il agissait moins pour son compte que pour le compte d'un autre... C'est clair, allez, mon magistrat! Tandis que le valet me dépouillait, le maître songeait à reprendre Mélati de Marolles une fois déjà enlevée par ses ordres et des griffes de qui je l'avais arrachée.

— Ah! c'est toi, vipère, dit Fil-de-Soie.

— Oui, c'est moi qui retrouvai Mélati en songeant que M. de Luzarches avait seul intérêt à la faire disparaître. Moi, qui la défendais contre vous, qui l'aurais délivrée d'une bande d'assassins. Je suis un enfant, c'est vrai! mais Dieu se met du côté des petits, voyez-vous, et tant pis si vous ne le croyez pas !

Il tourna vers le magistrat son loyal visage, et joignit les mains :

— Monsieur, dit-il, j'abandonne sans regret aux pauvres le contenu de la cassette, quoiqu'il m'appartienne bien légitimement... On peut écrire à Jarnille ma mère adoptive... Elle me remit une partie de mes gages accumulés pendant mon séjour dans l'auberge... J'en partis pour tenir la promesse faite à M. Gaston de Marolles de retrouver la veuve et l'orpheline... C'est d'aujourd'hui seulement que je connais le véritable nom de Miss Vebson... Ils le savaient, eux, les deux brigands, les infâmes complices, puisqu'ils enlevaient l'héritière de Marolles et tentaient de me voler un dépôt précieux... Rendez-le-moi, je vous en supplie...

— Mais, mon enfant, nous avons besoin de ces preuves de la tentative de vol.

— Gardez l'argent, le linge, les bons vêtements, tout... Mais rendez-moi une veste, une vieille veste de drap rapiécée qui ne peut servir à rien ni à personne...

— Allons donc! fit Damien gouailleur, il veut remporter sa veste.

— Taisez-vous, dit le magistrat d'un ton sévère.

Puis regardant Rameau d'Or avec intérêt :

— Voici le paquet, cherche, mon enfant.

— Oh! je ne la garderai même pas, monsieur, attendez... Tout à l'heure je réclamerai votre ministère.

Il fouilla fiévreusement dans le paquet de vêtements, trouva la veste de travail qu'il portait sur lui le soir de l'assassinat de Gaston ; puis saisissant un canif sur le bureau du magistrat, il se mit à découdre la doublure et en retira plusieurs papiers.

— Lisez-les, monsieur, dit-il, lisez-les... Voilà ce que me confia M. Gaston de Marolles à l'agonie... Puis, décachetez cette lettre, elle ne porte point d'adresse, donc elle appartient à la justice... C'est celle que le neveu de monsieur Henriot écrivait au moment où il fut frappé par l'assassin... la victime eut le temps d'ajouter une ligne... Peut-être va-t-elle vous livrer le nom que je cherche, le nom du coupable...

Le juge d'instruction déchira l'enveloppe, et son regard sauta à la dernière ligne, tracée d'une main tremblante et formée de caractères heurtés.

Sans le vouloir, sans le savoir, Rameau d'Or s'était reculé, et son regard lut en même temps que celui du magistrat.

— Oh ! fit-il avec épouvante.

Damien considérait le juge et l'enfant avec l'expression d'une haine féroce. Puis brusquement il prit son parti, comprenant que la voie des aveux était encore la meilleure, dans l'impasse où il se trouvait, la seule qui pût lui mériter un peu d'indulgence, ou tout au moins adoucir pour lui le régime de la prison :

— Je ne suis pour rien dans tout cela, fit-il. Je perds la partie, tant pis pour moi, je devais laisser Luzarches se tirer d'affaire tout seul... Eh bien ! c'est moi le major des Indes, dit Damien, dit Fil-de-Soie, connu dans les pénitenciers et fabricant avec art les chaussons de lisière. Mais ce qui vous surprendra fort, c'est que moi qu'on arrête aujourd'hui pour une tentative de misérable vol, je possède trente mille livres de rentes honorablement gagnées dans les tripots de Monte-Carlo et autres lieux. Je ne travaillais pas pour moi, aujourd'hui, je me dévouais. On me devrait un prix Monthyon... Cela m'est bien égal de le dire, puisque je suis pris... Je ne cherchais pas l'argent ! Qu'est-ce que cela pour moi ? Je vous l'ai dit, je suis riche... Mais Luzarches avait besoin des papiers...

— Pour voler la succession de Mlle de Marolles ?

— C'est son affaire ! Ce qui est sûr, et le petit le dira, car il est franc, c'est que je n'ai point participé à l'assassinat de M. Gaston de Marolles, et Luzarches est entré seul dans la *Chambre n° 7*.

— Est-ce exact ? demanda le magistrat à Rameau d'Or.

— Oui, monsieur ; seulement il oublie un détail, il faisait le guet sur le grand balcon.

— Pourquoi veux-tu me perdre ? demanda Fil-de-Soie.

— Je rétablis les faits, voilà tout... Que vous soyez acquitté ou condamné, qu'est-ce que cela me fait à moi ? Est-ce que je compte ? Je m'oublie joliment dans toutes ces affaires-là. Un petit saltimbanque, garçon d'auberge ! Le monde n'a point les yeux sur moi, allez ! Mais je veux que le père soit vengé, parce que je lui ai juré que cela serait, tandis qu'il expirait dans mes bras...

Le juge d'instruction venait de signer une formule préparée à l'avance ; il la tendit à un agent :

— Ceci tout de suite, de la célérité et de l'intelligence.

— Oui, monsieur le juge d'instruction.

Le magistrat s'adressa ensuite à l'enfant.

— Tu t'es conduit en homme, dit-il, il s'agit de te récompenser... Je te rends ces papiers, afin que tu aies la joie de les remettre toi-même à la jeune fille que tu as si dignement protégée.

— Merci ! Oh ! merci, monsieur ! répondit Rameau d'Or.

Il plaça les papiers dans son paletot et le boutonna jusqu'au haut.

— Et ton argent ? demanda le magistrat.

— Ça m'est bien égal, mon argent ! J'ai cent francs de feux, et je joue tous les soirs. C'est Mlle de Marolles qui sera contente !

Il partit en courant, et il ne lui fallut que quelques minutes pour rentrer dans l'appartement de M. de Gailhac-Toulza.

Les lèvres de Maxime répétèrent avec l'accent d'une terreur indicible : Dieu! Dieu! Dieu! (Voir page 294.)

CHAPITRE XXV

TOUT S'ARRANGE

Dans la matinée Jean Lagny entraîna Dervaux au tir. Il le savait très habile, mais à la veille d'une affaire, il est toujours bon de s'exercer. La sûreté de coup d'œil de l'auteur dramatique parut tout à fait rassurante à ses amis. Tandis qu'il rentrait chez lui pour déjeuner,

M. de Luzarches faisait une bruyante entrée dans un cabaret à la mode, parlant de sa rencontre du lendemain et de la leçon qu'il allait donner à ce Dervaux qui avait eu l'audace de prendre pour sujet d'un de ses drames un événement de famille.

— Il est vraiment temps de remettre ces messieurs à leur place, s'écria-t-il, ne dirait-on pas que le monde leur appartient. Dans les petites feuilles qui s'étalent à la devanture des libraires, on trouve sous des X transparentes le nom d'une foule de gens, autour desquels devrait s'élever un mur de la vie privée haut de vingt coudées, et qui devient la pâture des sots et des mal intentionnés. Des chroniques ayant la prétention d'être plus sérieuses usurpent les mêmes privilèges et commettent les mêmes abus. A leur tour les romans découpent dans le vif et par tranches l'aventure de la veille, et la servent en vingt chapitres épicés. Je pourrais vous en citer cent, écrits la même année sur des actualités scandaleuses. On rouvre les tombes à peine fermées, on viole le secret des testaments, celui de la famille. Tout est bon à ces écrivains audacieux. Mais ceci n'est rien encore, le journal se déchire, le roman se met de côté; chacun d'eux n'a qu'un lecteur à la fois, et la plupart lisent mal, en ce sens qu'ils oublient vite ce qu'ils ont lu. Mais autre chose est du drame. Il met en scène des gens ayant vécu, il les fait parler, agir dans un milieu qui fut le leur; dans la salle peuvent se trouver des gens ayant connu les victimes ou coudoyé les coupables. On se contentait autrefois de donner le portrait des assassins, tout au plus d'en faire des figures de cire pour quelque « Musée des horreurs »; mais le progrès marche, et le progrès en ce genre photographie la vérité quand il peut. Le réalisme dans la mise en scène atteint le dernier degré de l'exactitude... Jadis on ne considérait comme pouvant servir de sujets de théâtre que des événements passés depuis au moins un siècle, et les auteurs s'excusaient quand ils empruntaient à l'histoire contemporaine un événement pouvant fournir la matière d'un drame...

— C'est vrai, répondit Lucien Grandpré, mais il me semble que la première audace en ce genre remonte assez loin déjà. L'histoire de la servante Marie Salmon, celle de la Pie Voleuse, l'horrible aventure de Calais accusé d'avoir pendu son propre fils, celle de Lesurques, prouvent que depuis longtemps déjà les grands drames de cour d'assises possédaient le privilège de passionner le public. Maintetenant, mon bien bon, tu te rebiffes, tu mets le pistolet ou le fleuret au poing en criant qu'on affiche ta famille comme on cloue une chouette aux portes d'une grange, libre à toi! En ma qualité d'homme privé, je t'approuve; comme écrivain, je te donne tort.

— Te serais-tu battu, toi?

— Ma foi non; d'abord, qu'est-ce que le duel prouve? Le plus ou moins d'années de salle qu'on a pu faire, voilà tout. Ensuite, excepté un cercle très restreint de jeune gens nés aux environs de Grenoble, personne ne savait que ta famille jouât un rôle dans cette aventure... On dirait que tu éprouvais le besoin de passer ta colère sur quelqu'un... Enfin! le vin est tiré, nous le boirons. C'est une promenade d'aller au Raincy par cette belle journée; tu piqueras ton adversaire proprement, au bras par exemple...

— Je le tuerai! fit Luzarches les dents serrées.

— Ce sera de fort mauvais goût. Donne-lui une leçon, rien de plus.

— Je te dis que je le tuerai!

— Ah ça! j'ai accepté d'être ton témoin, ne me compromets pas. Je trouve déjà assez désagréable de t'assister contre un confrère. On ne refuse pas ces complaisances à un ami, mais n'oublie point que les témoins sont responsables.

— Du reste, ajouta Carl Chamigny, les conditions du combat sont réglées, on n'y changera rien, et maintenant déjeunons de bon appétit.

Hector de Sablé et Maurice de Lans approuvèrent hautement, et à partir de ce moment on se borna à discuter le menu du déjeuner.

Il dura jusqu'à deux heures. On projeta ensuite d'aller le soir au théâtre; en attendant, Luzarches retourna chez lui, en recommandant à Grandpré de venir le prendre pour dîner chez Durand.

— Le Major est-il rentré? demanda Maxime à son valet de chambre.

— Non, monsieur, répondit celui-ci.

Luzarches fut à la fois surpris et contrarié. Surpris, car il savait que Damien devait agir le matin même, et profiter de l'absence de Rameau d'Or qui ne pouvait manquer d'aller s'informer des nouvelles de Mlle de Marolles. Il lui semblait incroyable que cet homme, dont les multiples habiletés lui étaient désormais connues, échouât dans son projet. L'impatience qu'il éprouvait d'être mis en possession des papiers de famille de sa nièce lui fit trouver le temps d'une insupportable longueur. Tout le fatiguait et le troublait. Il n'était pas du reste complètement rassuré sur l'avenir. Une fois son association avec Damien brisée, il se trouverait sans doute délivré d'un complice dangereux, mais en même temps il perdrait un aide, fertile en expédients, plus fort que lui pour les coups d'audace, pouvant aller dans tous les bouges, ayant son entrée dans d'infâmes tripôts, découvrant en quelques heures l'homme qu'il lui fallait pour un coup de main hardi.

Un grand découragement s'empara de lui. Si la fortune d'Henriot ne tombait pas tout de suite entre ses mains, il devait prévoir une issue sinon prochaine, du moins fatale. Par une pente insensible, ses souvenirs l'entraînèrent vers Marolles. Il lui était si facile, alors qu'il y demeurait avec un vieillard le chérissant d'une tendresse aveugle, de s'y faire l'existence aussi heureuse qu'elle était magnifique. Le bonheur de Gaston ne lui eût rien enlevé ; Arinda et Mélati eussent donné un grand charme à cette demeure seigneuriale si froide et si triste. Deux millions eussent été sa part dans l'héritage d'Henriot ; il en jouirait sans remords, et peut-être accoutumée à lui, recevant de fréquentes preuves de bonté de l'oncle près duquel elle aurait grandi, Mélati aurait-elle consenti à devenir sa femme ?

Qu'avait-il fait ? Durant des années, il avait continué cette œuvre infernale d'exciter Henriot à la haine contre Gaston. Par sa faute celui-ci devint pauvre, enfin il tomba sous sa main, et il gardait à ses doigts une tache de sang que rien ne saurait désormais effacer. Quelques heures auparavant s'il s'emportait contre Dervaux, c'est que Dervaux l'avait obligé à se mettre en face de son crime, qu'il avait évoqué l'heure terrible de l'assassinat, cette heure inoubliable pour lui... Mais Dervaux avait fait davantage encore. Procédant par déduction, il s'était demandé quel serait le châtiment du misérable qui fit Arinda veuve et Mélati orpheline, et il plaça Maxime en face d'une justice qui, pour être boiteuse, n'en marche pas moins vers son but.

Le châtiment tomberait-il donc sur lui après trois années ?

Devait-il redouter qu'on suivît une piste plus habile que celle trouvée par le juge d'instruction de Grenoble.

Si par hasard un magistrat intelligent, éclairé par les insinuations de Dervaux, recommençait une enquête ?

— Damien s'en va, pensa Luzarches, dans quinze jours il sera à Bruxelles, et, devenu le mari de Mlle Van den Totten, il s'enfouira dans l'opulence d'une vie tranquille, et se fera parfaitement oublier... Je devrais suivre son exemple et m'en aller. Mais où ? Est-ce que, pour les hommes comme moi, il existe une autre ville que Paris ? Partir ! oui, j'y consentirais si j'emmenais avec moi Mélati, si j'étais son mari et son maître... Mais sans elle, je sens bien que je ne le pourrais pas...

Il s'absorba dans une rêverie de plus en plus profonde, et quand il en sortit la pendule marquait cinq heures.

— Ah ! s'écria-t-il avec dépit, il aura échoué !

Un coup de sonnette lui parut le signal d'une délivrance.

C'était Lucien, le chantre bizarre des poitrinaires de la pensée et des névrosiaques, qui venait le prendre suivant sa promesse.

— J'arrive de bonne heure, de trop bonne heure, sans doute. Mais je ne savais que faire de moi, aujourd'hui. Ma parole, il est des jours où le temps semble d'un difficile à tuer... A propos de tuer, tes pistolets sont-ils prêts?

— Sois tranquille, des armes de choix...

Il ouvrit la porte de sa chambre :

— Là, sur une commode Louis XV.

— Oui, vraiment, magnifiques... et à côté...

— Un revolver de salon, un joujou.

— Tiens! tiens! Mais en fait de joujoux de ce genre, je ne te savais pas si bien monté... cette zazagaie africaine?

— N'y touche pas, elle a été trempée dans du suc d'euphorbe.

— Ah! très curieux, ma foi, et la sarbacane, avec sa petite flèche ailée?

— Celle-là arrive des bords de l'Amazone... Le poison du curare se conserve longtemps, prends garde.

— Ton musée me fait froid.

— Tu devrais me remercier de te l'ouvrir, au contraire, il me semble que, si j'étais à ta place, j'improviserais une poésie superbe sur ces armes mortelles...

— C'est une idée... Me permets-tu d'essayer?

— Je te permets tout ce que tu voudras, d'autant mieux que je vais procéder à ma toilette.

Lucien Grandpré s'installa au bureau, tandis que Maxime rentrait dans son cabinet.

Il sonna deux fois son valet de chambre, sans que celui-ci accourût. Enfin il entra rapidement, le visage blême.

— Qu'y a-t-il, Antoine? demanda Luzarches, j'ai sonné deux fois.

— Trois messieurs attendent monsieur au salon.

— Leurs noms?

— Ils ont refusé de me les dire.

— Alors je ne reçois pas.

— J'ai déjà dit que monsieur était occupé... Ils m'ont répliqué froidement : Dites à votre maître que nous l'attendons...

— Ah! fit Luzarches.

Il n'ajouta rien, se regarda dans la glace et se vit très pâle; ses yeux se portèrent sur Antoine qui paraissait terrifié. Peut-être en savait-il plus qu'il ne lui convenait de l'avouer.

— Répondez à ces messieurs que je vous suis.

Antoine le quitta ; alors Maxime redressa son corps un moment courbé; puis la tête haute, après avoir respiré fortement, il parut sur le seuil du salon.

De là il vit les trois hommes qui l'attendaient. Ils étaient debout, froids, impénétrables. Luzarches s'avança :
— A qui ai-je l'honneur, messieurs...
— Vous vous nommez Maxime de Luzarches? demanda le plus âgé.
— Oui, monsieur.
— Je vous arrête au nom de loi.

Maxime resta dans la même attitude, à peine un rictus amer plissa-t-il sa lèvre. On eût dit que le coup qui le frappait était depuis longtemps attendu. Mais Grandpré ne prit pas si paisiblement la chose.
— Arrêter mon ami! Vous vous trompez, messieurs! Evidemment vous vous trompez! Nous sommes du même pays... Le manoir de Grandpré est voisin du château de Marolles... Et je réponds...
— On ne doit répondre que de soi-même, monsieur, fit le magistrat, et encore!

Puis se tournant de nouveau vers Luzarches :
— Nous suivrez-vous de bonne volonté?
— Certes, messieurs, vous remplissez un mandat ; c'est au juge d'instruction qu'il appartiendra d'éclaircir une affaire sans doute fort obscure, puisqu'on commet une semblable méprise. Permettez-moi seulement d'achever de m'habiller ; quand vous êtes entré je procédais à ma toilette.
— Faites, monsieur, répondit le commissaire de police.

Maxime retourna rapidement dans son cabinet de toilette, y saisit la petite flèche de la sarbacane, se piqua l'artère au poignet, puis brusquement il s'abattit sur le sol.

Un reste d'énergie le soutint, il se traîna jusqu'à la porte du salon, et dit d'une voix rauque :
— Vous pouvez faire enlever mon cadavre, messieurs, c'est tout ce que la justice aura de moi.

Grandpré se précipita sur le corps de celui qui avait été son ami :
— On te sauvera, dit-il, c'est une méprise... On ne meurt pas ainsi... Et puis les Marolles croyaient en Dieu! On a beau être névrosé, on garde les traditions.

Les lèvres glacées de Maxime répétèrent par trois fois avec l'accent d'une terreur indicible :
— Dieu! Dieu! Dieu!

Ses membres eurent une dernière convulsion, puis les muscles du visage devinrent rigides.
— M. de Luzarches s'est empoisonné, n'est-ce pas? demanda le commissaire de police.

Grandpré courut au cabinet de toilette, vit sur une table la flèche de la sarbacane, et, la présentant au magistrat :

— Il s'est tué avec le poison du curare.

D'une voix tremblante il ajouta :

— Pour quelle cause l'arrêtiez-vous ?

— Il était accusé de l'assassinat de son cousin, M. Gaston de Marolles :

— Gaston de Marolles ! Mais nous soupions ce soir-là, à l'auberge du *Soleil-Levant*, Hector de Sablé, Carl Chamigny, des Ayglades et moi...

— Il faut peu de temps pour donner un coup de couteau... M. de Luzarches, ignorant les termes du testament de son oncle, comptait hériter de la fortune du vieil Henriot.

— Mais alors le drame de Dervaux est la vérité ! Je comprends maintenant pourquoi il voulait tuer l'auteur de la *Chambre n° 7*.

Grandpré sonna Antoine.

— Portez le cadavre de votre maître sur son lit, dit-il, si vous manquez d'argent, en voici... Tenez-moi au courant.

Et le névrosiaque, tremblant de passer pour l'ami trop intime d'un scélérat, descendit avec le magistrat.

— Après tout ! dit-il, il n'a qu'un fidèle, le major.

— Autrement dit Damien, dit Fil-de-Soie, pris ce matin en flagrant délit de vol au préjudice de Rameau d'Or.

— Le Major des Indes, un voleur, un valet de chambre ! Dans quel guêpier me suis-je fourré, grand Dieu !

— Vous êtes jeune, et vous en pourrez sortir, monsieur, il en est qui y restent et qui y meurent. A votre âge les grandes leçons servent toujours.

Lucien salua gravement les magistrats, monta en voiture, et se fit conduire chez Durand.

Certes il n'était pas d'une nature gaie, ce poète de vingt ans, qui regardait les fumiers au lieu d'étudier les fleurs, se complaisait dans la description des horreurs de la morgue, détaillait avec un soin méticuleux les choses sans nom formant des tas d'ordures et emplissant les égouts ; lui qui, même dans les beautés éparses de la nature, trouvait le moyen d'en oublier le charme et la grandeur pour en chercher les ferments mauvais, y découvrir des vers rongeurs ou des pustulences. Mais, si enfoncé qu'il fût volontairement dans le spectacle des laideurs et l'analyse des turpitudes, il n'était jamais descendu à ce point de voir brusquement dénudée l'âme d'un homme qu'il avait tutoyé et aimé à sa manière. Puis le souvenir de la nuit d'orgie dans l'hôtellerie du *Soleil-Levant* lui revint. Ainsi, tandis qu'il improvisait des vers sur l'apparition fantastique de Chemineau, Maxime s'esquivait sans bruit, assassinait son cousin dans la pièce voisine, et revenait le sourire aux lèvres. Ses conceptions les plus épouvantables se trouvaient dépassées. Il se trouvait en ce moment bien inférieur à Dervaux. Celui-ci ne s'était laissé abuser ni par la haute vie de gommeux de Maxime ni par la sévère attitude du Major des Indes. Le crime ayant été commis, il avait étendu vers l'assassin le bras de la Justice, le désignant tout de suite à la foule. Où le juge d'instruction de Grenoble s'était laissé abuser, Louis Dervaux avait vu subitement clair.

— C'est très fort ! dit-il, je lui ferai des excuses.

Il prépara les éléments d'une poésie à effet.

— Ce criminel élégant, murmura-t-il, ce curare rapporté de Java et recueilli par un condamné à mort... Ce prétendu Major qui se fait pincer en flagrant délit de vol, le suicide de Maxime à l'arrivée de la justice, voilà du corsé ! Le vrai n'est plus que le pastiche de ce que Dervaux jugeait vraisemblable...

Quand il entra dans le cabinet réservé, chez Durand, sa physionomie gardait les traces d'une telle émotion que Carl Chamigny lui demanda s'il rêvait au plan d'une tragédie.

— Ce n'est guère nécessaire, répondit-il; le drame est autour de nous, il nous presse, il nous entraîne. Ce que j'ai vu n'aurait pas manqué de vous causer une émotion semblable à la mienne... Vous n'aurez pas la peine de servir demain de témoin à Maxime de Luzarches, il vient de se suicider.

Les questions se multiplièrent sortant de toutes les bouches à la fois, et Lucien dut dix fois recommencer son récit dont il omettait toujours quelque détail.

— Eh bien ! dit Hector de Sablé, vous me croirez si vous voulez, mais il ne m'a jamais inspiré de confiance. Je le voyais avec plaisir, je ne l'aimais pas, et, sans savoir au juste pourquoi, je me refusais à l'estimer... Certainement je n'ai point la prétention d'y voir plus clair que la justice, mais vaguement et comme on cherche l'explication d'un rêve pénible, il m'est arrivé de me demander le mot de cette énigme qui s'appelait l'*Affaire de la Chambre n° 7*. Il est temps de se vanter aujourd'hui d'avoir deviné les vilains secrets de la conscience ! Je ne dirai point : Dieu ait son âme ! il me semble que le diable s'est hâté de l'emporter ! mais bien : Rayons vite son nom de notre souvenir, et enterrons-le dans un cloaque.

— Cela me coupe réellement l'appétit ! dit Carl.

— Le fait est que ces histoires de poison javanais assaisonnent d'une façon bizarre un dîner succulent... Mettons plus d'écrevisses et ajoutons des truffes! Tant pis pour les malhonnêtes gens, après tout!

Hector de Sablé sonna le garçon, la carte fut discutée, puis le poète dit à ses amis :

— Le plus pressé maintenant est de prévenir Dervaux, je vais courir chez lui ; vous, Chamigny, allez à l'Ambigu, car il se pourrait faire qu'il assistât à un acte de sa pièce.

On dîna sans gaîté, puis Lucien Grandpré sauta dans une voiture et se rendit rue Bonaparte.

Jean Lagny et Louis Dervaux se trouvaient dans l'atelier de l'artiste. Tous deux étaient graves. A la veille d'un duel dans lequel le hasard jouera sans nul doute un plus grand rôle que l'habileté, l'âme se replie sur elle-même, le cœur se reporte avec attendrissement vers les jours lointains. On sent mieux les charmes d'une affection puissante. Jean et Louis ne s'étaient pas quittés depuis les jours de collège. Ensemble ils avaient étudié, cherché leur voie, s'encourageant, se soutenant, étudiant avec patience, se préparant au combat d'où chacun d'eux devait sortir vainqueur. Quelles joies n'avaient-ils point ressenties de leurs mutuels succès ? Combien l'émotion de Jean était grande à la veille d'une première représentation ! Et quelle était la crainte de Louis au moment où s'ouvrait l'exposition annuelle ! Ils reconnaissaient leur mutuel talent ; ils tremblaient seulement de le voir mal apprécié.

Ils parlaient peu. La clarté d'une seule lampe y répandait un jour triste, rempli de mystère. Dans cette demi-obscurité, les toiles de Jean prenaient une vie fantastique. De blanches figures de druidesses paraissaient sortir de leurs cadres, un ange s'envolait au milieu d'une oasis d'azur, une tête riante apparaissait dans un massif de fleurs. Durant le jour Jean avait, suivant son habitude, jeté de l'ambre dans une cassolette, et cette molle vapeur flottait dans l'air, confondue avec les senteurs d'étoffes venues d'Orient, imprégnées de parfums exquis que rien ne leur enlève.

De temps à autre ils se serraient la main, puis chacun d'eux continuait sa rêverie.

— Quand tu verras Mélati, dit Dervaux à Jean, tu lui diras...

Il ne put achever, la porte du salon venait de s'ouvrir.

— M. Lucien Grandpré demande si monsieur peut le recevoir.

— Qu'il entre, répondit Louis. Est-ce qu'on aurait changé quelque chose à notre rencontre de demain ?

Lucien entra rapidement.

— Je n'ai aucun besoin de préparer mon effet, dit-il, vous êtes auteur dramatique... Vous ne vous battrez pas demain.

— Ce M. de Luzarches reculerait-il, par hasard ?

— Il a tellement reculé, dit Lucien en secouant la tête,

qu'il a roulé jusqu'à la tombe... On cloue sa bière en ce moment.

— Ah! fit Dervaux, il s'est suicidé!

— Pour échapper à la justice... J'étais là. Il devait aller au tir... Nous venions de parler toxicologie, et il m'avait montré une collection d'armes dangereuses... On sonne...Trois hommes entrent dans le salon... L'un d'eux lui déclare qu'il l'arrête au nom de la loi, Maxime sourit, demande à achever de s'habiller, puis une fois dans le cabinet de toilette il se pique avec la flèche d'une sarbacane... Justice était faite.

— Ainsi, j'avais raison? demanda Louis.

— Oui, Luzarches était l'assassin de Gaston de Marolles.

Jean se jeta dans les bras de Louis.

— Ah! fit-il, un duel avec cet homme me semblait une chose monstrueuse. Dieu te sauve en le châtiant.

— Il faut prévenir Rameau d'Or, dit Dervaux. Cours au théâtre, Jean, apprends cette grave nouvelle au brave enfant, tandis que je courrai chez Mélati... Ou plutôt non, je souffrirais beaucoup si je ne trouvais point dans son regard le reflet de la tendresse que je voudrais mettre dans son âme. Rends-toi chez M. de Gailhac-Toulza, c'est moi qui irai au théâtre, tu viendras ensuite m'y rejoindre. Merci, monsieur Grandpré! Voilà un étrange sujet pour vous!

Lagny sortit immédiatement.

Tandis qu'il se dirigeait vers la maison de l'ancien magistrat, la famille de Gailhac, réunie dans le grand salon, s'abandonnait à une joie complète.

Dès que Rameau d'Or eut quitté le palais de justice, dédaignant de prendre une voiture, car il lui sembla qu'il arriverait plus vite en courant, il gagna la rue Bonaparte, et pénétra comme une trombe dans le boudoir servant d'atelier à Mélati. Celle-ci travaillait, s'efforçant d'oublier ce rêve radieux qui pour elle avait eu la durée d'une heure. Blanche brodait à ses côtés. Les yeux gonflés, le visage pâle, elle osait à peine regarder Mélati. Non que Blanche regrettât cette fortune inespérée; elle savait que Francis s'estimerait encore trop heureux de l'épouser sans dot. Mais elle souffrait dans la fierté blessée de Mlle de Marolles et devinait l'émotion de la désillusion qui venait de l'atteindre.

Le fiancé de Colette ne laissa point au valet de chambre le temps de l'annoncer. Il traversa le salon, ouvrit la porte de l'atelier, puis s'agenouillant devant Mélati :

— Voici les millions, voici les titres! Oh! mademoiselle, il existe un heureux au monde, aujourd'hui, et ce quelqu'un c'est moi!

Ses mains tremblaient de joie, son beau visage d'enfant rayonnaît. Blanche se pencha et lut, en même temps que son amie, le contrat de mariage de Miss Arinda Vebson avec M. Gaston de Marolles, et l'acte de naissance de Mélati de Marolles.

— Ainsi, c'est vrai? c'est bien vrai? Je serai ta sœur, Blanche! Ne l'étais-je point déjà par le cœur... Quatre millions! tu as dit quatre millions, Rameau d'Or!

— Au moins, répondit l'enfant, et je suis sûr que Sébas a joliment bien entretenu le château. Oh! mademoiselle, comme il faudra l'aimer, ce vieux Sébas!

— Pas plus que toi, Rameau d'Or.

— Si plus que moi, mademoiselle, car il a fait davantage pour vous. Sans Sébas et le docteur Sameran, jamais votre oncle Henriot n'aurait assisté aux orgies de M. de Luzarches et n'eût jugé son indignité. Le testament qui fait de vous son héritière fut écrit le lendemain.

— J'aimerai Sébas, j'aimerai le docteur Sameran, j'aimerai tout le monde, dit Mélati avec un adorable sourire... Mais tu as beau tenter d'affaiblir le mérite de ton dévouement, Rameau d'Or, celui qui m'a cherchée dans Paris, celui qui me délivra des mains de M. de Luzarches est le premier entre tous ceux qui m'ont aimée, protégée, secourue!.. Blanche et toi, Rameau d'Or, venez... Reprends ces papiers, mon enfant... Je les ai vus, il suffit; c'est à un autre que moi qu'il faut les remettre.

— Tu es un ange, dit Blanche.

Les deux jeunes filles enlacées passèrent dans la chambre de Mme de Gailhac-Toulza. Francis se trouvait près d'elle, parlant de l'unique sujet capable de lui remuer le cœur : Mélati.

Aimée s'efforçait de le consoler et lui promettait de décider son père à consentir à son mariage. Les femmes comprennent si bien les douleurs de l'âme! Mme de Gailhac devait tant de joies d'orgueil maternel à son fils, qu'elle ne pouvait se résoudre à le voir souffrir. Aussi, au moment où Mélati et Blanche parurent, dit-elle à Francis :

— Eh bien! je te la donne, moi, pauvre ou riche, elle t'appartient!

Un double cri de joie s'échappa du cœur de Mélati et du cœur de Francis.

On l'acceptait sans dot. Elle éprouvait cette satisfaction faite de fierté et de tendresse, d'être choisie pour ses seules vertus.

— Prenez ma main, Francis, dit-elle. Merci, ma mère, ma vie sera trop courte pour vous bénir.

— Allons, parle, Rameau d'Or, parle, dit Blanche.

— J'ai tout retrouvé, voilà! Mlle de Marolles est riche de quatre millions, et M. de Luzarches intentera tous les procès qu'il voudra, il sera certain de les perdre... Du reste, en fait de procès, il aura bien assez du sien, car c'est le jugement aux prochaines assises !

— Il est déjà jugé, dit une voix grave.

Jean Lagny venait d'entrer à son tour.

Ce fut au milieu de cette famille dont elle était adorée, à côté de l'homme qui allait devenir le compagnon de sa vie et du vaillant enfant qui avait si bien tenu son serment, que Mélati apprit les derniers événements de cette journée, la restitution des papiers volés et l'accusation écrite d'une main mourante par Gaston de Marolles.

Il ne fallut rien moins que l'amitié de ceux qui l'entouraient pour lui aider à supporter ces chocs violents. L'idée que son père était tombé sous les coups de Luzarches lui paraissait si épouvantable qu'elle l'eût repoussée si Gaston, du fond de sa tombe, n'eût lui-même accusé le misérable.

— Mademoiselle, dit Rameau d'Or, je vais au théâtre, mais jamais je n'y aurai vu un si beau succès que celui que vous me faites ce soir.

On pouvait croire les émotions épuisées ; la famille Andrezel arriva et Eugénie pressa Mélati dans ses bras avec une profonde tendresse. Puis l'ancien magistrat revint du palais, et Mlle de Marolles lui tendit timidement les pièces qui la faisaient héritière de la colossale fortune du vieil Henriot.

— Chère enfant, dit-il, vous méritez une richesse dont vous saurez faire un noble usage... J'avais besoin de revenir ici et de me trouver au milieu de ceux que j'aime... Je sors écœuré du palais de justice... Cette misérable infirmière, Mlle Clorinde, qui empoisonna une jeune femme à l'hôpital Lariboisière, vient d'être condamnée à trois mois de prison, et sa compagne, qui brûla un petit enfant sur un poêle rouge, à quinze jours... Oublions! oublions ces choses monstrueuses. Ici l'on croit, ici l'on aime ! Ici on retrouve dans leur plus noble conception ces trois grandes amours : la famille, la patrie, Dieu ! Embrasse-moi, ma fille ! Sois une honnête femme, comme ma compagne ; comme le sera un jour ma Blanche bien-aimée ; et ce qui nous semble hideux, repoussons-le du pied jusqu'aux immondices de la rue !

Rameau d'Or s'essuya les yeux.

— Allons, toi aussi, tu seras un brave homme, car tu as déjà fait tes preuves. Rappelle-toi, Rameau d'Or, que tu auras toujours une place dans ma maison à Paris...

— Et une place à table au château de Marolles, ajouta Mélati.

LA CHAMBRE N° 7

L'abbé Choisel venait souvent prier sur la tombe du vagabond. (Voir page 309.)

CHAPITRE XXVI

L'HÉRITIÈRE DE MAROLLES

Deux voyageurs causaient dans le wagon de première classe qui les entraînait de Paris à Grenoble. L'un était un garçon d'environ dix-sept ans à la physionomie ouverte et riante, l'autre une jeune fille en costume de deuil. Dans l'angle opposé se tenait une femme âgée, à la physionomie douce, ayant plutôt l'apparence de la dame de compagnie que de la femme de chambre. Elle lisait pour se donner une contenance, tandis que, penchés à la portière, les jeunes voyageurs s'entretenaient avec animation.

— Quelle surprise, mademoiselle, quelle surprise pour tout le monde là-bas. Je ne sais pas comment le vieux Sébas supportera une pareille émotion. Songez donc, durant toute sa vie il a servi les Marolles; depuis la mort de M. Henriot il n'a cessé d'entretenir le château, et l'unique grâce qu'il demandait à Dieu était de voir dans le manoir de famille M. Gaston et ses enfants.

— Tu te tairas, n'est-ce pas, Rameau d'Or? J'ai voulu venir à Marolles sous ta garde, tout voir sans être connue, chercher à mettre un nom sur le visage de tous ceux dont tu m'as parlé, et les surprendre tour à tour au milieu de leur travail ou de leurs rêveries. Nous trouverons Jarnille à ses fourneaux, l'abbé Choisel au milieu de ses pauvres, le docteur Salmon au lit d'un malade, maître Sameran dans son étude, et Sébas cultivant des fleurs pour les porter sur la tombe de mon père. Oui, vraiment, j'éprouverai une grande douceur à trouver chacun poursuivant l'œuvre quotidienne, et à leur dire en me nommant: Monsieur l'abbé, faites bâtir un petit hospice... Docteur, je vous en nommerai le directeur; Sébas, tu vivras près de l'orpheline dont tu protégeas les intérêts. Tu ne la serviras point, à ton âge on éprouve le besoin du repos, mais tu resteras près d'elle, lui parlant du vieillard qu'elle n'a pas connu, de cet oncle Henriot qui aurait fait mieux que de l'enrichir, qui l'aurait sincèrement aimée. Tu seras le lien entre celui qui n'est plus et moi.

— Oh! oui, vrai! il vous aurait aimée! Et qui donc ne vous chérirait pas à se mettre au feu pour vous? Serait-ce possible? S'il est un ange du bon Dieu, c'est bien mademoiselle Mélati de Marolles. Faudra voir comme Jarnille et Colette vous serviront à pieds baisés, quand vous allez arriver à l'auberge.

— Silence surtout devant elles...

— Soyez tranquille, mademoiselle... Le beau pays, dites le beau pays! Je sais bien que vous êtes née aux Indes et que les horizons y sont plus larges, les arbres plus haut, les fleurs plus belles, mais les Indes ne sont pas la patrie, et il me semble que, même là-bas, toute petite vous deviez déjà désirer revoir ce beau pays qui est celui de votre père, et vous dire: Quand partirons-nous pour la France!

— Oui, je me le disais; mon père aspirait au retour, ma mère le désirait, et cependant, si nous étions restés là-bas... Pauvre père! combien il était rempli d'espérance le jour où il nous quittait à Paris pour accourir à Marolles... Nous étions bien pauvres... Personne n'avait songé que mon père manquerait peut-être d'argent pour payer le chemin de fer... Il prit tout ce que nous possédions, car il fallait arriver avant que le cher oncle qui l'appelait rendît le dernier soupir, et nous ne soupâmes pas ce soir-là... J'hérite de quatre millions, mais j'ai connu la faim... Aussi, je te le jure, je serai bonne et compatissante pour ceux qui souffrent, je me plairai à répandre sur tous mes bienfaits. Les leçons de l'adversité sont cruelles, mais elles ne s'oublient pas.

Mélati se tut, et, comme Rameau d'Or, elle regarda le paysage. Le jour baissait quand on arriva à Grenoble. Mme Lise s'occupa d'une voiture sur laquelle furent placés les légers bagages de Mélati; puis comme elle se tournait vers sa maîtresse afin de connaître l'adresse qu'elle devait indiquer au cocher, Rameau d'Or cria gaiement :

— Auberge du *Soleil-Levant*, à Marolles, et bon train, nous sommes pressés de revoir dame Jarnille.

Certes, à ce moment, dans l'hôtellerie on ne se doutait guère qu'une heure plus tard descendraient des voyageurs désirés depuis si longtemps.

Entraîné par le mouvement parisien, pris par les répétitions du drame, puis par ses cent cinquante représentations, Rameau d'Or, dans la persuasion où il était que la liberté lui serait prochainement rendue, avait cessé de donner de ses nouvelles. Jarnille et Colette apprirent en lisant un journal que l'ancien montreur d'ours était en train de devenir célèbre.

— Qui aurait cru cela? demandait-elle en regardant avec orgueil le cercle des commères groupées autour d'elle. Rameau d'Or comédien sur un théâtre de la capitale, à l'Ambigu! Rameau d'Or gagnant cent francs par soirée, sans compter les feux... Il paraît qu'on se chauffe beaucoup à l'Ambigu... Et dire qu'il était quasiment mort quand je me dis que j'essaierais de le sauver... En voilà un qui fait honneur à l'éducation que je lui ai donnée. Ah! certes, je ne regrette pas ce que j'ai fait pour lui.

En ce moment un sanglot se fit entendre à l'autre bout de la pièce où se tenait le cercle des voisines.

— Qui est-ce qui pleure ici? demanda Jarnille au comble de l'étonnement.

— Eh bien! c'est moi, là! fit Colette. Et il y a bien de quoi. marraine : pour sûr il y a de quoi... Quand il s'en est allé, en dépit de tout, car je ne voulais pas, je prévoyais ce qui est arrivé, il m'a juré de revenir me prendre pour sa femme et diriger à son tour le

Soleil-Levant qu'on aurait fait redorer pour la circonstance... Mais il se soucie bien maintenant de Colette et même de dame Jarnille! Son succès le grise et jamais il ne remettra les pieds ici.

— Qu'est-ce qui t'a dit cela qu'il nous oubliait? dit l'aubergiste sur un ton de reproche.

— Ça se voit du reste, marraine, allez! Avant la représentation de M. Dervaux, il écrivait toutes les semaines. Nous savions qu'il cherchait Mlle de Marolles et la veuve de M. Gaston... Il nous parlait de ses occupations, il nous décrivait Paris, nous l'avions encore un peu par la pensée, mais depuis que tous les soirs cinq cents personnes l'applaudissent, ah! il y a belle lurette qu'il oublie l'auberge et les aubergistes!

— Tais-toi, mauvais cœur, fit Jarnille. Si tu avais élevé ce garçon-là comme moi, tu saurais que l'accuser est faire une calomnie... Non, il n'oublie personne, il travaille, quoi! J'ai lu dans d'autres journaux que la représentation des pièces de théâtre finit à trois heures du matin... Il doit dormir le reste du temps pour se refaire. Tu serais donc capable de te montrer ingrate que tu accuses si légèrement les autres.

— Il ne me manquait plus que d'être grondée par vous! s'écria Colette.

— Tu le mérites. Suspecter Rameau d'Or que j'aime comme un fils! Est-ce possible! S'il t'arrive une autre fois de me dire du mal de lui, tu ne me seras plus rien, rien!

— Vous me chasserez? demanda Colette.

— Oui, je te chasserai.

Les pleurs de la fillette redoublèrent, et son chagrin prit des proportions si navrantes que Jarnille, voyant qu'elle avait été trop loin, dut à son tour la consoler.

Colette garda quelque temps rancune, mais enfin, apaisée, elle s'abandonna aux maternelles caresses de sa marraine, et demeura la tête sur ses genoux, tandis que Jarnille racontait les moindres faits de l'enfance de Rameau d'Or.

Il devint l'objet de toutes les conversations entre les habitants de Marolles. Le petit pays paraissait très fier d'avoir pour concitoyen un aussi illustre personnage. Les garçons ne parlaient de rien moins que de tirer des coups de fusil pour saluer son retour dans le pays, de dresser un arc de triomphe devant la porte de l'auberge et de lui faire jouer une aubade par la fanfare du village.

Colette seule ne se mêlait jamais à ce concert de louanges, elle n'attendait plus le retour de l'ancien ami; ne serait-il point devenu tout autre dans ce Paris, dont elle entendait parler avec épouvante par les gens sages de l'endroit. Tandis qu'on s'entretenait de Rameau d'Or, elle tricotait d'une façon fébrile, ou cousait avec une telle distraction que le lendemain elle était obligée de défaire les ourlets confectionnés la veille.

Jamais plus que ce soir-là elle n'avait ressenti de colère contre celui qui lui répéta des promesses si tendres et qu'elle croyait alors si sincère. Cela lui semblait agaçant de ne plus entendre parler depuis trois mois que de ce Rameau d'Or si oublieux d'elle et de tous les braves gens de Marolles. Si elle eût osé, elle aurait imposé silence à sa tante qui, ce jour-là, se trouvait en verve et ne tarissait pas d'éloge sur son ancien garçon de salle.

— Quelle fête ce sera, disait Jarnille, quand il reviendra dans l'auberge... Je tâcherai de lui donner d'aussi beaux feux qu'à l'Ambigu... Un beau jour une voiture s'arrêtera devant le *Soleil-Levant*, et une voix sonore criera : — Allons, Colette, une chambre et à souper, ma jolie fille !

— Je crois bien qu'on me prendra à le servir, répondit l'enfant révoltée. Ah ! je voudrais bien voir cela par exemple.

— Dame Jarnille, fit le gars Jude en se levant, v'là un carrosse sur la route... On dirait qu'il s'arrête... De vrai, il est arrêté ! Ben sûr ce sont des pratiques pour vous.

Jarnille se leva, souriante, et fit deux pas en avant pour recevoir les arrivants.

Il faisait noir au dehors, et l'on vit à peine dans la baie deux femmes voilées et un jeune garçon qui cria d'une voix joyeuse :

— Un bon souper, Colette, et deux chambres ! Un bon feu dans la cheminée et de beaux draps dans les lits !

— Toi ! toi ! fit Jarnille, en se laissant embrasser à pleines joues par l'enfant de son adoption.

— Tu nous reviens ! dit Colette rouge de contentement, ah ! bien, ce n'est pas malheureux, vilain oublieur !

— Ne la regarde pas, et réponds-lui encore moins, mon enfant. C'est une mauvaise qui depuis trois mois passe son temps à dire du mal de toi.

— Je l'aime trop, voilà ! dit Colette.

— Voyez la bonne raison, Jarnille. Ah ! méchante linotte de Colette ! Cela ne fait rien, j'ai grand plaisir à te revoir... Mère Jarnille, deux chambres, les meilleures, pour ces dames... Moi, où vous voudrez, je ne suis pas difficile.

— Cours, Colette, remue-toi ! Les draps les plus fins, de la bougie;

approchez-vous du feu, mesdames ; les chambres seront prêtes dans un moment. Vous devez être mortes de faim. Vous offrirai-je une tasse de lait?

— Volontiers, répondit la plus jeune des voyageuses avec un regard de reconnaissance pour ce cordial accueil.

Un quart d'heure plus tard elle s'installait dans sa chambre, ôtait son chapeau et attendait Rameau d'Or. Celui-ci, sous prétexte de fatigue, échappa aux questions interminables de Jarnille et de Colette, puis il rejoignit Mlle de Marolles.

Il tenait une clef à la main.

— Venez, mademoiselle, lui dit-il.

Il ouvrit une petite porte donnant sur le palier, et, à la lueur de la bougie qu'il tenait à la main, Mélati vit un chiffre sur le panneau de chêne : N° 7. Un gémissement lui échappa, elle appuya sa petite main sur l'épaule de son guide, et ce fut ainsi qu'elle entra dans cette chambre funèbre.

Jarnille avait tout respecté. Le lit se trouvait ouvert, prêt pour le repos. Le fauteuil était à la même place devant la table couverte de papiers. La bougie dont s'était servi M. de Marolles était là, avec la cire et les plumes. Mélati tomba dans le fauteuil; puis, mettant ses coudes sur le bureau, elle cacha son front dans ses mains et éclata en sanglots.

— Mademoiselle Mélati, dit Rameau d'Or d'une voix basse dans laquelle on sentait monter des larmes, je trouvai votre père ainsi, le couteau enfoncé entre les deux épaules, je le pris dans mes bras, il pencha son front, s'appuya sur moi, et ce fut ainsi qu'il traça les lignes dénonçant M. de Luzarches.

Mélati levant son visage inondé de pleurs :

— Je ne t'ai point assez remercié, dit-elle, mais tu sais quelle reconnaissance je garde dans mon cœur... Je passerai ici toute la nuit en prière, va dormir, mon enfant! et sois béni; tu as besoin d'un repos bien gagné : à présent ta tâche est finie.

— Mademoiselle, reprit Rameau d'Or, si vous êtes contente de mes services, accordez-moi une grâce.

— Parle, je ne saurais rien te refuser.

— Eh bien! permettez-moi de partager cette veillée funèbre, et de répondre à ces prières des morts, à l'endroit même où j'ai veillé et pleuré votre père.

— A genoux, mon enfant! Dieu nous entend! Mon père est là! Prions pour lui et pour ma mère.

Jusqu'aux blancheurs de l'aube les deux voix tremblantes de Rameau d'Or et de Mélati se confondirent, et l'âme de Gaston de Marolles, s'inclinant du haut du ciel, bénissait l'humble et courageux enfant qui ramenait l'héritière de Marolles au berceau de sa famille.

Lorsque la cloche sonna au clocher de l'église pour annoncer que l'office divin allait commencer, Mélati se leva.

— Allons à la messe, dit-elle.

Personne n'était encore levé, sauf le gars Jude, qui remuait le fumier dans les écuries. Rameau d'Or guida Mélati à travers les petites rues silencieuses, et ils pénétrèrent dans l'église encore sombre, où le sacristain allumait les cierges.

— Voici le banc des Marolles, dit Rameau d'Or. Entrez-y, mademoiselle ; là est désormais votre place.

La jeune fille y entra, s'agenouilla et commençait à prier, quand un vieillard ouvrit à son tour la porte du banc. Il parut hésiter s'il adresserait la parole à l'étrangère qui, croyait-il, occupait une place sacrée ; mais le prêtre montait à l'autel, et il redouta de troubler l'office. Mélati ne leva pas une fois son visage. Quand le prêtre rentra dans la sacristie, elle rejoignit Rameau d'Or qui l'attendait à la porte de l'église

— Allons au cimetière, dit-elle.

Il marchait devant elle, se retournant de temps à autre pour la voir, pris de pitié pour cette orpheline ignorant encore à quel endroit reposait son père. Il connaissait la sépulture des Marolles et se dirigea tout droit. De bien loin il aperçut la chapelle de pierres blanche, entourée de fleurs. La porte n'était pas fermée, sans doute celui qui en prenait soin se trouvait dans le cimetière. Rameau d'Or désigna une plaque de marbre noir :

— C'est là, dit-il.

Fondant en larmes, elle s'agenouilla. Il priait aussi, l'humble enfant, il suppliait Gaston de veiller désormais au bonheur de sa fille ; lui venait de réaliser tout ce que sa conscience et son cœur l'avaient pressé d'accomplir. Son mandat rempli, il revenait à Marolles reprendre sa place au foyer de Jarnille, aussi simple, aussi doux qu'au moment du départ.

Depuis que Mélati connaissait la mort tragique de son père, elle n'avait jamais eu le courage de pardonner au misérable qui, après avoir moralement tué le vieil Henriot, avait assassiné Gaston, puis, étendant sa rage sur la famille entière, tenta de l'entraîner dans un abîme de douleurs. Elle devait à ce misérable tant d'années de pleurs et d'abandon, de deuils et d'amertumes, que la force lui manquait pour pratiquer la loi sainte de la miséricorde. Ce fut dans cette chapelle funéraire, au milieu de cette antique famille, dont elle était la dernière héritière, qu'elle comprit la loi du sacrifice. Elle fit violence à ses rancunes, elle étouffa la voix du sang paternel qui criait en elle, pour ne plus entendre que cette autre voix descendant du ciel qui ne lui conseillait plus que l'oubli.

Alors, dans un redoublement de ferveur et d'angoisse, elle murmura :

— Seigneur, étendez votre pardon sur les coupables!

Une grande ombre se projeta au-dessus de l'orpheline, Sébas rentrait, des bouquets de fleurs plein les bras.

— Qui êtes-vous donc? demanda-t-il d'un accent ému, qui êtes-vous pour accorder son pardon au persécuteur de la famille qui repose ici?

Mélati se releva, regarda le vieillard courbé par l'âge, et dont les longs cheveux blancs tombaient sur les épaules voûtées, puis d'une voix angélique elle répondit :

— Je suis la dernière des Marolles, Sébas...

— Vous, mademoiselle! Vous!

Il sanglota, prit le bas de sa robe à deux mains et y colla ses lèvres.

— Eh bien! oui, fit-il, pardon au criminel que le ciel a jugé, il ne reste ici que des âmes justes et des anges.

Un moment après, il serrait sur sa poitrine Rameau d'Or, que l'émotion bouleversait.

— Et c'est toi, toi qui as fait cela! Toi qui ramènes dans son château familial l'héritière d'une race honorée... Toi si petit, si pauvre, si faible! Je ne t'ai pas assez aimé, vois-tu, mais je me rattraperai le reste de ma vie! Tu ne perdras rien pour attendre.

— Sébas, dit Mélati, je vous aiderai désormais dans la pieuse tâche que vous remplissez ici... Mon père vous aimait, j'aurai pour vous le même cœur... Allons au château de Marolles, mon ami...

Et pour faire honneur à ce vieillard, type complet de la fidélité des anciens serviteurs, elle s'appuya sur son bras.

Depuis la mort d'Henriot, Sébas n'avait point quitté le manoir. Il croyait trop à la justice divine pour s'imaginer que Maxime en deviendrait le maître. Si improbable que pût paraître à d'autres le succès que se proposait Rameau d'Or, il y crut avec la naïveté de ceux qui trouvent consolant d'attendre des miracles de la Providence. Il vit se lever sans étonnement trop grand cette belle enfant blonde agenouillée sur la tombe paternelle. Mélati revenait: Mélati devait revenir... Il attendait si bien l'héritière de Marolles, que les trois mille francs de rente qui lui étaient assurés par le testament du vieillard passaient complètement à l'entretien du jardin, du parc et de l'habitation. Du matin au soir, il errait dans les grandes pièces sonores et vides, époussetant les cadres d'or bruni, brossant les tapisseries, secouant les tentures de lampas des fenêtres, faisant entrer à la fois l'air et le soleil dans cette demeure plus triste qu'une tombe. Ou bien, un outil à la main, il émondait les arbres, binait les plates-bandes et les corbeilles, râtissait les allées. Le vieillard trouvait une grande consolation dans ces soins journaliers. Vers le soir, il s'en allait souvent les veilles de fêtes, portant d'énormes bouquets de fleurs pour le maître-autel et les chapelles de Marolles. Il rendait le pain bénit au nom de ses maîtres, donnait pour les quêtes, souscrivait à toutes les bonnes œuvres, agissant ainsi au nom de la veuve et de la fille de Gaston ; il entretenait la tombe de Chemineau qu'il n'avait jamais voulu considérer comme coupable de l'assassinat de Gaston. Il avait facilement rallié l'abbé Choisel à son opinion, et celui-ci venait souvent prier sur la tombe du vagabond.

Les derniers amis qu'avait comptés ce brave cœur venaient souvent passer au château leurs heures de loisir. En se promenant dans les longues allées solitaires, ils s'entretenaient du passé, de cette famille dispersée, ils échangeaient des espérances. Ce fut durant une de ces promenades qu'ils apprirent à Sébas la double arrestation du Major des Indes, dit Fil-de-Soie, dit Damien, qu'il avait connu au service de Maxime, en même temps le suicide de celui-ci.

— La main de Dieu est là! fit l'abbé Choisel.

Certes la main de Dieu avait tout conduit, depuis l'œuvre d'expiation jusqu'à l'accomplissement d'une réparation complète.

Mélati visita le château dans ses moindres détails, choisit pour elle la chambre qui avait été celle de son père, en désigna une autre pour Mme Lise, puis elle dit à Sébas :

— Prenez qui vous voudrez pour vous aider, mon ami, et montez ma maison comme vous le jugerez convenable! Souvenez-vous seulement que je suis en grand deuil, et que je vivrai fort retirée, me contentant de voir les fidèles amis de mon père.

— Mademoiselle, répondit Sébas, je réclame l'honneur de vous servir personnellement.

Mélati déjeuna au château, puis elle alla tour à tour chez le curé, le docteur et le notaire. Tous trois furent charmés par sa gravité empreinte de grâce et de bonté. Il ne fallut aucun effort à ces braves cœurs pour se donner à elle comme jadis ils appartenaient à Gaston de Marolles.

En quittant Paris, Mélati avait confié à Francis de Gailhac le soin de faire revenir le corps de sa mère auprès de celui de son mari. La cérémonie de la translation des restes d'Arinda se fit en grande pompe. De larges aumônes furent distribuées, et pendant une semaine on chanta l'office des morts dans la chapelle funéraire.

Ce devoir rempli, Mélati, sans se consoler des coups si rudes qui l'avaient atteinte, sentit s'apaiser l'âcreté de ses regrets. D'autres obligations la prenaient dans leurs rouages multiples. Elle continua, en l'augmentant, l'œuvre de Sébas. Sans rien ôter au château de Marolles de son apparence de tristesse hautaine, elle renouvela des tentures, fit redorer des cadres, tira des armoires des porcelaines précieuses, répandit autour d'elle le goût et la vie. En trois mois, grâce au zèle des ouvriers qu'on manda de Grenoble, le château subit une transformation aussi complète que s'il eût été touché par la baguette d'une fée. Elle multiplia les fleurs, qu'elle aimait avec passion, enrichit de plantes rares les serres abandonnées et s'absorba tellement dans ces soins, que six mois s'écoulèrent sans qu'elle s'en aperçût.

Elle avait fixé ce délai à Francis. Chaque semaine Mélati écrivait de longues lettres à Mme de Gailhac-Toulza, à Blanche; elle recevait en échange des pages qui tour à tour faisaient battre son cœur et monter des larmes à ses yeux. Croyait-elle que l'absence exercerait une influence sur Francis; au fond de la solitude voulait-elle écouter son propre cœur? Elle l'entendit, et l'oiseau bleu qui chante dans les rêves lui répéta les mêmes chansons douces. Elle l'entendit, et, quand sonna l'heure marquée par elle, Mélati écrivit ce seul mot :

— « Venez tous ! »

Ensuite, accompagnée de Mme Lise, elle alla trouver Jarnille qui bien des fois avait reçu sa visite. Jarnille lui refusait pourtant une chose qu'elle eût vivement désirée. Il semblait à Mélati que la *Chambre nº 7* ne devait servir à personne. Afin d'être certaine qu'on la respecterait comme une chapelle funèbre, elle offrit à Jarnille de lui acheter son auberge. Mais Jarnille refusa :

— Jamais, mademoiselle, répondit-elle, jamais je ne vendrai l'hôtellerie. Mon père y a vécu, j'y mourrai ; Rameau d'Or en héritera.

— Mais j'en ferai bâtir une autre, bien plus belle.

— Ce ne serait pas la même chose ! Les architectes d'aujourd'hui ne savent pas construire comme les anciens, voyez-vous... Jamais on ne me ferait ces grandes cheminées devant lesquelles j'étage trois broches, de deux aunes de long, et je place une douzaine de lèche-frites. Et puis on me ferait un plafond plat, blanc comme un mur, tandis que la grande salle a de belles poutres sculptées. Et le perron de pierre, et la girouette, et l'enseigne! Non, non, mademoiselle, on ne changera ni l'auberge ni l'aubergiste. La seule chose que je puis faire est de vous laisser la libre disposition de la *Chambre n° 7*... Nul désormais n'y entrera excepté vous...

Elle remit en effet la clef de cette pièce à Mlle de Marolles, mais comme elle trouvait parfois pénible de pénétrer dans l'hôtellerie, Mélati fit transporter au château de Marolles les meubles qui la garnissaient, l'architecte la reproduisit dans ses moindres détails et souvent elle s'y enferma pour songer au père qu'elle avait tant aimé.

A Paris on avait compté les jours. L'arrivée de la lettre de Mélati causa une joie sans nom à Francis. Il songea dès lors à choisir pour sa fiancée une corbeille plutôt conforme à ses goûts que d'accord avec sa fortune. Chacun y mit beaucoup de son cœur. Il avait été convenu que le docteur Guillaume Andrezel et sa mère viendraient à Marolles en même temps que la famille de Gailhac-Toulza. Guillaume devait être un des témoins de Francis; Didier, qui venait d'obtenir un congé, assisterait aux fêtes de Marolles. Un seul membre de la famille manquerait : Robert de Gailhac, le « renégat ». Blanche et Louise Verrières seraient les deux demoiselles d'honneur de Mélati.

Par une superbe journée d'août les trois voitures qui se trouvaient dans les remises du manoir de Marolles allèrent prendre à la gare les invités du château. Mélati avait dans les yeux des larmes de joie, qu'elle laissa couler en embrassant Mme de Gailhac.

Le visage de l'ancien magistrat rayonnait.

L'amertume des épreuves subies s'adoucissait. Francis, devenu le mari de Mélati, réparait les malheurs anciens. Seules les blessures du cœur restaient ouvertes.

Mais en ce moment on ne voulait se souvenir que des choses heureuses. La famille de Gailhac s'augmentait d'une fille charmante, et plus d'une fois Mélati se prit à sourire en regardant tour à tour Blanche et Guillaume Andrezel.

On ne se souvenait point dans le pays d'avoir jamais vu fêtes aussi belles que celles qui furent célébrées à l'occasion du mariage de Mélati. Les pauvres reçurent de grandes largesses, mais ce qui toucha plus que tout le reste cette population honnête, ce fut de voir à la table de l'héritière de Marolles Sébas, le serviteur aux cheveux blancs, et Rameau d'Or, le fiancé de Colette.

Il s'était habillé de neuf pour la circonstance, mais il portait des vêtements de paysan, plus satisfait de se retrouver à Marolles que de continuer de vivre à Paris. Et comme Francis lui demandait si jamais il ne regretterait les planches du théâtre :

— Je ne savais qu'un rôle, monsieur, répondit-il, et je l'ai bien joué. Croyez-moi, j'aurais été mauvais dans tous les autres. J'ai trouvé un dénouement meilleur encore que celui de M. Dervaux. Mélati est heureuse, et nous essaierons de lui faire oublier le drame de la *Chambre n° 7*.

FIN

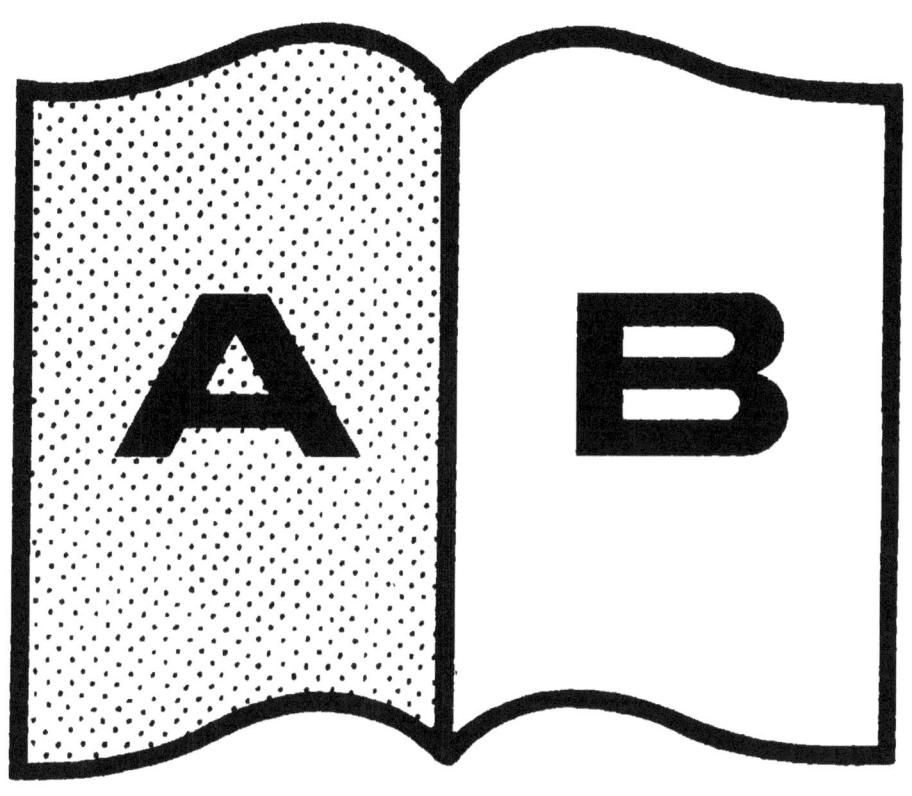

Contraste insuffisant
NF Z 43-120-14

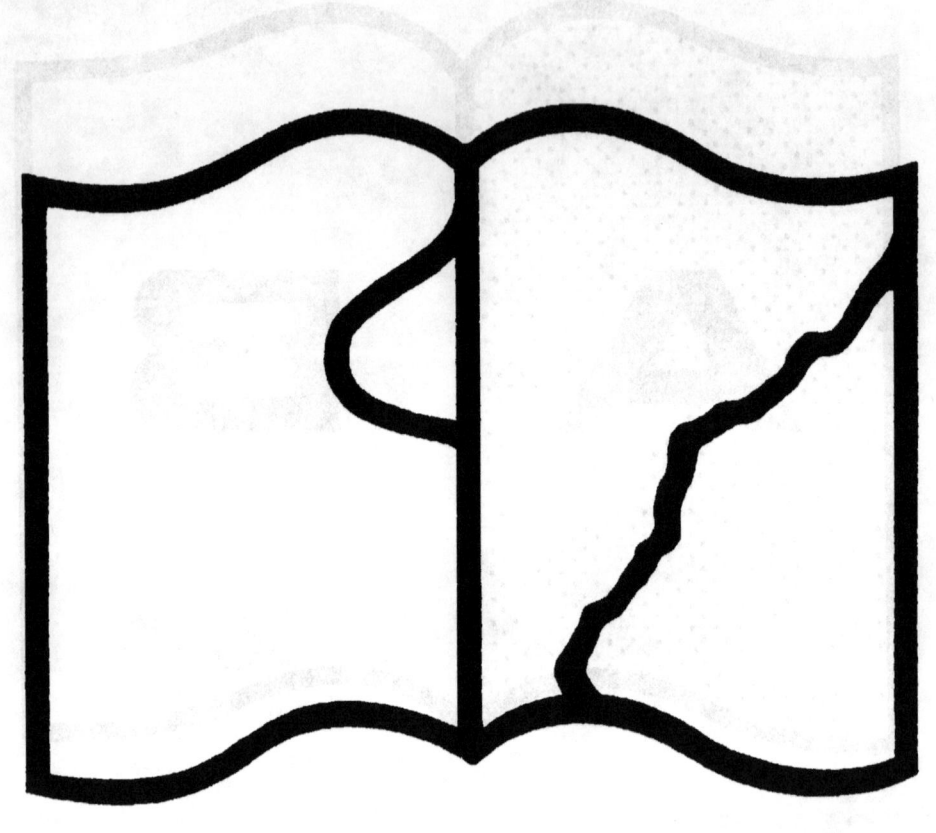

Texte détérioré — reliure défectueuse

NF Z 43-120-11

www.ingramcontent.com/pod-product-compliance
Lightning Source LLC
Chambersburg PA
CBHW071533160426
43196CB00010B/1753

NOUVELLES LYONNAISES

PAR

M. Alphonse Balleydier.

PARIS,
MAISON, ÉDITEUR, LIBRAIRE.
Quai des Augustins, 29.

1843.

Nouvelles Lyonnaises.

Lyon. — Imprimerie de C. REY Jeune et Compagnie.

NOUVELLES

LYONNAISES

PAR

M. Alphonse Balleydier.

PARIS,
MAISON, ÉDITEUR, LIBRAIRE,
Quai des Augustins, 29.

1843.

UNE SEMAINE SAINTE AU HAVRE,

1793.

La terreur se promenait alors à travers la France, le couteau qui nivelle d'une main, la torche qui brûle de l'autre.

Ce n'étaient partout qu'échafauds et cadavres, que ruines et débris.

2

Carrier, à Nantes, rendait la Loire complice de ses atrocités : ses bateaux à soupapes servaient d'autels à ses mariages républicains, éclairés la nuit par les étoiles du ciel, comme par des torches funèbres.

Collot-d'Herbois, à Lyon, disséquait à coups de canon, ses victimes vivantes, et par ses soins, les bourreaux manquaient un jour aux condamnés.

Robespierre nageait à Paris dans ce long fleuve de sang qui avait pris sa source au pied de l'échafaud du 21 janvier.

Alors la terreur était triomphante ; toutes les têtes se courbaient à son passage ; on avait encore le courage de la mort, on avait perdu celui de la résistance. Plus de trône, plus d'autel : le temple avait été détruit, le trône avait été brisé. La Convention avait essayé la tête du roi au tranchant de sa hache révolutionnaire ; elle avait mis à prix celles des prêtres : le vent de la terreur soufflait partout la mort.

Presque, seule entre toutes les grandes villes

de France, la ville du Hâvre était pure encore de tout crime, de toute souillure.

Les portes des églises étaient bien fermées; mais celles des maisons étaient presque toutes encore ouvertes à quelques prêtres intrépides qui résistaient bravement aux orages de la révolution.

Ces généreux débris du clergé en France exerçaient assez librement, sinon ostensiblement, les pieux devoirs de leur saint ministère.

Il n'était pas rare de voir, tous les dimanches au matin, des groupes nombreux d'hommes et de femmes se rendant en silence vers quelque demeure désignée la veille et préparée pendant la nuit pour recevoir dignement le ministre de Jésus-Christ qui devait célébrer la sainte messe. Il n'était pas rare d'entendre chaque soir, sur le pont d'un navire, quelque pieux refrain de cantique que les marins chantaient en chœur, et que la mer répétait ensuite au rivage comme un souvenir, ou plutôt comme une prière des jours d'autrefois.

On rencontrait souvent encore dans les campagnes de vieilles croix debout en sentinelles du Christ, et, au pied de ces croix, des paysans à genoux et priant Dieu.

Un jour, un trois-mâts nouvellement arrivé des Indes au Hâvre, hissa tous ses pavillons au haut de ses mâts et appareilla pour Honfleur.

L'équipage en habits de fête était au grand complet sur le pont, entourant avec vénération un homme au front large et nu et aux formes athlétiques.

C'était l'ex-curé de Saint-François : il conduisait tous ces braves marins à la côte de Grâce pour accomplir un vœu formé en un jour de tempête qui serait devenu bien certainement un jour de naufrage sans la miraculeuse intervention de la bienheureuse vierge Marie.

La côte de Grâce a pris son nom d'une antique chapelle que la dévotion des gens de mer a élevée en l'honneur de la sainte Vierge, leur chère et bien-aimée patronne.

Rien de plus joli, de plus gracieux, de plus coquet que cette côte, en été surtout, lorsque les arbres dont elle est couverte ont repris toutes leurs feuilles.

On arrive à son sommet par un chemin assez étroit, qui serpente à travers la montagne, entre deux haies d'églantiers, parsemées de marguerites et de *pleurs de Marie*.

C'est là que se trouve la chapelle en vénération, couverte, pavoisée d'*ex-voto*, représentant presque tous des tempêtes, et des vaisseaux en danger de perdition.

Comme un phare protecteur, la croix de la petite église s'élève au-dessus des arbres qui l'entourent, et plane sur l'Océan.

Des marins m'ont raconté que, parfois, dans la nuit, elle se montre dans une auréole de feu ; alors, quelque grand malheur se prépare pour le pays ; cette apparition lumineuse devient un avertissement du ciel ; c'est le *garde-à-vous* de la Sainte-Vierge.

Une heure après son entrée en mer, le navire

pélerin a jeté l'ancre dans le port de Honfleur ; la garde en est confiée à quelques marins désignés par le sort, tous les autres suivent le curé de Saint-François ; il s'est dirigé vers la côte de Grâce.

C'était un bien touchant, un bien beau spectacle que celui de ces marins, pieds nus, rangés deux à deux, gravissant la montagne en chantant des cantiques !

Ces chants valaient bien ceux que la Convention hurlait aux pieds des échafauds.

Les matelots arrivent à la sainte chapelle : malheur ! les portes en sont fermées, scellées par ordre des représentants du peuple ; malheur, car les marins ne pourront pas accomplir leur vœu ; ils ont interrompu leurs prières à Dieu pour jeter une imprécation aux Jacobins ; leur colère, comme la marée montante, va déborder et faire irruption ; malheur aux anarchistes de Honfleur ! Déjà les matelots se consultent du regard et se montrent de la main, les toits de la maison commune qui fument au bas, lorsque le prêtre de Saint-François les mène devant une fenêtre latérale, qu'il est parvenu à ouvrir ; c'est par cette voie qu'ils pénètrent dans l'intérieur de la chapelle.

Plus de colère, alors, plus de projets de vengeance ; comme le flot de la mer qui s'arrête devant le doigt de Dieu, leur colère s'est calmée devant l'autel ; ils s'agenouillent, et le saint sacrifice commence.

Le ciel était serein, la mer, à leurs pieds, était calme ; seuls les méchants de la terre s'agitaient.

Les Jacobins de Honfleur n'avaient pu voir, sans éprouver un violent accès de rage, cette manifestation religieuse, dans un temps où le culte était aboli, où l'exercice de la religion était regardé comme crime et puni de mort.

Ils font donc battre aussitôt la générale et sonner le tocsin ; ils s'entourent de tout ce que la ville renferme de plus féroce en hommes, de tout ce qu'elle possède de plus immonde en femmes, puis, réclamant le silence, ils s'écrient : Citoyens !

braves sans-culottes ! nous vous avions bien dit, que cette *ci-devant* chapelle deviendrait un repaire d'aristocrates, une taverne de fanatiques ; vous ne nous avez pas crus, vous n'avez pas voulu la détruire, eh bien ! sans-culottes, des émigrés, des prêtres, vomis par l'Angleterre et débarqués cette nuit à Trouville, y sont réunis ce matin, en compagnie de tout ce que le pays a de suspects et d'ennemis ; ils ont appelé à leur aide les agents de Pitt et de Cobourg.

Citoyens, la contre-révolution est flagrante, la patrie est en danger, aux armes, citoyens ! à la chapelle ! en avant, braves sans-culottes ; regardez, il y a là-haut des aristocrates à pendre et des croix à briser, en avant !

A la voix de leurs chefs, les jacobins s'élancent sur la côte de Grâce.

Le prêtre était encore à l'autel, tout-à-coup le chant de la *Marseillaise* enveloppe les murs de la chapelle, les marins y répondent tous ensemble, d'une seule et même voix, par un cantique à la

Vierge ; le prêtre élève ses mains sur ces hommes de bonne volonté, qui se prosternent sous la bénédiction qu'il leur donne au nom de Dieu, un coup de feu se fait entendre et une balle vient se perdre dans les habits sacerdotaux de l'officiant, le saint prêtre ne s'en est point ému, il s'est signé et d'une voix haute et ferme, il a commencé l'évangile selon saint Jean ; un nouveau coup de fusil part, une seconde balle arrive et tombe en sifflant aux pieds du prêtre.

La messe est dite.

Le curé de Saint-François a bientôt échangé ses habits d'officiant contre un vêtement complet de marin, un petit chapeau de toile cirée couvre son front, un vaste paletot déguise ses formes herculéennes.

Que la volonté de Dieu soit faite, mes frères, s'écrie-t-il, et vous, sainte Vierge, notre patronne, soyez bénie.

Alors des cris de mort s'élèvent de partout, les portes de la petite église sont brisées, mises en pièces ; plusieurs marins sont blessés et se défendent encore ; les autres se forment en ligne et s'élancent bravement sur les groupes armés qui les cernent.

Tous, avaient eu la précaution d'emporter secrètement des armes sous leurs paletots, presque tous ont dans dans ce moment le pistolet au poing.

Au feu de file qui les assiége, ils opposent un feu sûr, à bout portant, qui jette la confusion dans les rangs des assaillants.

Les marins avancent toujours, dispersant devant eux, les Jacobins qui rencontraient des hommes de détermination, là, où ils avaient cru trouver des martyrs, autre chose est de faire tomber une tête qui se courbe, ou de courber une tête qui se défend.

Aux cris de vive la Convention, les matelots ont répondu, vive la France ; le prêtre-matelot est toujours à leur tête, il marche le front haut et le crucifix à la main vers le navire qui tient ses voiles prêtes, il n'a perdu qu'un seul homme et son corps ne restera pas même au pouvoir des ennemis; car il l'a chargé sur ses robustes épaules.

Le sang ruisselle au bas de la côte.—Les femmes ont pris la fuite, les hommes se sont débandés, en jetant un dernier cri de rage, le prêtre et les marins sont sauvés, dans une heure ils toucheront la terre du Hâvre; tandis que les sans-culottes noieront dans le vin, la honte de leur défaite : les lâches, ils ne savaient être forts que derrière les échafauds.

La Convention frémit de colère en apprenant ces événements.

Un de ses plus fougueux orateurs, le féroce Couthon, se fit hisser à la tribune.

Citoyens, s'écria-t-il avec fureur, le Christ ne s'avoue pas vaincu. Il se trouve encore des prêtres la croix à la main, et des hommes au pied de la croix. Vos soldats ont fait des écuries à leurs chevaux, des magasins à leurs fourrages avec les temples catholiques; vous avez décrété qu'il n'y avait plus de Dieu, plus de religion; vous avez mis à mort tous les prêtres qui ont osé se heurter à vos lois. Vous n'avez pas assez fait, citoyens, car les prêtres reparaissent plus audacieux; les forêts, les bois, les montagnes, la France entière, deviennent une vaste église où la parole du Christ résonne plus puissante que jamais. Laisserez-vous impunis les événements criminels qui viennent d'avoir lieu à Honfleur? Les coupables sont au Hâvre, c'est au Hâvre qu'il faut aller les chercher. Je demande qu'on propose une récompense nationale à celui qui inventera de nouveaux supplices pour punir les ennemis de la république une et indivisible.

Cette motion fut couverte d'applaudissements. La Convention résolut, séance tenante, d'envoyer un représentant du peuple au Hâvre.

La ville du *ci-devant* François Ier a besoin d'un purgatif, lui dit Couthon au moment de son départ, purge-la, citoyen, et vigoureusement; sois aussi puissant que le Dieu de Moïse, sers-lui de la manne sur le couteau de la guillotine.

Le représentant du peuple partit le jour même, et il arriva assez à temps au Hâvre pour apercevoir, sous les phares de la Hève, le navire rebelle, toutes ses voiles déployées au vent.

La mer était belle, il ventait grand-frais ; le bâtiment disparut bientôt à l'horizon.

Je suis arrivé douze heures trop tard, s'écria le représentant, en frappant du pied la terre et en se meurtrissant le front ; douze heures trop tard !

Les victimes lui échappaient quand il se faisait une fête de pendre l'équipage aux vergues du navire, et le prêtre à la croix de la chapelle de Notre-Dame-de-Grâce.

Le curé ne sera peut-être point encore parti, pensa-t-il ; et mettant sa tête à un prix énorme, il lâcha contre lui la meute de sa police : mais toutes les recherches dirigées pendant plusieurs jours avec un zèle de cannibales furent inutiles.

Le curé de Saint-François n'était plus évidemment au Hâvre.

Le lendemain de l'arrivée du représentant du peuple, était un jour de grande marée ; on devait lancer ce jour-là un trois-mâts à la mer.

De grand matin, les dames de la ville, conviées à cette belle fête, occupèrent une estrade, élevée pendant la nuit sur le Perrey : Le représentant, entouré d'un nombreux état-major, prit position devant elles, à la gauche du représentant, une façon de tambour-major femelle, à la figure enluminée, à la tête empanachée comme une cavale de Franconi, trônait à part, en souveraine.

C'était la déesse de la Raison, qu'on avait fabriquée la veille dans un cabaret du port, elle devait donner le signal du lancement, en jetant son bouquet à la mer.

La musique de la ville, convoquée pour la cérémonie, jouait par intervalle les chants les mieux aimés de la république, de jeunes filles, vêtues de blanc, bariolées en tricolore et les mains pleines de fleurs, circulaient dans la foule, aux chants de la *Marseillaise* et de la *Ça ira*. Beaucoup de marins s'étaient rangés en demi-cercle sur la grève ; ils paraissaient tristes et mécontents.

La vue de cette divinité, inventée par la folie des hommes, leur faisait dégoût et pitié : ils jetaient parfois sur elle des regards fort peu révérencieux, si même une volonté supérieure à la leur ne s'était trouvée là, pour mettre obstacle à leurs intentions, je crois, en vérité, qu'ils auraient irréligieusement lancé la déesse aux requins ; les paroles sanglantes qu'on chantait en chœur autour d'eux, leur faisaient aussi regret et pitié.

Aux marins, il faut autre chose que les chansons des hommes ; la *Marseillaise* suffisait bien aux batailles de la terre, mais les chants du ciel pouvaient seuls convenir aux tempêtes de l'Océan.

Ils comprenaient bien, ces pauvres marins, qu'on leur ôtait la force et le courage de lutter contre la fureur des éléments, si on leur retirait la pensée de Dieu ; voilà pourquoi, tous étaient tristes et silencieux.

La déesse de la Raison a donné le signal ; une vague a submergé son bouquet comme une chose impure qui l'aurait profanée; le navire est toujours debout, immobile sur sa cale.

Vainement un chœur de jeunes hommes a entonné le *Chant du départ*; le trois-mâts n'est point parti; seulement, un homme est sorti des rangs de la foule.

Il se dirige rapidement vers le rivage à travers les flots de peuple qui se découvre à son passage ; il avance toujours le front haut; il ne l'a point incliné devant le représentant ; les marins jettent leurs chapeaux en l'air, et crient hurra! hurra! en cet homme, ils ont reconnu le prêtre aimé qu'ils avaient cru perdu pour eux, le curé de Saint-François qui, à l'aide d'un bout de corde, s'est hissé à l'avant du navire.

Alors debout sur le pont, il étend sa main sur la

mer et le trois-mâts pour bénir l'une et l'autre au nom de Jésus-Christ.

Qu'on arrête cet homme, s'écrie le représentant du peuple : le prêtre achève tranquillement les prières de la bénédiction ; c'est un *ci-devant* fanatique, un ennemi de la république, continue le représentant, qu'on s'en empare au nom de l'une et indivisible, et il se précipite au bas de l'estrade, il court au navire ; les Jacobins s'élancent sur ses pas, les marins volent à leur rencontre, un combat paraît inévitable ; mais un geste du prêtre arrête ces hommes qui allaient en venir aux mains ; seul le représentant, qui ne manquait pas de courage, le représentant s'empare de la corde qui avait servi de chemin au curé de Saint-François, et il commence bravement la périlleuse ascension qui doit le conduire au pont du navire.

Mais voici que le bâtiment s'ébranle, un coup de hâche a brisé le dernier obstacle qui le retenait à la terre, il glisse rapidement vers la mer, entraînant dans un nuage de fumée le Jacobin représentant suspendu à son flanc de babord.

Les marins étouffent par leurs vivats les cris de rage des Jacobins, la corde s'est rompue entre les mains du vaillant acrobate, le malheureux représentant est tombé à la mer.

C'est en vain qu'il lutte alors contre la marée descendante, une vague l'emporte au large, il va rejoindre le bouquet de la déesse; c'est en vain qu'il implore à grands cris le secours de ses frères en république, la vague l'entraine toujours et ses cris se perdent dans le bruit de la vague; pas un sans-culotte ne s'est jeté à la nage.

Il allait disparaître lorsqu'un homme se précipita du pont du navire à la mer, excellent nageur, il eut bientôt rejoint et déposé sur la rive le malheureux qui se noyait.

L'embarcation du navire avait nagé derrière lui; il s'y jeta, et quelques instants après il disparut derrière la côte de Saint-Adresse.

C'était le prêtre qui avait dit la messe à la côte de Grâce.

LE VENDREDI-SAINT.

Miserere mei.

Agenouillées devant un autel élevé secrètement pendant la nuit, dans une cave de la rue d'Estimanville, un grand nombre de personnes priaient en attendant l'arrivée d'un prêtre qui devait leur prêcher la Passion.

Oh! comme les prières de ces jeunes hommes étaient ardentes, comme les voix de ces femmes étaient suaves et pures!

On eût dit les prières et les chants de ces premiers chrétiens qui s'ensevelissaient vivants dans les catacombes romaines pour adorer le Dieu que leur avait enseigné saint Pierre; tout-à-coup les prières et les chants cessèrent; une voix d'homme s'était fait entendre à la porte.

La voix avait dit : Ouvrez au nom de Jésus-Christ : et que Dieu soit avec vous, mes frères.

La porte s'ouvrit, un homme entra, et le prêtre se fit reconnaître sous le paletot et le bonnet de laine rouge du matelot.

Il se prosterna bien bas, le front contre la terre; puis se relevant, les deux bras croisés sur sa poitrine, il resta quelques instants plongé dans un profond recueillement. Il demandait sans doute à Dieu quelques-unes de ces paroles brûlantes qui savent si bien fondre la glace des cœurs, quelques-uns de ces accents qui pénètrent l'âme et l'ouvrent tout entière aux lumières de la vérité.

Trois heures sonnèrent au clocher de Notre-Dame.

Le prêtre se signa au nom du Père, du Fils et du Saint-Esprit.

Entendez-vous, mes frères, s'écria-t-il, ce signe d'airain que le temps vient de jeter à l'éternité? C'est l'heure où le Christ mourant clama son dernier cri de Calvaire, son dernier sanglot de rédempteur.

C'est l'heure où le grand livre du monde, se

déroulant sous ses yeux, il put lire tous les crimes, toutes les iniquités, toutes les abominations des siècles futurs.

Ah! comme il dut souffrir, lorsque son doigt, se posant sur la page de France, il vit ses autels renversés, ses prêtres massacrés au pied de ses autels, sa croix brisée et traînée dans le sang de ses prêtres.

Oh! comme il dut souffrir, lorsqu'il vit la courtisane des rues, divinisée, la folie, appelée raison, Marat et Mirabeau proclamés saints ; les têtes d'hommes et de rois, les débris sanglants de la société, entraînés par le torrent de la terreur dans l'abîme révolutionnaire où croulaient le trône, les lois et les institutions.

Oh! oui, mes frères, il dut bien souffrir ; il dut pleurer des larmes de sang sur cette page de la France, de cette France qu'il devait tant aimer.

Il fallait bien vraiment qu'il fût le fils de Dieu, pour subir, enfant des hommes, un pareil supplice, et souffrir de semblables douleurs.

Ici le prêtre s'arrêta; il avait des larmes et des sanglots dans la voix..... Il reprit :

Dieu nous avait donné, dans sa divine miséricorde, un roi juste et bon, qui voulait le bien et le bonheur de la patrie.

Ne craignons-nous pas qu'il ne demande, comme autrefois à Caïn : France, France, qu'as-tu fait de ton roi?

Hélas! nous avons aussi, nous avons remplacé sur son front la couronne d'or par une couronne d'épines; nous aussi, nous avons couvert ses royales épaules du manteau de l'infamie; nous avons arraché le sceptre de ses mains pour lui donner un roseau taché de sang, et du temple nous l'avons traîné au calvaire de l'échafaud.

Dieu nous avait donné des prêtres sages et éclairés pour nous conduire par la main, à travers les doutes et les ténèbres de la vie.

France! France! qu'as-tu fait de tes prêtres? hélas ! nous les avons proscrits sur la terre du pays, nous les avons chassés sur la terre étrangère, nous les avons massacrés à la Conciergerie, nous les avons flagellés, meurtris, nous avons dressé pour eux des croix dans toute la France. Mon Dieu! mon Dieu! pardonnez-nous; éloignez de nous, s'il se peut, le calice de l'amertume; il a fallu votre sang, ô mon Dieu! pour délivrer la terre; puisse le nôtre sauver la France!

C'était un magnifique spectacle, que ce prêtre, prêchant ainsi la Passion à ces hommes, qui l'écoutaient dans le plus religieux silence, c'était le prophète Saint, touchant aux choses sacrées; c'était Jérémie, pleurant sur les malheurs et chantant sur les ruines de la nouvelle Jérusalem.

Demandant un instant de repos, le prédicateur avait entonné le *Crux ave*, lorsque des bruits confus s'élevèrent dans la rue.

Des Jacobins-septembriseurs se promenaient, cherchant des victimes, poussant devant eux la guillotine que le représentant, nouvellement envoyé par la Convention, avait amenée avec lui.

Ils forçaient les passants à se découvrir respectueusement devant cet horrible instrument de mort ; ils psalmodiaient en manières de cantiques, les affreuses paroles de la *Ça ira*, et les femmes des halles les accompagnaient par d'horribles imprécations.

Ecoutez : A bas les prêtres ! mort aux prêtres ! à bas les aristocrates ! à bas les riches ! à bas les honnêtes gens ! A la lanterne, les aristocrates ! Vive la république ! vive Marat ! vive la sainte guillotine ! vive la lanterne ! à la lanterne les prêtres !

Que le Seigneur, notre Dieu, soit avec nous, à présent et toujours, a dit le prêtre.

Ainsi soit-il, ont répondu les chrétiens de 93.

— Prions Dieu pour nos frères égarés ; pardonnez-nous, Seigneur, à l'heure de notre mort, comme nous leur pardonnons aujourd'hui.

— Ainsi soit-il.

— Sainte-Vierge, mère de J.-C., ô vous qui ne voulez pas la mort du pécheur, mais sa conversion ; abritez-les dans votre grâce, enveloppez-les de votre sainteté, pour qu'ils reviennent enfin de leurs égarements.

— Ainsi soit-il.

Les prières des fidèles montent vers le ciel, les cris de mort des sans-culottes courent toujours dans la rue. Quel contraste, mon Dieu ! quelles pensées, pour le poète et pour le philosophe !

Là, dans cette cave tendue de noir, éclairée vaguement par quelques rares flambeaux de cire jaune, il y a des anges, des saints; là, Dieu, le ciel; là-bas dans la rue souillée de boue et de jacobinisme, il y a des égorgeurs, des démons et l'enfer.

Ici, un autel de pierre, un calice de plomb, une croix de bois; dans la rue, 93 et la terreur, la terreur sans-culotte, la terreur aux bras nus, au front noir, à l'œil sanglant.

Ici des prières, là-bas des blasphèmes.

Ici l'oubli et le pardon, là-bas la haine et l'offense.

Ici la victime prête et résignée, là-bas le bourreau prêt aussi et impatient.

Ici des cantiques d'amour et des voix pures de femmes, là-bas des chansons de mort et des voix d'assassins.

Quelle affreuse antithèse, grand Dieu! c'était le sublime en face de l'horrible.

Le prêtre acheva l'office du jour, donna sa bénédiction et traversa dans la rue les groupes des terroristes pour aller administrer un mourant à Ingouville.

LE SAMEDI-SAINT.

Stabat Mater.

Les Jacobins du Hâvre étaient dans la plus grande consternation, on les voyait passer rapidement, pâles et effarés, pour aller faire queue à la porte du représentant, envoyé par la Convention pour terroriser la ville.

Quel événement fâcheux était-il survenu entre le maître et les disciples ? la discorde se serait-elle glissée au camp des Jacobins ? Non, car les hommes pervers sont toujours à l'unisson pour le mal ; le crime est l'accord parfait des méchants.

Quelque nouvelle Charlotte Corday se serait-elle furtivement introduite dans le cabinet du Marat hâvrais ? l'aurait-elle surpris et frappé du poignard ?

Non, car, pour cette fois, la mort s'est chargée du rôle de l'héroïne de Caen, elle aussi a surpris le représentant du peuple en son bain,... ce vaste bain de l'Océan que la main de Dieu sans doute lui préparait de toute éternité.

Déposé sur le rivage par son libérateur, il était resté plusieurs heures sans connaissance ; on l'avait bien saigné, mais le sang n'était sorti de la veine qu'en très petite quantité ; les médecins l'avaient unanimement condamné.

Cependant il revint à lui ; sa première parole fut un jurement épouvantable, sa première action fut de boire une bouteille à moitié pleine d'un excellent bordeaux.

Qui m'a sauvé ? demanda-t-il alors.

— Le prêtre, lui répondit-on, le prêtre qui a béni le navire.

— Le prêtre ! qu'on l'amène devant moi, pieds et poings liés, la corde au cou : qu'on avertisse le bourreau de se tenir prêt. Demain à son lever, le soleil verra le ci-devant curé pendu à la croix de sa Notre-Dame-de-Grâce; je lui dois la vie, il me devra le ciel : service pour service, nous serons quittes.

— Pour le conduire devant toi pieds et poings liés, corde au cou, citoyen, il faut que tu nous dises où nous devons aller le prendre.

— Et par la sainte république vous le devez savoir mieux que moi ; dans la prison, parbleu !

— La prison est vide comme cette bouteille, citoyen. Et du doigt ils lui indiquèrent le contenant privé de son contenu.

— Comment! suppôts du diable, il aurait brisé ses fers!

— Il ne les a jamais eus.

— Mais, damnés scélérats, vous ne l'avez donc pas arrêté quand il m'a laissé sur la rive?

— Il n'a pas voulu se laisser prendre, citoyen; entre nous et lui la mer hurlait comme un loup et nous montrait les dents comme un requin.

— Assez, vils coquins, vous êtes tous des lâches, des traîtres, des ennemis de l'une et indivisible, vous êtes des aristocrates.

—Des aristocrates! tu mens, citoyen, tu en as menti par la gorge. Regarde : nous sommes *sans-culottes*.

— Satanés brigands, il me faut sa tête ou les vôtres, entendez-vous? Vous en répondez devant la Convention.

Il était dans un tel état d'animation en parlant ainsi, qu'il faillit étouffer. Son visage était blanc, rouge, bleu, tricolore de colère; une violente crise l'empêcha de continuer, il perdit entièrement connaissance. Alors la justice de Dieu, plus sûre que les arrêts des hommes, plus infaillible que la faculté de médecine, le condamna.

Quand il revint à lui, il était à toute extrémité.

Un marin aux bras nus et noirs a traversé la foule des Jacobins qui encombraient toujours la porte de l'hôtel où le représentant était descendu.

(*Il avait eu la précaution de se loger aux frais de la France, dans le plus bel appartement du plus bel hôtel de la ville.*)

Il a violemment écarté devant lui tous ces sans-culottes au visage livide.

Citoyens, s'écrie-t-il, laissez passer au nom de la république, laissez passer; il y va du salut de la chose publique, il y va du salut de notre représentant.

Il franchit rapidement une antichambre, et il se trouve en face du moribond.

Citoyen représentant, je veux parler à toi seul.

Et du geste et du regard il a éloigné toutes les personnes qui entouraient le lit du mourant.

— Parle et dépêche-toi, nous sommes seuls. Un instant, laisse-moi fermer cette porte. Et après avoir retiré la clé de la serrure, le marin revint se placer auprès du malade; il lui prit le bras à la manière des médecins. Le pouls est mauvais, lui dit-il, voyons si le regard vaut mieux : me reconnais-tu?

—Que le diable t'emporte, je ne t'ai jamais vu.

—Le regard est comme le pouls..... Citoyen, tu as ordonné des perquisitions contre un fanatique, m'a-t-on dit, contre un......

—Brigand de prêtre, qui réunit chaque jour des ci-devants et des aristocrates;— contre un scélérat qui a osé bénir un trois-mâts en ma présence et avec toutes les formes de la ci-devant religion catholique et romaine.

—L'audacieux!

—J'espère que demain, au grand jour, on le verra pendu à la croix de la chapelle de la côte de Grâce.

—N'espère pas, citoyen.

—Pourquoi?

—Parce qu'il est en sûreté.

—Où?

—Dans une retraite qui défie les recherches les mieux organisées.

—Tu la connais?

—Oui.

—Quelle est-elle?

—Tu es bien pressé.... attends un instant.

—Réponds de suite, ou j'appelle.

—On ne t'entendra pas, ta voix est trop faible.

—Scélérat, tu mourras comme lui.

— Et comme toi, citoyen, la mort est pour tous.

— Au nom de la République, réponds-moi, où ce prêtre est-il caché?

—Au nom de la France, je te le dirai à une condition.

—Des conditions, coquin, je ne les reçois pas, je les donne; en prononçant ces paroles, il essaya de se lever pour s'emparer d'un sabre qui se trouvait à sa portée, le sabre à moitié sorti du fourreau retomba sur le lit.

Le marin le prit et l'examinant avec attention, il dit :

—Tu as une belle arme, citoyen, il est fâcheux qu'elle soit lourde pour ta main.

—A moi, mes braves sans-culottes, au secours, au secours.

—Je te l'avais bien dit qu'on ne t'entendrait pas. Si tu veux connaître la demeure du prêtre, tu n'as qu'un moyen à prendre.

— Lequel ?

— Celui de m'écouter.

— Parle donc, brigand, et dépêche-toi.

— Judas a vendu son maître pour de l'argent.

—Tu en auras plus qu'il ne t'en faudra pour ta vie entière.

— Ce n'est pas de l'argent que je te demande.

— Que veux-tu donc ?

— La première grâce que je te demanderai.

— Je te l'accorde d'avance, quelle qu'elle soit,

j'en fais le serment au nom de la République une et indivisible.

— Je l'accepte, au nom de Dieu.

— Dieu, dis-tu ? il n'en est point.

— Ne m'interromps plus, car le temps presse.

— Dieu existe, mon frère ! c'est le Dieu qui punit le crime et qui pardonne au cœur repentant.

— Retire-toi.

— Non ! car il en est temps encore, regarde, nous sommes seuls, seuls avec ce Dieu qui nous entend, et qui bientôt te jugera.

— Me laisseras-tu ?

— Non, car c'est lui qui m'envoie vers toi, pour te porter en son nom les paroles de paix et de réconciliation. Malheureux ! la mort est là, la mort ne sortira pas de cette chambre qu'elle n'y ait laissé un cadavre ; et tu as le blasphème à la bouche, tu as la malédiction au cœur ; oh ! ce n'est pas ainsi que tu dois paraître devant Dieu.

— Va-t-en, va-t-en, va-t-en !

— Non, je ne m'en irai pas que tu n'aies tenu

le serment que tu m'as fait au nom de la République. C'est ta grâce qu'il me faut, citoyen, je l'ai acceptée au nom de Dieu, c'est en son nom que je te la demande.

. . . .

Écoute, frère, je mettrai sur tes lèvres les paroles qui bénissent ; dans ton cœur, les prières qui donnent la vie éternelle. Le veux-tu ?

Le veux-tu ? tu ne me réponds pas..... oh ! ne regarde pas autour de toi ; à cette heure suprême, les hommes ne sont plus rien, Dieu est tout, le temps s'efface devant l'éternité ; reviens à Dieu, frère, et tes fautes te seront pardonnées ; tu m'écoutes, à présent ; ô merci ! mon Dieu, merci, merci, mon frère ! tu pleures ; oh ! maintenant je peux remplir ma promesse puisque tu as tenu ton serment : le prêtre que tu cherches.....

— Où est-il ?

— Devant toi !

. . . .

A ces mots, le représentant s'est mis à genoux

sur son lit, il s'est frappé la poitrine en disant :
pardonnez-moi, mon père, parce que j'ai péché.

Bien longtemps après la confession, le prêtre resta seul avec son pénitent. Que se passa-t-il entre eux ? Dieu seul le sait. Ce que nous savons, nous, c'est que le ministre de Jésus-Christ ne fut pas livré, et que le citoyen représentant du peuple est mort en louant Dieu.

PAQUES.

Alleluia, alleluia.

La chapelle souterraine de la rue d'Estimanville a quitté ses vêtements de deuil, pour se parer de ses plus beaux habits de fêtes.

C'est le jour de la Résurrection.

Dans toutes les villes de France, l'échafaud se couvre de victimes et de bourreaux ; dans une cave de cette rue du Hâvre, un autel est chargé de fleurs et de lumières ; un prêtre est au bas de l'autel, c'est le prêtre du vendredi-saint.

Mais cette fois, ce ne sont plus des paroles de passion et d'agonie, qu'il jette à l'immense auditoire de chrétiens qui l'entourent, affamés des paroles de Dieu, ce ne sont plus des sanglots qui tombent de sa voix, ce ne sont plus des larmes qui roulent de ses yeux, son front est rayonnant, sa voix est pleine et sonore ; le jour du triomphe a remplacé le jour de la mort ; J.-C. est sorti vainqueur du tombeau. *Alleluia! alleluia!*

Paix aux hommes de bonne volonté, a dit le prêtre, et gloire au plus haut des cieux !

Saint! saint! saint est le Seigneur, notre Dieu! ont répondu les fidèles prosternés au pied de l'autel.

Le prêtre a repris :

Recevez, ô Père saint, Dieu éternel et tout-puissant, cette hostie sans tache que je vous offre, tout indigne que je suis de ce ministère.

Je vous l'offre, ô Seigneur ! comme à mon Dieu vivant et véritable ; je vous l'offre pour mes péchés, pour mes offenses, qui sont innombrables comme les étoiles du ciel ; je vous l'offre pour nos amis et pour nos ennemis ; soutenez les uns, éclairez les autres ; je vous l'offre, ô mon Dieu ! pour ma patrie, pour la France, ce tant beau pays, aujourd'hui inondé de sang et de crimes, couvert de cadavres et de débris ; je vous l'offre, ô mon Dieu, pour le fils de saint Louis qui, de l'échafaud, est monté au ciel ; je vous l'offre pour la reine de France, qui a rejoint son royal époux ; je vous l'offre pour les victimes et les bourreaux, afin qu'elle serve à tous pour le salut éternel.

— Ainsi soit-il, ont dit les fidèles en courbant leur front dans la poussière, devant le prêtre qui a élevé l'hostie sans tache.

Voici l'heure de la communion.

Les bras croisés sur leur poitrine, les hommes entourent la table sainte, pour recevoir la communication du Dieu des forts.

Vêtues de blanc, comme au jour de l'hyménée, les femmes s'asseoient à leur tour à la sainte table, pour recevoir le pain des vierges, ce pain qui donne la vie éternelle.

Après l'office, les insignes du culte catholique ont disparu comme par enchantement dans la chapelle souterraine, qui a retrouvé sa première destination ; la cave de la rue d'Estimanville peut défier, à cette heure, toutes les perquisitions de la police conventionnelle.

Il est midi. Tous ceux qui ont assisté à la sainte messe, se trouvent réunis autour d'une table énorme, dressée dans une vaste pièce du premier étage de la même maison.

Beaucoup d'entre eux sont voués à la mort ; n'importe, ils ont voulu célébrer la Pâque en famille.

C'est encore un matelot qui préside au banquet, le matelot est toujours le même prêtre.

Rendons grâces à Dieu, dit-il, parce que, infiniment bon, il a exaucé nos prières.

Demain sera le jour du repos des bourreaux, les victimes manqueront à la guillotine.

Réjouissez-vous, ô vous tous qui étiez condamnés à périr; demain vous serez sauvés.

— Et qui nous sauvera, mon père?

— Moi.... Dieu, veux-je dire.

— Comment?

— Ces sauf-conduits vous permettront de quitter la France.

— Qui les a signés?

— Le représentant du peuple, mort hier plein de confiance en Dieu et repentant.

— Comment sortirons-nous de France?

— Un brick norwégien est tout paré, demain la mer baissera, il vous attendra sous la Hève.

— Qui nous conduira au brick?

— Moi, donc.... et le brick vous portera en Angleterre, le tout à la garde de Dieu....

Maintenant, à votre santé, mes frères.

— A la vôtre, mon père.

— Merci, mes enfants. A la France.

— A la France.

— Que glorieuse toujours elle redevienne bientôt libre. Pauvre France! elle a changé ses maîtres contre des tyrans; car cette liberté qu'on lui donne avec le couteau de la guillotine et qu'on lui fabrique avec du sang, ce n'est pas de la liberté, mes frères, c'est de l'anarchie.

Dans ce moment, un tumulte épouvantable se fit entendre dans la rue, sous les fenêtres de la maison qui, dans un instant, se trouva cernée de Jacobins en armes.

C'étaient les sans-culottes qui revenaient du cimetière d'Ingouville.

Après avoir jeté le corps de leur représentant dans une fosse bénie pendant la nuit par un ministre de Jésus-Christ, ils se disposaient à rentrer au Hâvre, lorsque leur chef les arrêta sous l'enseigne rouge du cabaret de la Femme-sans-Tête.

— Amis, leur dit-il, voici une enseigne digne en tous points de vrais républicains comme nous.

Entrons à la *Femme-sans-Tête*, et chantons, verre en main, sur l'air de la *Marseillaise*, l'oraison funèbre du citoyen qui n'est plus.

— Bien dit, citoyen, bravo. Holà! la Femme-sans-Tête, du vin, apportez du vin.

— En voilà, citoyen, et du fameux encore. Je l'ai mis en bouteille depuis six mois; c'est du Bordeaux blanc.

— Du Bordeaux blanc! coquine, tu ne sais donc pas que ce vin d'aristocrate est mis hors la loi; c'est du vin rouge qu'il nous faut à nous, fiers Jacobins; du vin bien rouge, bien couleur de sang. Au diable ton vin blanc et ton âme, si tu en as une.

En disant ainsi, un des plus enragés sans-culottes, qui se glorifiait des noms de héros et d'enfant de Paris, saisit la première bouteille qui se trouva sous sa main, et la lança de toutes ses forces contre la patronne du cabaret, qui n'eut que le temps de se baisser. La bouteille se brisa en mille pièces contre les murailles de l'estaminet.

Depuis plusieurs heures ils se grisaient sans façon à la santé du mort, quand on vint leur dire qu'une confrérie de prêtres, réunie à un grand nombre de royalistes dans une maison de la rue d'Estimanville, tramait, le verre en main, la ruine de la République.

Alors tous ceux qui n'étaient pas sous la table se levèrent en masse, et coururent en trébuchant au Hâvre pour ameuter le peuple.

La rue d'Estimanville se trouva bientôt remplie d'hommes à figures sinistres, ne demandant que pillage et massacre.

La porte de la maison, dénoncée à la vengeance, est forcée; plusieurs officiers municipaux, bariolés de rubans tricolores et entourés de soldats armés, pénètrent dans la salle du banquet.

— Au nom de la loi et de la liberté, nous vous arrêtons. Vos papiers, citoyens?

— Les voilà, répondit le matelot qui présidait au festin, et il versa sur la table tous ceux dont son portefeuille était garni.

— Bien et dûment en règle, répliquèrent les officiers municipaux en se retournant vers leurs satellites, ils sont tous signés par le brave représentant que nous venons de perdre.

— Un fier républicain.

— Un sans-culotte pur sang.

— Nous buvions à sa santé quand vous nous êtes arrivés : à la vôtre, citoyens ! nous buvions encore à la France, à sa gloire, à sa liberté : allons donc, citoyens, faites-nous raison, corbleu ! voici des verres : encore une fois et toujours à la France, mille tonnerres !

Vive la France ! s'écrièrent alors les municipaux jacobins et les proscrits, comme l'eût fait une seule et même voix, vive la France !

Les officiers municipaux et leurs séides confus se retirèrent, jurant contre ce qu'ils appelaient une mystification.

Le lendemain, de grand matin, à l'heure de la marée, une barque de pilote glissait rapidement dans la grande rade.......

Les condamnés à mort étaient sauvés.

. . . .

Il n'y a pas un an que leur libérateur vivait encore, il était curé d'un petit village de la Basse-Normandie : il aimait ses bons paysans comme ses enfants, ses bons paysans l'aimaient comme leur père.

LES DEUX CROIX.

Le 2 décembre 1805.

Le premier anniversaire du couronnement de l'Empereur se passa dans un méchant village de la Moravie, appelé Austerlitz.

Pour son magnifique château des Tuileries, Napoléon avait une pauvre cabane couverte en chaume exposée à tout vent, pour illuminations, quatre-vingt mille torches improvisées par ses soldats avec la paille glacée de leurs bivouacs, et pour salutations de fête, les acclamations de toute une armée de braves.

Ainsi qu'il le faisait toujours la veille de ses grandes batailles, l'Empereur, escorté d'un nombreux et brillant état-major, parcourait les lignes de son armée, jetant sur son passage quelques-unes de ces paroles héroïques que l'histoire a recueillies pour les transmettre aux siècles à venir.

Écoutez : l'Empereur s'est arrêté devant le premier escadron d'un régiment de chasseurs de sa garde, il a reconnu un de ses plus vaillants officiers.

Vous étiez à Ulm, lui dit-il, capitaine de Saint-Eustache?

— J'y étais, Sire.

— Vous avez pris un drapeau à l'ennemi?

— Oui, Sire.

— Après avoir eu deux chevaux tués sous vous ?

— Oui, sire.

— C'est bien, mon brave, la France et moi sommes contents de vous.

— Vive la France et l'empereur ! s'écria alors le capitaine de St-Eustache en portant le revers de sa main droite à la visière de son schako.

— Vive l'empereur ! reprit l'escadron d'un seul cri, vive l'empereur !

— A cette époque, les journaux n'avaient pas encore appris aux soldats à établir une distinction entre le chef de l'Etat et la nation ; pour eux, la France était l'empereur, l'empereur était la France.

— Capitaine de St-Eustache, reprit Napoléon, entre la croix que j'ai portée cette nuit sur ma poitrine, et votre escadron qui demande un chef pour la bataille de demain, choisissez.

La croix à moi, sire, la croix d'honneur au capitaine, pour la bataille des trois empereurs ! mon grand-père a reçu la croix de St-Louis au matin de la bataille de Fontenoi, il ne l'a portée qu'un instant : comme lui, sire, si je dois mourir en un jour de victoire,.... encore une fois : vive l'empereur.

Quelque temps après, une affreuse canonnade s'engageait sur toute la ligne, et le capitaine de St-Eustache s'élançait avec ses braves, à la suite du général Rapp, sur les masses de cavalerie que le grand duc Constantin jetait sur les carrés d'infanterie du général Drouet.

Le choc fut épouvantable, la terre tremblait sous les pieds des chevaux, le ciel disparaissait dans une atmosphère de poudre, c'était comme un duel de cavalerie française à cavalerie russe, où l'on combattait corps à corps, poitrine contre poitrine, épée contre épée, horrible à voir. La neige dont la plaine d'Austerlitz est couverte, n'est plus qu'une boue de sang dans laquelle des milliers de morts sont étendus, et le combat continue toujours avec un acharnement égal des deux côtés.

Le général Rapp est blessé, la cavalerie du Czar recule, se reforme, revient à la charge, se replie de nouveau, se reforme encore, la cavalerie française avance toujours ; l'ennemi se retranche derrière des barricades de cadavres, il dispute pied à pied la victoire.... Enfin la bataille est gagnée, les aigles de la France sont triomphantes.

Quelques heures après, Napoléon à cheval parcourait le champ de bataille, s'arrêtant parfois, non plus comme la veille, devant des bataillons pleins de vie et d'enthousiasme, mais auprès des monticules de morts qui s'élevaient de distance en distance dans ce glorieux cimetière d'Austerlitz.

Quelque malheureux blessé respirait-il encore parmi ces ruines d'hommes, il lui faisait donner aussitôt les premiers secours, se chargeant lui-même des premières consolations.

Oh ! que la gloire coûte cher, disait-il parfois en étouffant un soupir. Que de sang, ô mon Dieu ! pour un laurier, que de larmes pour une victoire !... Pauvres mères !

Tout-à-coup il a détourné les yeux, sa main s'est portée rapidement à son front, comme pour en détourner une funeste image, une sinistre vision ; un gémissement, un râle, une brise d'agonie a frappé son oreille.

Un homme, un cadavre plutôt gisait devant son cheval.

Le mourant serrait convulsivement une croix sur sa poitrine.

Napoléon fit un signe. Un de ses aides-de-camp descendit de cheval pour relever le blessé. Le malheureureux crut qu'on venait lui prendre sa croix :

Ah ! laissez-la moi, s'écria-t-il avec égarement, laissez-la moi, c'est la croix de mon empereur, c'est la mienne; je l'ai bien gagnée, voyez, elle a reçu son baptême de sang. Oh ! laissez-la moi, répéta-t-il quand on l'eut déposé sur le brancard qui devait le porter à l'ambulance, laissez-la moi, je l'ai bien gagnée.

En passant devant le groupe d'officiers qui entouraient Napoléon, il reconnut l'empereur, il lui montra sa croix : Elle m'a sauvé, sire,.... en étais-je digne?

Oui, commandant de Saint-Eustache, lui répondit l'empereur. Et il s'éloigna au galop de son cheval, en répétant : Oh! que la gloire coûte cher!

Les blessures du commandant de Saint-Eustache étaient fort dangereuses, les chirurgiens déclarèrent même qu'elles étaient mortelles; cependant les soins constants dont il fut l'objet parvinrent à le rétablir.

Sa convalescence fut longue, bien longue. Un jour passé loin de ses compagnons d'armes était un siècle dont il comptait les heures par de gros jurons d'impatience; c'est ainsi qu'à chaque victoire qu'on lui apprenait, il s'écriait : Tonnerre d'escadron, je n'étais pas là! Il paraissait jaloux des blessures et des succès de ses camarades.

Enfin, il put rejoindre l'armée.

Accueilli par acclamation dans son régiment,

il reçut le jour même, des mains de son colonel ;
le brevet de chef d'escadron ; depuis il s'est trouvé
toujours un des premiers sur tous les champs de
bataille de l'Empire.

———

Le 2 Décembre 1857.

Ce jour là, un vieux prêtre se frayait péniblement un chemin à travers un pied de neige, dont la grande rue de la petite ville de Luxeuil était couverte.

Un petit garçon, de sept à huit ans, marchait devant lui. Venez vite, M. le curé, nous arriverons peut-être trop tard, lui disait-il; et le bon curé lui répondait, en s'efforçant d'adoucir une voix rude et forte, brisée sans doute par les orages de la vie : Souviens-toi, mon enfant, qu'on n'arrive jamais trop tard, quand on arrive à bien ; l'enfant ne comprit pas. Il n'est pas bien, M. le curé, il est, au contraire, fort mal ; sa vieille gouvernante m'a dit comme ça qu'il allait passer ; allons vite, M. le curé, avant qu'il ne parte ; et le pauvre enfant, voulant presser le pas, s'enfonçait jusques au cou dans la neige ; alors, le bon prêtre venait à son aide : l'enfant, à son tour, prêtait, au vieillard qui n'y voyait pas, le secours de ses yeux.

Les deux extrémités de la vie se donnaient la main ; la vieillesse et l'enfance ; presque la tombe et le berceau.

Cinq heures du matin sonnèrent à l'horloge de la ville, lorsqu'ils passèrent, transis de froid, devant la cloche gothique du monastère, où le fameux Ebroïn, maire du palais, médita longtemps sur l'instabilité des choses humaines, et où, plus tard, un simple frère religieux, rêvait au chapeau de cardinal, que la Cour de Rome devait lui envoyer un jour.

Après avoir marché quelque temps encore, le prêtre et l'enfant arrivèrent devant une vieille maison, bâtie moitié en pierres, moitié en briques rouges. Une femme âgée les attendait impatiemment à la porte.

Venez vite, venez vite, M. le curé, dit-elle dès qu'elle aperçut le vieux prêtre ; venez, montez par ici ; l'escalier est bien noir, bien mauvais ; hélas ! il ne doit plus le descendre, le pauvre cher homme.

— Il est donc bien mal ?

— Voyez plutôt, dit-elle en l'introduisant dans une chambre, au fond de laquelle se trouvait un grand lit, abrité par de vastes rideaux à carreaux rouges et blancs.

De vieilles armes, des épées, des sabres, des pistolets, se groupaient en trophées sur les quatre pans de murailles blanches, qui formaient un carré parfait.

A l'un des angles de l'appartement, une statue de plâtre bronzé, représentant l'Empereur, posait au milieu de lithographies enluminées, figurant les batailles de l'Empire ; plus loin, un aigle voilé, et tout auprès, sur le grand lit, une figure pâle, à grands traits, véritable tête d'Holopherne; un vieillard était là mourant.

A la vue du prêtre, le malade fit un mouvement d'impatience et appela sa gouvernante.

— Marguerite, que me veut cet homme?

— Il désire vous voir.

— Alors, qu'il soit le bienvenu; un siège, Marguerite.

Le prêtre s'approcha du lit, et, prenant la main du moribond : Vous souffrez, Monsieur? lui dit-il.

— Horriblement. Oh! que ne suis-je mort sur un champ de bataille, emporté par un boulet ennemi! La mort, oh! la mort, le croiriez-vous, Monsieur? je l'ai vue de bien près et bien souvent; je l'ai heurtée à Wagram, je l'ai froissée à Friedland; j'ai lutté corps à corps avec elle devant Ulm : un jour, par un de ces brillants soleils de l'Empire, elle a imprimé ses ongles de fer sur ma poitrine, voyez.... Et le vieux soldat découvrait sa poitrine magnifiquement déchirée, couverte de cicatrices.... C'était à Austerlitz. Plus tard, je courus devant elle à Montereau, je la bravai à Montmirail; plus tard encore, fixe, immobile, debout, le front haut et couvert du sang de mes camarades, je l'invoquai à Waterloo, je l'appelai alors de toutes mes forces, et aujourd'hui que, vieux et infirme, je suis seul au monde, aujourd'hui que je suis inutile à mon pays, vous le dirai-je, Monsieur? eh bien! la mort me fait peur.

— Monsieur, reprit le vieux prêtre, je vous apporte le courage et la force de la regarder encore une fois en face sans pâlir.

— Alors, donnez-moi votre main, pour que je la serre.

— La voici.

— La mienne tremble, n'est-ce pas?

— De fièvre, sans doute.

— De peur. Ah, ah, ah, moi, peur de la mort. Ah, ah, ah...

Et le soldat de l'Empire riait à pleine voix; puis

tout-à-coup, se frappant au front comme pour y trouver une pensée :

— Que me voulez-vous, Monsieur ? lui demanda-t-il.

— Je vous l'ai déjà dit : vous donner le courage que vous n'avez pas, la force dont vous avez besoin pour.... mourir.

— Qui vous envoie ?

— Le ciel.

— Le ciel ? Ah, ah, ah, laissez donc, vous n'aurez d'autre pouvoir aujourd'hui que celui de me faire rire : le ciel, dites-vous ? Ah, ah, ouvrez ce rideau, Marguerite.

Regardez, Monsieur, le ciel est serein, y voyez-vous un seul nuage, un seul signe de deuil ? sait-il seulement, votre ciel, quel est mon nom, qui je suis ? sait-il qu'il est un homme à Luxeuil qui a peur, et que cet homme a été soldat ?

— Dieu le sait.... vous riez.... n'y croiriez-vous pas ?

— Dieu ! ah, je l'avais oublié ; mais encore une fois, qui êtes vous ?

— Je suis le représentant de Dieu sur la terre, et je viens vous le rappeler ; je suis celui qui pardonne et remet les péchés des hommes en son nom, le signe de la croix, mon frère, et commençons, je suis prêtre.

— Prêtre ! un prêtre chez moi, un prêtre pour me confesser ! retirez-vous, tonnerre d'escadron ! allez vous-en au diable.

— Je veux vous envoyer à Dieu.

— Laissez-moi, retirez-vous.

— Écoutez-moi, pitié !

— Non ! jamais, retirez-vous.

— Non, mon frère, je ne vous laisserai pas, pitié pour vous ; grâce, pitié pour votre âme, et le prêtre, en joignant les mains, se prosterna au pied du lit du moribond.

— Loin de moi, vous dis-je, misérable ! vous retirerez-vous, enfin ? et le vieux soldat proférant un affreux blasphême, resta sans mouvement aucun, alors que le pauvre prêtre se retira les yeux baignés de larmes, désespéré de n'avoir pu remplir les fonctions de son divin ministère.

Après le départ du prêtre, le soldat eut une crise affreuse, il écumait de rage, et ses dents claquaient, il se roulait, comme un démon et se tordait comme un damné sur sa couche ; un prêtre, un prêtre chez moi, répétait-il toujours ; et ne voyant pas sa vieille gouvernante qui pleurait et priait à genoux auprès de lui, il l'appela à voix basse ; le malheureux délirait : Marguerite, Marguerite, les entends-tu ?

Ils approchent, n'est-ce pas ? leurs lances brillent comme des éclats de soleil, le pied de leurs chevaux soulève des flots de poussière ; ils arrivent au grand galop, n'est-ce pas ? ils sont dix contre un, toujours.... aujourd'hui comme autrefois ; le tambour bat aux champs, le canon tonne, voici l'Empereur ; mon cheval et mon sabre, Marguerite ! mes pistolets et mon drapeau. Suivez-moi ! et en avant ! voyez, on égorge nos frères : vive l'Empereur ! Et l'œil en feu, le bras droit tendu dans la direction du commandement, il donnait des ordres.

Chargez ! chargez, disait-il ; mais tout-à-coup sa voix devint plus faible, son regard s'arrêta immobile et glacé sur ses vieilles armes et ses lithographies de combat, Marguerite colla son oreille sur sa bouche pour recueillir les noms de Wagram, Austerlitz, Friedland, Waterl..... il ne put achever le nom de Waterloo.

Pendant plus d'une heure le pauvre malade resta plongé dans une léthargie complète, quand il revint à lui, il appela Marguerite. J'ai dormi bien longtemps, n'est-ce pas, Marguerite ? Cependant j'ai bien sommeil encore, j'ai la tête et le cœur brisés ; ne me quitte plus. — Tu pleures, je crois ; allons, ne fais donc pas l'enfant, Marguerite, quand la mort sonne le boute-selle de l'éternité, il n'y a pas moyen d'échapper à l'appel ; à cheval, il faut partir. A chacun son heure, la mienne est arrivée. Tiens, Marguerite, voici la clef de ce placard, quand je ne serai plus tu l'ouvriras, il y a là un chiffon de papier qui te fera connaître mes dernières volontés. Avant la nuit, cette maison sera la tienne.

Marguerite fondit en larmes, le malade continua : Il ne sera pas dit, corbleu, que le vieux soldat aura manqué de reconnàissance pour la vieille cantinière. Au passage de la Bérésina tu m'as sauvé la vie, ma vieille camarade ; plus tard en France, à Luxeuil, ici, tu as gardé et protégé ma vieillesse, je veux à mon tour abriter la tienne, tout ce que je possède est à toi ; tonnerre d'escadron, tu me fais mal en pleurant ainsi ; du courage, morbleu ; voyons, chante-moi un refrain de guerre, une chanson de bivouac, cela vaudra bien les *De Profundis* et autres patenôtres de l'Église.

Mais la pauvre Marguerite avait le cœur trop gros pour chanter ; d'ailleurs, depuis bien longtemps la cantinière avait chassé loin d'elle tous ses souvenirs de la vie des camps ; elle avait quitté son régiment pour s'enrôler dans toutes les confréries de femmes, elle était exemplaire de piété et de dévotion. Aussi, dans ce moment suprême, priait-elle de toutes ses forces pour le salut de son maître, et en cette intention faisait-elle glisser rapidement entre ses doigts les grains usés de son chapelet.

Le malade alors se trouva plus calme, il était dans cet état de prostration, d'affaissement qui succède parfois à l'agonie et précède la mort.

Ses yeux étaient toujours attachés sur la grande figure de l'homme qu'il avait tant aimé.

Hélas! sur son lit de mort, ainsi qu'autrefois sur le champ de bataille d'Austerlitz, Napoléon posait devant lui. Comme le sang à la dernière heure de notre existence, la pensée de l'empire se concentrait dans son cœur, Napoléon était tout pour lui, c'était la seule chose vraie pour son âme qui doutait de tout ou ne croyait peut-être à rien ; c'était sa dévotion, son culte, sa religion ; sa vénération pour l'empereur était si grande que volontiers il aurait dit : Saint Napoléon, priez pour moi.

Dans ce moment, la porte de sa chambre s'ouvrit, un homme entra, fit quelques pas en avant et s'arrêta en faisant un salut militaire.

A la vue d'un uniforme pâle, flétri, décoloré, preuve certaine qu'on ne l'avait pas épargné au jour du danger ; le regard du malade parut se ranimer ; c'était le dernier éclat de la lampe qui va s'éteindre.

De la main il fit signe à l'arrivant d'approcher; alors le soldat qui venait assister aux derniers moments d'un compagnon d'armes, lui prit la main,

— Eh bien! camarade, lui dit-il, nous avons donc reçu notre congé définitif ?

— Oui, mon ancien, ma feuille de route pour l'autre monde est signée ; l'étape ne sera pas longue.

— Tu ne me reconnais pas.

— Non, qui es-tu ?

— Un frère en Napoléon.

— Un frère ! je n'en ai plus ; tu mens ?

A ce démenti, le soldat fit un mouvement de colère; mais le réprimant aussitôt, il reprit :

— Je suis un vieux compagnon de tes gloires et de tes revers.

— Je n'en ai plus, te dis-je ? La guerre a tué les uns, le malheur et le temps ont emporté les autres.

— Te souvient-il d'Austerlitz ?

— D'Austerlitz ! ah !... il m'en souvient....

— Un boulet de canon emporta ton cheval.

— C'est vrai.

— Tu fus toi-même dangereusement blessé.

— C'est encore vrai.

— Camarade ! j'étais là, près de toi.

— Quel régiment?

— Chasseur de la garde.

— Quel numéro ?

— Premier.

— Beau régiment, ma foi !

—Meilleur encore.

—C'était le mien.... Quel escadron ?

—Troisième.

— J'étais du second.... Ton nom ?

— Remy.

— Lieutenant, n'est-ce pas ?

— Tu me connais donc, à présent.

— Ta main, frère! Oh! c'était un beau jour, que celui-là ; Austerlitz...... C'était le 2 décembre...

— Il y a juste aujourd'hui trente-deux ans.

— C'est donc le 2 décembre qu'il me faudra mourir dans un lit, moi, vieux soldat d'Austerlitz ; moi, qui si souvent ai joué ma vie contre un boulet.

— A propos, tu ne sais pas, frère, on voulait me faire mourir en moine, en capucin.

—Qui donc ?

—Un curé, sans doute ; que sais-je, un prêtre : C'eût été drôle de voir mourir un soldat de l'Empereur, en Frère de l'école chrétienne, en disciple de Loyola.

— Mais non, mon brave, au contraire, je n'aurais vu là qu'une chose toute naturelle.

— Tu veux plaisanter aussi, toi, n'est-ce pas?

—Il est tout simple, qu'au moment du départ on se recommande au grand chef de file.

Comment, toi, grognard, tu te mettrais à genoux comme une none bénite devant la grille d'un confessionnal pour raconter tes pécadilles à l'oreille d'un curé?

— Pourquoi pas? je l'ai fait et le ferais encore.

— Alors, arrière, tu n'étais pas à Austerlitz... je te renie.

— L'empereur y était, et cependant, à son heure dernière, il a fait demander un prêtre.... Le renieras-tu?

— L'empereur?

— A Sainte-Hélène.

— Conte.

— Vérité.

— Invention des hommes.

— Miséricorde du Dieu des armées qui, sur le

bord d'une tombe étrangère, lui a envoyé un de ses ministres saints pour soutenir son courage aux prises avec l'agonie.

— Napoléon, l'empereur se serait confessé ?

— Oui, mon brave, et il est mort en chrétien, le nom du Christ à ses lèvres.

— Je crois à Dieu, camarade, comme je crois à mon enterrement pour demain, tonnerre d'escadron, mais à la confession, je n'y crois....

Ici il y eut un moment de silence, pendant lequel le mourant parut plongé dans de profondes réflexions.

— Tu crois donc, frère, que sans rougir je pourrai faire le signe de la croix ?

— La main de Napoléon n'a-t-elle pas signé son large front et sa poitrine ? son front rougissait-il quand, à genoux, il se découvrait à la tête de son armée, devant l'autel, pour rendre gloire à Dieu le lendemain de chaque bataille qui toujours était celui d'une victoire ?

Tu ne te rappelles donc plus nos aigles se

baissant devant la croix au roulement de nos tambours? Tu ne te rappelles donc plus le magnifique chant du *Te Deum* traversant les voix de nos canons pour monter vers le ciel? Tu ne te rappelles donc plus l'harmonie de nos musiques guerrières se réunissant pour louer le Dieu des armées?....

Te souvient-t-il de nos aumôniers qui, sans armes, le crucifix seulement à la main, parcouraient les rangs de nos bataillons pour bénir nos soldats blessés et mourants? Ces braves, criblés par la mitraille, rougissaient-ils de se signer et de dire : Pardonnez-nous, mon père, parce que nous avons péché? Camarade, tu le sais, le brave des braves, frappé à mort, le chevalier sans peur s'est fait de la poignée de son épée une croix pour lui confier mourant son dernier soupir.

Crois-moi, frère : comme soldat, tu as vécu en brave ; comme notre maître, tu dois mourir en chrétien.

— Remy, tu l'emportes, je crois en Dieu.

— Achève.

— Je veux mourir comme notre empereur.

Très bien, frère ; je savais bien que ton dernier jour serait encore une victoire ; tu as vaincu le démon ; réjouis-toi, car cette fois tu n'entreras pas dans *son Moscou.*

— Un prêtre, donc ! un prêtre, et vite à moi !

— En voici un.

— Où donc ?

— Devant toi.

— Remy ! tu serais......

— Je suis prêtre ; commencez, mon fils ; au nom du Père, du Fils et du Saint-Esprit, je vous bénis.

Le pénitent se frappa trois fois la poitrine, et commença sa confession, pleine de larmes et de repentir ; il courba la tête, fit un dernier acte de contrition, et ses péchés lui furent remis.

— Tu me l'avais bien dit, camarade ; tu m'as rendu la force et le courage ; aujourd'hui c'est comme autrefois.

— Tu n'as plus peur ?

— Je suis brave toujours, je ne crains plus la mort, qu'elle vienne à présent, je suis prêt : vive l'Emp....., vive Jésus-Christ.

— Bien dit, camarade ; aujourd'hui, sera l'Austerlitz de Dieu, car je lui aurai gagné une belle âme.

Ce vieux soldat, ce chasseur de l'ancienne garde à cheval, était le même prêtre que le malade, dans la matinée, avait repoussé avec perte.

HISTOIRE DU PRÊTRE ET DU CHASSEUR A CHEVAL.

Comme tous les hommes de cette époque, Remy s'était levé au matin de la Révolution, la tête et le cœur rempli d'enthousiasme et de rêves glorieux.

La guerre était alors à l'ordre du jour ; on ne parlait plus que batailles et combats, tous étaient soldats ; les uns couraient à Coblentz, les autres à la frontière ; Remy fut de ceux-là ; le courage et l'esprit français furent des deux côtés.

Un jour affreux, hélas! arriva bientôt ; le 21 janvier jeta son crêpe sanglant sur la France.

La commotion, imprimée par la hache révolutionnaire à la tête royale, se fit sentir au cœur de tout ce qui avait conservé un souvenir, une espérance.

Le jeune Remy en versa des larmes de rage. Il était sincèrement attaché à la famille aînée des Bourbons ; il avait appris, enfant, et il savait par cœur, combien les princes de cette illustre maison, avaient rendu la France grande, forte et respectée au dehors, heureuse et prospère au dedans.

A la première audition de cette épouvantable nouvelle, il voulut donner sa démission ; mais, comme c'était la veille d'une bataille, il craignit de commettre une lâcheté ; il conserva donc son épée, se battit comme un lion au premier rang, et gagna bravement ses épaulettes de capitaine.

Quelques mois après, il fut envoyé à l'armée des Alpes pour servir dans le 9ᵉ dragon, sous les ordres du général Kellermann.

La France tremblait alors sous le sceptre de fer de la Convention ; dans les débris du trône de Louis XVI elle avait trouvé des tyrans.

Plusieurs provinces se levèrent en masse pour secouer le joug d'une écrasante oppression ; la Vendée donna l'exemple, Lyon le suivit.

Cent mille hommes marchèrent sur la Vendée, cent mille soldats furent dirigés contre la capitale des Lyonnais ; le régiment de Rémy faisait partie de cette seconde armée.

Pendant soixante-trois jours, Lyon se défendit avec un courage homérique, ses valeureux enfants firent des prodiges de valeur sous le commandement de leur général de Précy.

La ville était tout en feu, la famine était dans

la ville, les maisons croulaient sous les bombes, la poudre et les munitions manquaient aux assiégés, et cependant ils ne voulurent pas se rendre, ils se frayèrent, les armes à la main, un passage à travers les rangs brisés de l'armée conventionnelle. Les jacobins entrèrent dans la ville abandonnée, le front bas, en silence et non point en vainqueurs; ils avaient honte eux-mêmes de leur malencontreuse victoire.

Le jour même, les tribunaux iniques, les commissions féroces s'organisèrent; le lendemain, les échafauds, puis les mitraillades : Collot-d'Herbois, Couthon étaient proconsuls.

Un jour, Couthon fit appeler un officier de dragon; il était à table et fort mal entouré; un verre de vin débordait devant lui, il l'offrit à l'officier. Tiens, citoyen, bois à la mort des aristocrates et des muscadins.

Le dragon prit le verrre et le portant à ses lèvres, il répondit d'une voix ferme : A la France, citoyen.

Couthon fronça le sourcil, et reprit :

— Capitaine Rémy, soixante-neuf muscadins doivent être canonnés demain.

— Assassinés, tu veux dire.

Couthon serra le poing et en frappa la table.

— Capitaine Rémy, tu es chargé de l'exécution.

— Citoyen Couthon, je suis soldat.

— Après ?

— Je ne suis point bourreau !

— Le soldat doit obéir quand la république l'ordonne.

— Le soldat ne doit jamais quitter son épée pour la hache !

— Capitaine, au nom de l'une et indivisible, je te somme d'obéir.

— Citoyen, je refuse.

— Tu es un traître et je te déclare hors la loi.

— Tu es un monstre et je te déclare infâme.

Disant ainsi, le capitaine Remy brisa son épée et en jeta les débris à la face du représentant du peuple.

A l'instant même, Couthon décréta sa mise en état d'arrestation; mais comme il était adoré de ses camarades, l'officier proscrit put s'évader pendant la nuit.

. . . .
. . . .
. . . .
. . . .

Ici, il existe une assez grande lacune dans l'histoire militaire de la vie du capitaine Remy.

. . . .
. . . .
. . . .

Perdu sous les murs de Lyon, il reparaît tout-à-coup à Marengo pour faire des prodiges de valeur et pour voir son nom inscrit dans l'ordre du jour de l'armée.

Depuis, nous le retrouvons sur tous les champs de bataille où la République et l'Empire ont déployé leurs bataillons.

Brave à toute épreuve, il était d'un désintéressement qui n'avait qu'un exemple dans l'armée, celui de Latour-d'Auvergne ; il avait borné toute son ambition au grade de capitaine ; bon et loyal pour tous, il voyait avec joie l'avancement de ses camarades qui le laissaient chaque jour derrière eux dans la hiérarchie des dignités militaires ; il refusa constamment tous les grades qui lui furent offerts. Un jour, l'Empereur, lui-même, se vit obligé de se fâcher pour lui faire accepter un sabre d'honneur qu'il brisa à la première charge sur la tête d'un cavalier hongrois.

Après avoir jeté ses magnifiques éclats sur la France, le soleil d'Austerlitz commençait à pâlir.

Les malheurs de la campagne de Russie succédèrent aux longs désastres de la guerre d'Espagne : Remy traversa ces deux cataclismes militaires, et continua sans défaillance aucune, sa route de soldat pour arriver à Waterloo.

Alors, des hauteurs providentielles où il avait porté son vol, l'aigle impérial brisé, retomba sur le rocher de Sainte-Hélène.

La France avait retrouvé ses rois légitimes, et avec eux la paix et le bonheur.

Remy donna sa démission, les canons de l'empire se reposaient fièrement sous la bannière de Louis XIV, la France n'avait plus besoin de son épée ; d'ailleurs il pensait envers et contre Talleyrand et compagnie, que le cœur de l'homme n'était pas assez vaste pour contenir plusieurs serments.

Quelques jours après, il fut trouver le directeur d'un seminaire de Franche-Comté.

Monsieur, lui dit-il : assez longtemps j'ai servi l'Empereur, maintenant je veux servir Dieu : le pays est heureux, tranquille ; je veux changer mon uniforme contre le vôtre, donnez-moi une soutane.

Quatre années s'écoulèrent et il fut prêtre.

L'ancien capitaine de cavalerie conserva dans les ordres sacrés, le même désintéressement, la même abnégation qu'il avait eue dans les camps.

Une modeste cure de campagne devint son

ambition de prêtre, comme l'épaulette de capitaine avait été son ambition de soldat.

L'archevêque de Besançon le nomma, en 1820, curé d'un petit village entre Vesoul et Pontarlier. Heureux comme.... un homme de bien, il s'installa aussitôt dans son charmant petit presbytère. Là, dégagé des biens du monde, il ne se souvenait plus de ses compagnons d'armes que dans ses prières à Dieu, lorsqu'un jour la Providence lui fit connaître la maladie de son vieux camarade ; il partit sur l'heure pour sauver son âme. Depuis 1815, ils ne s'étaient pas revus.

Le 2 Décembre 1837. — *Suite.*

Le malade reprit la parole qu'un instant il avait perdue ; il aperçut son frère d'armes à genoux près de lui.

— Remy, quelle heure est-il ?
— Neuf heures.

— A cette heure, la bataille était gagnée, mais alors c'était le jour, le soleil brillait ; à présent, pour moi, c'est la nuit, je n'y vois plus : la mort m'a fermé les yeux.

— Du courage, mon brave, le bon Dieu te les ouvrira ; après les ténèbres, la lumière. Pour le pécheur converti, la tombe est le port du ciel.

Marguerite était toujours à genoux auprès de son maître qui ne pouvait la voir ; elle priait de tout son cœur, de toute son âme ; plus le moment fatal approchait, plus ses prières étaient ferventes, précipitées ; les grains de son rosaire couraient entre ses doigts.

— Marguerite ?

— Monsieur.

— J'ai un dernier ordre à te donner, une dernière prière, veux-je dire, à t'adresser. Tu l'accompliras, n'est-ce pas, tu me le promets ?

— Devant Dieu.

— Dans les premiers jours du printemps, tu partiras pour la Suisse.

— Oui, mon bon maître.

— Tu iras à Notre-Dame-des-Ermites, et tu la prieras neuf jours pour le repos de l'âme d'un vieux pécheur.

Le soldat touchait à sa dernière heure ; il s'adressa à son frère d'armes :

— Ou êtes-vous mon père?

— Près de vous, à vos côtés, mon fils.

— Quelle heure est-il?

— Neuf heures et demie.

— J'ai encore une heure et demie à vivre. Marguerite, donne à monsieur le livre qui doit se trouver sur la table.

— Le voici.

— Camarade Remy, lis-moi le chapitre qui commence la page ouverte.

Remy, d'une voix émue, fit rapidement la lecture de la bataille d'Austerlitz, et ferma le livre en disant : Camarade, tu liras bientôt dans le livre de Dieu.

— Je l'espère, ami. Quelle heure est-il ?

— Dix heures moins un quart.

— C'est l'heure de l'agonie. Bénissez-moi, mon père. Voyez-vous sur ma poitrine une croix attachée à un ruban rouge?

— Je la vois.

— Elle porte l'empreinte d'un coup de balle?

— Oui, mon fils.

— Elle est là depuis trente-deux ans.

— Depuis la bataille d'Austerlitz.

— C'était la croix de mon empereur ; alors elle m'a sauvé. Je vous la donne ; en échange donnez-moi celle de mon Dieu ; elle me sauvera aujourd'hui.

. . . .
. . . .

A dix heures, le colonel de Saint-Eustache était mort.

LE BAL. [1]

Cette nuit-là, il y avait fête au noble faubourg. Un essaim de jeunes femmes comme il y en a tant à Paris, un troupeau de lions comme il y en a partout aujourd'hui, encombraient les salons de la comtesse de V....

[1] Cette nouvelle est de toute exactitude : les noms seuls sont changés.

Pour y parvenir, il fallait passer entre deux haies de fleurs odoriférantes qui s'échelonnaient sur les degrés en marbre blanc du magnifique escalier de l'hôtel.

Dans ce moment, Julien tenait suspendu à sa magique baguette tout ce monde musqué, parfumé, ennuyeux et ennuyé, qui dansait pour s'étourdir, qui se battait les flancs pour en faire jaillir ce que, dans le langage des heureux de la terre, on est convenu d'appeler le bonheur.

J'avisais dans un isolement inusité la baronne de..... Plus d'une fois, j'avais eu l'occasion de remarquer l'originalité de son esprit. Ses saillies et ses observations critiques m'amusaient infiniment. Je m'approchai d'elle et lui dis :

— Vous allez donner bien des regrets, madame.

— Pourquoi, me répondit-elle?

— Vous ne dansez pas.

— J'ai refusé toutes les invitations.

— Je ne danserai décidément pas. Je suis venue ici pour méditer; vous ne devineriez jamais sur quel sujet? Si j'étais madame de Sévigné, je vous le donnerais en cent.

— Dites-le-moi du premier coup.

— Sur la mort.

— Ah, ah, ah! c'est une pensée trop noire pour l'apporter au bal.

—Pourquoi? Ne vous est-il jamais arrivé, dans une église, le soir, en écoutant la parole de l'abbé Comballot, ou bien celle de l'abbé de Ravignan ; ne vous est-il jamais arrivé de méditer sur le néant des choses de ce monde, sur la futilité des joies humaines? Pourquoi cette nuit, dans un bal, en présence de tous ces énivrements, en face de toutes ces joies factices; pourquoi ne méditerais-je pas sur la mort, cette grande vérité?

Voulant briser le cours de ses sombres réflexions, je lui parlais du bal de la liste civile qui devait avoir lieu le lendemain dans la nouvelle salle de l'Opéra-Comique.

On en disait des merveilles : tout le Paris comme il faut avait promis de s'y trouver.

La Chaussée-d'Antin devait y coudoyer le noble faubourg.

Elle ne me répondit pas, et continua :

Regardez bien ; ne vous semble-t-il pas voir des ombres, glissant sur ce parquet, à travers toutes ces lumières, toutes ces fleurs, toutes ces joies ?

Ne vous semble-t-il pas voir des squelettes, des ossements rajustés, couverts de velours et de satin ?

Ces diamants si beaux, ne vous paraissent-ils pas une raillerie, une épigramme de la mort, sur ces crânes d'hommes et de femmes, qui se balancent à l'harmonie des instruments comme des têtes de pavots au souffle des vents ?

Le pittoresque de sa comparaison, attira un sourire sur mes lèvres.

Vous riez, reprit--elle, vous riez ; la mort est là, cependant, croyez-le bien, elle est là, près de vous, près de moi, sur ces banquettes, où toute bouche cherche un sourire, où tout regard désire une expression, sur ces épaules aux riches colliers d'or, dans ces coupes d'argent, remplies d'eau glacée ; la mort est partout, vous dis-je, elle se glisse invisible au bal, pour marquer au front et au cœur quelques-uns des heureux de ce monde. Il lui faut aussi parfois des victimes belles et parées.

Oui, croyez-le bien, poète, ajouta-t-elle en effeuillant, entre ses jolis doigts, les fleurs blanches de son bouquet de camélia, et en les éparpillant à ses pieds, comme ces fleurs qui cachent la rosace de ce parquet, quelques feuilles d'arbres, épargnées jusque-là par l'hiver, recouvriront demain quelques tombes nouvelles ; la vôtre, la mienne, peut-être !...

Dans ce moment, l'orchestre préluda *Rosita*, cette walse si belle, qu'un pauvre artiste a vendue pour un morceau de pain à Julien, qui en a fait la base de sa fortune et de sa réputation.

Je voulus prendre congé de la baronne, et rejoindre une autre jeune dame que j'avais inscrite pour la walse.

La baronne de.... me retint par le bras : et vous aussi, me dit-elle, vous ne craignez pas de danser sur des tombes, vous ne craignez pas d'être aussi fou que les autres, d'être aussi fou que je serai folle demain, sans doute, au bal de l'ancienne liste civile.

La walse commença. Bientôt elle devint rapide, précipitée.

Alors, je ne sais ce qui se passa en moi, mon front se glaçait à chaque mesure, mes veines battaient à se briser contre mon front, ma pensée tourbillonnait dans un cercle de feu, j'étais comme entraîné par une force invisible vers des mondes inconnus.

La walse tournoyait toujours, des sons incompréhensibles bourdonnaient à mon oreille, je croyais entendre un chant lugubre, sinistre comme celui du *De Profundis*. La voix de la baronne de..... que je venais de quitter, se mêlait, prophétique à tous ces bruits ; je croyais voir des fantômes tout blancs se dessiner sur les tentures brillantes du salon ; le salon lui-même semblait se tendre en noir comme aux jours des lugubres cérémonies ,... tout-à-coup , les flambeaux s'éteignirent, l'orchestre se tut, un voile de glace s'abattit sur mes yeux, plus rien....

L'HOPITAL.

Lorsque le lendemain je me réveillai dans une vaste maison de la rue du faubourg Saint-Denis , et que je me trouvai dans une chambre assez grande aux coins de laquelle reposaient quatre lits enveloppés de rideaux blancs. Où suis-je, m'écriais-je, où suis-je, ô mon Dieu ?

— Dans la Maison royale de Santé, me répondirent deux voix aimées ; je reconnus mes bons amis Pinondel et Gautier, tous deux assis près de moi : je leur montrai les draps de mon lit, ils étaient tachés de sang ! J'avais eu dans la nuit même une crise terrible qui, du bal m'avait jeté dans un hospice de santé.

J'étais mal, fort mal, je connaissais parfaitement la gravité de ma position, je ne cherchai pas un instant à me faire illusion.

Je me rappelai alors les observations prophétiques de la baronne de....

La mort est là, m'avait-elle dit : elle se glisse, coquette et parée parmi nous, pour marquer au front quelque victime ; la mort est partout, elle peut aussi bien ouvrir une tombe sous une feuille de rose que sous une feuille de cyprès. J'entendais encore sa douce voix, traversant l'harmonie de *Rosita*, pour venir me dire : et vous aussi, poète, vous êtes fou,... et moi je serai folle demain, c'est-à-dire, je fermerai mon cœur aux leçons, aux souvenirs de la veille, et la mort autour de moi, je danserai sur un débris, sur une ruine, un tombeau.

Un sommeil pénible, lourd comme du plomb, s'empara de moi, je délirai toute la journée, on me saigna plusieurs fois sans que je m'en aperçusse.

Assez tard dans la soirée, je repris connaissance.

Alors, à la lueur d'une lampe qui ressemblait assez bien à ces vases d'airain qu'on voit appendus à la voûte des caveaux funèbres, je remarquai une grande et belle figure, toute pâle, toute maigrie par la souffrance.

C'étoit une de ces nobles figures que les poètes et les peintres d'histoire recherchent avec tant de d'amour. Elle reposait sur un oreiller en face de moi, ses yeux brillaient comme deux flambeaux, la fièvre les alimentait, sa barbe noire l'encadrait magnifiquement, je crus voir Gilbert à son lit de mort. Le pauvre malade m'adressa familièrement la parole, on fait promptement connaissance à l'hôpital, aussi rapidement qu'en diligence. L'hôpital n'est-il pas une voiture publique où le premier voyageur peut retenir sa place pour rouler sur la grande route humaine qui conduit au cimetière ?

Ah ça, mon cher compagnon, me dit-il, vous jouez de malheur, en vérité, vous occupez un lit qui n'a pas de chance.

— Comment donc?

— Un pauvre diable l'a déserté ce matin avec armes et bagages, pour rejoindre son devancier de la veille qui lui avait donné rendez-vous, dans un lieu où il m'est avis que nous nous rencontrerons bientôt nous-mêmes.

Votre lit est un mauvais lit, continua-t-il en souriant, un lit fatal, parole d'honneur ; depuis que je suis cloué dans celui-ci, j'ai vu passer quatre drames dans le vôtre.

— Et quel en a été le dénoûment? lui demandai-je en grimaçant un sourire que je cherchai à mettre au diapason du sien.

— Le dénoûment de tous les drames possibles, en l'an de Victor Hugo et d'Alexandre Dumas : La mort.

Il me demanda mon nom, je le lui donnai en échange du sien.

Je le connaissais de réputation, je l'avais même applaudi quelques jours auparavant au Gymnase, Clodion était bien certainement un des jeunes hommes de lettres qui promettaient le plus à leur époque.

Ma seconde nuit fut affreuse ; mes amis revinrent le lendemain, de très grand matin ; je vis à la tristesse de leur physionomie que le thermomètre de ma santé était prodigieusement bas : j'entendis même Anatole d'Auvergne qui disait à Eugène Bourgeois : Je serai forcé d'achever son portrait de souvenir.

Quand ils furent partis, je me repliai dans les souvenirs de ma vie passée. La pensée de l'avenir me faisait peur.

Alors je me souvins que j'avais fait mes études

dans une excellente maison que la tourmente révolutionnaire a emportée aux derniers jours de la Restauration.

Je me rappelai les sages leçons, les saints enseignements que nos bons et bien-aimés pères nous donnaient à notre entrée dans la vie.

Enfants, nous disaient-ils souvent, dans nos classes, dans nos promenades, dans nos récréations, aimez Dieu par-dessus toutes choses, pour qu'il vous aime; ne l'oubliez jamais, pour qu'il ne vous oublie pas à votre heure dernière ; quels que soient vos égarements et vos faiblesses, revenez toujours à lui, pour qu'il revienne à vous, aimez votre prochain comme vous-même, ne faites pas aux autres ce que vous ne voudriez pas qu'on vous fît, rendez le bien pour le mal.

Enfants, nous disaient-ils souvent encore, aimez la sainte Vierge, cette bonne mère qui n'abandonne jamais ceux qui l'implorent et qui ont confiance en elle. Hélas! depuis mon départ de Dôle il m'était arrivé trop souvent de ne pas avoir une prière à donner à Dieu ; mais j'avais toujours eu une invocation pour sa mère, cette bonne mère qui ne m'a pas abandonné.

Me rappelant tous ces sublimes enseignements de la foi catholique dans les sages conseils de mes anciens et vénérables professeurs, je fis appeler aussitôt Madame Lesueur.

Cette excellente et digne dame était la surveillante en chef des infirmières.

— Madame, lui demandai-je, y a-t-il un prêtre dans la maison ?

— Non, monsieur, me répondit-elle ; mais un vicaire de Saint-Laurent nous sert d'aumônier, je le ferai venir, si vous le désirez.

— Le plus tôt possible, madame, car la mort n'attend pas.

Quelques heures après, mon passeport pour l'autre monde était parfaitement en règle ; un digne prêtre l'avait signé avec la croix et paraphé avec une absolution.

La nuit qui suivit fut meilleure que la précédente; je dormis d'un sommeil beaucoup plus calme, beaucoup plus tranquille; le lendemain, les médecins ne manquèrent pas d'attribuer l'amélioration qu'ils trouvèrent en moi à des pilules indiquées et formulées la veille. Les imbéciles ! elles étaient toutes encore dans le tiroir de ma table de nuit.

LES POÈTES.

L'homme de lettres que j'avais pour voisin de lit se mourait de la poitrine; depuis plusieurs jours les médecins l'avaient condamné, ils ne comprenaient même pas qu'il vécût aussi longtemps. Le pauvre malade connaissait parfaitement la gravité de sa position. Je suis perdu, m'avait-il répété plusieurs fois, je suis perdu, il est bien triste de mourir à trente ans.

La robe noire du prêtre l'avait effrayé la veille, il me l'avoua avec toute la franchise d'un enfant qu'on aurait épouvanté par quelques récits de croque-mitaine.

Je le rassurai de mon mieux. La vue seule d'un prêtre, lui dis-je, est bien souvent une consolation pour celui qui pleure, un remède pour celui qui souffre.

Il y eut alors entre nous deux un temps d'arrêt, un moment de silence et de réflexions qu'il interrompit le premier.

Vous êtes bien heureux de croire, reprit-il avec animation ! Oh ! oui, vous êtes bien heureux ! et il ajouta en baissant la voix : Oh ! si je pouvais croire !

La manifestation de ce désir était déjà un pas vers la croyance, il devait inévitablement conduire au but.

Le pauvre jeune homme avait bien l'intuition vague de la Divinité; il reconnaissait un Être supérieur à l'homme, Être suprême de qui relevaient toutes les choses de la création; il croyait à l'essence immortelle de l'âme, et, par une monstrueuse inconséquence, il repoussait comme absurdes et contraires à la raison l'éternité des peines, l'immortalité des récompenses célestes. Il avait fabriqué une espèce de fétiche à sa dévotion, une façon de Dieu à sa religion que toute sa vie il avait adorés le verre à la main dans l'estaminet *artistico-littéraire* en joyeuse et équivoque compagnie.

Il répéta d'une voix bien basse, de manière pourtant à ce que je l'entendisse :

Mon Dieu, mon Dieu! si je pouvais croire!

— Mais c'est bien facile à vous, mon cher, lui dis-je; pour cela faire, il suffit d'une seule chose.

— Laquelle?

— La volonté.

— Vous le pensez?

— J'en suis certain. Essayez, ami, un signe de croix. Une prière, une invocation, vous ouvriront d'abord les yeux ; une bonne confession, un acte de contrition, vous ouvriront ensuite le cœur.

— Une confession! y songez-vous? Je n'oserai jamais.

— J'ai bien osé, moi, hier, là devant vous.

— Parce que, dans votre enfance, dans votre jeunesse, dans votre famille, toute votre vie on vous aura parlé Dieu et religion.

— Comme on a dû le faire pour vous, comme on le fait aujourd'hui pour tous.

— Pour moi, dites-vous? Jamais!

— Impossible?

— Vérité.

— Votre mère?

— Ma mère! Il me souvient; un seul jour, c'était celui de sa mort; ses lèvres murmurèrent une prière, ses yeux me montrèrent le ciel.

— Votre père?

— Ah! mon père...... mon père est prêtre..... Comprenez-vous maintenant? prêtre marié pendant la révolution, comprenez-vous pourquoi le nom de Dieu n'est jamais tombé dans mon âme?

pourquoi il ne s'est jamais trouvé sur mes lèvres et dans mon cœur?

J'ignore les secrets de la confession, les grâces de la communion me sont inconnues; voyez, ami, la sueur glacée de l'agonie baigne mon front, et c'est à peine s'il a été arrosé par l'eau régénératrice du baptême.

Je joignis les mains et priai pour lui; il répéta avec un son de voix déchirant: Mon Dieu! mon Dieu, si je pouvais croire.

Dans ce moment, l'aumônier de la maison de santé, entra dans notre chambre, et vint directement à mon lit; du regard, je lui montrai celui de mon voisin. Il y avait là une souffrance morale à guérir, une âme à sauver: il me comprit.

Lorsque les rideaux blancs du lit se furent abaissés sur le prêtre et le poète, je priai toujours et remerciai Dieu.

Que se passa-t-il alors entre l'homme et le ministre du ciel? Dieu seul le sait.

Seulement quand le prêtre partit, l'homme ne

disait plus : Mon Dieu ! si je pouvais croire ! ses yeux s'étaient ouverts à la vérité, son âme était pénétrée de la grâce, il voyait. Quand le vicaire de Saint-Laurent revint, le poète lui dit : je suis prêt, mon père, et il commença sa confession pleine de regrets et de repentir.

Des larmes roulaient de ses yeux, des sanglots tombaient de sa voix.

Croyez-vous, mon père, disait-il, croyez-vous que Dieu me pardonne ? mes péchés me seront-ils remis? J'ai été un bien grand coupable, je suis un bien grand pécheur ; hélas! mon père, ma vie est une longue chaîne d'erreurs et de fautes, le premier anneau commence à une iniquité.

Enfant, je me suis fait le disciple des doctrines immorales que je rencontrais partout dans les drames et les vaudevilles du théâtre, dans les romans et les livres de la littérature, dans les colonnes et les feuilletons des journaux ; jeune homme, je m'en suis fait l'apôtre.

Alors, j'ai prostitué ma plume et mon intelligence à la propagation de ces doctrines perverses et licencieuses ; alors, je me suis fait l'évangéliste du mal et du mensonge ; mon père, Dieu me pardonnera-t-il ?

Puis, combien de fois dans mes orgies, du jour et de la nuit, combien de fois n'ai-je pas rêvé la ruine de la société morale et religieuse ? Combien d'utopies et de paradoxes n'ai-je pas lancés contre cette pauvre société déjà tant ébranlée !

Encore une fois, mon père, croyez-vous que Dieu soit assez bon pour oublier tous mes péchés ? croyez-vous qu'il soit assez miséricordieux pour me pardonner tout le mal que j'ai fait ?

Ainsi disait le pauvre malade, et il se frappait la poitrine, et le prêtre lui répondait par ses larmes, il le pressait sur son cœur brûlant d'amour et de charité, il l'embrassait avec effusion en l'entourant de ses bras. Oh ! oui, Dieu vous pardonnera, mon enfant, je réponds de votre âme, lui disait-il, et il lui parlait de saint Paul, de saint Augustin, il lui citait sainte Magdeleine, cette magnifique preuve des miséricordes divines, il lui montrait le ciel où les élus trouvent un bonheur incomparable, une félicité sans mélange et sans fin.

Il lui disait aussi la joie des anges, quand, sur leurs blanches ailes, ils portent à Dieu l'âme du pécheur converti; il lui disait le *Te Deum* des Saints, quand cette âme prend sa place auprès d'eux.

Le pauvre malade écoutait en pleurant, il s'attachait aux paroles ardentes du confesseur, il suivait avec amour le mouvement de ses lèvres : Oh! parlez, parlez encore, lui disait-il, vos paroles me font tant de bien ! elles enveloppent mon âme et la pénètrent.

Des larmes coulaient aussi de mes yeux; le prêtre vint à moi : Ne pleurez pas sur lui, me dit-il, car il mourra de la mort des Saints.

Le poète savait que j'étais fort mal, il n'ignorait pas que les médecins m'avaient condamné.

Aussi, convaincu que je devais mourir avant lui, il se tourna vers moi, interrompit une prière commencée et me dit :

Il est probable que vous me précéderez là-haut, je voudrais bien vous charger d'une commission.

—Confiez-la moi, je la ferai bien volontiers et de tout cœur.

—Promettez-moi donc de prier Dieu et sa sainte Mère, pour qu'ils me gardent une place auprès de vous, quand mon âme rejoindra la vôtre,

Je le lui promis, tout en espérant bien n'être pas encore forcé de lui tenir parole.

Comme il manifestait le désir d'écrire ses adieux à sa famille, je lui fis remettre par notre infirmière, un cahier de papier à lettres que j'avais dans une valise au pied de mon lit.

Sur la première feuille, se trouvait un titre de drame; il sourit en le voyant :

Un drame, j'en ai fait aussi, moi; eh bien ! à cette heure, drames, couronnes, applaudissements, succès, je donnerais tout pour une seule prière bien faite.

Il prit la seconde feuille et d'une main assez ferme, il écrivit :

«Mon très cher père,

« Quand vous recevrez cette lettre, vous n'aurez plus votre fils.

« Dieu existe, mon père, n'en doutez pas. Il s'est révélé à mon heure dernière, il a soulagé mes souffrances, il a consolé mon agonie, un de ses prêtres me fermera les yeux. Je meurs plein de foi et rempli d'espérance. Adieu, mon père; faites, je vous en supplie, que la tombe qui nous séparera dans le temps nous réunisse dans l'éternité.

« *Votre très respectueux fils,*
« A. Clodion. »

Il me lut cette lettre et il en écrivit une seconde à sa sœur.

Je regrette infiniment de ne pouvoir la rendre avec le pittoresque des expressions, avec la forme dolente et religieuse qu'il sut lui donner d'un bout à l'autre.

Cependant, en voici les principales pensées :

« Ma bonne et bien aimée sœur,

« Réjouis-toi, réjouissons-nous, le bonheur que depuis quinze ans j'ai vainement demandé aux joies de ce monde, ce bonheur que j'ai cru aspirer dans la coupe où bouillonnent les plaisirs de la terre; ce bonheur, à la recherche duquel j'ai effeuillé une à une toutes mes illusions, pour lequel j'ai flétri, étiolé toutes mes espérances, je viens de le rencontrer seulement aujourd'hui au seuil du sépulcre.

« Oui, ma sœur, réjouis-toi, réjouissons-nous, car à travers les sueurs de mon agonie, une pensée de Dieu s'est glissée dans mon âme.

« Dieu! ma sœur, comprends-tu bien l'immensité de ce mot, en as-tu jamais sondé toutes les profondeurs ?

« Dieu ! as-tu jamais appris à le connaître, à l'aimer et à le servir?

« Dans tes peines et dans tes joies d'enfant, n'as-tu jamais élevé ton cœur vers lui ?

« De la terre, où tout est doute et ténèbres, n'as-tu jamais élevé ton âme vers le ciel où tout est lumières et clartés ?

« La terre, ma sœur, on te le dira souvent avec raison : la terre est l'exil, le ciel est la patrie.

« Dieu ! ma sœur, si tu savais combien sa bonté est grande ! combien sa miséricorde est infinie ! si tu savais combien de grâces et de consolations sont accordées à ceux qui se donnent franchement à lui ! si tu savais combien les ténèbres qui nous enveloppent deviennent éclatantes quand elles sont éclairées par la torche de la mort, tu reviendrais sincèrement à sa loi divine.

« Tu reviendrais.... que dis-je ? mais tu ne l'as jamais abandonnée, pauvre enfant ! tu ne l'as pas connue.

« Oh ! combien je vais le prier, ce Dieu bon et miséricordieux, pour qu'il ouvre ton âme aux trésors de son amour divin.

« Sans la pensée de Dieu, ma sœur, la vie est

bien triste, bien pâle et bien décolorée ; sans une croyance religieuse, les sentiers du monde sont bien durs, bien arides; ses joies sont bien amères.

« Tu es bien jeune encore, pauvre fille ; à peine tes désirs ont-ils cherché les espérances de la vie, que déjà peut-être, déjà tu en as trouvé les déceptions et les regrets.

« Oh! oui, quelque voix mystérieuse me dit que bien des sanglots ont déjà gonflé ta poitrine, que bien des larmes ont déjà couru le long de tes joues, que bien des nuages ont déjà passé sur ton front, et en ont plus d'une fois obscurci les blanches couleurs, pauvre enfant! qui t'aura consolée dans tes afflictions? notre père? Il est des douleurs qui défient la tendresse la plus éprouvée ; il est des souffrances qui se brisent même contre le cœur d'une mère.

« Dieu seul peut les guérir.

« Ma sœur, au nom de notre mère qui nous a tant aimés, par la tendresse qui nous a toujours unis, par tout le bonheur que je désire pour toi, promets-moi de commencer une vie nouvelle dans la foi catholique. Promets-moi de te rattacher toute entière à cette pensée de Dieu, sans laquelle ici-bas tout est faiblesse, mensonge et malheur.

« Tu me le promets, n'est-ce pas ?

« Que désormais Dieu seul préside à toutes les actions de ta vie, prie-le soir et matin ; que toutes les pensées se rapportent à lui, sois fidèle à ses commandements.

« Assieds-toi souvent à la table sainte, c'est là que se trouve la force des faibles et la vertu des vierges.

« Encore une fois, ma sœur, aime Dieu, aime-le par-dessus toutes choses, pour que nous nous aimions un jour de cet amour ineffable qui ne doit pas finir.

« Je t'embrasse aux pieds de la croix.

« *Ton frère bien aimant*, C.... »

Il venait de fermer ces deux lettres, lorsque le

vicaire de Saint-Laurent entra ; Clodion lui tendit la main et les lui remit.

Quand je ne serai plus, lui dit-il, faites-les, je vous prie, parvenir à leurs adresses.

Celle-ci est pour mon père, celle-là est pour ma sœur. Oh! si j'osais, ajouta-t-il avec un sourire doux et résigné, si j'osais, je vous adresserais bien encore une prière.

— Osez, lui répondit le vicaire, et d'avance je vous promets de l'accueillir favorablement, quelle qu'elle soit.

— Alors, soyez mon exécuteur testamentaire. Puis, sans attendre une nouvelle réponse, comme s'il n'eût pas douté de la promesse de son confesseur, il sortit d'une petite cassette qu'il se fit apporter, un portefeuille assez volumineux, il l'ouvrit et dit au bon prêtre :

Voici quelques billets sur la banque de France, voilà quelques notes de créanciers.

Je vous serais infiniment obligé de faire toucher les uns et acquitter les autres.

Il continua : J'ai payé ce matin, au caissier de la maison de santé, la quinzaine dans laquelle nous entrons ; sans aucun doute, il me sera redevable de la quinzaine presque entière.

Ce remboursement suffira probablement aux frais de mon enterrement.

Une violente crise l'empêcha de continuer, nous crûmes qu'il allait passer, il n'en fut rien ; car, un instant après, revenant à lui, il nous demanda où il en était resté : A mon enterrement, je crois ? je désire qu'il soit le plus simple possible.

Deux cierges à l'autel, point de tentures à la porte de l'église, le drap des pauvres sur mon cercueil, une croix de bois sur ma tombe, quelques amis et vous, mon père, pour m'accompagner au cimetière,—voilà tout.

Il prit un crayon, et traçant une opération d'arithmétique, il ajouta : C'est huit à neuf cents francs qui nous resteront sur la banque de France ; caissier des malheureux, vous les garderez pour les pauvres de votre paroisse. L'aumônier lui serra la main et détourna la tête, il suffoquait.

Ce n'est pas tout, reprit le poète, donnez-moi, je vous prie, du papier; et d'une main ferme encore, il traça ces quelques lignes, laissant un espace en blanc pour la date.

« Aujourd'hui   est mort à la maison royale de santé, rue du Faubourg-Saint-Denis, n° 112, A. Clodion, homme de lettres, âgé de trente ans.

« Plein de repentir pour les fautes de sa vie passée, mais confiant en la miséricorde infinie du Dieu qui pardonne au pécheur humilié qui revient à lui, il demande humblement pardon à ses amis et ennemis de tous les mauvais exemples et mauvais conseils qu'il a pu leur donner.

« A genoux devant Dieu, et dans les mains du prêtre qui l'assiste à ses derniers moments, il rétracte de tout son cœur les feuilletons, les pièces de théâtre, les poésies, tous les livres enfin qu'il a publiés contre la morale, la société et la foi catholique.

« Priez pour lui !...

« Clodion. »

Quand il eut signé ce modèle de lettre de mort, il indiqua à son confesseur les noms de quelques amis auxquels il devait faire parvenir ce billet de faire part.

Maintenant, mon père, s'écria-t-il avec exaltation, maintenant que j'en ai fini avec les choses de la terre, occupons-nous de celles du ciel.

Il courba la tête sous les mains élevées du prêtre, et reçut une dernière absolution.

LA MORT D'UN IMPIE.

Il était tard......... Six heures sonnèrent à la grande horloge de la maison de santé.

Le prêtre se leva pour sortir, le poète le retint :
La nuit sera mauvaise, lui dit-il, elle sera terrible, et vous ne serez plus là pour me soutenir, pour me parler de Dieu, pour me donner ces paroles d'espérance qui font regretter de ne pas souffrir davantage.

Oh! donnez-moi, mon père, donnez-moi un crucifix, pour que je le mette sur ma poitrine, pour qu'il scelle à jamais dans mon cœur, comme dans un tombeau, les paroles de vie que vous y avez placées.

Le vicaire de St-Laurent entr'ouvrit sa soutane et détachant de son cou un petit crucifix d'argent, il le passa à celui de son malade, puis il sortit.

Je venais de prendre position dans mon lit pour m'endormir le plus commodément possible à la garde de Dieu, lorsque la porte de notre chambre s'ouvrit précipitamment devant un nouveau compagnon de souffrance qui nous arrivait.

C'était un vieillard hideux, horrible à voir ; plus hideux, plus horrible encore à entendre : son corps n'était qu'une plaie, sa parole n'était qu'une imprécation.

(J'ai su depuis qu'il avait 75 ans, le malheureux !)

Un prêtre sort d'ici, s'écria-t-il avec rage, un prêtre vient de sortir par cette porte, quel est celui d'entre vous qui l'a fait appeler?

L'impertinence de cette question me rendit aussitôt l'impétuosité de mon caractère en bonne santé.

Je lui répondis avec un mouvement de colère énergiquement accentué :

Pardieu ! c'est moi, vieillard, que vous importe?

— Quand les hommes nous abandonnent, reprit le poète avec ce calme et cette résignation que je vous ai dits, quand les hommes nous abandonnent, le prêtre de Jésus-Christ vient à nous; quand la terre tremble sous nos pieds et nous échappe, le ciel s'ouvre sur notre front pour nous recevoir.

—Prêtre, ciel, contes de grand'mères, chansons de bonnes d'enfants, répliqua le vieillard avec fureur, la terre ne veut plus de moi, je le sais, et bien, moi, je ne veux pas du ciel, qu'il le sache !

Le poète priait les yeux amoureusement fixés sur le crucifix qu'il pressait contre sa poitrine.

Le vieillard aperçut la croix qui brillait dans ses mains.

Une croix ! une croix ! s'écria-t-il avec une rage toujours croissante ; une croix ! ô mes vingt ans, où êtes-vous ? qui me rendra mes vingt ans ? Et vous, compagnons d'autrefois, où êtes-vous donc ? le parti prêtre a relevé sa tête vers le ciel, et vous avez courbé la vôtre dans le sépulcre, enfer !

Un sanglot, une imprécation étouffèrent sa voix, sa voix qui murmura les noms de Conciergerie et de Septembre.

Le poète priait toujours.

On vit alors un étrange spectacle dans cette chambre de la maison de santé.

Il y avait là deux hommes qui se mouraient, l'un de la mort des saints, l'autre de la mort des impies; celui-là bien jeune encore, celui-ci déjà bien vieux.

D'un côté, de touchantes aspirations, de l'autre, d'horribles blasphèmes traversaient ce lugubre silence qui règne à l'approche de nos heures dernières.

C'est une scène que je n'oublierai jamais de ma vie.

La lampe funèbre qui l'éclairait semblait tracer une auréole au front du prédestiné, de sinistres clartés entouraient la pâle figure du prévaricateur.

A moi le ciel, disait le jeune homme; à moi, l'enfer, répondait le vieillard.

— Mon Dieu! je vous aime, pardonnez-moi, Seigneur.

— Arrière le prêtre, et à bas la croix!

Le poète se serra fortement contre le crucifix, l'impie se dressa sur son lit en grinçant des dents: on eût dit un spectre.

L'écume de l'impiété sortait à grands flots de sa bouche avec la rage du désespoir.

Il ne criait plus, il hurlait ces épouvantables paroles : Qui me rendra mes vingt ans et mes compagnons ? qui me rendra un trône à détruire, des autels à briser et des croix à abattre ?

O trois fois saint Marat, lève-toi dans ta tombe, et regarde !

Le sanctuaire de la superstition a repris son empire sur la raison ; les peuples rampent à genoux sous le sceptre des tyrans, la France se dit libre et son territoire se couvre de croix ; les hommes de la Révolution disparaissent, les esclaves de la monarchie triomphent, les lâches ont remplacé les forts.

A moi ! donc, compagnons, il y a encore des rois à tuer et des prêtres à......

Il ne put achever, la mort le prit à la gorge, il râla une dernière imprécation et retomba sur sa couche.

Le malheureux mourut comme était mort Voltaire.

Le poète priait toujours.

Il pria pour le tueur de prêtres et le briseur de croix.

Je l'entendis qui disait tout bas : « Pitié pour lui, mon Dieu ! il ne sait ce qu'il dit ; pitié pour son âme, il ne sait ce qu'il fait. »

Cette scène horrible m'avait fait un mal affreux ; je passai une fort mauvaise nuit ; la voix de l'impie bourdonnait dans mon oreille, son regard était constamment dans mes yeux. Oh ! que la mort du pécheur est épouvantable ! oh ! que l'agonie doit être lourde au cœur qui n'a pas un repentir à donner au passé, pas une espérance à prêter à l'avenir.

LA MORT DU POÈTE.

Le lendemain, à cinq heures, bien avant la venue des médecins, le vicaire de Saint-Laurent, notre cher aumônier, était auprès de nous.

Il avait jeté en entrant un regard craintif sur le lit de Clodion, hélas! il croyait le trouver désert.

C'est vous, mon père, lui dit le poète, venez vite, je vous en prie, venez vite et ne me quittez plus, car je sens là, et il mettait la main sur son cœur, je sens là que ce ne sera pas long maintenant : ce jour, mon père, sera le jour de ma délivrance.

A six heures la visite eut lieu, le regard des médecins nous apprit en se relevant du lit de notre ami, que la mort n'était plus loin de nous.

A six heures et demie, quelques-uns de nos confrères vinrent nous voir, Clodion les reconnut parfaitement et leur dit d'un son de voix qui fendait l'âme : Amis, pardonnez-moi tous les scandales que j'ai pu vous donner.

A sept heures il dit au prêtre : mon père, il est temps, la mort est là.

G***, D***, B*** s'agenouillèrent, et, d'une voix lente et brisée, l'aumônier commença les prières des agonisants. Le poète les suivit avec recueillement, il avait encore toute sa connaissance.

Quand elles furent terminées, il fit approcher les infirmières qui priaient à l'écart, il les remercia des soins qu'elles lui avaient donnés pendant sa longue maladie ; puis, se retournant vers son confesseur, il lui dit : Quant à vous, mon père, je ne vous remercie pas d'avoir sauvé mon âme, c'est Dieu qui le fera pour moi au jour du jugement.

Alors il nous fit ses adieux, ils furent déchirants ; nous pleurions tous, lui seul était calme, il ne comprenait pas nos larmes, ses lèvres pâles murmuraient des prières pleines de ferveur ; ses yeux vitrés levés au ciel semblaient chercher à son âme le chemin que bientôt elle devait prendre pour s'élancer vers Dieu.

Heureux, heureux jeune homme ! il ne tenait déjà plus à la terre par les regrets, qu'il touchait au ciel par l'espérance.

Ses pieds étaient glacés, on voulut les réchauffer avec des couvertures brûlantes, il ne sentit pas même l'action de la chaleur.

La mort se permet des licences, nous dit-il, avec un sourire aussi doux qu'une prière, elle veut jouer au revenant avant l'heure de minuit ; elle me prend par les pieds.

Un instant après ses genoux devinrent insensibles et glacés ; il nous le fit remarquer disant : La mort monte toujours, parlez-moi de Dieu, mon père ; et vous, mes amis, ne pleurez pas ainsi, vous me faites mal, entonnez plutôt le cantique de la délivrance ; si j'en ai la force je chanterai avec vous, sinon mon cœur accompagnera vos voix.

Un instant encore, et ses mains perdirent le toucher, le crucifix qu'elles pressaient retomba sur sa poitrine.

Ah! s'écria le poète, en plaisantant toujours, la mort vient de me donner une poignée de main, merci, sa main est dans la mienne. Prenez le crucifix, mon père, et placez-le sur mes lèvres; à lui mon dernier regard, à lui mon dernier baiser.

Cette scène était déchirante et sublime. Oh! qu'il est doux, qu'il est consolant de mourir dans la paix du Seigneur!

L'agonisant reprit :

Mon Dieu! mon Dieu! je n'y vois plus, un voile est devant moi. Mettez le crucifix sur mes yeux, ô mon père! pour qu'il les r'ouvre aux clartés de la vie éternelle.

Que je souffre, ô mon Dieu, répéta-t-il, ma poitrine se brise et se déchire! eh bien! je voudrais souffrir davantage encore pour l'amour de vous et pour la rémission de mes péchés.

Tout-à-coup sa voix devint brève et saccadée,

il prononça les noms de Jésus et de Marie, et laissa doucement retomber sa tête sur l'épaule de son confesseur.

Huit heures sonnèrent...... il était mort.

CONCLUSION.

Un mois après, j'entrai en pleine convalescence, les médecins m'engagèrent fortement à quitter Paris, pour aller respirer à Lyon l'air du pays.

La veille de mon départ, je me rendis au cimetière du Père-Lachaise, j'avais là un adieu à faire.

Après bien des recherches dans cette capitale de morts, je trouvai enfin une tombe récente ombragée par une modeste croix de bois noir. Là, point de sottes vanités, point de titres pompeux, point d'orgueilleuses inscriptions, rien qu'un nom: CLODION.

Je m'agenouillai et priai, non pour celui qui dormait en paix son grand sommeil; mais pour son frère en Jésus-Christ qui veillait encore, pour son ami, qu'un jour la maladie avait arrêté et qui allait reprendre sa course à travers le monde.

Du Père-Lachaise, je me dirigeai vers la demeure du respectable prêtre qui, pendant ma longue maladie, m'avait si généreusement prodigué les trésors de son inépuisable charité.

Je le trouvai assis devant une petite table sur laquelle plusieurs lettres étaient ouvertes, il en tenait une à la main, il me la donna sans mot dire.

Son silence disait plus que n'aurait pu le faire la plus éloquente parole.

Je pris la lettre, et je lus rapidement ces quelques lignes écrites par une main de femme.

« Monsieur,

« Nous avons reçu votre lettre qui nous annonçait la mort de mon pauvre frère.

« Le premier moment a été affreux.

« Aujourd'hui, notre douleur, quoique bien grande encore, est plus calme, vous le dirai-je, Monsieur? elle n'est pas sans consolation : Mon frère a quitté la terre où l'on souffre, pour le ciel où l'on est heureux.

« Combien je vous remercie d'avoir aidé, soutenu, assisté ce pauvre jeune homme à ses derniers moments; combien je vous remercie de lui avoir fermé les yeux après sa mort. Ma vie ne sera jamais assez longue pour vous bénir.

« Mon père me charge de vous exprimer toute sa reconnaissance; moi, je me réserve de vous témoigner la mienne, en priant Dieu pour vous à la table sainte où mon frère m'a conviée.

« Demain sera le jour de ma première communion.

« Adieu, Monsieur.

« Priez pour mon père, priez pour votre très humble servante.

Elisa C*. »

UNE VENDETTA.

A l'époque de la première révolution, il y avait à Lyon un homme à figure humaine et à cœur de tigre, qui s'appelait Reno..... C'était le digne émule de Chalier, cet autre tigre à face d'homme qui se proclamait le Marat du Midi.

Reno vit encore, on le rencontre quelquefois le

soir et toujours seul, dans le quartier de Perrache, sur le cours du Midi, ou bien autour de l'hippodrome ; on ne le voit jamais aux Brotteaux, ce vaste cimetière que la Terreur a ensemencé à coups de canon, il a peur des revenants.

Dans les premiers jours de mai de cette année, je m'étais assis sur un banc du cours Napoléon ; là, recueilli dans mes souvenirs, je laissais flotter ma pensée à l'encontre de quelque sujet de nouvelle, pour ce livre que j'avais commencé, lorsqu'un homme vint prendre place à côté de moi. Quel magnifique soleil, me dit-il, en m'adressant directement la parole.

Je tressaillis au son de cette voix, comme au sifflement d'une vipère ; c'était lui, c'était Reno, c'était le complice de Collot-d'Herbois, le pourvoyeur de la guillotine ; je me retirai de lui avec un mouvement si précipité, qu'il le remarqua.

— Je vous fais donc peur, monsieur, me dit-il ?

— Non, lui répondis-je, mais vous me faites horreur.

— Rassurez-vous, jeune homme, nous ne sommes plus au douzième siècle, je ne suis ni lépreux, ni excommunié.

—Vous êtes maudit par Dieu et par les hommes.

—Comme Caïn, n'est-ce pas?

—Oui! parce que vous aussi, comme Caïn, vous avez tué vos frères; retirez-vous, ne me touchez pas, car il y a du sang à vos mains et à votre front; votre haleine, comme le souffle du corbeau, sent le cadavre; arrière, assassin.

—Jeune homme!.... répliqua-t-il sur un ton très élevé.....

—Vieillard, quand on a des souvenirs comme les vôtres, on fuit le grand jour, et au lieu d'élever la voix, on s'arrache la langue avec les dents.

Il se leva, et fit un mouvement pour se jeter sur moi.

Je l'arrêtai avec une seule parole.

—Citoyen Reno!.....

Il se tut comme s'il eût été fappé d'un coup de foudre.

—Citoyen Reno, continuais-je, souviens-toi du 23 décembre et de Dautefard !

Il s'éloigna en proférant quelques menaces que je ne compris pas ; et je rentrai chez moi pour écrire cette histoire.

Les premiers jours de la Révolution avaient trouvé Reno sous des habits religieux dans un couvent de Lyon. Il les eut bientôt jetés dans le ruisseau de la rue, pour revêtir l'impure livrée du sans-culottisme.

Il se fit remarquer d'abord, au premier rang, par la fougue de ses vices et par l'énergie de sa férocité.

Lorque Chalier ramena de Paris cet horrible instrument de mort qui devait faire charrue à travers la population lyonnaise, Reno se prosterna devant l'affreuse machine, et joignant les mains, il s'écria par trois fois : Sainte, sainte, sainte guillotine, soyez bénie et adorée !

Un jour, il présenta à Chalier une liste de proscription qui contenait onze ou douze cents noms ; c'étaient ceux des plus riches et des plus honorables citoyens de Lyon ; leurs biens devaient être confisqués au profit des Jacobins.

C'est bien, dit Chalier, nous établirons la machine à Guillotin sur le pont Morand, et du pont au Rhône, nous ferons une cascade de sang qui portera aux mers épouvantées la justice du peuple.

La perversité de Reno était si grande, que ses compagnons de crime en étaient effrayés eux-mêmes ; ils voulurent s'en défaire.

Mis en état d'arrestation, il fut conduit devant la commission temporaire.

Citoyen Reno, tu mérites la mort, s'écria un de ses délateurs.

— Pourquoi ? répondit Reno, ai-je porté les armes, pendant le siége, contre la Convention ?

— Non, car tu es trop lâche.

— Citoyens juges ! c'est moi qui ai gagné Filion et la Rameau à la cause de la République ; sans les trahisons que j'ai suscitées dans la ville, Précy tiendrait encore.

Qui a proposé de faire sauter les prisons, et d'envoyer au diable les royalistes qui s'y trouvaient?

— C'est moi !

— Citoyen Reno, tu as été moine ?

— Oui, j'ai été moine, et ce titre seul est mon plus beau brevet de civisme.

Citoyens, continua Reno, en se posant en triomphateur, condamnez-moi donc, si vous l'osez; je me suis fait prêtre pour déshonorer la prêtrise.

Alors de nombreux applaudissements retentirent dans toute la salle.

Le lendemain, son accusateur prit la place qu'il lui préparait sur la fatale charrette qui, tous les jours, à onze heures, partait pour l'échafaud.

Parmi tous les crimes qu'il a commis, il en est un surtout, horrible, atroce; le voici :

Pour une misérable querelle d'enfants, pour un

joujou prêté et brisé par étourderie, il avait juré une haine mortelle à un de ses camarades nommé Dautefard.

Intendant de la maison des princes de Beauffremont, à Scey-sur-Saône, Joseph Dautefard avait donné sa démission pour aller partager à Lyon les dangers de ses compatriotes.

Cette ville se trouvait alors investie par l'armée de Dubois-Crancé.

Pendant les soixante-trois jours du siége, Joseph se comporta en brave et bon soldat; il eut deux chevaux tués sous lui à la brillante journée du 29 septembre, où quinze cents héros repoussèrent une armée tout entière.

Fait prisonnier dans les bois d'Alix, après la mémorable sortie du 9 octobre, il fut enfermé dans les cachots de St-Joseph.

C'est là que le jacobin Reno parvint à le découvrir.

Dautefard était honnête homme, il croyait en Dieu, il était aimé et respecté de tous ceux qui le connaissaient, c'en était plus qu'il ne fallait pour monter les marches de l'échafaud.

Reno son ancien camarade provoqua sa mise en jugement; elle fut immédiate.

En ces temps d'opprobre et de misère, le rôle de défenseur était dangereux, les braves gens qu'on traquait partout étaient réduits à se cacher; car, ainsi que le disait le sans-culotte Reno, le couteau de Guillotin brillait nuit et jour sur le front des hommes de bien ; c'était l'étoile de la république. Joseph se défendit lui-même avec le courage du soldat et l'énergie de la vertu.

Il fut admirable quand il lança à la face de ses juges ces terribles paroles :

« Citoyens ! l'ordre de la justice est interverti, les assassins ont jeté la hache de la révolution dans la balance de Collot-d'Herbois, et ils ont dit : Malheur aux trahis.

Citoyens ! les bourreaux ont pris la place des victimes, car ce n'est pas nous qui trahissons la France..... c'est vous tous, hommes de sang, qui couvrez la patrie de cadavres. Entendez-vous ce bruit sourd qui retentit dans la France ébranlée ? c'est la tête de la reine qui tombe sur la place du 21 janvier; prenez vite la mienne, infâmes ! car, devant vous, et en présence de vos crimes, elle pèse sur mes épaules. »

Reno prononça la peine de mort.

Alors une voix haute et ferme retentit dans la foule; la voix disait :

Malheur à toi, Reno, cet homme est innocent.

II.

Le jour même, un échafaud se dressait sur la place Bellecour; beaucoup d'hommes, beaucoup plus de femmes encore, se pressaient autour de la fatale machine. Alors, comme aujourd'hui, les femmes étaient en grande majorité aux sanglants spectacles.

Pauvre Dautefard, disait-on bien bas parmi la foule; mourir si jeune! oh! c'est un grand malheur!

— Quel crime a-t-il donc commis?

— On dit qu'il a caché des prêtres et qu'il a sauvé, dans le temps, des officiers de Royal-Pologne.

— On raconte qu'il a entendu, qu'il a même osé servir la messe d'un prêtre ci-devant.

— Il n'a pas voulu dénoncer ses anciens maîtres.

— Il a prétendu que la déesse de la Raison, madame Chopinard, se grisait du matin au soir.

— Il a dit que le curé de St-Just était un mauvais prêtre, parce qu'il se grisait avec madame Chopinard.

— Oh! le brigand!

— Il assure que Jésus-Christ est bien véritablement le Fils de Dieu, et qu'il est venu sur la terre pour racheter nos péchés.

— On l'a vu se mettre à genoux pour réciter

son chapelet en l'honneur de la vierge Marie.

— Oh ! le muscadin !

— Il est certain qu'il a pleuré en apprenant la mort de Louis XVI.

— Il s'est permis de dire que Marat était un homme de sang..........

Ainsi devisait le peuple, en attendant l'heure du supplice.

C'était un feu croisé de paroles bizarres, de suppositions incohérentes qui aboutissaient toutes à un centre unique, tendant à prouver que Joseph était un homme bien coupable, puisqu'il croyait en Dieu ; et qu'il méritait la mort, puisqu'il osait révoquer en doute la liberté pleine et entière dont jouissait tout citoyen né ou naturalisé français.

Tout à coup, un mouvement de fluctuation semblable à celui de la marée qui monte, se fit sentir dans le peuple.

Le voilà, le voilà, s'écrie-t-on de toutes parts, c'est bien lui, Joseph ! quel dommage, il est si beau ! il paraît si bon !

Des gendarmes et des dragons à cheval, écartaient brusquement la foule, en criant : Place donc, place! arrière, laissez passer la justice du peuple, la colère de la Convention : c'est un aristocrate.

Malheureux jeune homme, répétait-on, voyez comme son front est calme, comme sa démarche est assurée : les méchants ne meurent pas ainsi.

— On dirait qu'il marche à l'autel pour s'unir à sa fiancée.

— Tais-toi donc imprudent, tu sais bien qu'il n'y a plus d'autel aujourd'hui que celui de la mère Chopinard, ci-devant bouchère et aujourd'hui déesse.

— Des gueusards et des fripons.

— Qu'on arrête cet homme-là, s'écria une façon de commissaire de police bariolé en tricolore, qu'on l'arrête à l'instant au nom de la loi, il a blasphémé.

Cependant la foule fit silence, debout sur la pointe de ses pieds, les oreilles tendues, les yeux cloués sur l'échafaud, elle se préparait à recevoir le dernier soupir, à entendre les dernières paroles du condamné. Dautefard monta sans ostentation les marches de l'échafaud ; de la main, il fit signe au peuple qu'il allait parler, et d'une voix assurée, il lui dit :

Frères, je crois en Dieu, je meurs chrétien ; vive la France, vive le roi !

Une tête tomba de l'échafaud, une voix s'éleva parmi la foule, la voix répétait :

Malheur à toi, Reno,.. malheur à toi, cet homme était innocent.

Le peuple s'écoula sans bruit et consterné ; mais l'instrument de mort resta pour les victimes du lendemain.

C'était le 23 novembre.

LÉO.

La voix qui avait protesté au Tribunal de la commission temporaire, la voix qui, sur la place Bellecour, avait lancé l'anathème de la vengeance, était un défi sanglant, un cartel à mort que le frère de la victime avait fait à son bourreau. Léo Dautefard avait 18 ans, il aimait son frère d'une amitié qui ressemblait à de la piété filiale : Joseph avait servi de père à Léo : aussi à la première nouvelle de l'arrestation de Joseph, Léo avait demandé un congé de six mois à son colonel et s'était élancé à cheval sur la route de Lyon.

Sa qualité d'officier de hussards au service de la République, lui donnait toute facilité pour pénétrer dans les prisons, aussi ne quittait-il plus son bien-aimé frère : le jour il s'enfermait dans son cachot pour lui donner des consolations et des espérances qui étaient bien loin de son cœur; la nuit il rôdait autour de la prison comme une âme en peine. Malheureux Léo ! il aurait donné sa vie pour sauver celle de Joseph, ou bien pour mourir avec lui; mais il avait une mère à consoler, une pauvre mère, bien vieille, qui n'avait plus de joies en ce monde que son amour pour ses enfants. Il se conserva pour elle.

Oh! qu'il fut à plaindre, ce pauvre jeune homme, et que sa douleur fut amère quand, se jetant dans les bras de sa mère, la pauvre femme lui demanda : Qu'ont-ils fait de mon fils?

Ce qu'ils ont fait de votre fils, mère, lui répondit Léo, ne pleurez plus, ils en ont fait un martyr.

La pauvre mère fondit en larmes et se déchira la poitrine.

Calme, immobile, debout devant elle comme devant un carré hongrois, Léo lui disait :

Mère, ne pleurez plus, nous avons là-haut un saint qui priera pour nous. Vous avez perdu

Joseph, Léo vous reste; Léo n'est plus un enfant, mère, il a été proclamé brave sur les champs de bataille, il saura vous défendre et vous protéger; il saura venger son frère. Les monstres! ils ont tué votre fils, malheur à eux le jour de la vengeance est proche.

Depuis le 23 novembre, l'apostat Reno était dans la consternation, la voix de Léo l'avait frappé au cœur : le jour, il ne sortait plus qu'entouré de coupe-jarrets; la nuit, il se renfermait et se barricadait comme s'il eût été menacé d'un siége. Il avait mis à vingt mille livres, la tête de l'audacieux qui, deux fois, avait osé le menacer; il eût donné cent mille écus volés pour conserver la sienne.

Le 2 décembre, il se leva plus tôt qu'il n'avait coutume de le faire, c'était grande fête pour Reno... Ce jour-là dix prêtres devaient mourir sur l'échafaud : la tête de son ancien supérieur, vieillard de quatre-vingts ans, devait tomber la première.

Reno venait de se mettre à table pour déjeûner

en compagnie de plusieurs sans-culottes, lorsque son domestique lui remit une lettre.

Croyant apprendre quelques nouvelles arrestations, il l'ouvrit brusquement et lut avec effroi ce peu de lignes :

« Citoyen,

Je connais le nom de l'homme qui a juré ta mort, je connais tous ses projets, ils sont épouvantables et me font trembler pour toi, c'est un cheveu de Dautefard qui tient suspendu sur ta tête l'épée de Damoclès, le poignard de Brutus, veux-je dire.

Tiens-toi sur tes gardes, tes jours sont en danger, la vengeance veille.

A dix heures je serai aux Brotteaux sur le lieu des mitraillades, c'est là que je t'attendrai toi et vingt mille livres, en échange de l'homme que je m'engage à liver entre tes mains.

Salut et fraternité,

Léo, lieutenant de hussards. »

Je ne connais pas cet homme, dit le citoyen Reno en refermant la lettre, on me tend peut-être un piège; n'importe, j'irai au rendez-vous.

Il voulut achever son déjeûner, mais il n'avait plus faim, la peur l'avait atterré; il se leva, se promena à grands pas de long en large, et, grossissant sa voix à la manière des poltrons qui chantent fort pour se donner du courage, il répéta : certainement, j'irai au rendez-vous.

— Pierre !

— Citoyen.

— Tiens, voici la clé de ma caisse, prends et donne-moi vingt mille livres en assignats...... C'est bien, maintenant vas me chercher un gendarme.

— Il suffit.

— Certainement, j'irai au rendez-vous, disait-il toujours, car je suis brave, moi ; je n'ai pas peur, vive la république ! et le malheureux se pressait les flancs pour se donner du cœur, il suait sang et eau.

En passant devant une glace, il aperçut sa

figure pâle et contractée. Il recula de trois pas, il s'était fait peur à lui-même.

Dix heures moins un quart sonnèrent à l'Hôtel-de-Ville, le gendarme mis en réquisition se présenta devant lui.

— Prends ce manteau, lui dit-il, et suis-moi.

— Où allons-nous, citoyen?

— Tu vas le voir, suis-moi toujours.

Ils traversèrent le pont Morand, et un instant après ils se trouvèrent près de l'endroit désigné.

— Attends-moi là, gendarme, et au premier appel, au moindre cri, viens à moi.

Reno fit quelques pas encore, franchit un fossé nouvellement comblé, et se trouva en face de l'homme qui lui avait donné rendez-vous.

— Citoyen Léo,

— Présent.

— Approche un peu pour que je te voie. Tu trembles, citoyen.

— J'ai froid et......

— J'ai reçu ta lettre, quel est le sentiment qui te l'a dictée?

— L'intérêt de mon pays,

— Le mien, veux-tu dire?

— Oui, citoyen, et celui de ma vengeance.

— Tu connais donc l'homme qui a juré ma mort.

— Je le connais,

— Quel est son nom?

— Tu le sauras bientôt.

— A l'instant même, je te l'ordonne au nom de la République,

— Où sont les vingt mille livres?

— Les voici.

— Merci, je les donnerai aux enfants des victimes..... Crois-tu en Dieu,

— Non, pourquoi?

— Parce que je t'aurais engagé à lui recommander ton âme.

— Citoyen, j'ai tenu ma promesse.

— Je tiendrai la mienne.

—Quel est donc l'aristocrate qui veut ma mort?

— Le frère de Dautefard. Te souvient-il du 23 novembre?

— Tu as promis de me le livrer.

— Je te le livrerai.

— Quand? Aujourd'hui, n'est-ce pas?

— A l'instant même, s'écria Léo Dautefard en s'élançant sur lui et en le prenant à la gorge, ah! le jour de la vengeance est donc arrivé, merci, merci! Reconnais-tu ma voix, à présent, cette voix qui t'a crié : Malheur! au pied d'un tribunal et d'un échafaud. Tu trembles à ton tour; tu pleures, aussi toi, tu riais alors, à genoux, Reno à genoux, et demande pardon à Dieu, car il en est un qui punit les monstres et les infâmes. . . . .

A présent relève-toi, car il me faut ta vie en échange de mon serment, en garde, voici des armes.

Reno se replia sur lui comme un serpent, en jetant un cri d'alarme.

Tu as raison, lui dit Dautefard, il faut que notre combat soit légal. Il fit un signe, et deux jeunes gens de ses amis paraissant tout-à-coup derrière une haie, se ruèrent sur le gendarme qui accourait de toute la vitesse de ses jambes au secours du jacobin.

Je te serai infiniment obligé, citoyen gendarme, lui dit Dautefard, si tu veux servir de témoin à cet homme, car je doute que ces messieurs veuillent lui rendre ce service. Le gendarme s'inclina.

Allons donc, citoyen Reno..., nos témoins attendent; en garde, et défends ta vie.

Reno... tremblait de toutes ses forces, il était pâle à faire peur, ses dents claquaient.

Léo le pressait de la pointe de son épée ; je ne veux pas t'assassiner, lui disait-il, défends-toi donc ; tout-à-coup il brisa son arme, et lui en jeta les débris à la face.

Je comprends, continua-t-il, l'épée est trop noble pour toi, cet acier est trop pur pour ton sang ; c'est le bâton qu'il te faut, dit-il, et, arrachant un pieu qui soutenait la haie, il lui en donna tant, qu'il le laissa pour mort sur la place, malgré les cris de ses amis qui demandaient grâce.

Le jour même, Léo rejoignit son régiment où l'attendaient une plainte des représentants du peuple, et une dénonciation de Reno... Il fallut tout le crédit du général Kellermann, pour qu'il n'expiât pas sur l'échafaud les coups de bâton qu'il avait donnés au moine défroqué.

Le général regardait Dautefard comme un des meilleurs officiers de son armée.

Cependant le prêtre apostat, entièrement guéri de ses meurtrissures, poursuivait plus que jamais la carrière de crimes dans laquelle il s'était jeté.

Comme l'hyène, il aimait à voir couler le sang, il aimait à mettre son doigt dans les blessures entr'ouvertes, à coller son oreille sur la poitrine de sa victime, pour suivre les pulsations du cœur qui, bientôt, ne devait plus battre. Il changea de logement et prit un premier étage dans une maison des Terreaux, pour assister plus commodément aux exécutions de chaque jour.

Pendant ce temps-là, le lieutenant Léo continuait à se battre bravement à l'armée des Alpes ; plus d'une fois il chercha un trépas glorieux à l'avant-garde, mais la mort ne voulut pas de lui.

Le souvenir de sa mère le poursuivait partout ; il l'aimait à l'adoration, et le malheureux ne pouvait plus se réjouir le cœur avec la vue de la vieille femme, il ne pouvait plus la couvrir de baisers, il ne pouvait plus lui dire : Mère, ne pleurez plus.

Il était bien à plaindre, le pauvre Léo !

Un jour, il profita d'une suspension d'armes pour demander un congé d'un mois à son colonel. Comme il avait reçu une blessure assez grave à la dernière affaire, il l'obtint facilement et se mit aussitôt en route pour Lyon.

Oh ! comme le cœur lui battit fortement, quand son regard se posa de loin sur le clocher de Notre-Dame-de-Fourvières, ce phare protecteur de notre religieuse Cité, comme il frémit de crainte et d'impatience, en approchant de la maison où il reçut le jour! Affreux pressentiment ! j'arriverai trop tard, se disait-il, je ne reverrai plus ma mère.

L'appartement de sa mère était fermé, les scellés étaient sur la porte, il les brisa avec le pommeau de son sabre : Trop tard, trop tard, répéta-t-il en courant chez un de ses amis qui demeurait dans la rue St-Dominique :

Où est ma mère? lui dit-il en lui serrant la main avec force, où est ma mère?

Son ami ne lui répondit pas.

—Je te demande où est ma mère, Frédéric.

—Elle est auprès de la mienne, en sûreté.

—Où donc ?

— Là où les méchants ne peuvent plus l'atteindre.

—Alors, conduis-moi vite vers elle, je veux la voir, partons.

—Partons, répliqua Frédéric, suis-moi.

Ils marchèrent vingt minutes en silence, en proie, tous deux, à de sombres pensées.

— Nous n'arriverons donc jamais, s'écria Léo, quand ils eurent gravi la montée du Gourguillon.

— Trop tôt, peut-être, lui répondit Frédéric.

Ils firent encore quelques pas et Frédéric s'arrêtant devant une vaste maison blanche, frappa trois coups à une porte basse qui s'ouvrit aussitôt devant eux.

Léo pâle et tremblant s'empara du bras de son ami.

Ils traversèrent plusieurs chambres désertes, descendirent un escalier tournant et se trouvèrent dans le cimetière d'un couvent de femmes. Léo se signa devant une croix brisée qui gisait à terre, entourée de débris tumulaires.

— Frédéric, où est ma mère ?

— Là, répondit Frédéric en montrant du doigt une tombe et en levant les yeux au ciel.

Léo tomba la face contre terre, puis se relevant tout à coup calme et résigné :

Ils l'ont assassinée, n'est-ce pas, Frédéric.

— Frédéric prononça tout bas le nom de Reno.

— L'infâme ! s'écria Léo, lui, toujours lui, Frédéric, adieu, je te lègue ma vengeance, et il allait se frapper d'un poignard, lorsque son ami lui montra du regard la tombe de sa mère et tout auprès la croix brisée.

— Ah ! je l'avais oublié, reprit Léo, merci, Frédéric, de me l'avoir rappelé ; je vivrai pour mon serment.

Pendant trois jours Léo fut dans un état affreux, il avait presque entièrement perdu la raison, il délirait à faire pitié ; le malheureux serait mort infailliblement sans l'idée fixe de la vengeance qui le retenait à la vie.

Frédéric ne le quittait plus, il voulait remplacer par les témoignages de son amitié, le vide que la révolution avait opéré au cœur de son ami, il faisait taire le cri de ses douleurs personnelles pour trouver en son âme des consolations et des espérances qu'il se serait estimé heureux de faire partager à son pauvre Léo.

Ami, lui disait-il par fois : laissons passer la tempête et les sanglants orages des hommes, la main du Dieu que nous adorons ouvrira bientôt le ciel pour nous envoyer un rayon de son divin soleil, alors, ami, l'homme courageux qui aura résisté à l'épreuve, se relèvera puissant comme le chêne de la montagne, alors des jours de paix et de bonheur luiront pour nous ; crois-moi, Léo, le secret de la résignation se trouve dans l'espérance. — L'espérance, lui répondait Léo, l'espérance n'existe plus où la réalité est morte ; des jours heureux, dis-tu ? il n'en est plus pour moi. En détruisant mes affections, les méchants ont brisé les ressorts de mon âme. Non, Frédéric, il n'est plus de beaux jours pour moi, plus qu'un, peut-être, celui de la vengeance.

Léo, le lieutenant de hussards, avait conservé dans les camps les préceptes et les principes religieux que sa mère lui avait appris enfant.

Il voulut consacrer à un pieux devoir, les quelques jours de congé qui lui restaient.

Un matin, il se leva plus calme, plus résigné qu'à l'ordinaire, il avait prié Dieu une grande partie de la nuit.

Il faut que nous cherchions un prêtre, Frédéric, dit-il à son ami ; je désire entendre une messe pour le repos de l'âme de la mère.

C'est bien, lui répondit Frédéric, je le trouverai.

Le lendemain de grand matin, un vieux prêtre disait une messe noire dans une maison de la place du Plâtre ; beaucoup d'hommes à genoux entouraient l'autel improvisé, unissant leurs prières à celles du ministre de Jésus-Christ.

Après le saint office, le prêtre quitta ses vêtements sacerdotaux, et, passant une étole à son cou, il prononça quelques paroles sur le pardon des offenses. Il fut magnifique d'éloquence et de persuasion. Le pardon des offenses, s'écria-t-il en terminant : Savez-vous ce que c'est, mes frères?

Je vais vous l'apprendre.

C'est le chemin qui conduit le plus directement au ciel.

Du haut de la croix du Calvaire, Jésus-Christ, le fils de Dieu, a pardonné aux Juifs de Jérusalem; du haut de la croix de l'échafaud, Louis XVI, le fils des rois, a pardonné aux Juifs de la Convention.

Pardonnons donc à nos ennemis, mes frères : la mort du roi martyr est une leçon, celle du Dieu crucifié est un précepte.

L'orateur sacré développa cette pensée avec talent et conviction; tout son auditoire pleurait : Léo lui-même, malgré de violents efforts pour résister à la parole du prêtre, Léo versait aussi d'abondantes larmes.

Lorsque le prédicateur eut achevé son discours; les hommes religieux qui avaient assisté à l'office divin, se retirèrent un à un et en silence, pour ne point donner l'éveil aux sbires de la révolution.

Léo resta seul avec le prêtre.

Mon père, lui dit-il en montrant son cœur :
Votre parole est arrivée là.

— Dieu en soit loué, mon fils.

— Mon père, j'ai fait un serment sur un cadavre, je l'ai renouvelé sur une tombe, l'accomplissement de ce serment qui doit être une vengeance, serait-il un crime aux yeux de Dieu?

— Mon fils, vous m'avez...... vous avez entendu, veux-je dire, la parole de vérité : le fils de Dieu mourant nous a ordonné l'oubli des offenses ; Jésus-Christ a dit : vous rendrez le bien pour le mal.

— Mais vous ne savez pas, mon père, qu'un homme a tué mon frère, et que cet homme vit encore.

— Mais vous savez, mon fils, que des hommes l'ont flagellé et l'ont couronné d'épines.

— Il a assassiné ma vieille mère.

— Ils l'ont attaché à un gibet.

— C'était ma mère, ma mère!

— C'était le fils de Dieu, c'était Dieu même.

— Oh! la vengeance, mon père, la vengeance!

— Le pardon, je vous l'ai dit, est le chemin des cieux.

— Je ne vivais que pour elle.

— Il vaut mieux vivre pour pardonner.

— Si je ne tiens pas le serment que j'ai fait, que j'ai juré, je serais un parjure, un infâme.

— Ni l'un ni l'autre, et vous ne serez pas chrétien, si vous le tenez.

— Ce serment, je l'ai fait à genoux devant Dieu.

— A genoux devant Dieu je vous le remettrai, à genoux donc, mon fils, à genoux.

Léo se prosterna sous la main du prêtre, et quand il se releva, il avait pardonné pour toujours.

Léo rejoignit de nouveau son régiment qui lui gardait une bataille et les épaulettes de capitaine : quelques jours après il partit pour l'Egypte.

Le général Bonaparte l'eut bientôt remarqué parmi les plus braves de son armée.

Un soir il le fit appeler dans sa tente : capitaine, lui dit-il, j'aime votre courage, j'ai su apprécier vos talents militaires; je vous promets donc un avancement rapide, si votre peu d'ambition ou un boulet de canon n'en décident autrement; capitaine Dautefard, la bataille de demain vous fera commandant.

Léo s'inclina et balbutia quelques remerciments d'un air embarrassé.

Bonaparte sourit : Ma foi capitaine vous êtes un mauvais courtisan.

— Je suis soldat mon général.

— J'aime mieux cela, reprit le jeune chef : les courtisans perdent les trônes, et le soldat ajouta-t-il, avec une intention marquée; le soldat parfois les relève : son regard lisait déjà dans l'avenir.

Il continua : les nouvelles du pays sont tristes, bien tristes, la France est redevenue un cahos où tous les éléments déchaînés s'entrechoquent à la fois, pauvre France, depuis que je n'y suis plus, les intrigants, les ambitieux et les buveurs de sang se sont de nouveau abattus sur elle pour s'en faire une proie ; la révolution est l'hydre aux cent têtes.

Le jeune général se leva, fit quelques pas hors de sa tente pour accompagner Léo, et, s'arrêtant tout-à-coup, il lui montra le ciel.

Regarde, capitaine, lui dit-il : Vois-tu cette brillante étoile au sommet de cette pyramide qui semble lui servir de piédestal?

— Je la vois, mon général.

— La connais-tu?

— Non, mon général.

— C'est la mienne, adieu capitaine. Bonaparte rentra dans sa tente et se jeta tout habillé sur un lit de camp.

Le lendemain, du haut des Pyramides, quarante siècles contemplaient deux armées de braves aux prises, dans un océan de feu.

Cinq carrés d'infanterie française résistèrent plusieurs heures au choc des cavaliers ennemis, enfin la victoire se rangea sous le drapeau de la France.

Dans la chaleur de l'action, le jeune général courut le plus grand danger ; séparé de son état-major et entouré de plusieurs Mamelucks, il allait infailliblement succomber sans le courage d'un officier français qui parvint à le dégager au péril de sa vie.

Bonaparte reconnut en son libérateur, Léo Dautefard.

J'étais bien certain, lui dit-il, que la bataille d'aujourd'hui te ferait commandant ; la France a payé sa dette, j'acquitterai celle du général : tiens, commandant, prends ce stylet, c'est celui de mon père, garde-le en mémoire de moi ; si tu as besoin un jour de mon crédit et de ma protection, rapporte-le moi, je jure de t'accorder la première grâce que tu me demanderas. Léo s'empara du stylet et le porta à ses lèvres. Le général reprit: Souviens-toi de Bonaparte, je me souviendrai des Pyramides.

Il y avait six ans de cela ; après avoir traversé l'Italie, Dautefard revint en France, il était colonel alors ; l'étoile des Pyramides brillait sur les Tuileries, le général Bonaparte était empereur.

Deux ou trois jours après son arrivée à Paris, Napoléon passant une revue générale de ses troupes sur la place du Carousel, reconnut Léo à la tête de son régiment, il lui serra fortement la main, en lui disant : C'est mal à toi, mon brave, de négliger ton vieux camarade d'Egypte ; allons, allons, puisque tu ne viens pas au château, j'irai te chercher à ta caserne ; le colonel sourit et s'inclina.

A propos, reprit l'empereur: cet uniforme te va horriblement mal.

— Comment, sire ?

— Celui des cuirassiers de ma garde te siéra bien mieux ; demain je t'enverrai mon tailleur.

En ce temps là, le glorieux empereur ne connaissait plus de bornes à sa puissance, il avait agrandi la France du Tyrol et des États de Venise, il avait fait de la Hollande un royaume qu'il avait mis sous la tutelle de son frère aîné, il avait donné Naples à un autre de ses frères, de ses mains la Westphalie passa dans celles de son troisième frère, et à ses titres d'empereur de France et roi d'Italie, il joignit bientôt le nom fastueux de protecteur de la Confédération du Rhin.

Alors, ses chevaux trempaient leurs crinières dans les eaux du beau fleuve allemand.

Cependant l'invincible capitaine n'était pas heureux dans ses nouvelles conquêtes ; d'une humeur inquiète et farouche, il se trouvait mal à l'aise et comme à l'étroit ; il lui manquait deux choses : un titre, celui de légitime ; une épée, celle de connétable.

Plus d'une fois en France et sur son passage, au retour de ses périlleuses expéditions, des cris de mort et de vengeance s'étaient élevés contre lui, plus d'une fois les noms de traître et de tyran du peuple retentirent au devant de son char triomphateur.

Les vieux républicains rassasiés de sang et de victoires l'accusaient hautement d'apostasie et de despotisme. La Révolution aiguisait dans l'ombre le poignard de Brutus contre le moderne César.

Le sang de plusieurs conspirateurs avait déjà coulé sur les échafauds ; sans le zèle et l'activité prodigieuse de Fouché, Napoléon n'eût jamais vu Ste-Hélène ; le couteau d'un assassin eût bien certainement remplacé Waterloo.

Un jour, la police découvrit la trace d'une nouvelle conspiration qui devait le frapper au milieu de sa garde en un jour de revue.

Les chefs du complot furent bientôt arrêtés, jugés et condamnés à être fusillés dans les vingt-quatre heures: la justice impériale était expéditive.

Le lendemain à cinq heures du matin, le premier régiment des cuirassiers de la garde reçut l'ordre d'aller chercher à la Conciergerie les malheureux condamnés, pour les conduire, sous bonne escorte, dans la plaine de Grenelle, où l'exécution devait avoir lieu immédiatement ; alors Fouché se fit ouvrir la porte de la prison, et suivi de quelques officiers, il pénétra dans le cachot où se trouvaient les détenus, pour leur demander une dernière fois des révélations.

Mais tout à coup le colonel s'est rejeté en arrière, il a porté rapidement la main à son front, comme pour en chasser un funeste souvenir, une sinistre vision; une voix s'est fait entendre, un homme s'est présenté à lui, parmi les condamnés à mort : Cette voix il l'entendit un jour à Lyon, cet homme, c'était le meurtrier de sa famille, et son dénonciateur : c'était le prêtre apostat.

Grand Dieu! s'est écrié Dautefard! le jour de votre justice est donc enfin arrivé? c'est à moi que vous envoyez le meurtrier de ma mère, pour la venger dans l'assassin de l'empereur; merci, mon Dieu, mon Dieu !

Mais un autre souvenir a passé presque aussitôt dans son âme, et il s'est rappelé ce vieux prêtre qui avait dit la messe des morts pour le repos des victimes de Lyon, il s'est rappelé qu'en ses mains il avait remis à Dieu l'oubli de sa vengeance et le pardon de son ennemi; il n'a pas hésité un seul instant, il s'est élancé au plus grand galop de son cheval sur le chemin des Tuileries.

Alors l'empereur présidait le conseil de ses ministres; il avait reçu des nouvelles fâcheuses de l'Espagne; il se promenait à grands pas, les mains derrière le dos, selon son habitude.

Le monde a tremblé sous les pas de mes armées, disait-il, l'Europe s'est faite petite sous mon talon de botte, et l'Espagne, l'Espagne seule oserait me résister ! Cinq cent mille hommes franchiront, s'il le faut, les Pyrénées, et comme un faucon, je lancerai cet aigle sur Madrid. En achevant ces mots, l'empereur furieux, lança l'aigle doré d'un étendard contre une toile représentant le roi Ferdinand VII. Dans ce moment la porte s'ouvrit et un de ses aides-de-camp se présenta à lui.

Que me veut-on encore, demande Napoléon avec un mouvement de colère.

—Sire..... c'est un colonel de votre garde qui désire vous parler.

—Qu'il aille se..... mais se reprenant aussitôt, il ajouta d'un ton sévère : Allez dire au colonel qu'à cette heure, sa place est au régiment et non aux Tuileries.

—Sire, il faut absolument qu'il vous voit.

Napoléon frappa du pied, et fronçant le sourcil : il faut dites-vous, absolument ; qui donc ici est absolu si ce n'est moi ?...., Ah! ah! ah! parce qu'ils ont des épaulettes, un sabre, un bout de ruban rouge que je leur ai donnés, ces faquins-là, sont insolents comme les pages de la Régence.... Monsieur l'aide-de-camp, allez dire à mon valet de chambre de préparer mes bottes, je sortirai dans une heure.

L'aide-de-camp sortit, mais au même instant un bruit de pas se fit entendre dans la salle qui précédait celle où se tenait le conseil, et tout aussitôt le colonel Dautefard parut le casque en tête et paré comme pour un jour de bataille; Napoléon ne se possédant plus, fit trois pas au devant de lui et le mesurant de la tête aux pieds :

—C'est vous, colonel ? lui dit-il.

— C'est moi, sire.

— Depuis quand, en France, se présente-t-on devant l'Empereur sans se faire annoncer?

Le colonel regarda sa montre, et répondit avec le plus grand sang-froid : depuis ce matin six heures moins un quart.

Insolent! s'écria l'Empereur, en jetant son gant à la figure du colonel qui, par un mouvement rapide, réussit à l'éviter.

— Grâces vous soient rendues, sire, reprit le colonel, votre maladresse m'a évité un grand crime : reprenez votre gant, je ne suis que colonel.

— Je n'ai pas compris.

— Un jour, le duc d'Enghien frappa de son gant un officier de l'armée de Condé, le lendemain il prit l'uniforme de capitaine pour lui offrir satisfaction....

— Napoléon pâlit, et mit la main sur la garde de son épée : une ombre avait passé devant lui.

— C'est l'épée que vous aviez aux Pyramides, sire, je la reconnais.

L'assurance, le calme du colonel désarmèrent l'Empereur, il changea subitement de ton.

— Colonel ! que me voulez-vous ?

— Sire, nous ne sommes point seuls, et il lui montra du regard les ministres qui parlaient à voix basse autour d'une table.

Napoléon prit Dautefard par le bras et le conduisit vers l'embrasure d'une croisée.

— Nous sommes seuls, à présent, colonel, dépêchez-vous, je suis pressé.

— Je le suis plus que vous, sire.

— Eh bien ! que me voulez-vous ?

— La grâce de Reno.

— La grâce de l'homme qui a voulu me tuer?

— Oui, sire.

— Colonel, votre demande est un crime.

— Sire !

— Un crime de lèze-majesté.

— Si vous le voulez ainsi ; mais encore une fois, il me faut la grâce de cet homme..... je l'aurai.

— Colonel ! je vous accuse de haute trahison.

— Pas si haut, sire, ces messieurs pourraient vous entendre.

— Après ?

— Ils ne vous croiraient pas.

— Rendez-moi votre épée !

— Je ne vous la rendrai pas, sire, je vous la donnerai, — la voici............ reconnaissez-vous ce stylet ?

Napoléon le prit et le porta à ses lèvres ; sa colère ne grondait plus que comme un orage au loin.

— C'est celui de mon père.

— Je vous le rapporte, il ne m'appartient plus !

— Colonel !

— Je jure de t'accorder la première grâce que tu me demanderas en me présentant cette arme pour placet : vous me l'avez dit, sire, un jour de grande victoire.

— Mais cet homme a voulu m'assassiner.

— Il a immolé ma mère, mon frère ; c'est le meurtrier de toute ma famille.

— Il faut un exemple de rigueur, la clémence encourage le crime.

— Sire, vous m'avez dit encore : souviens-toi du général Bonaparte, je me souviendrai des Pyramides.

— Le général Bonaparte n'est plus, l'empereur Napoléon a pris sa place.

— C'est au souvenir, à la mémoire du général Bonaparte que je m'adresse pour arriver au cœur de l'empereur Napoléon !

Bravo ! colonel, bravo ! s'écria l'Empereur, en

se déridant tout à coup ; tu trouves enfin le langage du courtisan.

— Puisque j'ai perdu mon épée de soldat.

— Reprends-là donc, et en échange donne-moi vite une plume. Napoléon s'approcha de la table, et prenant une feuille de papier, il écrivit ce seul mot : Grâce.

— Pour qui, sire? demanda le colonel.

— Pour tous ! répondit l'Empereur.

— Dautefard mit un genou en terre : pardonnez-moi, sire, dit-il alors, il me fallait la grâce de cet homme.

— Relève-toi, mon brave, et demain je t'enverrai les épaulettes de maréchal-de-camp.

Aussitôt le colonel a lancé son cheval dans la direction de la plaine de Grenelle, il est bien tard, cependant il espère encore arriver avant l'exécution, il excite son cheval de la voix et des éperons.

A moitié chemin, il rencontre un officier d'ordonnance : cet officier a vu passer le fatal convoi, il est déjà, sans doute, arrivé au lieu des justices impériales. Un feu de peloton se fait entendre : mon Dieu ! s'écrie Dautefard ; son cheval disparaît dans un tourbillon de poussière ; une seconde décharge succède à la première : mon Dieu ! mon Dieu, répète Léo, faites que je n'arrive pas trop tard.

Le sinistre cortége était effectivement arrivé au lieu des expiations ; tout au loin, à l'extrémité de la plaine, deux régiments d'infanterie faisaient l'exercice et exécutaient les feux que le colonel avait entendus ; un régiment de cuirassiers, le sien, était rangé en bataille derrière un bataillon ; dans ce moment plusieurs piquets de grenadiers et de voltigeurs se détachèrent du bataillon et chargèrent leurs armes ; les condamnés parurent aussitôt, escortés, soutenus, portés par de saints prêtres qui s'étaient enfermés la nuit avec eux pour leur donner les secours et les consolations que le ciel accorde aux mourants.

Un seul les avait refusés, c'était le plus pâle et le plus tremblant.

Mon Dieu! l'heure fatale vient de sonner, et le colonel n'est point arrivé, les tambours battent au front du bataillon et le colonel n'arrive pointe ncore. Les coupables, les yeux bandés, sont à genoux sous les mains des prêtres qui se lèvent pour leur donner une dernière absolution, lorsque tout-à-coup le galop précipité d'un cheval se fait entendre, une épée nue brille au loin dans un nuage de poussière, une voix forte, une voix habituée au commandement répète sans intervalle : arrêtez, au nom de l'Empereur.... arrêtez!... arrêtez!... Grâce pour tous,.. grâce, arrêtez... Vive l'Empereur!... C'était le colonel... les malheureux furent sauvés.

Léo Dautefard a pris la main du prêtre apostat. Citoyen Reno, lui dit-il : Me reconnais-tu? Mais le lâche, pâle et tremblant encore n'ose pas regarder en face son libérateur, il porte la main à ses yeux, il ne trouve pas une parole à répondre au fils de ses victimes.

Citoyen Reno, reprend Léo, tu sauras désormais comment un chrétien se venge.

— Et toi, colonel, tu sauras un jour quelles sont les récompenses que Dieu garde à ceux qui pardonnent à leurs ennemis ; ainsi disait un vieillard : Dautefard s'est jeté dans ses bras.

— C'est vous, mon père !

Oui, mon fils,... je suis content de toi, car tu as tenu ton serment.

Le vieux prêtre qui avait prié à Lyon pour les victimes des fureurs révolutionnaires, et qui avait appris à Dautefard le secret de la vendetta chrétienne, était alors aumônier de la Conciergerie.

L'année dernière, je visitais le midi de la France que je ne connaissais pas.

Je ne savais comment m'y prendre pour dépenser les quelques heures qui me restaient à donner à la petite ville de B....., où j'étais arrivé la veille. J'étais bien certainement ce jour là l'homme le plus ennuyé du royaume de France et de Navarre : cependant l'heure du dîner arriva, je me mis à table bien déterminé à chasser mes vapeurs avec celles d'un excellent vin de Côte-Rôtie.

J'avais pour voisin un brave et joyeux jeune homme qui portait écrit sur son front et contresigné sur sa langue le titre de commis-voyageur.

Je lui fis part de mon embarras.

Il se prit à rire aux éclats : De quel pays êtes-vous donc, me demanda-t-il, de l'empire céleste sans doute, puisque vous vous ennuyez à B...., ce paradis des cafés et des bureaux de tabac. Vous ne trouverez nulle part plus délicieux Moka et meilleurs cigares.

— Je lui répondis que je ne prenais du café qu'à dix heures du soir et que je ne fumais jamais que la cigarette.

Il parut aussi embarrassé que moi, pourtant il reprit après un moment de réflexion, allez visiter la chapelle des Frères de la doctrine chrétienne, elle n'est pas loin, vous trouverez là-haut des impressions et un panorama magnifique, vous m'en direz des nouvelles ce soir.

Profitant du conseil de mon joyeux commensal, je me mis aussitôt en route.

L'église dont il m'avait parlé est peu élégante à l'intérieur, mais vue de dehors elle offre un aspect des plus ravissants.

Un ecclésiastique fort âgé priait devant l'autel de la Sainte Vierge.

A sa longue robe noire, à son manteau de la même couleur, et à son large chapeau, je reconnus tout aussitôt un de ces respectables frères qui se livrent avec tant d'abnégation, avec tant de charité à l'enseignement des enfants du peuple : je m'agenouillai près de lui, il jeta sur moi un regard plein de douceur et de bonhomie : je dirai presque un regard de reconnaissance.

Quand il sortit de l'église, j'examinais le portail percé de plusieurs fenêtres en plein ceintre, et orné de statues bizarrement sculptées ; je me découvris respectueusement à son passage ; j'ai toujours beaucoup aimé ces hommes qui s'effacent devant le monde pour vivre dans l'oubli et l'obscurité.

Le frère ignorantin est le meilleur ami du pauvre.

Il vint à moi, me prit les deux mains, et les cachant toutes deux dans l'une des siennes : c'est bien, dit-il, c'est bien, jeune homme, vous ne rougissez pas vous, de saluer un pauvre religieux, un vieillard, vous ne rougissez pas de dire une prière devant un autel de la Vierge, c'est bien, jeune homme, le culte de la bienheureuse Marie porte bonheur aux jeunes gens, aimez-la toujours et ne craignez rien, elle vous assistera dans tous vos besoins, elle vous protégera contre tout danger.

Ainsi qu'il arrive très souvent dans les provinces méridionales, le temps s'était mis tout-à-fait à l'orage.

Le mistral soufflait avec violence, de gros nuages noirs couraient avec rapidité dans le ciel, de fréquents éclairs brillaient dans les nuages avec un bruit de tonnerre.

Je cherchais sous un vieux arbre un abri contre les larges gouttes d'eau qui commençaient à tomber, le frère me prit par le bras : Venez avec moi, jeune homme, me dit-il, la demeure d'un pauvre ignorantin sera plus sûre que le dôme de ce chêne.

Le ciel devint tout en feu, les éclairs se succédèrent avec une rapidité effrayante, je n'avais jamais assisté à une pareille tourmente.

Pour mieux la voir j'ouvris la fenêtre de la petite chambre du bon frère.

Il me fit observer que je commettais une imprudence ; au même instant, un coup de tonnerre plus fort que les autres partit sur notre tête avec un craquement épouvantable ; des serpents de feu glissèrent devant nous ; la foudre avait fracassé l'arbre que nous venions de quitter. J'étais pâle et tout tremblant. Vous voyez bien, ami, me dit le bon frère avec un sang-froid que j'admirai plus tard, lorsque la pensée du danger fut loin de moi, vous voyez bien que la sainte Vierge n'oublie jamais ceux qui ont confiance en elle.

Quelle prière lui avez-vous adressée tout à l'heure devant sa chapelle?

— Le *Memorare*.

— Le *Memorare* vous a sauvé; l'orage sera bientôt passé, continua-t-il ; avant une heure vous pourrez descendre à la ville ; en attendant venez voir mon petit oratoire.

Il me montra un prie-dieu en bois noir : c'est là, me dit-il, que je suis venu me reposer des fracas et des vicissitudes de la vie ; c'est là que j'attends chaque jour et sans crainte l'heure du départ. Au pied d'un assez beau crucifix, je remarquai une tête mort. Le bon frère reprit : cette image du Christ qui préside à toutes nos grandes douleurs, a reçu la dernière prière de ma pauvre mère, cette tête a appartenu à un vieux camarade qui me l'a léguée voilà bientôt dix ans, elle dormira avec moi dans la tombe pour se réveiller au jour du jugement.

Voulez-vous savoir où va la gloire humaine? regardez, jeune homme ; il souleva la tête de mort, et je vis plusieurs rubans et autant de croix. La chambre de ce pauvre frère était un véritable traité de philosophie.

— A qui ces décorations appartiennent-elles? lui demandais-je.

Il ouvrit un vieux coffre en noyer qui se trouvait sous son lit, il en sortit un vieil uniforme bien usé, bien râpé, portant la trace de plusieurs nobles déchirures. Ces décorations, me répondit-il, ont appartenu à cet habit qui, bientôt, me servira de linceul.

Je voulus prendre un grand sabre de cavalerie que j'avisais au fond du coffre ; ne le touchez pas, me dit le vieillard, il est encore tout plein de sang; il rejeta la tête en arrière avec fierté, et, se reprenant, il ajouta : du sang des ennemis de la France.

Son front rayonnait, je crus voir passer deux éclairs dans ses yeux ; la voix d'un vieux grognard parlait dans la bouche d'un frère ignorantin.

Voulez-vous voir un autographe bien précieux? me demanda-t-il ; et, sans attendre ma réponse, il déroula une feuille de papier sur laquelle je lus ce seul mot : *grâce*, et tout au bas une signature. C'était celle de Napoléon.

Quelle est cette arme? lui demandai-je à mon tour, en lui montrant un petit poignard enseveli dans un magnifique fourreau de maroquin.

— C'est un stylet corse ; un général me l'a donné sous les Pyramides d'Egypte, ce général s'appelait alors Bonaparte.

— Et ce brevet, signé de la main de l'Empereur ?

— C'est mon brevet de maréchal-de-camp.

— Pardonnez-moi, ajouta-t-il avec un ton de voix si doux, qu'on eût dit la prière d'un saint, pardonnez-moi, car je suis forcé de vous quitter, l'heure de ma classe vient de sonner. L'orage s'était calmé, le tonnerre ne grondait plus qu'au loin et par de longs intervalles, je descendis la montagne, me retournant plusieurs fois pour revoir le plus longtemps possible l'humble toit du frère ignorantin.

HISTOIRE D'UN REVENANT.

Un des premiers jours du mois de mai, en l'an de grâce 1842, je fus réveillé de grand matin par Jeanny, qui me remit une lettre, apportée par un exprès.

Mais avant de l'ouvrir, je dois vous dire ce que c'est que Jeanny.

Jeanny est un de ces vieux et braves serviteurs dont la tradition est perdue aujourd'hui. C'est un de ces types qu'on chercherait envain dans la classe de ses confrères ; car de nos jours la fidélité est une chose phénomènale. J'ai donc l'honneur de vous présenter notre vieux Jeanny comme un phénomène. Oh! ne craignez rien, vous pourriez lui confier la clef de votre caisse, tout aussi bien que celle de votre cave; car il se ferait voler plutôt que de laisser gaspiller la maison de ses patrons. Aussi maître Jeanny est-il la bête noire de toutes les cuisinières et femmes de chambre ; depuis son avénement à la maison paternelle, il a défié plus de vingt complots. S'il gronde quelquefois, soyez sûr qu'il a remarqué un chiffre inutile dans l'addition des dépenses journalières.

D'une réserve et d'une discrétion à toute épreuve, son œil droit ignore ce que voit son œil gauche.

Sert-il à table, il devient sourd, aveugle et muet pour toutes choses qui n'ont pas un rapport direct avec l'exercice de ses fonctions.

Vous auriez le malheur d'accoucher d'un œuf pendant la nuit, que les commères de votre quartier ne le sauraient pas; en vérité, Jeanny garderait bien mieux le secret que la femme du bon Lafontaine.

Plus heureux que ses confrères, Jeanny a deux familles, la sienne et la nôtre, il les aime également toutes deux, j'en suis bien certain, et toutes deux ne lui failliront point; car j'espère bien un jour, si ma plume ne se brise pas en route, si le papier ne devient pas trop cher et le lecteur trop rare, j'espère bien lui faire une petite rente qui permettra à ses vieux jours de se chauffer au soleil de Livron, et de boire de bons coups du vin de Brézeme, excellente vigne que son père a plantée.

Mais revenons à la lettre; car le pauvre Jeanny est toujours là, devant moi, et l'exprès attend une réponse.

« Mon cher ami,

« Pends-toi, si tu ne veux pas venir à nous;

je t'attends depuis huit jours, et depuis ce matin ma voiture et mes chevaux sont à ta porte. Ainsi tu le vois, tu ne peux remettre à meilleure occasion la promesse que tu m'as faite de venir passer quelques jours avec moi. Ma femme a donné ses ordres et ta chambre est toute prête; tes fenêtres donnent sur le parc.

« Le rossignol que tu aimes tant est de retour, il a pris appartement auprès du tien dans les branches de lilas qui sont tout en fleurs ; cette nuit il a chanté sa plus jolie chanson ; oh! comme elle était belle! tu l'aurais applaudi ; car il n'a pas faussé une seule fois, parole d'honneur.

« Viens donc, ami, viens vite avant que la brise n'enlève aux églantiers ces longues palmes blanches que tu préfères à toutes les fleurs.

«Viens, mio caro, la fauvette unit sa voix à celle du rossignol; quand on les écoute le soir à la clarté des étoiles, on croirait entendre Rubini et la Grisi;

puis, nos montagnes ont retrouvé leurs teintes bleuâtres, nos bois se couvrent de feuilles, nos prairies de marguerites, nos haies de parfums; oh! que la campagne est belle aujourd'hui; c'est le matin de la vie.

« Nous avons quelques personnes fort aimables que tu as dû rencontrer dans le monde, monsieur et mademoiselle de Tavennes qui s'enfuient de Paris à la première volée des hirondelles; madame Séverine de............ qui raconte si bien, est ici depuis avant-hier et elle nous a promis une légende; Maurice de L.... est aussi des nôtres, il est de toutes forces sur son instrument, c'est le Thalberg, le Gataye, le Paganini de l'accordéon; Foulques doit aussi nous arriver avec sa jolie voix et sa jolie femme.

« Tout cela est bien tentant, n'est-ce pas, très cher? ce n'est pas tout encore; comme les grands maîtres, j'ai réservé les grands moyens pour la péroraison.

« La petite Stella est plus belle que jamais et le lait bourru est délicieux.

« A ce soir.

« Ton vieil ami,

« Ernest. »

J'aime Stella avec passion, je suis fou du lait bourru ; le moyen donc, je vous le demande, de résister plus longtemps à l'aimable invitation d'Ernest. Je priai Jeanny de faire ma petite valise pendant que je ferais ma petite prière, et un instant après Bijou et Faro m'emportèrent de toute la vitesse de leur trot sur la grande route du Bourbonnais.

Quand j'arrivai à St-Amant, le rossignol chanta, les lilas et les aubépines en fleurs embaumèrent mon passage ; les vapeurs des cheminées du château se mêlèrent aux teintes bleues des collines ; un excellent dîner, mieux que cela, un parfait ami m'attendait.

Rien de plus joli, de plus gracieux, de plus coquet que le village de St-Amant !

Magnifiquement situé sur les bords d'une délicieuse petite rivière et au pied d'une colline chargée de vignes, St-Amant serait un véritable Eden s'il n'était habité par de vrais démons. De tout temps il s'est fait remarquer par ses opinions révolutionnaires.

En 89, il brûla plusieurs châteaux de seigneurs.

En 93, il pendit son curé.

En 1830, il brisa le buste de Charles X, et organisa une garde nationale remarquable par son tambour-major et son tapin. Le tambour-canne avait les bras si longs qu'il pouvait mettre ses bottes sans se baisser; le tambour-tapin était à l'apogée des *flats* et des *rats*..

Immédiatement après les glorieuses journées, St-Amant eut un café Lafayette où l'on faisait la poule à la barbe du coq gaulois, en buvant, fumant, jurant et bataillant toute la nuit.

Tous les soirs on y chantait en grand désaccord la *Marseillaise:*

Allons, enfants de la patrie,.....

Et sa sœur bâtarde la *Parisienne :*

En avant, marchons,
Contre leurs canons;
A travers.......

Plus souvent encore, on y coupait, taillait, tranchait les plus hautes et les plus graves questions avec un aplomb d'obélisque et une force de cinq cents chevaux, cinq cents ânes, veux-je dire.

Enfin, tous les gros bonnets et tous les esprits forts de l'endroit, le perruquier, le savetier, le sabotier, le vétérinaire, l'apothicaire et monsieur le maire s'y donnaient rendez-vous le dimanche matin, pendant le saint office, pour y *tricoloriser* les dogmes de la religion catholique.

Aussi St-Amant est-il encore aujourd'hui un village singulièrement avancé !

Les femmes y croient à Dieu, les hommes au diable et les enfants aux sorciers.

Si rencontrant sur votre chemin un paysan, vous lui demandez le nom de ces ruines qui s'élèvent à mi-coteau, vous le verrez se signer avant de vous répondre :

Gardez-vous bien de les visiter, monsieur, vous dira-t-il ; car dans ces ruines il y a des revenants et des farfadets. Si c'est le soir, le paysan fera un grand détour pour éviter ce manoir à démon.

Ainsi l'esprit du siècle est fait, il repousse bien

souvent comme superstitions les vérités de Dieu, et adopte comme vérités les superstitions des hommes.

Ma première visite, le lendemain de mon arrivée chez mon ami, fut pour Stella, je crois vous l'avoir déjà dit : j'aime beaucoup Stella, elle est si belle, si blanche, si bonne, sa taille élancée est si bien prise, si parfaite, que vous l'aimeriez comme je l'aime, plus encore ; l'attachement que j'ai pour elle est légitime, je l'ai vue naître et j'ai vu mourir sa vieille mère. Nous nous promenâmes ensemble deux grandes heures sous la grande allée de tilleuls qui sert d'avenue au château.

Au retour de notre promenade, je faillis me noyer dans une énorme jatte de lait, Stella faillit étouffer dans un boisseau d'avoine.

Ce jour-là même après le second déjeuner (on déjeune deux fois chez mon ami), nous nous réunîmes au petit salon pour entendre la délicieuse voix de Mme de..... Elle chanta à nous ravir l'*Ave Maria* de Schubert, cette délicieuse prière qu'on dit et qu'on écoute en pleurant.

Les fenêtres qui donnent sur le parc étaient entr'ouvertes et laissaient arriver jusqu'à nous des bouffées de parfums. Je suis sûr que le rossignol s'est plus d'une fois réveillé dans son lit de chèvrefeuille pour battre de l'aile aux notes brillantes qui tombaient de la voix de Mme de..... comme autant de perles et de diamants.

Si cet oiseau a de la mémoire, il me redira cette nuit, la ravissante mélodie que nos cœurs et nos mains viennent d'applaudir.

A huit heures du soir nous étions tous groupés en silence autour de Mme Séverine de...., cette femme qui narre avec tant de charme! elle se préparait à nous conter la légende promise et si désirée.

C'est bien audacieux à moi, nous dit-elle, car je devrais avoir peur de vous raconter les faits et gestes de Messires les démons, voyez ces débris de tours qui s'élèvent encore aux flancs de cette montagne, c'est là que mon histoire ira les chercher : Je commence.

LA MALÉDICTION DE DIEU.

Il y avait une fois à la place de ces ruines un fort château entouré de fossés profonds, flanqué de tours, protégé par de larges et hautes murailles, et plus encore par une position naturellement imprenable, c'était une véritable demeure féodale.

Le noble baron de Leuffroi qui l'habitait était un

rude homme de guerre, grand chevaucheur, faisant prouesses en batailles, combats et *vaillantises* de toutes sortes.

Nul parmi les barons et ducs ses voisins, ne savait mieux tenir en mains fermes la hache d'armes, la dague et la rapière, nul n'avait meilleure tenue sous la cuirasse d'acier ou sous le pourpoint de soie, nul ne savait mieux attaquer ou défendre castel et place forte ; grand dommage était seulement qu'il fût vache à Colas et luthérien en diable.

Or, il advint dans ce temps-là que Louis-le-Grand, roi de France par la grâce de Dieu, révoqua l'édit de Nantes.

Presque tous les luthériens se retirèrent alors, les uns à l'étranger, les autres dans les montagnes des Cévennes ; d'autres, en petit nombre, firent abjuration et embrassèrent la religion catholique, apostolique et romaine ; le baron de Leuffroi fut de ceux-là.

Bah ! fit-il un jour à sa femme enragée huguenote : Le Diable-à-Quatre a dit que Paris valait bien une messe, il m'est avis que le château de Leuffroi vaut bien un signe de croix.

Le jour même, assis sur son destrier, il courrait sur la route de Lyon.

Ce fut dans l'église cathédrale de St-Jean, en présence des nobles comtes, qu'il reçut le baptême catholique des mains de Monseigneur l'Archevêque, jurant d'élever sa progéniture tant mâle que femelle dans la foi de l'Église qui est une et infaillible.

Or, tout ceci n'était que ruse et chose mal pensée comme vous allez voir.

D'après l'instigation de Messire Satanas, le nouveau converti fit construire une chapelle dans son château, il eut un chapelain, un sacristain et un coriolo, un coriolo beau comme le jour qui servait de page à la très haute Mme la baronne ; puis tous les dimanches et autres jours festés, il assista dévotement à la messe, faisant force signes de croix et génuflexions, toutes choses grandement damnables, car, au fond du cœur, il était resté fervent huguenot et endiablé vache à Colas.

Il avait élevé un gros chien de Terre-Neuve dans la haine de notre sainte religion : Huguenot comme son maître, ce chien distinguait à vue de nez un luthérien d'un catholique, caressant, festoyant l'un, aboyant et mordant l'autre. Il lui avait appris à hurler de manière à imiter la voix des moines quand ils chantent vêpres et matines, tout cela par moquerie et dérision.

Bien plus encore, il lui donnait à manger du pain béni et le faisait boire dans l'auge à porc qu'il avait fait placer à la porte de la sainte chapelle en guise de bénitier.

Ainsi faisait le baron de Leuffroi.

Au grand scandale de tous les bons et fidèles catholiques, il prétendait encore que les prières qu'ils adressaient aux saints étaient des patenôtres sans rime et sans raison ; il n'avait aucune foi en les miracles de monsieur saint Pierre, en l'infaillibilité de notre saint Père le pape, et en les vertus de madame la Vierge sur le compte de laquelle il *gaussait* et *goaillait* à tort et à travers.

En outre, il faisait chère abondamment grasse, les vendredi, samedi, et tout le saint temps du carême! il buvait comme un templier les jours d'abstinence, menant en grand train *bombance* et *ripaille*.

Toutes ces choses, abominablement impies, ne devaient pas rester sans punition.

Un jour qu'il avait maudit et blasphémé; une indigestion rentrée le mit à la veille de trépasser.

Repoussant alors, avec un jurement affreux, le chapelain qui voulait sauver son âme, il manda son fils, et le faisant tenir debout auprès de son lit, il lui dit d'une voix faible et grelottante : Fils du très haut, très noble et très puissant baron de Leuffroi, votre père n'a plus que peu d'instants à vivre, prêtez l'oreille à ses dernières paroles, écoutez ses dernières volontés. Je meurs dans la religion réformée à laquelle j'ai toujours été sincèrement attaché de cœur et d'intention ; cela étant, écoutez bien, mon fils, je veux et j'ordonne que tous mes descendants, de père en fils, vivent et meurent comme j'ai vécu et comme je vais mourir, en francs et bons huguenots. Fils du baron de Leuffroi, me promettez-vous de faire ainsi ?

— Je vous le promets.

— Jurez-le moi sur cette Bible.

— Je le jure.

— Ainsi soit-il ; à présent que le diable ait pitié de mon âme.

— C'est Dieu que vous avez voulu dire, mon père ?

— N'entends-tu rien, mon fils ? il me semble que l'on rit étrangement dans cette chambre, autour de moi, dans mes oreilles ?

— J'entends les prières que les catholiques chantent le jour des morts.

C'était le chien de Terre-Neuve qui hurlait le chant du *De Profundis*.

Le chien se tut : le baron fit un grand cri, ferma

les yeux et trépassa à la onzième heure d'une nuit de samedi et un premier de novembre.

Au même instant le castel parut tout en feu, ses murailles craquèrent jusque dans leurs fondements; un long et sourd rugissement se fit entendre au loin, et l'on vit au haut de la plus haute tour un fantôme noir et rouge armé de toutes pièces, faisant la veillée d'armes.

Le lendemain, quand les prêtres des villages et des châteaux voisins vinrent en grande pompe pour lever le corps, quand ils s'emparèrent du cercueil pour le porter au cimetière, le cercueil était vide ; le diable en personne s'était blotti dans la bière pour emporter le cadavre au moment de l'absoute.

Depuis, le nouveau baron fit ainsi que son père avait fait : catholique en apparence, il était fervent huguenot au fond de son cœur, malgré les prodiges et merveilles qui s'opéraient parfois dans le manoir héréditaire.

Bien souvent, trop souvent, hélas! et ce, toujours à la veille de quelque grande calamité, le château de Leuffroi reparaissait en feu ; alors il advenait grand vacarme et sabbat dans la chambre où le catholique-huguenot avait rendu l'âme.

C'était des cris rauques, des bruits de chaîne, des cliquetis d'armes, des hurlements sauvages, des rires étranges, des sons de tocsin, des prières psalmodiées, des chansons profanes, des litanies parodiées, puis des râles et des sanglots, puis des jurements d'hommes et des soupirs de femmes ; oh ! c'était bien affreux à entendre.

Quand l'heure fatale de minuit sonnait, la cour principale du château s'illuminait comme pour un jour de fête : alors des spectres hideux, à têtes d'hommes et à corps de boucs, tourbillonnaient et farandolaient en se tenant par la queue autour d'un cercueil ; puis, quand ils avaient suffisamment gaudriolé, ils singeaient les cérémonies funèbres de notre sainte et véritable religion, se servant de balais à sorciers en guise de goupillon ; puis enfin, ils processionnaient bannières et croix en tête, chantant *Malborough s'en va-t-en guerre*, sur l'air du *Dies iræ*, et *J'ai du bon tabac*, sur celui du *Miserere mei*.

Oh ! c'était bien horrible à voir, bien affreux à entendre. Ce fut ainsi que les prodiges et apparitions se succédèrent les uns aux autres durant cent années. Cependant, les descendants du baron de Leuffroi, fidèles à leurs serments, se conservaient purs et zélés dans la foi luthérienne, tout en pratiquant fort mal la religion catholique.

Mais alors il advint que les saisons se firent mauvaises ; la gelée, la grêle ou bien la sécheresse détruisirent les récoltes aux environs de Leuffroi.

Les paysans, ruinés, désespérés, attribuèrent ces sinistres à la colère de Dieu, et ils commencèrent à murmurer contre le baron, leur seigneur qui en fit pendre quelques-uns. Les autres, ne se tenant pas pour battus, eurent recours à tous les saints du paradis. Ils entreprirent donc une belle neuvaine en l'honneur de madame la Vierge pour obtenir la conversion de leur seigneur, et par ce moyen apaiser la justice divine.

Pendant les premières nuits de la neuvaine, les démons firent un sabbat d'enfer, mais à leurs voix rauques et brisées on voyait bien qu'ils étaient étrangement vexés.

Enfin, le neuvième jour arriva, l'église paroissiale de la commune se fit belle comme au saint jour de Pâques ; monsieur le curé se couvrit de ses plus beaux ornements, le lutrin entonna ses plus beaux cantiques, et les paysans accoururent en foule pour clamer *alleluia!* car le vénérable pasteur leur avait annoncé au nom de Dieu que leurs prières seraient exaucées le dernier jour de la neuvaine.

Ils suivaient, dans le plus grand recueillement, les prières de la messe, lorsque tout-à-coup un grand coup de tonnerre se fit entendre, et une grande lueur se répandit aussitôt dans toute l'église.

C'était le château de Leuffroi qui brûlait et répandait au loin de sinistres clartés.

On raconte qu'il fut impossible d'arrêter l'incendie ; des anges armés d'épées flamboyantes, les mêmes anges que Dieu avait mis à la porte du paradis terrestre lorsqu'il en chassa nos premiers parents, des anges, dit-on, se promenaient et chantaient des cantiques sacrés.

A leur voix, des démons attisaient, avec des fourches, les pans de murailles, les remparts, les toits, les tourelles qui s'écroulaient à grands fracas dans cette fournaise infernale qui répandit jusqu'à Lyon, assure-t-on encore, une odeur de soufre et de bitume.

Le château ne fut bientôt plus qu'un amas de ruines et de décombres, le fer et le plomb fondus coulaient à flots dans le lit du torrent ; on eût dit les laves du Vésuve.

Le baron de Leuffroi et tous les siens disparurent dans cette tourmente de feu ; mais on entend quelquefois encore une voix qui crie :

Laissez, laissez, laissez passer la justice de Dieu.

Madame Séverine de... achevait à peine cette légende, que de grands cris s'élevèrent jusqu'à nous. Nous nous précipitâmes dans la cour du château ; il y avait là des hommes, des femmes, des enfants pâles et consternés qui s'écriaient : ah ! mon Dieu, mon Dieu ! quel malheur ! c'est bien lui ! quelque nouvelle calamité nous menace ? — le choléra, une inondation, — la sécheresse, — la disette ; mon Dieu, ayez pitié du pauvre peuple. Ainsi disait la foule : ce n'était partout que prières, terreurs et signes de détresse. Le revenant des ruines de Leuffroi s'était mis en campagne.

J'ai toujours désiré voir un revenant, ne fût-ce que pour la rareté du fait ; j'ai bien rencontré quelques diables, à la vérité, et de méchants diables encore, mais jamais de farfadets.

L'occasion était si belle, que je proposai à nos amis de nous rendre aussitôt en masse aux ruines de Leuffroi pour faire visite aux apparitions.

Ma proposition fut adoptée à l'unanimité.

Cependant Ernest nous fit observer qu'il serait convenable de nous conformer aux usages reçus dans l'autre monde ; par conséquent de remettre notre visite à une heure plus avancée, les farfadets ne recevant guère avant la grande nuit, à la clarté des étoiles, ces brillantes bougies du ciel.

Comme son observation nous parut fort judicieuse, nous résolûmes en gens de bonne compagnie, d'attendre l'heure consacrée par l'étiquette.

Nous pouvons nous mettre en marche, nous dit Ernest un instant après ; c'est l'heure aimée des revenants ; minuit venait de sonner à l'horloge de St-Amant.

Celui qui nous aurait vus alors nous glisser dans la nuit, sans bruit, dans le plus profond silence, à distance les uns des autres, jetant en avant des sentinelles, nous arrêtant parfois pour voir et pour entendre, celui-là nous aurait pris pour des guérillas en campagne, ou mieux encore pour des communistes en maraude.

Nous fûmes bientôt en vue de la principale entrée du vieux manoir.

Jusque-là, nous n'avions rien vu que de grands arbres qui s'agitaient comme des géants dans les ténèbres, nous n'avions rien entendu que des voix d'oiseaux qui se plaignaient, hélas! comme des âmes en peine.

Du reste, point de bruits de chaînes, point de sanglots et de lamentations, point d'ombres, encore moins de spectres pour nous barrer le passage et nous défendre le pont qui nous conduisit au salon d'honneur, la seule pièce qui put abriter encore un bon chrétien; pour la première fois, depuis bien des années, la porte en était fermée.

— Que Dieu nous pardonne, dit Ernest, mais il me semble que Messieurs les démons nous brûlent la politesse.

— Il faut alors les exorciser.

— Essayons,

— *Vade retrò satanas*

Au même instant un frolement se fit entendre dans les broussailles, et un gros chat noir partit à nos pieds.

— La sainte formule a produit son effet, s'écria Ernest en riant.

— La porte tient toujours.

— Il faut la briser.

— Brisons-là, brisons-là et point de quartier.

Au même instant la porte s'ouvrit et un homme pâle et amaigri, une ombre d'homme plutôt apparut à nos yeux.

Jeunes gens, que me voulez-vous, dit-il d'une voix sépulcrale? Qui vous attire ici? Une vaine curiosité sans doute? Pourquoi troubler ainsi le sommeil de celui qui dort, pourquoi déranger la douleur de celui qui veille.

L'ombre s'avança de quelques pas encore, et nous nous trouvâmes en face d'un vieillard.

De longs cheveux gris tombaient sur ses larges

épaules légèrement arrondies par l'âge, sa taille était des plus imposantes, son regard perçant et son geste avaient quelque chose qui glaçait; comme nous, il portait une grande barbe qui ne différait de la nôtre que par la nuance; sa moustache était d'une éclatante blancheur.

— Que voulez-vous, répéta-t-il?

— Voir un revenant, répondit le plus jeune d'entre nous.

— C'est bien cela, répliqua le vieillard; aujourd'hui c'est comme autrefois; la vérité ne suffit pas au cœur de la jeunesse, il lui faut des chimères.... Un revenant, continua-t-il, eh bien! regardez... et voyez, il en est un devant vous. Entre nous et lui il se fit alors un grand silence, il se frappa trois fois la poitrine et reprit : J'étais mort, bien mort, mais hier, aujourd'hui, je suis revenu à la vie.

Mes yeux s'étaient fermés dans les ténèbres du mensonge et de l'iniquité; ils se sont rouverts au soleil de la grâce et de la vérité; j'avais déchiré ma robe d'innocence pour en jeter les débris contre le ciel, et voilà que le Seigneur notre Dieu vient de me couvrir du cilice de la miséricorde. Un revenant ! J'avais effacé sur mon front et flétri dans mon cœur le signe du chrétien pour ramper sur la terre au niveau du serpent, mais j'ai levé les yeux vers le ciel, et Jésus-Christ a entendu ma prière.

Vous voyez bien que je suis un revenant.

Alors j'ai bu l'eau du torrent et j'ai relevé la tête.

Vous voyez bien que je sors du sépulcre de la damnation, arrière, arrière, vous dis-je, si vous ne voulez pas que le revenant lance contre vous la poussière de son linceul.

Nous nous retirâmes comme nous étions venus, dans le plus grand silence.

L'apparition des ruines de Leuffroi, nous dit Ernest, quand nous fûmes de retour au château, l'apparition ne peut être que la désorganisation d'une pensée humaine.

Ces dames rirent beaucoup de notre expédition nocturne.

Toute la journée il ne fut bruit dans le village que de fantômes et de revenants ; bien des cierges brûlèrent devant l'autel de la sainte Vierge ; bien des prières volèrent au ciel pour demander à Dieu l'expulsion des malins esprits.

Et quand le soir nous réunit au salon, la conversation tomba naturellement sur les grands événements de la veille.

Après mille conjectures plus ou moins vraisemblables, ces dames décidèrent que le revenant ne pouvait être qu'un fou ou qu'un chercheur de dupes.

Je crois que vous êtes dans l'erreur, mesdames, leur dis-je alors : Notre apparition n'est : ni l'un, ni l'autre.

—Vous croyez?

—J'en suis convaincu.

—Quelles preuves ?

—De certaines.

—Pouvez-vous nous les communiquer?

— Assurément.

— Aujourd'hui?

— Non.

— Quand donc ?

—La veille de mon départ.

— Pas avant ?

—Impossible.

—Alors en manière de compensation, racontez-nous donc une histoire vraie.

Comme je ne me fais jamais prier, je leur fis lecture de la *Vendetta*, nouvelle que j'avais achevée la veille.

Le caractère de Reno, leur fit peur.

Le lendemain fut une véritable journée de cancans pour le château : on apprit, je ne sais comment, que Stella et moi avions découché.

Toutes les présomptions s'accordaient pour faire supposer que j'avais passé la nuit auprès du revenant ; mais Stella ?

Les jours et les nuits qui succédèrent furent plus calmes et plus tranquilles ; les apparitions avaient disparu sans retour, je ne découchai plus, et Stella se garda bien de quitter la fraîche litière de son écurie pour courir à la belle étoile.

Le temps était égal, uniforme, heureux pour tous ; oh ! que j'en prenais bien ma part, loin des tracas de la ville et des travaux de l'historien.

Bien étendu, à l'heure de midi sur la pelouse verte du bois, sous un buisson de rosiers sauvages, caressé par les senteurs du muguet fleuri, bercé par les chants de la linotte et du chardonneret, je cherchai à m'endormir pour rêver à moi.

Et rêvant alors à moi, je me voyais courbé sur la longue table des bibliothèques, enseveli dans les horreurs et les atrocités de 93, étouffé par une docte et insipide poussière; je me voyais encore dans les rues de Lyon, courant, trottant, suant par un soleil de 25 degrés, ou par une boue de 10 centimètres de profondeur, m'accrochant aux sonnettes des portes et dérangeant les honnêtes citoyens qui dînaient, dormaient ou s'ennuyaient. Parole d'honneur, je me faisais pitié à moi-même en me voyant ainsi chercher une notice, un document, une pièce qui bien souvent m'étaient refusés. Oh! le vilain métier que celui d'homme de lettres!.... oh! la jolie vie que celle de la campagne!

Et la linotte jouait, volait, folâtrait sur ma tête, et le chardonneret poursuivait la linotte à tire-d'ailes, pour lui chanter une romance à laquelle sa joyeuse amie répondait en sautillant de branches en branches.

Une petite bête rouge, tachetée de noir, venait s'abriter dans le creux de ma main, je lui rendais l'hospitalité facile, me gardant bien de lui faire du mal; car cette petite bête porte, dit-on, bonheur, c'est la pauvre petite bête du bon Dieu.

Comme un gamin échappé de l'école, le papillon blanc passant, repassant devant moi, semblait me narguer, tantôt en m'embrassant du bout de ses ailes, tantôt en s'enfuyant pour revenir à la charge.

La fourmi qui travaillait à mes pieds, la cigale qui chantait plus loin me rappelaient la plus jolie fable que j'avais apprise enfant, sans la comprendre.....

Oh! j'étais bien heureux alors! loin des hommes qui s'agitent !

Auprès de Dieu qui nous mène, je me laissais aller doucement, sans inquiétude et sans effort au courant de la vie présente qui passait, j'étais heureux.

Un matin j'annonçai mon départ pour le lendemain. Un travail grave, aussi pénible que sérieux, me rappelait à Lyon.

Et votre promesse, s'écrièrent ces dames toutes à la fois, votre promesse?

— Je ne l'ai pas oubliée.

— Vous la tiendrez?

— Certainement.

Dans ce moment, un domestique apporta une lettre, elle était à mon adresse.

La forme de son enveloppe était remarquable par son excentricité.

Il m'est avis, mon cher Monsieur Alphonse, me dit la femme d'Ernest, en me la remettant; il m'est avis que vous correspondez avec les habitants de l'autre monde.

— Peut-être Madame, lui répondis-je?

— Bien certainement reprit-elle;

— Prenez vite, prenez vite, car cette missive me grille les doigts ; elle sent le soufre.

Pendant que j'en prenais lecture, tous les yeux étaient attachés sur moi.

— Eh bien ! me demanda-t-on ?

— Ce sont les preuves que j'attendais.

— Cette lettre serait.....

— Une lettre du revenant.

Vainement on m'entoura de prières et de supplications. Tout fut inutile, même le proverbe qui dit : Ce que femme veut.... A ce soir, Mmes, m'écriais-je en m'échappant par la porte qui donnait sur le jardin, à ce soir, je vous retrouverai au petit salon.

Quand le soir advint, tous les hôtes de mon excellent ami Ernest, étaient réunis au lieu du rendez-vous, attendant avec une vive impatience la communication que je leur avais promise.

La curiosité de ces dames avait la fièvre, il faut convenir que j'avais tout fait pour l'exciter.

De fréquentes absences du château, de longues

promenades avec Stella, une nuit et quinze heures passées loin de St-Amant, un certain air de mystère, plus une grande discrétion devaient nécessairement intriguer la plus belle, mais aussi la plus curieuse moitié du genre humain.

Enfin, l'heure de la révélation était arrivée, on aurait entendu voler une mouche dans le salon lorsque, d'une voix lente et grave, je lus cette lettre reçue le matin.

Monsieur,

Vous aviez raison : le malheureux qui s'est abrité quelque temps dans les ruines du château de Leuffroi, n'est point un fou, encore moins un chercheur d'aventures, un faiseur de dupes....... Plus que cela peut-être, c'était un grand coupable accablé de regrets, de remords, c'était un grand pécheur qui faisait horreur aux hommes et à lui-même; c'était le rebut du monde chrétien et religieux.

Vous dirais-je, Monsieur, à vous qui avez été

bon pour moi, à vous qui m'avez tendu la main quand les autres détournaient la tête sur mon passage, vous raconterais-je l'histoire de mes crimes et de mes abominations. Oh! non, non, vous frémiriez d'horreur et de dégoût ; vous me prendriez en haine malgré la puissance de votre charité ; sous votre regard, ces lignes que vous lisez deviendraient sanglantes, et loin de vous, comme un papier maudit, vous rejetteriez cette lettre.

J'aime mieux vous dire l'histoire de mon repentir et celle de ma conversion.

. . . .

. . . .

Hélas! bien longtemps j'ai résisté à la grâce, bien longtemps pauvre nain, je me suis tordu sous la main de la Providence, bien longtemps j'ai repoussé de mon âme la voix de ma conscience qui me criait incessamment : Reviens, reviens à Dieu. Mon cœur était de bronze et d'airain; je me trouvais sous le magnétisme d'une pensée infernale.

La vue d'un prêtre me faisait mal ; une église entr'ouverte le jour à l'heure de la sainte Messe, la nuit à l'heure du salut, me mettait en fureur.

Pardonnez-moi, ô mon Dieu ! plus d'une fois j'ai maudit et blasphémé votre saint nom, plus d'une fois, comme Voltaire, j'ai levé la main contre votre sainte image : pardonnez-moi, ô mon Dieu ! et que votre nom trois fois saint soit à jamais béni sur la terre et dans les cieux.

Mais enfin, un jour est arrivé où vainement je me suis débattu sous l'étreinte divine qui me rappelait à la vérité ; je fus terrassé, vaincu.

C'était à l'époque du dernier carême.

Chaque soir je me rendis à St-Nizier pour entendre la brillante parole que du haut de la chaire, l'abbé Combalot jetait à plus de six mille hommes courbés sous l'éloquence de sa puissante voix.

J'allais là, non point avec des idées de religion et des intentions de piété ; la curiosité, le plaisir d'écouter un savant orateur, avaient seuls surmonté mes répugnances contre les églises.

La fin du carême approchait ; loin de se ralentir, le zèle du saint prédicateur, ne faisait que s'accroître en force et en énergie.

Les tonnerres qu'il lançait chaque soir, remuaient toutes les âmes ; les confessionnaux se remplissaient, car le jour des justices divines était proche ; les hommes repentants se livraient eux-mêmes et couraient au tribunal des expiations, car, depuis 1800 ans, le cœur du prêtre catholique est la cour d'assises de la société morale et religieuse.

Un vendredi, je crois, je me trouvais en face de la chaire, debout contre un pilier de la grande nef ; l'abbé Combalot nous racontait la touchante histoire de l'Enfant prodigue.

Par comparaison, il nous disait les incompréhensibles miséricordes de Dieu, ces miséricordes infinies qui s'élèvent toujours au niveau des iniquités, quand le cœur est contrit et repentant.

Il nous montrait la bonté divine ondulant sur les siècles et traversant les espaces pour arriver pleine de pardon à l'âme du pécheur.

Oh ! comme il était magnifique alors, le prédicateur qui disait ainsi ; c'était l'ange des consolations ; comme la manne du ciel, ses paroles tombaient, et pénétraient les cœurs ; des larmes tombaient de tous les yeux ; moi-même, un instant, je me sentis attendri, et tout à coup, comme ces larges gouttes d'eau qui tombent aux jours des longues sécheresses, de grosses larmes roulèrent sur mes joues, ma poitrine était remplie de sanglots.

Mais quand l'abbé Combalot, se tournant vers l'autel, s'écria avec force :

« Regardez, vous tous qui avez tant souf-
« fert ! regardez, ô vous tous, enfants prodigues
« qui avez tant péché, n'apercevez-vous rien ?

« Chaque jour, pour voir revenir son enfant,
« le père montait sur une haute montagne ; de là,
« il tendait les bras, il montrait son cœur, et
« criait avec une voix déchirante :

« Reviens à moi, ô mon fils ! reviens à moi et
« je te pardonnerai ; reviens, et je remplacerai les

« haillons de ta misère par une tunique éclatante
« de blancheur. . . . .

« L'enfant revint à son père.

« Regardez, ô mes frères ! votre Père qui est
« au ciel, est monté aussi sur une haute monta-
« gne pour vous voir revenir : sur la montagne de
« la Rédemption; regardez, ô mes frères ! il est
« au sommet de la croix ; il vous appelle aussi,
« il vous tend les bras, il vous ouvre son cœur,
« partez, mes frères, partez, allez à lui, partez,
« il vous attend..... je ne vous retiens plus. »

Et je partis, écartant la foule qui se trouvait sur mon passage, et je courus, je courus m'agenouiller au pied du maître-autel, et je crus voir à travers sa robe de crêpe une des mains du Christ se détacher de la croix pour m'indiquer le chemin de la sacristie, et je repris ma course, et j'allai, j'allai me précipiter aux genoux du prêtre de Jésus-Christ, m'écriant : Me voici, me voici, mon père, pardonnez-moi !

Et l'abbé Combalot me relevant, me pressa sur

sa poitrine, il embrassa mes cheveux blancs, il mêla ses larmes aux miennes, ne me quitta plus que je n'eusse reçu le gage de la réconciliation éternelle. . . . .

Après le départ de l'abbé Combalot, je voulus me retirer du monde, pour vivre dans la retraite et l'oubli ; mais mon séjour dans les ruines du château de Leuffroi m'a démontré bientôt l'impossibilité d'un pareil projet.

En France, il n'y a plus de solitudes assez vastes où l'on puisse s'enfermer seul avec sa douleur et son repentir.

Vous savez le reste.

Maintenant je suis auprès du vénérable frère Ambroise ; quel homme ! c'est un saint.

Je m'édifie de ses vertus et je cherche à profiter de ses exemples.

Adieu, Monsieur, priez Dieu pour moi, priez-le pour qu'il m'accorde bientôt la grâce d'aller, pieds nus, demander à mon évêque la robe qu'un jour j'ai eu le malheur de déchirer.

Priez, priez, priez pour moi!

Plus d'une fois pendant ma lecture, je fus interrompu par des marques d'attendrissement.

Comment, ô mon Dieu! s'écria-t-on de toutes parts quand je l'eus terminée, comment, l'apparition de Leuffroi, le revenant, était le citoyen Reno?

— Lui-même, répondis-je.

— Le prêtre apostat?

— Non, le prêtre converti.

Je suis de retour à Lyon :

Plus de fleurs dans les jardins, plus de rossignol dans les bois, plus de lait bourru dans les grandes jattes de la ferme, plus de Stella à l'écurie.

Plus que des roses pâles et flétries, enfumées et colportées, les pauvrettes! dans les rues noires de notre ville, plus que les cris rauques du marchand d'habits, d'habits.

UN VIEUX BRAVE. [1]

Si vous désirez connaître le secret de ces grandes batailles qui se gagnaient autrefois sous l'empire, transportez-vous, amis lecteurs, dans le

[1] L'Auteur de cette nouvelle en a communiqué une partie au Journal *Le Courrier de Lyon*, qui l'a publiée à l'époque de la dernière exposition de la Société des Amis-des-Arts.

salon de M. ***, et arrêtez-vous un instant devant le beau tableau de notre compatriote Dubuisson ; cette toile vous l'apprendra.

Nous sommes en 1814. Les Russes, suivis de leurs alliés, ont traversé le Rhin sur plusieurs points, ils ont inondé la France de leurs nombreuses armées; déjà les cosaques du czar sont en avant-garde sur la route de Paris ; la Franche-Comté, l'Alsace, la Bourgogne, la Lorraine sont envahies.

Déjà l'ennemi pénètre en Champagne, mais tout à coup l'empereur Napoléon se précipite à sa rencontre à la tête de soixante mille hommes.

C'est en Champagne que notre artiste a choisi la scène et le sujet de son tableau.

Voyez, le ciel est sombre, obscurci, coupé par de gros nuages; pas un rayon, si ce n'est celui de la gloire, ne brille au front de ces fiers cavaliers qui, pour rejoindre l'armée française, s'élancent sur ce corps autrichien qui leur barre le passage.

Ils seront vainqueurs, n'en doutez pas, car

derrière ces gros nuages gris, se trouve encore pour eux le même soleil qui se leva brillant pour la France, au matin d'Austerlitz.

Ecoutez : la terre tremble sous les pieds de leurs chevaux, et disparaît dans un tourbillon de poussière ; comme ils vont, grand Dieu ! comme ils se précipitent ; on dirait un ouragan de fer et de feu ; entendez, à travers la voix de ces canons qui grondent, ce noble et grand cri de guerre :

Vive la France ! Entendez, au milieu de cette tempête d'hommes, ces bruits d'armes fracassées et ces autres cris de détresse et d'agonie.

Vive la France ! les Autrichiens sont en déroute, ils abandonnent, après l'avoir incendié, le village dont ils s'étaient emparé. Vainement leurs chefs cherchent à les rallier pour les ramener au combat, leurs rangs brisés ne se reformeront plus ; ils fuient, ils fuient, ils volent, car l'ouragan marche toujours ; pour eux c'est le vent de la mort qui souffle.

Voyez maintenant ce vaillant cuirassier qui

vient de prendre un drapeau, regardez-le charger latte au poing, au plus fort galop de son cheval; c'est une des principales, une des plus belles figures de la toile de notre Dubuisson; figure historique qui nous appartient, car ce brave maréchal-des-logis chef est de Lyon.

Sa vie est tout un roman que je vais vous raconter.

Adrien Servan reçut le jour en 1778; son père était marchand toilier de la petite rue Longue. Brave, honnête et religieux comme un paroissien de St-Nizier, le bonhomme, destinant son fils au sacerdoce, le mit en pension chez les Dominicains à l'âge de sept ans; mais il paraît que la vie ascétique n'était pas à la convenance de l'enfant; espiègle et étourdi à tout désespérer, ses maîtres ne pouvaient plus en jouir, lorsqu'un beau matin, à la sacristie, tout prêt à servir la messe, il but le vin réservé au saint Sacrifice, *flanqua* les burettes à la tête de son supérieur, et décampa.

A l'âge de douze ans, notre Adrien était un

vrai démon, n'écoutant père et mère aucunement, faisant l'école buissonnière du matin au soir, battant l'un, battu par l'autre ; en un mot, c'était un gamin pur sang.

Son père l'envoyait régulièrement tous les matins chez un monsieur Malpertuis, savant homme et distingué grammairien ; mais notre ex-dominicain imberbe, préférant la *fiarde* et la *gobille* à la syntaxe, laissait de côté la grammaire pour aller courir çà et là en compagnie d'une douzaine de chenapants, la terreur des marchandes de légumes du quartier.

Auprès de tous ces défauts, l'enfant, il faut le dire, avait de précieuses qualités, il était tout à la fois le bonheur et la désolation de sa famille.

Malheureux fils, lui disait souvent son père, tu feras un jour le malheur de ma vieillesse, le désespoir de mes cheveux blancs : l'enfant qui avait le cœur bon, embrassait son père, versait une larme sur la joue de sa bonne mère, faisait une promesse solennelle qu'il oubliait aussitôt, et tout était fini pour recommencer un instant après.

Adrien avait quinze ans lorsqu'un jour, tout-à-coup, le canon se mit à gronder bien fort dans les rues de Lyon.

Alors on criait : Mort à Chalier, au Rhône, au Rhône Chalier : Servan criant plus fort que les autres, prit un fusil, tua trois Chaliéristes, entra le lendemain matin à l'Hôtel-de-Ville avec l'intrépide Madinier, et se grisa le soir sans façon, comme un vétéran de Fontenoy.

Lyon avait secoué le joug de la Convention; tous ses enfants couraient aux armes et préparaient une résistance homérique aux Agamemnon sanglants de Paris. Les femmes et les enfants travaillaient aux fortifications, les vieillards fondaient les balles et les canons, les jeunes hommes s'exerçant sans relâche au maniement des armes, se faisaient à la vie du soldat.

Adrien vola plusieurs pièces de toile à son père pour acheter un cheval et manœuvrer au Grand-Camp avec les chasseurs de Précy.

C'était un fort bon et beau cavalier quand le siége de Lyon commença.

Pendant 63 jours, comme tous ses camarades, il fit prouesses et merveilles ; pendant 63 jours six mille jeunes gens musqués et parfumés tinrent tète aux cent mille hommes que la Convention avait lancés contre eux.

Ils devaient succomber; ils périrent presque tous bravement, les uns en soldats les armes à la main, les autres en martyrs sur l'échafaud.

Fait prisonnier dans le bois d'Alix, après des prodiges de courage, Adrien Servan, couvert de blessures, fut ramené à Lyon et jeté dans les prisons de St-Joseph.

Quelques jours après, traduit devant la commission temporaire, il dut son salut à son énergie.

Le président de ce tribunal de mort, prenant en pitié ses quinze ans, radoucit sa voix et lui dit :

— Pourquoi, mon enfant, as-tu pris les armes, si jeune ?

— Pourquoi les avez-vous prises vous-mêmes, lui répondit l'enfant ?

— Pour faire tomber la tête des muscadins rebelles.

— Eh bien ! moi je les ai prises pour f... un coup de peigne à celles de tous ces sans-culottes, qui veulent verser le sang le plus pur de la France.

Le président sourit, et se retournant vers ses collègues, voyez ce petit b.... leur dit-il, voyez, il n'a pas un poil de barbe, mais il a du cœur plein la poitrine ; il peut rendre service à la république, qu'il soit des nôtres.

Fut dit, fut fait, Servan, entièrement rétabli de ses blessures, se battit comme un diable contre les ennemis de la France.

Passons rapidement en revue la vie militaire de notre jeune héros.

Laissé pour mort sur le champ de bataille de Marengo, il se retrouve, quatre années après, avec l'empereur Napoléon sur la route de Vienne, il ne fait que traverser cette capitale ; tournant vers le nord, il s'enfonce dans la Moravie à la suite de l'armée autrichienne. Quelques jours après, encore, il aide à donner bravement le Tyrol et les États de Venise à la France; il prend bien garde de manquer à la magnifique journée d'Iéna.

Plus tard, il tombe grièvement blessé sur une tombe du cimetière d'Eylau et se relève pour apporter son épée de bataille à Friedland. On le voit ensuite en Espagne, frappant d'estoc et de taille, les soldats de Palafox, en Russie, allumant froidement sa pipe aux débris fumants du Kremlin.

A Leipsick, d'un coup de sabre, il fend la tête d'un aide-de-camp du généralissime Schwartzemberg et sauve celle de l'intrépide Murat; fait prisonnier à Hanau, il parvient à briser ses fers et court se ranger aussitôt sous l'aigle de son régiment, qui tout entier a juré de s'ensevelir dans les plaines de la Champagne, plutôt que d'y laisser les Autrichiens.

Hélas! hélas! les mauvais jours étaient advenus pour la France; Napoléon avait fatigué la Victoire; entre l'île d'Elbe et Ste-Hélène, il rencontra Waterloo....... Passons.

II.

La Restauration trouva Servan, notre brave compatriote maréchal-des-logis chef, couvert de gloire et de blessures; elle lui offrit une pension et un grade supérieur dans la garde ; Servan refusa.

Dans ce temps là, ce ne fut pas ceux que l'empereur avait chamarrés de rubans et de décorations, accablés d'honneurs, de titres et de richesses, qui furent les plus fidèles à leurs serments.

Dans ce temps là, ce fut comme vingt-deux ans plus tôt et quinze ans plus tard ; les hommes sont toujours les mêmes, lorsqu'ils ont prêté leurs cœurs aux pensées de l'égoïsme et de l'ambition.

Redevenu *pékin*, ainsi qu'il le disait lui-même, notre brave maréchal-des-logis chef revint à Lyon; mais Lyon lui parut triste comme un cimetière, comme un champ labouré par la mort; il n'y retrouva plus que des ruines et des tombes; la tourmente révolutionnaire avait emporté toute sa famille; il voulut revoir la maison paternelle, il eut peine à reconnaître sa place au milieu des débris qui l'encombraient : le féroce Couthon l'avait frappée au nom de la loi.

Les monstres ! s'écria-t-il, en sacrant un juron fortement accentué. Mon père ! ajouta-t-il, avec un son de voix amer comme un regret ; il essuya une larme et partit.

III.

En 1841, je voulus revoir les riches plaines de la Normandie, cette tant belle province que les

Anglais ont jadis ensemencée avec le sang et les ossements de leurs fiers chevaliers, cette poétique contrée que notre ami Bérat a si bien illustrée et que tous les orgues de Barbarie ont chantée d'après mon ami Bérat. Je venais de quitter Honfleur avec quelques amis qui m'avaient accompagné, et nous gravissions à pied, en véritables touristes, la côte de Grâce, lorsqu'une voix de femme se fit entendre derrière une haie d'églantiers et de chèvrefeuilles, cette voix douce comme celle d'un ange qui chante une prière à la Vierge Marie, cette voix récitait de jolis vers de madame Louise Touchard, délicieux vers qui ont marqué avec du bonheur une époque dans ma vie de poète; je vous la conterai plus tard, laissez-moi vous dire aujourd'hui la *Laura* de madame Louise.

> Jeune et timide Laure,
> Quand le ciel se colore
> De mille feux,

Tu vas à la chapelle,
Où la cloche t'appelle,
　Faire des vœux.

Sur la dalle de pierre,
Tu fais une prière,
　Pleine de foi,
Et Dieu qui te regarde,
Met son bon ange en garde,
　Autour de toi.

Ton parfum d'innocence,
Se répand en silence,
　Mystérieux,
Puis monte vers la voûte,
Et va chercher la route,
　Qui mène aux cieux.

Dans la sainte demeure,
Lorsque vient sonner l'heure,
　Du couvre-feu :

Oh! craintive étrangère,
Tu t'échappes légère,
   Du seuil de Dieu.

L'aveugle qui demande
A tout chrétien l'offrande,
   D'un peu de pain,
Sourit à ta parole,
Car il sait que l'obole,
   Est dans ta main.

Et le vieux solitaire
Récite son rosaire
   Pour tes amours ;
De la paix de ton âme
Il charge Notre Dame
   De bon secours.

Puis d'un crêpe voilée,
Au pied d'un mausolée,
   De marbre noir,

A ce nouveau calvaire,
Lorsque la lune éclaire,
   Tu vas t'asseoir.

Ta prière s'élève
Douce comme le rêve
   D'un jeune enfant,
Et quand le saule penche,
On voit ta robe blanche
   Flotter au vent.

De ta mère adorée
Quand l'ombre révérée
   T'entend gémir,
De son linceul de toile
Elle écarte le voile,
   Pour te bénir.

Oh! reste toujours pure,
Comme l'eau qui murmure
   Entre les fleurs;

Et quoique abandonnée
Tu verras ta journée
Finir sans pleurs.

Lorsque nous passâmes devant la haie près de laquelle nous nous étions un instant arrêtés; nous aperçûmes une jolie tête blonde de jeune fille : c'était Laura, peut-être.

Je ne dirai pas toutes les impressions que nous avons trouvées sur notre route de Honfleur à Caen; elles sont trop nombreuses, et peut-être, me confondant avec un de mes honorables confrères, ne me croiriez-vous pas ? une seule cependant qui se rattache essentiellement à la première partie de cette nouvelle.

Nous avions dépensé toute notre journée à l'exploration de la ville de Caen, cette vieille cité normande, pleine d'églises et de souvenirs.

Nous avions visité le tombeau de Guillaume-le-

Conquérant, la maison d'où il était parti, enfant, pour la conquête de sa grande épée, le castel d'où il était parti fort et puissant pour la conquête de l'Angleterre; nous avions prêté le cœur et l'oreille aux murailles désertes de l'appartement où Charlotte Corday avait passé, pour entendre des paroles de dévouement et de liberté; nous avions mis nos doigts dans les trous profondément creusés par les balles impériales dans les murs du château; avant d'arriver aux murs, ces balles avaient traversé des poitrines de femmes et d'hommes arrêtés dans la rue en un jour d'émeute : l'Empereur n'aimait pas les émeutes! Nous n'avions donc rien oublié de tout ce qui se présentait de remarquable sur notre passage dans la bonne ville de Caen; aussi mourions-nous de faim lorsque la cloche de l'Hôtel-de-France réunit une nombreuse société à la table de cinq heures; il se trouvait là comme à toute table d'hôte possible en France, majorité de commis-voyageurs, bien peignés, bien barbifiés, bien *eau-de-colognisés* et muets aucunement, je vous assure ; leurs paroles avaient bien certainement plus de rapidité que les roues d'un bateau à vapeur de la force de cent vingt chevaux : il y en avait de forts divertissants ; j'en remarquai un surtout, fort bel homme, du reste, mais plus fat encore qu'il n'était beau. Il nous racontait sans rire, avec le plus grand sérieux du monde, que dans toutes les villes où il pérégrinait, il était plus heureux en victoires que Guillaume-le-Conquérant lui-même : il avait, disait-il encore et toujours sur le même ton, il avait un pied de Cendrillon et le plus bel œil noir qu'il fût possible de rencontrer sur terre; par conséquent, le regard fascinateur et conquérant.

Ce fort bel homme était en vérité fort amusant : je parie, s'écria-t-il lorsque nous eûmes passé en revue toutes les merveilles de Caen *intra* et *extra muros*, et qu'il eût lui-même dégusté un verre d'excellent bordeaux, je parie un tonneau de Champagne que vous ne connaissez pas la plus merveilleuse de toutes.

— Quelle est-elle, lui demandâmes-nous en nous préparant à la venue d'un mauvais calembourg (le commis-voyageur est très fort en ce genre d'exercice).

— C'est un ermite, répondit le fort bel homme, un ermite à barbe grise qui se fait invoquer de son vivant, à trois heures d'ici, sur le bord de la mer.

— Un ermite! fameux! s'écrièrent à la fois les commis-voyageurs.

— Un ermite! en l'an de grâce 1841! c'est phénoménal!

— C'est plus que du jésuitisme.

— C'est contre-révolutionnaire.

Le bel esprit reprit la parole : On raconte que le saint homme vend des prières et des chapelets pour de la monnaie fort peu orthodoxe. La fabrique de ces prières et chapelets se trouve, dit-on, à l'hôtel de l'évêché; on raconte encore que sous son habit de bure, et dans son cœur de capucin il se trouve des pensées fort peu en rapport avec l'habit de laine et la ceinture de chanvre, laquelle ceinture pourrait bien un jour lui servir de cravatte ; on raconte, enfin.....

— D'infâmes calomnies, s'écria un homme âgé, portant sur sa poitrine le ruban rouge de la Légion-d'Honneur.

Le commis-voyageur éleva la voix : Monsieur ! dit-il à son interlocuteur, monsieur.....

— Oui, monsieur, d'infâmes calomnies, reprit le décoré.

— Monsieur, ce sont des vérités.

— Aussi vraies, sans doute, que vos conquêtes et victoires.

(Ici, grands éclats de rires et trépignements d'hilarité.)

Le commis-voyageur était rouge de colère ; le trait avait porté.

Apprenez, monsieur le voyageur, ajouta le décoré, que cet ermite que vous tournez en ridicule, et que vous calomniez, est plus respecté et plus respectable dans sa cellule que vous ne le serez jamais dans la boutique de votre patron et de vos clients ; mais si vous êtes assez bon pour me le permettre, je vous raconterai à ce sujet une histoire, elle sera toute de circonstance ; vous en pourrez tirer profit à l'occasion.

— Volontiers, Monsieur, mais avant vous me permettrez bien de vous dire que vous me faites l'air d'un drôle de paroissien.

— J'en suis ravi.

— Vous portez un intérêt si grand à cet espèce de calotin *encapuchonné* que vous ne pouvez être que son frère ou l'un des siens.

— Peut-être.

— Assurément, car je suis certain que vous avez servi dans le même régiment.

— Pour la première fois d'aujourd'hui, de votre vie peut-être, vous avez dit la vérité.

— Régiment d'Ignace de Loyola, sans doute ?

— Achevez...

— Car je pense que vous avez gagné cette décoration au confessionnal en donnant signes de croix et absolutions. Voyons, parlez donc ; quel régiment? quel numéro? quel uniforme ? chapeau de Basile et rabat blanc, n'est-il pas vrai, Monsieur ?

Je vous le dirai bientôt, en attendant laissez-moi vous conter mon histoire.

Il y a de cela tout au plus trois mois ; c'était aussi sur le bord de la mer, à quelques lieues d'ici : un officier de la marine anglaise visitait un ermite qui faisait aussi le bien du matin au soir pour l'amour de son prochain et celui de son Dieu. Je ne sais comment il se fit que dans la conversation l'officier anglais se permit des propos outrageants pour la France.

— Je suis Français, lui dit le religieux en lui faisant dignement observer toute l'inconvenance de sa conduite, et vous êtes, vous, monsieur, ajouta-t-il, sur la terre de France.

— L'officier persista : La France, disait-il, est une nation de *braillards,* de fous et de brouillons, ses enfants sont comme les requins de nos mers, ils n'ont pour eux que la *gueule* , mais nous saurons bien la museler et lui limer les dents : déjà la France ne compte plus parmi les grandes puissances de l'Europe, nous l'avons reléguée au quatrième rang ; elle nous servira de marche-pied pour arriver au premier.

—L'ermite ne put en entendre davantage : Vous mentez, monsieur, lui dit-il avec le plus grand sang-froid, comme les requins de vos mers, vous en avez menti par la *gueule*.

— Goddem, vous me rendrez raison, s'écria l'Anglais en colère.

—Je suis religieux, répondit l'ermite.

—Je suis soldat, moi, un démenti veut du sang.

—Je prie, mais je ne me bats plus.

—Tu te battras et tu prieras ensuite, si je ne te tue pas.

—Je ne me battrai pas, car, ainsi que mon cœur, ma main ne sait plus que bénir.

—Tu te battras ou je te marquerai au front comme un lâche et un infâme ; alors levant son bras sur le vieillard, il le frappa rudement au visage.

Comme un lion blessé, le religieux fit un cri :

— Te battras-tu, maintenant, lui dit l'Anglais ?

— Je vous attends ici dans une heure, répondit l'ermite.

— J'y serai !

Alors l'ermite courut chercher au village un vieux grognard qui faisait le métier de charron, et quand une heure après, assisté d'un témoin, l'Anglais revint au lieu du rendez-vous, il se trouva bien étonné de se trouver en face d'un soldat en grande tenue de cuirassier, portant plusieurs croix sur la poitrine.

Nous écoutions tous ce récit avec la plus grande attention ; la salle à manger de l'Hôtel-de-France s'était métamorphosée en un salon où l'on aurait entendu voler une mouche.

Le commis-voyageur lui-même subissait l'impression générale ; le Monsieur décoré s'arrêta un instant pour mieux jouir de l'effet que chacune de ses paroles avait produit.

Eh bien ! qu'advint-il, alors ? demanda mon ami Anatole d'Auvergne.

Un combat à outrance, reprit le décoré : un cartel à mort. Les deux adversaires étaient également forts, également habiles sur les armes ; même sang-froid, même rapidité du coup-d'œil, même courage ; tous deux se portaient et paraient les coups avec une adresse merveilleuse ; c'eût été un magnifique spectacle à voir, si la vie de deux hommes n'eût pas été attachée à la pointe de ces deux épées qui se croisaient et brillaient comme des éclairs. Le combat durait depuis cinq minutes, lorsque l'officier de marine anglaise sentit ses forces diminuer ; ses coups étaient moins sûrs et moins prompts ; il y avait comme un voile, un crépuscule devant ses yeux, il se vit perdu, et pâlit.

— Demande pardon à la France, et je te fais grâce, lui dit le soldat français.

— Jamais, *goddem !* s'écria l'Anglais.

— Demande pardon à la France, et j'oublierai l'insulte que tu as faite à mon front.

— Jamais, *goddem !* répéta l'Anglais.

— Demande pardon à la France, et je t'embrasserai en frère.

— Jamais, *goddem !* redit l'Anglais une troisième fois.

Eh bien! alors, fais ton acte de contrition, s'écria le soldat, et d'un coup d'épée il fit sauter celle de son adversaire.

— Frappe donc, lui dit l'Anglais désarmé en croisant les bras sur sa poitrine, frappe donc.

— Tu vois bien que je n'ai pas voulu te tuer, répliqua le Français, je ne t'assassinerai pas ; mais je te forcerai à demander pardon à la France; alors, le saisissant au bras, il le fit plier sous sa main de fer.

L'Anglais était à genoux sur la terre de France.

— Maintenant, relève-toi, lui dit le vainqueur, et vas dire aux tiens comment on se venge en France des insultes de l'Angleterre.

. . . .

Ce soldat, Monsieur, ajouta le décoré, en s'adressant au commis-voyageur, ce vieux brave, digne fils de la France, n'était autre chose que le pauvre ermite, le saint homme que vous avez sottement et méchamment voulu ridiculiser; apprenez, monsieur, qu'il a plus donné de coups de sabre pour la gloire du pays que vous n'avez vendu, et que vous ne vendrez jamais de livres de sucre pour la bourse de vos patrons.

Le fort bel homme, interdit et confus à faire pitié, essaya de murmurer quelques paroles que personne ne comprit, et se leva de table.

Plus qu'un mot et j'ai fini, monsieur, lui dit le décoré en l'arrêtant sous l'énergique expression de son regard.

Vous m'avez demandé dans quel régiment, cet ermite et moi nous avions servi ; je vais vous le dire : Dans les cuirassiers. Quel numéro? premier ; quel uniforme ? habit bleu, casque d'acier et cuirasse de fer. Vous m'avez demandé, je crois encore, où j'avais gagné cette croix ; c'est à Wagram ; maintenant, monsieur le voyageur, êtes-vous satisfait ?... mais parlez donc ! ces messieurs et moi nous attendons, vous voyez bien que je suis à vos ordres.

Le commis-voyageur n'en demanda pas davantage.

Messieurs, reprit le décoré : ce brave et digne ermite a fait quarante lieues à pied et pieds nus, pour aller demander pardon à son évêque d'avoir un instant quitté son chapelet pour son sabre, et d'avoir menacé une vie d'homme.

. . . .

Le lendemain de grand matin, au moment de quitter l'antique cité Normande, un de nos amis nous proposa de rendre une visite au saint homme dont on nous avait raconté l'histoire d'une manière si dramatique.

Il m'est avis, nous dit-il, qu'un pélerinage au pieux ermitage nous portera bonheur ; il est bien de se recommander aux prières de ceux qui se rapprochent le plus du ciel par les pensées du cœur et les prières de l'âme.

Nous acceptâmes cette proposition tous de grand cœur, à l'unanimité.

Le beau commis-voyageur n'était plus parmi nous.

En passant dans la rue de Bayeux, on nous fit voir une vieille femme enveloppée dans un vaste manteau rouge ; elle était à sa fenêtre, chantant je ne sais quelles paroles sur un vieux air de la république, c'est la folle de Caen, nous dit-on, c'est madame de Vaubadon ; si vous désirez connaître son histoire, je vais vous la conter rapidement pendant que nous cheminerons vers l'ermitage des bords de la mer.

En 1810, le baron Dascher, émigré et vieux officier de St-Louis, se trouvait dans le Calvados sous l'œil de la police qui surveillait toutes ses actions ; convaincu bientôt de ses menées et de ses intrigues contre le gouvernement établi, elle s'empressa de donner des ordres pour opérer le plus tôt possible son arrestation.

Ne pouvant plus sortir de France, le malheureux émigré se réfugia chez la comtesse de Vaubadon qui lui avait fait offrir plusieurs fois un abri et l'hospitalité.

La police ne tarda pas à se mettre sur ses traces; aussitôt elle entama une horrible négociation avec la comtesse qui consentit à livrer son hôte contre une somme énorme et une pension assurée pour les jours qui lui restaient à vivre.

Ce marché d'infamie, une fois conclu, madame de Vaubadon engagea l'émigré à partir pour Luc où par ses soins, une barque toute prête l'attendait pour le sauver.

Le baron Dascher, confiant en ses promesses, se mit immédiatement en route pour le Bois de Mathieu qu'il lui fallait traverser : mais les limiers de la police y arrivèrent avant lui, il y fut horriblement massacré.

Le jour même où le prix du sang lui fut compté, Madame de Vaubadon, vêtue d'une robe rouge, les cheveux pleins de fleurs et de diamants, se présenta au théâtre et fut prendre place aux premières galeries; mais le parterre irrité se leva en masse, le peuple épouvanté comme un taureau de la Camargue à la vue de la couleur sanglante dont la perfide comtesse s'était fait une livrée, le peuple, prenant sa grande et forte voix, se mit à crier : à bas la robe rouge ! à bas la femme de Judas ! à bas la robe rouge ! mort à la Vaubadon ! à bas la robe rouge ! peu s'en fallut que le peuple ne fît justice lui-même. Déjà il commençait à escalader l'amphithéâtre lorsque la force armée appelée en toute hâte, se vit obligée de prendre l'horrible comtesse sous sa protection.

Depuis ce jour, elle devint folle, depuis ce jour elle n'a pas quitté la fatale livrée du crime; le rouge est toujours sa couleur favorite.

Trois heures s'étaient déjà écoulées depuis notre départ de Caen lorsque nous arrivâmes à l'ermitage.

L'humble demeure du pieux ermite n'est pas très éloignée des bords de la mer; nous y trouvâmes un vieillard d'une taille imposante et sévère, il était seul et paraissait plongé dans une

profonde méditation, il se leva à notre approche :
soyez les bien-venus, mes frères, nous dit-il : et
il nous fit entrer dans une chambre remarquable
de simplicité. Un crucifix de bois noir, quelques
images de saints coloriées, trois sentences religieuses décoraient la muraille blanche de cette pièce.

J'ai transcrit les sentences sur un feuillet de
mon album, elles sont dignes d'être citées pour
la profondeur et la poésie de la pensée.

Les voici :

— La prière de l'âme est la voix de Dieu.

— Une vie heureuse d'homme est cent millions
de fois moins auprès de l'éternité, qu'une goutte
de rosée sur une fleur, auprès des flots de l'Océan.

— La tombe est le port du juste.

C'est ici ma classe, nous dit le bon vieillard ;
tous les matins, les petits garçons viennent apprendre à lire et à écrire; ils sont remplacés le
soir par les petites filles.

—Et comment employez-vous le milieu du jour,
lui demandâmes-nous ?

—A visiter les malades; ce village est pauvre, bien pauvre, il n'a pas de médecin, heureusement que j'ai étudié les simples et que je connais leurs propriétés.

Cette pièce, ajouta-t-il en nous introduisant dans une seconde chambre, me sert d'oratoire et de musée.

En effet, au-dessus d'un modeste prie-dieu, il se trouvait encore un Christ et tout auprès un trophée d'armes couronné par un casque d'acier; plusieurs armes offensives étaient arrangées en croix, deux gros pistolets d'arçon protégeaient une statue de la sainte Vierge tenant le petit Enfant Jésus sur ses bras ; un rosaire pendait à la poignée d'une latte brillante comme aux jours des parades.

Dans ce moment, des cris joyeux d'enfants se firent entendre dans le jardinet de l'ermitage : ce sont mes petits garçons qui viennent apprendre à lire et à aimer Dieu, nous dit le pieux vieillard ; que ce Dieu bon soit toujours avec vous, ajouta-t-il en nous serrant la main, et priez-le pour moi.

Le beau commis-voyageur n'a plus reparu à la table-d'hôte ; mais le bon ermite est toujours en Normandie, aimé et vénéré de tous à trente lieues à la ronde.

On l'appelle le père Anthelme ; mais son véritable nom est Adrien Servan.

NOTRE-DAME DE FOURVIÈRES.

Après avoir terminé la dernière nouvelle que je viens de vous conter, chers lecteurs, je m'embarquai à bord du *Triton*, rapide et joli bateau à vapeur, stationnant près les portes de St-Clair, et commandé par un brave, digne et expérimenté capitaine, qui sait par cœur la navigation supérieure du Rhône, excellent homme, aimé du marinier et du voyageur nautique, le capitaine Pailleux est en effet d'une obligeance rare et d'une prévenance modèle.

Je m'embarquai donc à bord du *Triton*, avec un compagnon de voyage, mais un de ces compagnons que je souhaite à tous les touristes de la chrétienté, parce qu'avec eux le ciel est toujours pur, sans nuages ; les impressions heureuses et pleines de poésie, les sites plus pittoresques ; je voudrais faire le tour du monde avec Georges... Ce bon et véritable ami que j'aime de tout cœur.

Notre voyage fut des plus heureux et des plus prompts ; vingt-quatre heures suffisent au *Triton* pour remonter le Rhône et se rendre à Aix, la cité des baigneurs.

Depuis huit jours nous vivions de la vie que tout le monde mène aux Bains : promenades le matin, promenades le soir, fêtes et concerts la nuit. Nous étions allé déjà rendre notre visite à *la Maison du Diable* au *Mont-du-Chat*, nous avions été en pieux pélerins visiter la poétique abbaye de Hautecombe, nous nous disposions un beau matin, à partir pour les belles collines de Tresserve, tout bottés, tout éperonnés, nous allions nous élancer sur nos chevaux qui étaient des *ânes*, lorsqu'on me remit une lettre venue de France, portant à la partie la plus élevée de sa suscription, ce mot magique qui électrise le cœur et les doigts, de crainte ou d'espérance, ce mot *très pressé*, j'ouvris précipitamment et lus de même la malencontreuse missive que voici :

« Monsieur,

« Le tirage est terminé, vos *Nouvelles Lyonnaises* n'auront que 266 pages ; ce n'est vraiment pas assez pour former un beau volume in-octavo.

« Je crois qu'il serait bien, dans l'intérêt commercial de votre livre, de porter la pagination à 300. Si vous êtes, ainsi que je l'espère, de mon avis, veuillez, je vous prie, m'envoyer le plus tôt possible de la copie pour une *nouvelle Nouvelle*, je la mettrai aussitôt en composition pour que votre publication ne soit retardée que de quelques jours.

« Recevez, Monsieur,
l'expression de mes sentiments les plus distingués.   GUICHARD. »

P. S. La belle *Charge de Cuirassiers*, dessinée par M. Dubuisson et lithographiée par M. Grobon, est assez bien venue.

Je ne recule jamais devant une chose ennuyeuse (lorsque je ne puis faire autrement), je l'évite autant qu'il est en mon pouvoir de le faire ; mais quand elle se présente en despote et qu'elle m'a réduit dans un impasse, j'ai l'habitude de faire tous mes efforts pour en sortir le plus tôt qu'il est possible.

La lettre de M. Guichard dérangeait tous nos projets formés pour ce jour-là, magnifique journée pleine de soleil et de rêves heureux ; peu s'en fallut que je l'envoyasse (M. Guichard), à tous les diab.... à tous les saints du paradis, veux-je dire. Je fis mieux encore ; après avoir pris conseil de Georges, je renvoyais nos ânes à leur râtelier, et nous fûmes immédiatement chercher sur les bords du beau lac du Bourget, une idée, un sujet de *nouvelle*.

Une idée n'est point chose facile à trouver, je vous assure, surtout quand on la cherche à l'improviste, sous l'exigence d'une impérieuse nécessité ; une bonne idée, alors, est à l'écrivain ce qu'une rime heureuse est au poète lorsque, la veille d'une publication, poète et écrivain se battent et se pressent les flancs pour en faire jaillir rimes heureuses et bonnes idées.

Je suais sang et eau depuis plusieurs heures comme un malheureux, malgré la brise du lac qui glissait sur nos fronts, dans nos cheveux, autour de nous sans m'apporter la pensée que j'appelais de toute la force de mes désirs, lorsqu'une barque légère comme la brise qui nous caressait vint aborder auprès de nous ; un jeune homme portant le ruban de la Légion-d'Honneur à la boutonnière de son palletot gris, une jeune femme portant robe de nankin et chapeau de paille, en descendirent et prirent la direction de la petite ville d'Aix, quand la jeune femme passant près de nous releva le voile vert qui abritait son charmant visage, je crus me trouver en face d'une apparition.

— C'est *elle!* m'écriais-je, en serrant fortement la main de Georges dans la mienne, c'est elle, j'en suis sûr.

— Ton idée? ta nouvelle? me répondit Georges, en s'accompagnant d'un joyeux éclat de rire.

— Oui, Georges, c'est elle, bien elle, te dis-je, c'est la jeune fille que j'ai vue une première fois à genoux, auprès de son vieux père, devant l'autel de notre bonne Dame-de-Fourvières ; c'est la jeune fille que j'ai revue six mois après, toujours à Fourvières, et toujours à genoux auprès de son père devant l'autel de notre bonne Dame. C'est.....

Georges vient de vous le dire, chers lecteurs ; c'est l'heureuse idée, la bonne pensée, le sujet que je cherchais vainement depuis de longues heures, ma *Nouvelle Lyonnaise*, enfin..... La voici !

———

Un jour, c'était celui de mon premier départ pour Paris, la grande ville ; un vieux et respectable prêtre, depuis longtemps ami de ma famille, m'avait accompagné à la chapelle de notre Dame-de-Fourvières, cette chapelle tant vénérée, que les Lyonnais visitent avec tant d'amour, tous les jours de l'année.

Effrayé du long voyage que j'allais entreprendre seul, le bon prêtre voulait me mettre sous la protection de la bienheureuse Vierge Marie.

— « Ami, croyez-moi, disait-il, en marchant
« à mes côtés sur le Chemin-Neuf qui conduit
« à la sainte colline ; bien des orages s'élèveront
« autour de vous, bien des tempêtes éclateront
« sur votre passage, bien des écueils se présen-
« teront sur votre route ; que la bienheureuse
« Mère de notre Dieu vous soit alors en aide,
« mon jeune ami.

« Invoquez-la, mon enfant, aux jours de vos
« tristesses, invoquez-la dans vos joies, pour
« que joies et tristesses s'épurent en passant par
« le nom de Marie. Croyez-moi, mon ami, Ma-
« rie n'abandonne jamais ceux qui la prient avec
« foi et qui cherchent un refuge, un abri dans
« l'amour de son cœur.

« Comme sa bonté, sa puissance est infinie,

« sans bornes ; aimez-la donc cette bonne
« Mère, toujours ; faites que sa pensée préside
« à toutes les actions de votre vie : avec cette
« pensée votre pas sera plus sûr, votre route
« plus facile, et vous arriverez à bien. »

Une voiture armoriée parvint en même temps que nous, au sommet de la colline ; mon cœur et mes yeux se reposèrent sur elle comme entraînés par un charme mystérieux, un talisman secret ; il y avait dans cette voiture une première impression pour mon âme de poète ; plus qu'une impression, peut-être, un enseignement, un précepte ; plus encore, il s'y trouvait la preuve des belles paroles que notre vieil ami venait de semer dans mon cœur, paroles pleines d'espérance et de foi.

En même temps que nous, la voiture s'arrêta devant la porte principale de la petite chapelle.

J'en vis descendre un homme d'un certain âge : de longs cheveux blancs encadraient magnifiquement sa noble et belle figure, sillonnée sans doute, par bien des larmes, car elle était profondément triste.

Cet homme donnait le bras à une jeune personne bien dolente aussi qui marchait à peine ; son front était marqué du signe de la mort, et la pauvre enfant ne faisait que d'arriver à cet âge où tout est joie et bonheur, à cette époque de la vie où tout un jour est pour nous une existence, où l'avenir nous apparaît comme un horizon sans fin ; pauvre enfant ! les médecins l'avaient condamnée depuis longtemps, condamnée à mourir jeune, belle et riche de tout ce que les heureux de ce monde appellent le bonheur.

Vainement son malheureux père, espérant retarder l'instant fatal qui devait clore sur la pierre des tombeaux toutes ses affections, l'avait promenée sur la terre étrangère, dans les belles et riches vallées d'Interlaken et d'Unterseen, en Espagne, où le soleil brûle, en Italie, sous les orangers en fleurs, en Allemagne, sur les bords du Rhin, à l'ombre des vieux châteaux et des cathédrales, vainement il avait cherché à rattacher son cœur triste et mélancolique, ses jours qui s'effeuillaient un à un comme un bouquet de fleurs surprises par l'orage, à toutes les distractions du mouvement, à toutes les séductions de la richesse, la jeune fille, pâle et plaintive, marchait toujours au terme de sa destinée, elle allait rapidement vers la tombe, poussée qu'elle était, la pauvre enfant, par le souffle glacé de la mort.

Après avoir religieusement parcouru les nombreux *ex voto* qui pavoisent du bas en haut toutes les parties de l'église, et désirant faire la prière du voyageur devant le maître-autel, je me retrouvai auprès du vieillard que je viens de vous montrer. Des larmes tombaient de ses yeux, des sanglots tombaient de sa voix :

« Seigneur, mon Dieu, disait-il; vous m'avez enlevé, à l'heure de vos mystérieux desseins, la compagne bien-aimée que vous m'aviez accordée, aux jours de vos suprêmes miséricordes; Seigneur, mon Dieu, vous m'avez repris l'ange que vous m'aviez envoyé pour guider mes pas incertains à travers les obscurités et les doutes de cette triste vie, pour éclairer mon front et mon âme d'un reflet de ce flambeau divin qui brille au ciel pour les élus ; Seigneur, mon Dieu, vous m'avez redemandé mon ange et ma compagne, que votre sainte volonté soit faite !

« Depuis lors, Seigneur mon Dieu, j'ai versé bien des pleurs, j'ai bien souffert, depuis lors, j'ai passé de longues nuits solitaires et sans sommeil, de longs jours sans plaisirs et sans bonheur ; souffrances, larmes, regrets, je vous ai tout offert, ô mon Dieu ; comme vous, Maître, résigné, j'ai porté ma croix ; comme vous, Maître, abandonné des hommes, j'ai marché dans mon calvaire ; comme vous, Maître, je suis tombé sans force sur la voie des douleurs ; mais j'ai béni votre saint nom et vous m'avez relevé, j'ai regardé près de moi et j'ai trouvé un autre petit ange, l'ange d'amour que vous aviez laissé dans ma demeure pour la consolation et l'espérance ;

mais voilà que cet ange touche à peine à la terre, déjà vous avez déployé ses ailes pour le voyage du ciel; mon Dieu, mon Dieu! attendez quelques jours encore, au nom de votre auguste et sainte Mère, prêtez-moi encore mon enfant, rendez-moi ma fille, ou bien faites que je meure avant elle; pitié! grâce! miséricorde! mon Dieu, mon Dieu! »

Ainsi disait et priait le vieillard, et dans sa main brûlante il cherchait à réchauffer la main glacée de l'ange, la main de cet enfant tant aimé que sa compagne, que Dieu plutôt lui avait laissé pour sa consolation.

Quand il se releva, et que ses yeux se portèrent, avec amour, sur l'image sainte de la Vierge, sa noble figure me sembla plus calme; il y avait de l'espérance dans son regard, quand ensuite il le reposa tendrement sur le front pâle de la jeune fille qui lui souriait avec amour.

Heureux aujourd'hui, oui, bienheureux ceux qui croient et qui prient, ils sont à l'abri de ces désespoirs qui brisent le corps et flétrissent l'âme.

Je redescendis tout pensif la sainte colline, je ne croyais pas qu'une fleur pouvait se faner avant le soir, je ne savais point qu'une jeune fille pouvait s'éteindre avant le temps. La mort n'a pas d'âge !

Quelques heures après, je roulais sur la route de la grande ville, heureux et fier de ces premières heures de liberté qui nous apparaissent si belles et tant colorées, les trompeuses ! quand nous franchissons pour la première fois le seuil de la maison paternelle, lorsque nous devenons *nous*, lorsque, dans notre cœur ne résonne plus une voix tendrement grondeuse et que nous sommes loin des caresses et des affections de notre mère.

Plus d'une fois, avant les derniers rayons du soleil qui se voilait au couchant, je retournai la tête pour apercevoir encore le petit clocher blanc de notre sainte chapelle ; j'eus peur, je crois, quand il disparut à mes yeux : je me trouvai horriblement seul..... enfin, je m'endormis.

Alors, je rêvai à la belle voiture armoriée, à la jeune fille et au vieillard que j'avais rencontrés le matin devant la porte de Fourvières, je les revis bien longtemps, aussi longtemps je crois que dura mon sommeil ; la voiture sinistre comme un char mortuaire, le vieillard triste comme un regret et la jeune fille, pâle, décolorée comme une rose flétrie par l'orage à la plus belle heure du matin.

J'arrivai à Paris, Paris, cette terre promise du jeune homme qui possède une tête, un cœur de feu, vingt ans et vingt mille livres de rente, Paris, terre d'égoïsme et de déception ; je croyais voir une ville de rois, une capitale de fées ; je ne trouvais que des rues noires et boueuses comme le sont les rues de toutes les grandes villes.

Les rues St-Denis et St-Martin me rappelèrent on ne peut mieux nos rues Mercière.

Otez à Paris ses boulevarts, trois ou quatre édifices, cinq ou six salons, Paris sera comme Lyon, une peuplade de gens plus ou moins civilisés, plus ou moins ennuyeux et ennuyés.

Par contre, je ne rencontrai pas ces tentations diaboliques dont on avait si fortement épouvanté ma jeunesse et mon inexpérience.

J'en témoignai mon étonnement à un vieux camarade de collége qui était venu me recevoir à la diligence, un vieil ami de pension que je n'avais point revu depuis ma sortie du collége de Dôle.

Les démons ne sont pas tous à Paris, me dit Léon en riant : ils se glissent au village aussi bien que dans les grandes villes ; il en est ainsi pour les anges ; la vertu peut s'abriter partout, même au milieu des joies et des félicités humaines, au milieu des plaisirs et des bruits de

Paris; mais viens déjeûner demain avec moi, viens, ajouta-t-il, nous irons ensemble visiter les églises, et tu verras qu'on sait prier ici tout aussi bien qu'en province.

Or, ce jour-là il y avait grande fête à St-Sulpice, c'était un jour de première communion, je fus on ne peut plus étonné de voir à mon entrée dans cette magnifique basilique un très grand nombre de *lions* très religieusement posés dans le chœur, la nef et les chapelles latérales. Léon me les fit remarquer : tout ce qui est ici, me dit-il bien bas à l'oreille, y vient pour prier, se recueillir en la présence de Dieu et non point pour *voir* et se *montrer*.

Un instant après, il me désigna du regard un militaire en grande tenue, un tambour s'avançant au pas et dans un parfait recueillement vers la table sainte ; le bonheur rayonnait sur son front et dans ses yeux, pour la première fois il allait assister *à la parade de Dieu :* c'est ainsi qu'il appelait la table sainte en son langage militaire.

Mon ami s'était rencontré souvent avec lui aux heures des conférences intimes et des instructions particulières de monsieur de Ravignan, la veille encore il lui avait serré la main chez ce digne prêtre, un instant après qu'il eut reçu la dernière absolution.

Alors, dans toute sa joie d'élu et dans son enthousiasme de pécheur converti, le soldat s'était servi d'une expression singulièrement pittoresque.

Mon père, s'était-il écrié, en faisant avec les deux bras le geste de battre la caisse, mon père,

Pendant vingt ans, j'ai battu la caisse, contre les ennemis de la France, vous l'avez battue aujourd'hui, sur mon cœur, contre les ennemis de Dieu.

Quelques jours après, je trouvai en rentrant

chez moi un petit billet de mon ami Léon; il était ainsi conçu :

« Attends-moi demain dans ta petite chambrette, j'irai te prendre à dix heures pour t'accompagner à Notre-Dame; une belle cérémonie nous y attend, Mgr. de Quélen doit la présider.

« Tout à toi,   Léon. »

Le lendemain à dix heures et quart, nous traversions le pont Neuf pour nous rendre à la métropole, le peuple courait à flots derrière un cadavre qu'on venait de ramasser dans la Seine, c'était une jeune femme; je ne m'étais jamais trouvé si près d'un suicide, ce grand crime moral de notre société blasée, sceptique, incrédule et corrompue.

Cette jeune femme s'était précipitée dans la rivière à la fin d'un bal, sans doute, car elle était délicieusement parée; l'eau du fleuve ruisselait encore à travers les fleurs et les diamants dont elle avait orné son front. Pauvre femme!

Toute l'aristocratie de Paris s'était donné rendez-vous à St-Sulpice pour assister à l'abjuration d'une jeune israëlite.

Le noble faubourg y coudoyait la Chaussée-d'Antin, un nombreux clergé se pressait autour du premier pasteur de l'église de Paris.

Mgr. de Quelen devait prononcer quelques paroles, quelques-unes de ces paroles d'amour et de charité qu'il savait toujours si bien trouver dans son âme embrasée d'amour divin.

Il fut magnifique, sublime d'éloquence quand, s'adressant à la juive convertie, il fit luire à ses yeux toutes les beautés du catholicisme; jamais notre sainte religion ne m'avait semblé si belle et si poétique.

Un incident fâcheux troubla cette belle et imposante cérémonie; au moment où l'auguste prélat versait l'eau du baptême sur le front de la jeune fille, un cri de détresse se fit entendre au fond d'une chapelle réservée, et presque au même instant je vis passer rapidement devant moi un vieillard portant dans ses bras, et couvrant de baisers une jeune fille qui venait de tomber sans connaissance, sans vie peut-être ; son front était si blanc qu'on eût dit le front d'une morte...... c'était la jeune malade que vous savez ; vous l'avez reconnue aussi bien que moi, chers lecteurs, c'était notre jeune fille de Fourvières, cette malheureuse enfant que nous avons vue ensemble sur le bord d'une tombe, à Lyon ; sur le seuil de Dieu, devant l'autel de la Vierge.

Malgré moi je fus entraîné hors l'église, je ne sais par quelle attraction, sur les pas du vieillard que j'avais aussi reconnu parfaitement. J'arrivai assez à temps sur la place de Notre-Dame pour le voir monter en voiture et se diriger vers son hôtel au plus fort galop de ses chevaux.

Une vieille femme se trouvait près de moi ; la mort arrivera bien avant eux, murmura-t-elle en hochant la tête.

Je n'eus pas le courage de rentrer à l'église.

Une année s'était écoulée depuis ce jour-là ; j'avais quitté Paris pour quelques jours, j'avais revu notre cher Lyon, notre beau Rhône, notre joli clocher tout blanc de Fourvières, j'avais revu la place où le vieillard et la jeune fille s'étaient un jour prosternés, aussitôt j'avais trouvé pour eux au fond de mon cœur une fervente prière, et sur le front de l'image de la Vierge, une espérance.

Au jour qu'il était, cependant, la pauvre malade ne devait plus souffrir, car Dieu, sans doute, lui avait envoyé un de ses anges les mieux aimés pour la conduire au ciel.

J'aime beaucoup notre Dame-de-Fourvières, je l'aime comme un enfant doit aimer une bonne mère ; aussi je ne manque jamais de la visiter souvent, lorsque je suis à Lyon, le samedi surtout, car vous le savez, ami lecteur, le samedi est de préférence le jour de réception de la bonne Vierge.

C'est un grand bonheur pour moi de voir, alors toutes ces bonnes âmes courbées sur la pierre sainte, priant loin des bruits de la terre et loin des passions des hommes qui bruissent et s'agitent au bas de la colline ; j'aime à voir toutes ces bonnes figures qui réflètent l'amour divin ; j'aime à voir tous ces hommes, toutes ces femmes qui s'isolent dans le silence de leur cœur pour entendre parler la voix de Dieu, oui j'aime infiniment, je vous le répète, j'aime de toute mon âme la bonne Vierge Marie.

Donc, un samedi soir, je me trouvai au sommet de la sainte colline sur la terrasse de Fourvières avec le vieil ami, le vénérable prêtre que je vous ai présenté au commencement de cette *Nouvelle ;* la journée avait été magnifique, le ciel n'avait pas eu le plus léger nuage.

Dans ce moment l'horizon était tout en feu, avant de se coucher, le soleil promenait ses plus beaux rayons sur les Alpes ; ces belles montagnes posaient en reines devant nous, car le soleil qui resplendissait sur leurs têtes blanches, semblait leur faire une couronne d'or. De la cime des Alpes, nos yeux se reportaient et s'abaissaient au bas de la colline, sur le Rhône et sur la Saône qui s'en allaient où vont toutes choses, à l'Océan, ce vaste tombeau des fleuves et des rivières.

Nos regards plongeaient sur les rues, sur les quais, sur les places publiques pleines d'hommes qui, s'agitant sous la main de Dieu, ressemblaient assez bien à ces grandes fourmillières d'insectes *affairés* que nous rencontrons parfois dans nos promenades à la campagne, nous méditions sur Louis XIV, ce grand roi qui dominait de toute la puissance des souvenirs du grand siècle, ces petits hommes allant, venant et disparaissant sous la croupe de son cheval de bronze, lorsque le bruit d'une voiture vint nous tirer de nos réflexions.

La curiosité, ce sentiment naturel à tous les

âges, nous attira devant la porte de l'église ; mon Dieu ! mon Dieu ! c'était encore elle, toujours elle ! c'était bien eux, le vieillard et la jeune fille ; le vieillard heureux et fier, la jeune fille, non plus comme autrefois pâle et décolorée, mais suave et rose comme une fleur du mois de mai.

Regardez-la bien, voyez, elle ne faiblit plus sur sa tige, pauvre fleur ! elle ne penche plus son front vers la terre ; son pas est ferme, sa démarche est assurée, son pied touche à peine le sol, tant il est rapide et léger; entrons avec elle à l'église ; un grand nombre de cierges brûlent devant l'autel de la sainte Vierge, le prêtre entonne l'hymne de la reconnaissance, la jeune fille unit sa voix à la sienne : écoutez comme elle est sonore ! comme elle est harmonieuse ! ce n'est plus la voix de cet enfant qui se mourait et qui pouvait à peine s'écrier : mon Dieu !

Cet enfant a été guérie, Dieu l'a sauvée parce qu'un jour la sainte Vierge a accueilli la fervente prière qu'elle lui a adressée, la sainte

Vierge a rendu la fille à son père, de longs et de beaux jours luiront encore pour eux.

———

Voilà ma *Nouvelle* terminée, cependant je dois vous dire encore que les deux personnages que j'ai rencontrés ce matin sur les bords du lac du Bourget sont exactement les héros de l'histoire que je viens de vous raconter.

Je dois les voir ce soir au cercle ; maintenant adieu, mes bons amis, à l'année prochaine, je vous promets un second volume.

FIN.

TABLE.

	pages
UNE SEMAINE SAINTE AU HAVRE, 1795	1
— Le Vendredi-Saint	19
— Le Samedi-Saint.	26
— Pâques.	36
LES DEUX CROIX, 2 décembre 1805	47
— 2 décembre 1857	54
— Histoire du Prêtre et du Chasseur à cheval.	72
— Le 2 décembre 1857 (suite)	80
LE BAL	85
— L'hôpital	91
— Les poètes.	98
— La mort d'un impie.	115
— La mort du poète	122
— Conclusion.	126

	pages
UNE VENDETTA	131
— II	139
— Léo.	144
HISTOIRE D'UN REVENANT	189
— La malédiction de Dieu.	200
UN VIEUX BRAVE	233
— II	242
— III	243
NOTRE-DAME DE FOURVIÈRES	267

FIN DE LA TABLE.

LYON. IMPRIMERIE DE C. REY JEUNE ET C.

LYON. — IMPRIMERIE DE C. REY JEUNE ET Cie.

www.ingramcontent.com/pod-product-compliance
Lightning Source LLC
Chambersburg PA
CBHW071534160426
43196CB00010B/1763